U1003755

“十五”国家重大科技专项
“重要技术标准研究”项目
《技术性贸易措施战略与预警工程方案研究》

行业技术性贸易措施研究

主　编　高志前　黄冠胜
副主编　刘　彦　林　伟

企业管理出版社
EMPH ENTERPRISE MANAGEMENT PUBLISHING HOUSE

图书在版编目（C I P）数据

行业技术性贸易措施研究/高志前，黄冠胜主编. --北京：
企业管理出版社，2012. 3
ISBN 978-7-80255-992-9

Ⅰ. ①行… Ⅱ. ①高… ②黄… Ⅲ. ①技术贸易—贸易协定—研究—中国
Ⅳ. ①F752. 67

中国版本图书馆 CIP 数据核字(2012)第 023705 号

书　　名：行业技术性贸易措施研究
作　　者：高志前　黄冠胜
责任编辑：周灵均
书　　号：ISBN 978-7-80255-992-9
出版发行：企业管理出版社
地　　址：北京市海淀区紫竹院南路 17 号　　邮编：100048
网　　址：http://www.emph.cn
电　　话：总编室（010）68701719　发行部（010）68701816　编辑部（010）68414643
电子信箱：80147@sina.com　zbs@emph.cn
印　　刷：香河闻泰印刷包装有限公司
经　　销：新华书店
规　　格：170 毫米×240 毫米　　16 开本　　23.75 印张　　380 千字
版　　次：2012 年 11 月第 1 版　2012 年 11 月 第 1 次印刷
定　　价：58.00 元

本项研究成果获

第七届全国商务发展研究成果奖

《技术性贸易措施战略与预警工程方案研究》

编　委　会

序　言

我国加入WTO后，农产品、纺织服装等传统产品出口受到国外技术性贸易措施的限制，贸易摩擦不断出现，应对技术性贸易措施成为我国加入WTO后面临的严峻挑战。2000年，中国科学技术促进发展研究中心（现中国科学技术发展战略研究院）课题组在科技部科技兴贸行动计划的支持下，开展了重点高新技术产业技术标准与技术性贸易措施问题研究，并向科技部发展计划司领导作了专门汇报，建议把技术标准和技术性贸易措施研究作为科技支撑经济与外贸发展的重要工作。

2002年，中国科学技术促进发展研究中心承担了国家“十五”重大科技专项“重要技术标准研究”课题“技术性贸易措施战略与预警工程方案研究”，在国家质检总局标准法规中心等有关机构的合作支持下，组织了20多个行业协会、研究机构和大学的两百四十多名研究人员，以农产品、纺织、电子信息、冶金、机械、石化、电工、家电、环保、消费者保护、知识产权等行业和领域为重点，开展技术性贸易措施战略与预警方案研究。课题组依据WTO规则，对技术性贸易措施与技术性贸易壁垒进行了合规性界定，对技术性贸易措施进行了系统分类，分析了世界主要国家的技术性贸易措施体系，探索了技术性贸易措施影响的评价方法，提出了规范研究与合理应对技术性贸易措施的理论方法与政策依据，初步建立起我国技术性贸易措施预警系统的工作基础，为科技部门提出“WTO后过渡期”科技工作思路提供了决策支持，直接支持了有关部门和行业的技术性贸易措施体系建设工作。课题研究过程中创办了“中国TBT论坛”，建立了我国第一个面向行业和企业的技术性贸易措施信息网，推动了我国技术性贸易措施问题的深入研究。

课题研究得到科技部、商务部、国家质检总局和国家标准委等有关部门、行业协会、专家学者和重要技术标准研究专项管理办公室的指导和大力支持，谨此致谢。

编　者

2009年10月

Preface

Since China's entry into WTO, export of such traditional products as agricultural products and textile and garment has been restricted by foreign technical measures to trade, and consequently trade friction has been frequently observed. Therefore, response to technical measures to trade has become a fierce challenge for China after its entry into WTO. In 2000, with the support from Action Plan for Trade-oriented Science and Technology of Ministry of Science and Technology (MOST), the project team of China National Research Center for Science and Technology for Development (NRCSTD) (now as Chinese Academy of Science and Technology for Development or CASTED) has undertaken researches on technical standards and technical measures to trade for high and new technology industry and presented special reports to the leaders of Development Planning Department under MOST, proposing to take the researches on technical standards and technical measures to trade as the important work in S&T-supported development of economy and foreign trade.

In 2002, NRCSTD took on "Research on Technical Measures to Trade Strategy and Warning Project Plan", a special "Research on Important Technical Standards" project under the national "10th Five-year" Key Science and Technology Program and, with the cooperation and support of such relevant agencies as AQSIQ Standard and Regulation Center, organized more than 240 researchers from more than 20 industrial associations, research institutes and universities to undertake the researches on strategies and warning plans of technical measures to trade focusing on such industries and fields as agricultural products, textile, electronic information, machinery, petrochemical, electrical, household appliance, environment protection, consumer protection and intellectual property. According to the WTO rules, the project team carried out the compliance definitions of technical measures to trade and technical barriers to trade, conducted the systematic classification of technical measures to trade, analyzed the technical measures to trade systems of major countries in the world, explored the methods for evaluating impacts of technical measures to trade, proposed the theoretical methods and policy basis for regulating researches and rationally responding to technical measures to trade, primarily established the working base for Chinese technical measures to trade warning system, provided policy support to Ministry of Science and Technology to set forth the science and technology work concepts during "post-transit period of WTO entry", and directly supported the relevant authorities and industries in construction of the technical measures to trade system. During the research, the project team founded "China TBT Forum", established the first information network of technical measures to trade oriented for industries and enterprises in China and promoted the further research on the issue of technical measures to trade.

We hereby express our thanks to Ministry of Science and Technology, Ministry of Commerce, AQSIQ, Standardization Administration and other relevant departments, industrial associations, experts and scholars and Management Office for Special Research of Important Technical Standards for their guidance for and strong support to the research project.

Editors

October 2009

目　录

Table of Contents

第一章　质检系统技术性贸易措施体系建设研究

一、研究背景

技术法规、技术标准与合格评定程序是保证产品满足消费者需求的基本技术性措施，当其被用作国际货物贸易中产品市场准入的尺度时，则构成技术性贸易措施。它是一国或地区社会经济发展水平、科学技术发展水平、法规体系建设水平和过程监控理论与应用水平在国际货物贸易中的体现，其内涵包括两个方面：一方面是对产品本身的技术要求及验证和保障措施，另一方面是对产品生产过程的技术要求及验证和保障措施；其外延表现为技术标准(体现科学技术发展水平)、技术法规(体现法规体系建设水平)与合格评定程序(体现过程监控理论与应用水平)。技术性贸易措施具有推动经济发展、加速科技成果转化成现实生产力、提升产业技术水平、保证产品质量、保护环境和保障人民生命安全等积极作用，当其被用作国际贸易中的保护主义工具时，则构成技术性贸易壁垒。研究表明，世界上各经济体在制定和实施技术性贸易措施时，既不是局限于单一措施，也不是上述三种基本措施的简单加合，而是将这三种基本措施整合成一个相互支撑、协同作用的有机整体，这个整体我们称之为技术性贸易措施体系。

世界贸易组织(WTO)的成立，标志着国际贸易中传统的关税壁垒的作用日益淡化，进口配额、进口许可证、出口补贴等非关税壁垒受到限制和约束，而技术性贸易措施因其名义上的合理性、技术上的复杂性、方式上的隐蔽性和手段上的灵活性，已经成为国际贸易中非关税壁垒的主要形式，在国际贸易中起着越来越重要的作用，被越来越多的国家(包括发达国家和发展中国家)用于限制其他国家产品和服务输入，保护本国弱势产业和行业的发展，维护自身的经济利益。

世界贸易的实践表明，各国制定和实施的技术性贸易措施已经成为影响世界贸易最主要的障碍。一些发达国家和地区的成员已经形成了比较完整的反应灵敏、措施得力的技术性贸易措施体系，如欧盟、美国、日本、加拿大、澳大利亚和新西兰等。这些国家和地区技术性贸易措施体系覆盖面广、措施数量众多、形式和层次复杂多样、具有很强的隐蔽性，且随着其经济技术水平的提高而不断发展变化，在客观上对外国商品进入其国内市场起到了重要的技术性贸易壁垒作用，很好地保护了国内市场和国内经济发展。

在发达国家和区域完善的技术性贸易措施体系下，新的技术性贸易措施层出不穷。自世界贸易组织(WTO)成立以来，各成员向WTO秘书处通报的TBT措施和SPS措施逐年递增，近两年每年向WTO通报的新制定(修订)的TBT和SPS措施就接近2000项，其中大多是发达国家和区域制定的技术性贸易措施。这些新措施普遍具有技术法规的强制性、适用标准的严格性、技术和程序要求的复杂性等特点，使许多国家，特别是发展中国家因为跟不上新措施的要求而使产品难以进入目标市场。

对外贸易是我国社会主义经济建设的重要组成部分，是国民经济发展的重要支柱。自改革开放以来，我国的对外贸易迅猛发展，而加入世界贸易组织更给我国的对外贸易带来质的飞跃，进出口贸易总额已跃居世界第三位。与此同时，我国出口企业所遭遇的技术性贸易措施也越来越多，受到的经济损失也越来越大。WTO其他成员技术性贸易措施的壁垒作用不仅给出口企业带来直接的经济损失，而且对行业的发展、产业结构的调整也带来了深层次的影响。以2003年的数据为例，据不完全测算，因为国外技术性贸易措施的壁垒作用，我国约有71%的出口企业和39%的出口产品受到不同程度的影响，损失超过170亿美元。而且，随着我国对外贸易的迅猛发展，这种壁垒作用的影响还在迅速扩大。如何有效破解国外技术性贸易措施的壁垒作用，扩大出口和妥善应对由此引发的贸易摩擦是我国技术性贸易措施应对工作的重要内容。

面对开放的市场，我国对外贸易面临着严峻的考验。由于历史的原因，我国尚未形成系统化的技术性贸易措施体系，这使得我们在国际贸易中常常处于十分被动的地位。一方面，我国的出口产品常常遭到其他国家技术性贸易措施的封杀而无法出口，蒙受巨大经济损失；另一方面，由于我国技术性贸易措施体系的建立尚处于起始阶段，特别是缺乏有效的应急反应体系和预警机制，面对汹涌而来的国外产品，不能很好地保护我国的国内市场和经济发展。我国几乎所有的产品已经或即将受到主要来自发达国家技术性贸易措施的影响。技术性贸易措施不但是目前我国扩大出口面临的重大挑战，而且由于经济发展水平低、出口商品结构和档次较为落后以及尚未建立起有效的、强有力的技术性贸易措施体系，它将成为21世纪一定时期内我国出口贸易发展的巨大障碍。

为了促进我国对外贸易的发展，满足加入世界贸易组织后我国对外经济贸易发展的需要，必须建立完善的、系统化的技术性贸易措施体系，一方面使我国出口企业能够及时掌握目标国家市场准入的要求，提高自身产品质量水平和技术含量，打破或跨越国外的技术性贸易壁垒；另一方面可强化我国的国门防御能力，将不符合我国市场准入条件的国外商品挡在门外，保护我国国内市场不受冲击，这实在是一项迫在眉睫的工作。

因此，在符合WTO各项原则的基础上，建立健全我国技术性贸易措施体系，对于维护国家经济发展和政治稳定，保护人民群众的生命安全和健康，将不合格的进口商品挡在国门之外，维护我国的正常贸易利益，打破WTO其他成员采取的技术性贸易壁垒，促进我国的对外贸易，具有十分重要的意义。

二、国外技术性贸易措施体系概况及发展趋势

国际贸易的实践表明，各国制定和实施的技术性贸易措施已经成为影响世界贸易最主要的障碍。这些技术性贸易措施既包括《技术性贸易壁垒协定》(以下简称TBT协定)所管辖的技术法规、标准及合格评定程序，也包括《卫生与植物卫生措施协定》(以下简称SPS协定)所管辖的SPS措施，以及它们的各种衍生形式。TBT协定和SPS协定的共同目标是要把技术性贸易措施对贸易的影响降到最低，同时承认，出于卫生、安全、环保、人类健康和动植物健康等合理目标而制定这些措施是每一个成员的权利。因此，世贸组织各成员(包括发展中国家成员)都在不违反世贸规则的前提下，通过制定和实施技术性贸易措施来达到限制进口、保护国内市场的目的。世界各国，特别是发达国家，十分重视对技术性贸易措施体系的研究与应用。世界主要贸易大国，如美国、欧盟、日本、加拿大、澳大利亚、新西兰等都建立了比较完整的、系统化的、反应灵敏、措

施得力的技术性贸易体系，并在实施中不断完善，在保护本国贸易利益和国内市场等方面起着极为明显的作用。

美国是最早制定技术性贸易措施的国家，以国家法案、政府部门规章为主导的技术法规体系的建设始于100多年前，具有体系完整、覆盖面广、措施复杂，执行得力等特点，辅之以标准体系的分散性和合格评定活动的多样性，构成了世界上最复杂的技术性贸易措施体系。

日本技术性贸易措施体系的萌芽出现于明治时期，在西方工业国家的影响下开始了包括技术领域立法在内的法制建设，经过100多年的积累，已经形成了一个比较完整配套、统一协调的体系，对于日本战后经济的迅速发展起到了重要的作用。与"二战"后日本经济、技术的飞速发展相伴，日本的技术性贸易措施体系也逐渐发展完善起来，每一种产品都有相应的技术性贸易措施管辖。这些技术性贸易措施的要求构成了境外商品进入日本市场的壁垒。符合其技术性贸易措施要求的产品，可以进入日本市场；而不符合其技术性贸易措施要求的产品，则会被拒之门外。近年来，日本一直是我国主要的贸易伙伴，对日出口在我国的对外贸易和国民经济中都占有举足轻重的地位。但是，在中日贸易不断发展的过程中，也时有贸易摩擦发生。究其原因，多是因为出口产品没有满足日方相应市场准入的技术性贸易措施要求所致。

欧盟统一的体系产生相对较晚，但在欧共体以及后来的欧盟成立后，欧共体(欧盟)的技术性贸易措施体系始终处于不断发展和完善的过程中。在欧盟的技术性贸易措施体系中，技术法规体系占有主导地位，以欧盟委员会指令或欧洲议会与欧盟理事会指令为主要形式。欧盟绝大多数关于产品的技术立法都是以指令的形式发布，只有很少部分是以条例或决定等形式出现。研究表明，欧盟的技术法规覆盖面广，数量多，形式和层次复杂多样，具有很强的隐蔽性，客观上限制了进口，起到了技术性贸易措施的作用。

发达国家不仅自己施行技术性贸易措施，而且对其他国家技术性贸易措施的防范也极为重视。美国作为最大的发达国家，一方面不断完善自身的技术性贸易措施体系，使之构成多层次、多角度的立体防御系统，以此实现保护国民健康及本国产业的目的；另一方面对其他国家的技术性贸易措施体系也给予高度关注，通过WTO通报、驻外使馆等各种渠道了解其他国家在技术性贸易领域新的动向，及时采取对策，有效地保护本国出口商的利益，维护和扩大美国产品的海外市场。其他发达国家也建有相应的机制，如日本、欧盟、澳大利亚等。实践中可以看到，主要发达国家对其他国家技术性贸易措施的分析研究具有跟踪及时、反应强烈、措施果断、针对性强等特点。

近年来，国外技术性贸易措施作用的重要发展趋势是从对具体产品出口的影响发展到对相关产业、甚至是产业群的发展与生存的影响，从对单批产品的影响发展到对产业持续生产和可持续发展的影响。例如：欧盟新化学品注册、登记制度(REACH制度)涉及3万种化学品，不仅对化工行业本身产生巨大影响，而且对使用化学品的下游产业，如纺织、造纸、建材、汽车等行业也带来相应的影响；欧盟关于废旧电器回收的指令(WEEE)、在电器产品中禁用6种有害物质的指令(RoHS)则影响到包括低压电器、家用电器、办公设备、医用产品、信息产品硬件等整个电气产业；欧盟关于耗能产品设计的指令(EUP)更涵盖了所有耗能设备和产品；日本关于农兽药残留的肯定列表制度涉及600余种农兽药，对农产品、水产品和食品的出口造成巨大障碍；美国关于生物反恐的法规则给所有输美食品生产、加工企业、食品加工设备制造企业设置了门槛。

三、国内现状

1．技术性贸易措施应对中的问题

我国加入世界贸易组织以来，产业界的各个部门都在积极研究并采取措施应对WTO其他成员的技术性贸易措施，以期打破和跨越这些措施所构成的技术壁垒。这些应对措施对促进我国对外经济贸易的发展、维护国家和企业的经济利益、保障产业的可持续发展已经并正在起着积极的作用。但是，这种应对我们只能称之为“战术性应对”。因为这种应对是即时性的，是企业指向性的，它解决的是一时一事的具体问题。整体来看，我国各界对技术性贸易措施的研究大多处在具体的壁垒认知和被动防范阶段，缺乏对技术性贸易措施问题的系统研究，没有形成有效的应对机制，往往是头痛医头、脚痛医脚。这已不适应加入世界贸易组织后国际贸易大发展的要求。

因此，充分行使我国作为WTO正式成员的权利，积极参与并影响相关国际贸易规则的制定和执行，从制度上和规则上规范WTO各成员技术性贸易措施的制定和应用，遏制WTO各成员技术性贸易措施的壁垒作用，从而为我国对外经济贸易的发展营造良好的国际环境，结合我国对WTO其他成员技术性贸易措施战术性应对的实践经验，结合我国的经济技术发展水平和世界上技术性贸易措施的发展态势，深入开展TBT协定实施与运用及其对我国经济发展战略影响的理论研究，从战略的高度和宏观的视角应对WTO其他成员技术性贸易措施所产生的贸易障碍，是我们在“后过渡时期”亟待解决的理论和实践问题。

2.我们的任务

要了解我国技术性贸易措施体系的现状，首先是要充分理解作为技术性贸易措施体系构成要素之一的“技术法规”的概念，而后才能考虑如何结合我国的实际情况建立健全我国技术性贸易措施体系。

如同大多数国家一样，在我国法律法规体系中，没有“技术法规”这样一个层次。这是因为，根据TBT协定的定义，“技术法规”并不是一个纯粹的法律概念，其表现形式也不是纯粹法理意义上的一个法律层次，它只是围绕产品这个中心、有着强制性技术要求、包括适用的管理规定的一类文件的统称。从TBT协定的条款中可以得知，技术法规是由立法机构、政府部门或其授权的其他机构制定，并强制执行的文件，既可以是国家法律、政府法令，也可以是部门规章或其他强制性文件。技术法规虽然不是国家法律法规体系中的一个独立层次，却是其重要组成部分。

就我国而言，技术法规应包括：全国人大制定的相关法律(如《进出口商品检验法》、《动植物检疫法》等)；国务院制定的相关法规(如《进出口商品检验法实施条例》、《动植物检疫法实施条例》等)；经国务院授权，各主管部门制定的相关规章(如《进境水果检疫管理办法》)以及政府部门的规范性管理文件(如《锅炉压力容器检定规程》等)；以及地方人大、政府、主管机构制定的地方一级的法律、法规和规章等。此外，我国的强制性标准实际上应属于TBT协定意义下的技术法规。

上述法律法规和部门规章，加上我国较完备的标准体系与不断完善的合格评定措施，可以说我国构建技术性贸易措施体系的诸要素均已现实存在，且发挥着各自的作用。问题是怎样把它们整合成一个有机的整体，使之成为法律基础牢靠、科学依据充分、符合WTO规则、结构完整合理、要素协调配合、防范与应对作用明显的技术性贸易措施体系，这也是进一步完善我国技术性贸易措施体系所要解决的首要问题。

3.技术性贸易措施体系中的问题

我国的现状是，在制定和实施技术性贸易措施时缺乏统一协调机制。这包括两个方面：一是制定和实施部门之间的协调，我国技术性贸易措施的制定、发布、实施和管理呈多元态势。二是措施要素之间的协调，技术法规、标准、合格评定之间缺乏内在有机的联系与协调；没有形成完善的市场准入制度和市场监督体系，不仅不能形成合力一致对外，而且也使国内市场未能得到充分保护。对进出口商品，有的技术法规、标准、合格评定等措施要严于国内产品，没有履行国民待遇原则，在执行上也缺乏透明度。没有适用于国内外产品的快速、有效、统一的技术措施实施机制，不利于从整体提高国内产品的质量，达到占领国内外两个市场的目的。

在技术法规方面，我国在制定、发布技术法规的主体、内容和程序等方面都还存在一些问题。主要表现在：

一是在制定、发布主体上过度分散。到目前为止，不清楚全国有多少部门、地方政府和授权单位有技术法规制定、发布权，没有形成一个系统化、规范化、明晰化的技术法规协调和管理体系。

二是在制定、发布内容上，一方面，有些技术法规专门针对进口或出口产品，不符合 WTO 国民待遇原则，极易导致贸易争端；另一方面，强制标准与技术法规有较大区别，不能覆盖技术法规的内容和要求。

三是在制定、发布程序上，不符合 WTO 贸易政策透明度原则。且在制定技术法规时，往往忽视了标准和合格评定程序的支撑作用，三者之间衔接不紧，操作性不强。

在标准方面，我国的标准化工作体系虽然初具规模，但在国民经济结构战略性调整、完善社会主义市场经济体制和加入 WTO 后国际经济竞争进一步加剧的新形势下，还存在很大差距，表现在以下方面：

- 标准的总体水平不能适应国家经济发展的需要
- 标准化意识淡薄
- 标准化工作有待于进一步统一
- 国际交往的深度与广度需要进一步加强
- 标准化工作的保障有待进一步加强

在合格评定方面，我国自 1978 年恢复在 ISO 的成员国地位以来，便积极研究合格评定制度及相应的国际规范，以建立适应我国需要的合格评定制度。目前已经实施了出入境检验检疫，产品质量监督抽查，强制性、自愿性产品认证，质量、环境和职业健康安全等管理体系认证，实验室、认证机构、培训机构认可，咨询机构备案，认证人员注册以及计量认证和注册等工作，初步建立了我国的合格评定工作体系。各评定体系的建立对提高我国产品质量总体水平和国际市场竞争力，维护国家经济安全和利益，保护人民身体健康和动植物健康安全，保护环境起到了积极作用。

由于我国的合格评定制度建立于计划经济逐步向社会主义市场经济过渡的阶段，合格评定工作多年来一直由多个政府主管部门负责。原国家质量技术监督局和原国家出入境检验检疫局，就分别负责国内市场和进出口领域的合格评定管理工作，国家环境保护总局负责环境方面的合格评定工作，国务院有关行业主管部门则在本行业合格评定工作中发挥主导作用。形成了对同一商品的合格评定管理工作政出多门、管理分散、职能交叉、职责不清的局面，客观上影响了我国全面履行TBT协定的有关要求，也不利于我国经济和对外贸易的发展。

四、进一步完善我国技术性贸易措施体系的建议

完善我国技术性贸易措施体系的目的是打破或跨越国外的技术性贸易壁垒，保护国内产业和市场，维护国家经济利益。建立健全我国技术性贸易措施体系要符合国际规则，要有利于国内产业的发展，有利于我国对外贸易的发展，有利于先进科技的吸收、转化和应用，能够有效打破和跨越技术性贸易壁垒。

结合对国外技术性贸易措施体系的研究，完善我国技术性贸易措施体系的重点是针对产品制定技术法规，最终实现一种产品、一项技术法规、一套标准、一个合格评定程序的目标，使之成为体系完整、措施得力的技术性贸易措施体系。

(1) 确立明确的政策目标：

①建立我国健全的、符合国际规则的技术性贸易措施体系，提高我国技术性贸易措施限制重点产品、敏感产品过量进口的有效性，保护国内产业，促进我国经济发展。

②提高我国应对国外技术性贸易措施的能力，成功跨越、打破国外技术性贸易壁垒，促进我国对外贸易发展。

(2) 加强有关技术性贸易措施制定与实施的法制建设。在构成技术性贸易措施体系的三要素中，关于标准，有现行有效的《标准化法》(待修订);关于合格评定程序，有《认证认可条例》及涉及其他合格评定活动的法规或规章制度。因此，重点应放在制定关于技术法规制定与实施的法律法规上，明确技术法规起草、审核、发布、通报和实施等工作程序及有关部门的职责权限，使我国技术法规的管理进一步法制化、规范化和制度化。

(3) 加强技术性贸易措施体系建设的整体规划，广泛听取国家各部门和企业对建立技术性贸易措施体系和应对国外技术性贸易措施的实际需求，建立并完善全国统一的技术性贸易措施协调管理机制，在分别建立和完善技术法规体系、标准体系与合格评定体系的基础上建立起体系合理、措施得当、基础牢靠、应用自如、前瞻性强、应变力强的技术性贸易措施体系。

(4) 以协调一致的立场积极参与并影响包括技术性贸易措施在内的国际贸易规则的制定和修订，积极参加相关领域的国际活动，广泛开展相关领域的国际交流与合作，从宏观的尺度维护国家的经济利益，保障产业发展的良好环境，在对WTO其他成员的技术性贸易措施进行战术应对的同时对其进行战略防范，把对企业的保护提升到对行业、产业以及国家的可持续发展的保护。

(5) 加强国家技术性贸易措施评估系统、国家技术性贸易措施风险预警及快速反应系统和国家技术性贸易措施信息服务系统的建设，评估国外技术性贸易措施对我国产业发展、经济安全的影响，实施技术性贸易措施的风险预警和快速反应机制，大力推进技术性贸易措施信息资源的开发和利用。

(6) 加大对技术性贸易措施体系建设的投入，特别是实施技术性贸易措施基础设施的投入。强化技术性贸易措施的理论研究，夯实技术性贸易措施的科学基础，完善技术性贸易措施的技术保障。实现借助科技手段推动我国对外贸易发展、突破国外市场准入技术障碍、维护国家经济利益和人民群众消费安全、保护国内相关产业健康发展这样一个宏伟目标。

(7) 开展技术性贸易措施人力资源工程，加强技术性贸易措施制定、研究和施行的人才培养和队伍建设。

第二章　农产品技术性贸易措施战略研究

一、我国农产品出口面临的技术性贸易措施问题

"入世"意味着我国国内经济将从此纳入世界经济的一体化轨道。在"入世"之前，国内绝大多数业内人士都认为粮棉油等大宗农作物生产由于缺乏价格竞争优势将受到冲击，而对肉、蛋、水果、蔬菜等劳动密集型农产品和其他一些特色农产品的出口形势抱有很乐观的态度。然而，事实并非如此。加入世界贸易组织之前，关税，数量限制等是影响我国农产品出口的主要障碍，而"入世"后，严格的技术标准，复杂的质量认证，以及名目繁多的包装、标志和卫生及环保等要求构成了新的贸易障碍，这种壁垒更加隐蔽，更难对付。据统计，2001 年中国约有 70 多亿美元的出口商品受到技术性贸易措施的影响，2002 年以来呈增加趋势。如欧盟自 2002 年初开始全面禁止进口中国的虾、兔和家禽肉等动物源性食品和水海产品，导致 2002 年上半年中国水产品出口下降 70% 以上，仅浙江一个省 2002 年一季度就因此减少农产品出口 1 亿美元。美国食品药物管理局仅在 2002 年 1 月到 3 月就扣留中国沿海地区农产品累计 896 批次。中国出口欧盟的蜂蜜被以"抗生素超标"为由遭到"封杀"，随后，日本、加拿大、美国等也加强了对中国蜂蜜的检验。2002 年 1～7 月，中国对日本出口的活鳗同比下降 23%，冻鸡下降 41%，保鲜蔬菜和暂时保藏的蔬菜分别下降了 20% 和 29%，鸭肉 2001 年出口 4668 吨，2002 年该数字为零。

1.我国禽肉出口——受挫于日本、俄罗斯、韩国和欧盟

在我国禽肉出口地区结构中，日本占有重要地位，出口日本的禽肉数量一般占我国禽肉出口总量的 30% 以上，有时甚至超过 60%。但是继 2001 年 7 月份日本和韩国对我国禽肉实行进口限制以后，日本政府又于 2001 年 12 月 27 日宣布，由于在中国产鸡肉中检测出了鸟类特有的"新城病"(NEWCASTLE) 病毒，要求中国方面不要向日本出口有关农场及

其周围50公里以内地区出产的鸡肉等产品，对中国鸡肉再次实行进口限制。2002年初，日本鸡肉生产协会又向农林水产省递交了关于中国家禽检疫制度的调查情况报告并查阅了农林水产省去年进口鸡肉发生的一系列食品安全性问题的总结报告，对于农林水产省不对冰鲜鸡肉进行精密检查提出了质疑，要求日本政府对进口中国冻鸡产品采取更为严格的检测措施。在自民党食品安全委员会的压力下，日本农林水产省又开始对中国产冻鸡肉及内脏器官实施精密检查。之后日本政府声称已经在从我国进口的冻鸡产品中发现多例磺胺类及克螨酚超标的产品，这使得国内很多冻鸡出口商不得不停止对日出口，给我国肉鸡业带来了极大的负面影响。

2002年3月15日俄罗斯农业部又以中国有关部门没有能够按照先前双方达成的协定满足兽医检查的要求为由，宣布俄罗斯将禁止从中国进口一切猪肉、牛肉和禽肉，这一禁令虽然于2002年4月1日解除，但也曾一度给中国鸡肉出口造成一定影响。

2002年1月25日欧盟兽疫常设委员会表决通过暂时停止从中国进口鸡肉、兔肉和冻虾等食品，并指出这些产品中含有抗生素。欧盟执行委员会随即宣布基于健康理由，欧盟将从1月27日起禁止进口中国上述产品。随后日本也跟着发表声明表示要与欧盟密切合作，共同检查我国动物源性食品安全状况。2002年2月27日，瑞士联邦卫生局又以在中国禽肉中发现抗菌素等残留物质为由宣布禁止进口中国家禽。联邦卫生局声称在所进行的50次检验中，有6次发现含有抗菌素的残留物。虽然这不会对人的健康构成直接威胁，但由于违反了联邦食品法，所以瑞士仍做出了这一决定。之后经过我国多方努力，瑞士联邦卫生局4月3日宣布部分取消进口中国家禽的禁令。但是这次解禁也是有条件的，瑞士联邦卫生局称如果符合某些严格条件，有关部门此前查禁的中国进口的家禽可以重新进入瑞士市场，但联邦政府之后又决定查禁的部分产品，禁令仍然有效。2002年我国禽肉出口由于受到进口国技术性贸易措施的限制，形势很不乐观，1–11月禽肉及杂碎出口29.18万吨，36198.28万美元，分别同比下降19.87%和31.88%。特别是由于受到日本以卫生和健康为由的“绿色壁垒”限制，我国对日本冻鸡产品出口大幅度下降。2002年1–11月，我国对日本出口冻鸡产品11.45万吨，占禽肉及杂碎出口总量的39.23%，同比下降38.98%。

2.猪肉出口——在各国技术性贸易措施的夹缝中挣扎

我国活猪主要出口中国香港特别行政区和俄罗斯，特别是活猪对香港出口占有很大比重。据香港渔农自然护理署数字显示，2001年香港每天需6320头生猪，其中77%来自内地。但由于近年来香港食品需求结构的变化，猪肉可替代品的增多，特别是受欧洲大规模口蹄疫爆发的影响，香港猪肉消费有下降的趋势，从而导致我国对港活猪出口下降。2002年3月15日，俄罗斯农业部以中国有关部门没有能够按照双方先前达成的协定满足兽医检查的要求为由，禁止从中国进口一切猪肉、牛肉和禽肉，后经多方交涉，这个禁令于2002年4月1日解除。随着世界各国消费者对食品安全的关注，各国政府及其控制下的媒体也借此大做文章，稍有风吹草动就极力操作，并乘机实施技术性贸易壁垒。欧洲的口蹄疫风波曾一度影响到亚洲的猪肉出口，但随着美俄以技术性贸易措施为内容的肉类贸易战的展开，我国的猪肉出口似乎又找到了自己的增长点。2002年1–11月份，由于我国猪肉对俄罗斯出口的快速增长，猪肉出口总量达到21.5万吨，出口总额为31235万美元，同比分别增长43.5%和39.7%。但谁也不知道这种增长趋势能够持续多久，中国的猪肉出口只能在其他国家的技术性贸易壁垒战中寻找夹缝。

3.我国的牛羊肉出口——心有余而力不足

自1986年在英国发现全世界第一例疯牛病后，欧洲国家就陷入了疯牛病的恐慌之中。特别是进入2000年以后，疯牛病开始出现蔓延的趋势，继英国之后，法国、爱尔兰、葡萄牙、瑞士等国也先后发现了疯牛病。截至2000年底，法国已发现疯牛病205例，爱尔兰共发现576例，葡萄牙已发现466例，比利时发现19例，就连过去从未在本地牛群中发现过疯牛病的德国和西班牙也不幸在自家牛中发现了疯牛病。另外荷兰、卢森堡、意大利等国也都先后发现了病牛病例。我国的牛羊肉在国际市场上具有很好的价格竞争优势，但由于质量问题出口前景一直不很明朗。一直以来，我国牛肉主要出口地是中国香港地区和埃及，对欧洲市场开拓成效不大，虽然面临遭受“疯牛病”重创的欧盟市场真空，但受到欧盟国家以质量和安全为由的技术性贸易措施限制，没有抓住这一历史机遇。2002年1月25日，欧盟又以我国出口的禽肉、龙虾中的农残、药残和微生物超标为由，全面禁止进口中国的动物源性产品，中国牛肉进军欧洲的梦想再次破灭。我国羊肉出口仅占羊肉产量的很少一部分，历年的情况都是羊肉进口远大于出口。在国际市场上，我们羊肉平均出口价格是每吨1800美元，远低于欧洲的羊肉出口价格的3400多美元，具有较强的价格竞争优势。我国羊肉出口第一个对象是香港地区，香港每年进口3030吨，占世界进口的0.36%，市场不算大。我国羊肉对香港市场，出口总量也只能满足香港需求的1/30，更何谈拓展欧洲市场。在相当长的时间内，我国羊肉由于药残、疫病等问题被进口国拒之国门之外，出口潜力不大，可谓心有余而力不足。

4.我国蔬菜出口——面临日本更为严重的技术性贸易措施限制

我国蔬菜年出口额超过15亿美元，在农产品出口中占据重要位置。近年来我国蔬菜出口迅速增长，这已经引起了有关进口国的重视。一些国家感到大量进口对本国生产不利，因此采取相应保护措施限制进口。特别是我国加入世贸组织后，进口国对我国采取配额、关税等歧视性措施会相应减少，必然会代之以技术性贸易措施甚至启动“特殊保障措施”限制我国蔬菜的出口。日本是我国蔬菜出口的主要对象。近年来，日本政府为了限制大量涌入的中国蔬菜，千方百计设置技术性贸易措施，限制对我国的蔬菜进口，中日农产品贸易摩擦不断。首先是2001年4月10日，日本政府单方面决定，依据WTO协定第19条和日本国内的关税率法，从2001年4月23日至11月8日对主要从中国进口的大葱、鲜香菇和灯心草实施紧急限制进口措施。后经中方多次努力未果，最终迫使我国实行反倾销措施。

2002年以来，日本又开始不断对中国产的蔬菜等农产品加强检验，并宣布从冷冻菠菜中检出农药残留超标，进而设置技术性贸易措施，使中国蔬菜对日出口屡屡受阻。部分日本媒体借此大肆炒作，进行片面、不实的报道，称中国蔬菜为“毒菜”，严重误导了日本消费者，损害了中国产品形象，给中国的食品生产和出口企业造成很大损失，在华投资的许多日资企业也受到很大影响。据统计，2002年1–6月，中国保鲜蔬菜对日出口约14万吨，金额8141万美元，分别比上年同期减少23%和19%；暂时保藏的蔬菜出口量1.94万吨，金额912万美元，同比分别减少27.8%和22.5%；盐渍蔬菜出口6.87万吨，金额4356万美元，同比分别减少8.7%和8.1%。一些地方企业库存增加，大量蔬菜烂在地里。

为了限制中国蔬菜的进口而不波及欧美国家，日本政府对菠菜制定了严于其他蔬菜农残限量标准，人为造成了冷冻菠菜农残超标问题较多的现象。日本政府规定的农残限量标准中，对叶菜类的菠菜规定限量标准是不超过0.01ppm，而对根茎类产品，如对日本本国大量生产的萝卜规定的限量标准却高达3ppm，相差300倍之多。对其他一些日本国内产量较大的蔬菜限量标准也远高于菠菜，如油菜是2ppm，白菜、圆白菜是1ppm，番茄是0.5ppm。从日本厚生省公布的中国菠菜“毒死蜱”（一种低毒性农药）残留超标情况看，共计75个检出值，其中检出值低于0.1ppm的有65个，其余10个也在1ppm以下，远低于含量在3ppm的日本产萝卜。为了把技术性贸易措施名正言顺地纳入法制化轨道，日本已经通过了《食品卫生法》修正案，并于2003年9月开始实施，根据该法案，如果发现有残留农药超标问题可以预先禁止该食品的进口，这意味着中国蔬菜面临着一个更为严重的技术性贸易壁垒。

5.中国蜂蜜出口——遭遇欧盟、美国、加拿大等国的“绿色壁垒”限制

我国是世界上蜂蜜产量的第一大国。全国现有蜂群数量约700万群，年产蜂蜜20万吨左右，直接或间接从事蜂产品生产、经营的就业人口数百万。我国蜂蜜出口量长年占据世界第一的位置，年出口约10万吨，占世界年贸易量的40%左右，主要销往欧盟、美国、日本等国家和地区，年均创汇近1亿美元，居世界首位。2001年，我国出口蜂蜜10.6万吨，出口金额9583万美元。2002年初，欧盟以我国动物源性产品抗生素残留超标为由，全面禁止中国蜂蜜进入欧盟市场，引起了美国、加拿大等国的连锁反应，严重影响了我国蜂产品出口。其中对欧盟出口占我国蜂蜜全球出口总量的40%左右，2002年我国蜂蜜出口跌至7.6万吨，创汇约为7794万美元，同比下降20%，国际蜂蜜价格上涨了90%以上。目前国际市场上阿根廷的蜂蜜价格是中国蜂蜜的两倍多。

实际上继20世纪90年代日本提出蜂蜜中抗生素限量要求，欧洲提出杀虫剂的限量要求之后，从1999年1月1日起，欧盟贸易委员会再次对蜂蜜产品实施卫生监控计划，要求出口蜂蜜到欧盟各成员国的第三国，都必须在此之前提交对蜂蜜中残留物质进行监控的保证计划，否则欧盟将禁止该国蜂蜜进口。欧盟是我国蜂蜜的主要销售市场，在当前我国蜂蜜出口不景气的情况下，欧盟又将蜂蜜列为80%的植物性产品和20%的动物性产品，并依据其1996年4月29日制定的96/23EC指令性文件，实施对蜂蜜产品的卫生监控计划，对四环素、链霉素、磺胺、螨克等药物和杀虫剂提

出严格的限量要求。此外，国外一些客商还要求对苯酚、硫磺、C13、酵母菌等进行检验控制，这使我国出口蜂蜜面临前所未有的严峻挑战。

6.茶叶出口——面临日本、欧盟技术壁垒

中国茶叶流通协会公布的数据显示，2002年前三个季度我国茶叶出口185803吨，较上年同期的190365吨下降了2.4%，是连续几年实现出口增长后的首次下降；茶叶出口额2.52亿美元，较上年同期的2.67亿美元下降5.57%；平均单价1.357美元/公斤，较上年同期的1.402美元下降3.21%。2002年我国茶叶出口下降，主要是欧盟和日本的技术性贸易措施造成。欧盟从2001年7月起对进口茶叶实行新的残留量标准，限制禁止使用的农药从原来的29种增加到62种，部分农药残留量标准比原有标准提高100倍以上。这意味着我国茶叶只有达到绿色食品的A级标准，才能进入欧洲市场。绿茶是我国茶叶出口的主要品种，主要进口大国是日本。2002年日本采取了类似原产地保护的措施，以减少中国绿茶出口对日本茶农带来的冲击。实施技术性贸易措施，保护本国茶农利益，提高对出口到日本茶叶农药残留量指标要求，这使2002前三季度我国对日本的茶叶出口量比上年同期下降了15%。

7.我国水产品出口——面临欧美不断增高的技术壁垒

改革开放以来，我国水产品进出口稳步发展，2000年我国水产品进出口贸易达405.4万吨，贸易额56.8亿美元，其中出口量153.4万吨，出口额38.3亿美元．并首次超过畜产品，列农产品出口创汇额第一位。近年来，随着我国水产品对外出口量的不断增长和国外技术性贸易措施的不断加高，以及受中、日、韩三国渔业协定的签署等一系列国际因素的影响，我国的水产品出口越来越面临不断增高的技术性贸易措施限制。

早在1996年8月1日，欧盟就曾以不符合其卫生检疫标准为由，禁止进口我国冻鸡和部分水产品，每年给我国造成损失达数亿美元。2001年12月，在德国声称在进口中国的冻虾中检测到氯霉素以后，在整个欧盟内部掀起了一股抵制包括水产品在内的中国动物源性产品的贸易保护主义思潮。2002年1月23日，欧方向中方递交了考察结论报告。2002年1月25日，欧盟兽医委员会（SVC）对中止中国动物源性食品和饲料的进口进行了表决，决定对中国的动物来源性食品和动物饲料进口实行禁令。按实物计量计算，这项禁令主要涉及的产品有蜂蜜、兔肉、家禽和甲壳类动物的小河虾和对虾。

经过中欧双方历时近一年的磋商，终于取得突破性进展。欧盟于2002年6月开始恢复进口部分中国出口的海产品、动物胶和肠衣等，并于9月宣布不再对特定海产品进行“强化检测”。之后，欧盟委员会又于2002年11月20日正式宣布恢复进口部分中国动物源性海产品，但仍有一些特定海产品受限。

受欧盟的影响，美国国家食品和药品管理局（FDA）从2002年春天开始对从中国进口的龙虾和小河虾进行抽样检查，扣留了大约200万磅的龙虾和小河虾，最后仅有约30万磅被允许进入市场。美国8个州的对虾养殖业者已向本国政府提出对来自中国的进口虾类征收反倾销税。

二、国际农产品技术性贸易措施发展概况

随着世界贸易一体化趋势的日益发展，很多国家开始从关税、配额等传统的农产品贸易保护措施，逐渐向依靠技术法规、产品标准和包装、标签等更为隐蔽的方向调整本国的农产品贸易保护政策。技术性贸易措施已经成为发达国家农业保护的主要手段，并且正在被很多发展中国家所效仿。

1.以质量安全为重点的农产品技术措施体系构建已成为各国政府的重要职能

很多农产品技术性贸易壁垒的实施都是以农产品质量安全为借口的。各国在千方百计寻找限制出口国农产品质量不安全借口的同时，也加紧本国的农产品技术性措施体系构建，并把它列为政府的一项重要职能。目前，欧、美、日等发达国家的农产品质量安全管理水平相对较高，管理机构运转协调，法律法规、检测检验、安全认证、技术支撑和信息服务等体系较为严密，并成功地推行了一系列计划，基本实现了“从农场到餐桌”的全过程严格管理。

发展中国家由于受制于经济发展水平，农产品质量安全管理水平相对较为落后。但随着各国温饱问题的逐步解决和现代国际贸易的发展，发展中国家也开始越来越重视农产品质量安全问题，在借鉴发达国家经验的基础上，在管理体系和标准体系建设、检测检疫技术改进以及信息通报等方面取得了初步成就。尤其是在利用WTO规则，保护本国消费者利益方面，大有后来者居上的势头。

2.国际组织加强了对各国农产品技术管制措施的协调

早在20世纪初，由于各国农产品技术性贸易措施的不协调所引起的贸易障碍问题就已经引起农产品贸易厂商的广泛关注。在国内利益集团的压力下，各国政府开始寻求建立各种国际组织，协调国家间不一致的农产品质量管理方式和标准，互通信息，降低壁垒。目前，国际上对农产品技术措施起协调作用的国际组织主要有1924年成立的国际兽医局（OIE），1963年成立的FAO/WHO食品法典委员会（CAC），1992年成立的粮农组织国际植保公约秘书处和1994年成立的世界贸易组织。这些组织通过广纳成员国，制定国际规则，签署国际公约，下设地区协调组织等途径，在为协调和统一各国农产品质量安全管理，促进全球动植物疾病防治合作，加强信息交流，推动农产品国际贸易等方面做出了重要贡献。

国际兽医局（OIE）经过近80年的发展，已经拥有162个成员国。OIE的主要任务是确保世界动物疫情的透明化，收集和传播兽医科学知识，为各国动物疾病防治提供技术咨询和促进各国动物疫情防治的合作，通过制定动物和动物产品法律法规保证国际畜产品贸易的卫生安全。OIE的总部设在巴黎，下设管理委员会、地区委员会和专家技术委员会。目前，该组织正与世界20多个国际组织一起合作，向世界五大洲分派了地区协调员，旨在促进各国动物卫生检疫的协调、合作、统一和规范。

植保公约秘书处主要职责是根据《国际植物保护公约》建立国际植物检疫措施标准（ISPMs），促进缔约国之间的信息交流，协调植保公约范围的全球植物检疫措施工作计划。

FAO/WHO食品法典委员会（CAC）是当今世界农产品技术管制措施协调的主要机构。目前，CAC拥有165个成员国，覆盖世界人口的98%，制定了8000个标准及法规，有6个地区协调分法典委员会，9个一般专题委员会，16个商品委员会及3个政府间特别工作组。已建立了237个商品（食品、农产品）标准，41个卫生、安全、技术方面的法规，185种农药评价，1005个食品添加剂，54个兽药及25个食品污染物评估，3274个农药最大残留量（MRL）标准。成为联合国下属的最有成效的国际协调合作机构之一。近年来，为适应不断变化的国际形势，国际食品法典委员会也在积极寻求改革和发展，进行了一系列开拓性工作。如增加了“近东地区性协调委员会”，增设了生物技术食品工作组、动物饲料工作组、果汁工作组，采取投票2/3表决程序，以及把风险分析纳入食品立法准则等。另外，还加强了对生物工程技术产品、微生物危险性评估、农产品（食品）进出口检验与认证体系、食品添加剂和污染物、兽药残留、营养和特殊膳食、取样分析、农药残留等方面的讨论，旨在协调各国农产品（食品）质量安全标准和管理措施，营造一个安全、营养、健康的食品市场。另外，CAC还于2001年讨论通过了FAO/WHO CAC战略框架草案，制定了6个重大战略目标，对建设合理的管理框架，促进最广泛地应用科学原则和风险分析，促进CAC与其他多学科管理文书和公约之间的密切合作，提高对食品领域新问题的快速反应能力，促进成员国积极参与和促进《国际食品法典》的应用做出了明确规划，并分31项具体任务在2003–2007年的中期计划中部署执行。

与其他农产品质量安全管理协调的国际组织不同，世界贸易组织更多的是从减少贸易摩擦，降低贸易壁垒，促进全球自由贸易的角度对各国农产品技术管制措施进行协调。《卫生与植物卫生措施协定》和《技术性贸易壁垒协定》是世界贸易组织的两个对各国农产品技术管制措施起主要协调作用的文件，对规范动植物卫生检疫和技术性贸易壁垒运用的国际规则，做出了明确规定，并根据这两个协议设立了专门的争端解决机构。

3.各国农产品技术标准层出不穷，要求苛刻

为了阻碍外国产品的进口，保护本国市场，许多国家制定了繁多严格的标准、法规，甚至用法律明确规定进口商品必须符合特定的标准规范。据统计，1995–2002年，全球有TBT和SPS的争端50件，其中39件涉及农产品和食品，占争端总数的78%。2002年农产品和食品行业的TBT和SPS合计达965件，占TBT和SPS通报总量的67.5%。农产品和食品行业已经成为国际贸易摩擦的焦点和各国TBT和SPS通报的重点。

而且发达国家往往凭借其经济、技术优势，可以提高标准水平，让发展中国家望尘莫及，如欧盟自2000年7月1日开始实施茶叶农药残留新标准，部分新标准的指标比原标准提高了100–200倍。欧盟对氯霉素残留量的标准规定为0.1–0.3μg/kg，远超过日本标准（50μg/kg）、美国标准（4–5μg/kg），以至于欧盟国家自己的产品也常常达不到这个标准。有些标准甚至经过精心设计和研究，专门用来对付某些国家的产品。如日本为了阻拦中国菠菜出口，2002年4月公布菠菜中农药毒死蜱残留限量为0.01mg/kg，这项明显针对中国的技术性贸易措施，既远远严于日本蔬菜中其他有机磷农药的残留限量（其他有机磷农

药残留限量比毒死蜱高10倍以上)，又大大超出美国、欧盟及国际组织标准（美国、欧盟和CAC标准为0.05mg/kg)。

4.绿色技术壁垒日益盛行

绿色技术壁垒是指那些为了保护环境而直接或间接采取的限制甚至禁止贸易的措施，具体包括：绿色环境标志制度、绿色技术标准制度、绿色包装制度、绿色卫生检疫制度和绿色补贴制度。

绿色环境标志是一种在产品或其包装上的图形。它表明该产品不但质量符合标准，而且在生产、使用、消费、处理过程中符合环保要求，对生态环境和人类健康均无损害。发展中国家产品为了进入发达国家市场，必须提出申请，经批准才能得到“绿色通行证”，即“绿色环境标志”。这便于发达国家对发展中国家产品进行严格控制。

绿色技术标准是指发达国家利用其较高的科技发展水平及专利优势，以保护环境为名，通过立法手段，制定严格的强制性技术标准，限制国外商品进口。

绿色包装制度是指发达国家利用其高科技水平，对进口商品提出使用“绿色包装”的强制性要求，以限制商品进口。“绿色包装”指能节约资源，减少废弃物，用后易于回收再用或再生，易于自然分解，不污染环境的包装。它在发达国家市场广泛流行。

绿色卫生检疫制度是指发达国家凭借其较高的科技水平，利用《卫生与植物卫生措施协定》较大的自由空间，对食品的安全卫生指标，特别是农药残留、放射性残留、重金属含量等提出严格的要求，以限制商品进口。

绿色补贴是指发达国家在为了降低环境成本，把严重污染环境的产业转移到发展中国家的前提下，以发展中国家政府对生产企业的环境补贴违反世界贸易组织规定为由，限制产品进口。

5.涉及产品的范围越来越大

目前国际农产品技术性贸易措施的实施范围正呈现出由针对某种产品向与其相关的一类产品和由一个地区向整个区域生产环境扩大的趋势。目前我国出口农产品受技术措施限制的范围已经扩大到水果、蔬菜、畜产品、水产品、禽产品、茶叶等大部分农产品，且出现了一个地区农产品检测不合格，全国就遭封杀的态势。如2002年1月，欧盟以中国某些地区出口的小龙虾所含氯霉素超标为由，宣布全面禁止中国动物源性产品进口，使中国水产品、畜产品、禽产品、蜂蜜以及相关动物产品等很大范围的农畜产品无法出口欧盟，损失惨重。

6.各国在农产品技术性贸易措施实施上的相互效仿性增强

在保护本国农业产业的需求支配下，各国为了节省检测、检验成本，往往会以其他国家对特定出口国农产品的检测结果和所采取的相关技术措施为由，灵活地效仿实施农产品技术性贸易措施。这种策略往往具有动机隐蔽、操作灵活、成本低廉、效果显著等特点，近年来为很多国家所推崇。如2002年欧盟对我国对虾、禽肉、蜂蜜等动物源性产品实施进口禁止后，阿拉伯联合酋长国分别于2002年6月和9月，两次以欧盟检测出中国出口的禽类产品氯霉素残留超标为由，颁布禁令禁止进口原产于中国大陆的禽肉及其制品。另外，墨西哥、加拿大、瑞士、日本、韩国等国家也相继采取措施，加强对我国动物源性产品的检测，并提出了更高的要求，限制我国的动物源性产品进口。

7.实施农产品技术措施的借口正在逐渐由产品本身转向整个农产品管理体系

在农产品技术性贸易措施产生的早期，进口国限制农产品进口的借口还主要集中在对进口产品本身的检测不合格方面。但随着技术性贸易措施使用规模的不断扩大和频率的逐渐提高，很多进口国开始寻求一种更为有效和节省成本的“借口”寻求方式。一些国家开始把目光瞄准对农产品出口国整个农产品质量安全管理体系的整体评估上，具有可以容易取得大规模限制农产品进口的“正当”理由和节省国内农产品进口检测体系的运行成本的双重优点。如2002年3月15日俄罗斯农业部以中国有关部门没有能够按照先前双方达成的协定满足兽医检查的要求为由，宣布俄罗斯将禁止从中国进口一切猪肉、牛肉和禽肉。菲律宾政府也在未经我官方同意的情况下，先后多次派检查组来华进行我国农产品质量安全管理体系的检查，并根据检查结果限制中国肉类出口企业的注册，严重阻碍中国肉类对菲律宾出口。

8.技术性贸易措施与其他贸易管制措施交替、同时使用

虽然世界贸易组织的《农业协议》、《技术性贸易壁垒协定》和《卫生与植物卫生措施协定》都规定了各类贸易管制措施的实施必须遵守不能扭曲自由贸易的原则，但由于各国实际情况千差万别，各项农产品技术性措施操作繁琐，很难得到有效地控制。各成员国往往在原有农产品

贸易管制措施的基础上，夹杂着各种令人眼花缭乱的技术性规定，使得各种贸易保护措施虚实相间、真假难辨。况随着坎昆会谈的失败，WTO在整个国际贸易自由化中的地位受到了严重的挑战，各国为了保证自身利益都纷纷加强了地区性贸易组织的建设，世界贸易正在步入一个重新统一新秩序前的混乱争霸期。预计未来一段时间，农产品技术性贸易壁垒的实施将更为广泛，且曾经有所限制的关税、配额和反倾销等传统贸易保护手段也将有所抬头，可能会出现技术性贸易措施与其他贸易管制措施频繁、大规模交替同时使用的局面。

三、农产品技术性贸易措施产生的主要原因及评价

技术性贸易措施的产生有其技术原因，也有其深层次的经济原因。而且作为一种贸易管制政策，经济原因要起主导作用。从前述可以看出，我国农产品所面临的技术性贸易措施主要来自于美国、日本和欧盟，而这三个国家（地区）恰恰又是我国肉、蛋、蔬菜和水产品等具有价格优势的农产品主要出口基地。

进口国对进口农产品实施的限制措施大多都是一种政府的经济干预行为。在当今世界政治制度多元化的背景下，无论是代议制政府还是非代议制政府，政府官员的行为都要或多或少地受到社会集团的影响。尤其是在欧、美、日等发达资本主义国家（地区），政府官员的当选和连任，在很大程度上是各个利益集团斗争的结果。党派之间斗争的基础动因是党派背后利益集团的斗争。

经济学研究认为，农产品技术性贸易措施具有“双重”作用。一方面，它是政府扮演公众利益的代表角色所推出的旨在降低（有时是消除）进口农产品所带来的负外部性的政策措施。另一方面，它也是国内生产者利益集团要求限制国际市场产品进入，以维护其在国内市场上垄断利润的表现。特别是随着世界贸易自由化进程的加速，各国关税壁垒的不断降低，发达国家一贯拥护贸易保护的农产品生产者在自身利益的驱使下，对政府当局施加政治压力，迫使政府部门采取一些技术性贸易措施限制某种农产品的进口。

相对于发达国家，我国劳动力价格较为低廉，而资本价格较高。因此，在国际产品市场上，我国蔬菜、水果、肉类等劳动密集型产品具有价格竞争优势，而大宗的粮、棉、油等不具有价格竞争优势。从近年来

我国农产品出口遭遇技术性贸易措施的情况来看，主要产品都集中在蔬菜、水产品、畜产品等具有价格优势的出口农产品，而实施技术性贸易措施的国家是与我国贸易量较大的一些国家。

从前述可知，农产品技术性贸易措施的实施有其深层次的经济和政治原因，其中包括社会经济人的偏好、社会利益集团的政治压力、政策制定者的偏好，以及体制结构等。这些因素都是很难用定量化的指标来衡量的，因此在实证研究中需要设计一些代理变量来表示这些因素。

本文选取了与我国农产品贸易额较大的37个国家，对这些国家向我国实施技术性贸易措施的可能性，以及向那些产品实施技术性贸易措施的可能性进行分析。理想的定量化研究结果是能估计出某个国家对我国某种产品在某个时期实施技术性贸易措施的可能性。本文将从 Logistic Model 入手，试图在定量化的基础上做出定性的判断。

（一）技术性贸易措施的政治、经济因素的代理变量

本报告对我国农产品出口遭遇技术性贸易措施可能性的分析，是一种跨国分析。在已有的文献中，把农业政策跨国分析与对单一品种政策的投票决策政治模型进行了区分。例如 Honma，Hayami（1986）和 Anderson，Hayami（1986）在他们的农业政策国别比较研究中把自变量分为：对比较优势的衡量变量、农业在经济中的份额变量和贸易变量3类。把农业与制造业相比的劳动生产率，和每个劳动力农业土地与资本的比率两个变量定义为比较优势变量；把农业劳动力在总劳动力中的比重，农业在GDP中的比重定义为农业部门对总经济的影响衡量变量；把农产品出口相对于制造业出口定义为贸易条件变量；虚拟变量定义为欧盟的成员国数量。Leamer（1990）在他的研究中把自变量分为国家规模变量，国家特征变量和产品特征变量，并用GNP来表示国家规模，人均GNP和人均土地面积表示国家特征，人均资本、人均土地和一系列的虚拟变量表示产品特征。Grilli（1988）在他关于贸易保护的决定因素的研究中，把决定因素划分为与比较利益或增长有关系的国内和世界经济状况，国内竞争和结构变化。把实际汇率，失业率和生产力水平作为对该国经济水平的衡量。进口渗入量作为对比较利益的衡量，时间趋势作为结构改变的衡量。DeGorter和Tsur（1991）把农业和农村部门之间的GDP差异作为收入禀赋差异的代理变量。在他的模型中，其他独立变量包括每人可耕地面积，农村人口比率和净出口国对进口商、收入组别和稻米商品

的虚变量。Beghin 和 Kherallah（1994）在他们的研究中把独立变量归类为公民自由权、政治制度、财政及其他。公民自由权和政治制度由一系列虚拟变量表示，包括代表经济合作与发展组织成员的虚变量。把出口比率多样化（出口金额占出口总额的比率）、税收收入（收入税在总税收中的比率）和作物出口税占总间接税的比率作为财政的衡量。把出口对进口的比率、农业GDP份额、农业收入份额、社会公平指数和比较利益变量划归其他变量。

表2-1 模型变量

变量符号	变量定义	单位	备注
农业特征			
TL	2001年拖拉机农地比例	台／公顷	X_1
FL	2001年肥料消费与农地比例	公斤／公顷	X_2
VAAG	2002年农业增加值	美元／人	X_3
LL	2001年人地比例	人／公顷	X_4
贸易特征			
TB	2001年农业进出口贸易平衡状况（出口÷进口）	美元／人	X_5
GTB	1990－2001年农产品贸易平衡增长变化（出口增长速度－进口增长速度）	%	X_6
PENT	2001年农产品进口额占农业增加值的比重	%	X_7
CH-IMAGPCEN	进口中国农产品占农业总产值的比重（2001）	%	X_8
CH-IMPECEN	进口中国农产品占其农产品进口的比重（2001）	%	X_9
DIFF-EX-IM	2001年与中国进出口贸易之差（出口－进口）	美元	X_{10}
政策制定者偏好			
GDPEXP	2001年农产品出口额占GDP的比重	%	X_{11}
GOVT	2001年政府在GDP中的消费比例	%	X_{12}
经济特征			
WTO	2002年是否为WTO成员国（是为1，否为0）	0，1	X_{13}
PVT	2001年个人消费数量	美元／人	X_{14}
有效政治力量			
AGGDPPCEN	2001年农业GDP贡献	%	X_{15}
LABAG	2001年农业劳动力比重	%	X_{16}
AGPOPU	2002年农业人口数量占总人口数量比重	%	X_{17}

技术性贸易措施的实施是一种基于经济层面原因基础上的政治行为，其最终决定要取决于能够左右政策决策的个体经济因素，政策制定者的

偏好，有效地政治力量和制度结构（Thornsbury， Suzanne，1998）[①]。考虑资料的可获得性和前文的分析，本文选取了个体经济因素，政策制定者偏好和有效政治力量三组，17个变量进行研究。具体各个变量的名称和含义见表2-1。

（二）模型结构和数据模拟运算

1.模型结构

经济学界常用LPM（Liner Probability Model）对于二分变量进行估计。普通的LPM表达式为：

$$Y_i = \beta_0 + \Sigma \beta_i X_i + \mu_i \quad （公式2.1）$$

其中Y_i是一个二分变量，μ_i为随机扰动项。因为Y_i在给定X_i条件下的期望$E(Y_i \mid X_i)$可以解释为给定X_i事件将发生的条件概率，因此当$E(\mu_i)=0$时，$E(Y_i \mid X_i) = \beta_0 + \Sigma \beta_i E(X_i)$。由于概率必须落在0和1之间，所以我们有约束条件$0 \leqslant E(Y_i \mid X_i) \leqslant 1$。可以看出，在先验上这个条件是正确的，但在实际运算中，我们是无法保证$E(Y_i \mid X_i)$的估计值$\hat{Y}_i$一定能够满足这个条件。此时的解决办法有两种，一种是用平常的OLS方法估计LPM，如果$\hat{Y}_i$小于0，则取其为0；如果$\hat{Y}_i$大于1，则取其为1。但由于线性概率模型中参差的非奇次性，参数估计方差是有偏的，而且t检验和F检验是无效的。为此有人提出对μ_i的正态化处理（即$E(\mu_i)=0$，$var(\mu_i)=\sigma^2$），但工作较为繁琐，且估计效果也不一定理想。所以我们只能寻找另一种方法，就是把普通的LPM进行逻辑斯蒂转换，改造成对数单位或概率单位模型，以确保所估模型的合理性和估计概率确实落在0和1之间。

假设公式2.1中的误差项μ服从logistic分布或者标准正态分布。由于logistic和标准正态分布都是对称的，所以公式2.1可以作如下转换：

$$P(Y_i=1 \mid x_i)=P\left[(\beta_0+\Sigma\beta_i x_i+\mu)>0\right]=P\left[\mu>-\beta_0-\Sigma\beta_i x_i\right]$$
$$=P\left[\mu\leqslant(\beta_0+\Sigma\beta_i x_i)\right]$$
$$=F(\beta_0+\Sigma\beta_i x_i) \quad （公式2.2）$$

F为μ的累积分布函数（Cumulative Distribution Function，CDF）。分布函数的具体形式依赖于服从logistic的具体假设。即：

① Thornsbury，Suzanne TECHNICAL REGULATIONS AS BARRIERS TO AGRICULTURAL TRADE，Dr.Dgree Dissertation，1998，Virginia Polytechnic Institute and State University

$$P(Y_i=1|x_i)=P[\mu \le (\beta_0+\sum \beta_i x_i)]$$
$$=F(\beta_0+\sum \beta_i x_i)$$
$$=\frac{1}{1+e^{-\mu}} \quad (公式 2.3)$$

可以看出，当 $\mu \to -\infty$ 时，$P \to 0$；当 $\mu \to +\infty$ 时，$P \to 1$。很好地解决了线性概率模型所遇到的问题。Logistic的S行曲线表明，μ 对事件可能性的影响力是变化的。当 μ 从负无穷向右增加时，函数值先是缓慢的增加，然后增加速度逐渐增大，之后增加速度又开始逐渐减慢。这说明 μ 在 $P(Y_i=1 | x_i)$ 接近于0或1的作用要小于 $P(Y_i=1 | x_i)$ 处于中间阶段时的作用。将事件发生的概率标准为 P_i，就得到如下logistic回归模型：

$$P_i=E(Y=1|X_i)=\frac{1}{1+e^{-(\beta_0+\sum \beta_i X_i)}} \quad (公式 2.4)$$

对公式2.4进行一下简单的变换得到本文的Logit模型：

$$Ln\frac{P_i}{1-P_i}=\beta_0+\sum \beta_i X_i \quad (公式 2.5)$$

其中，$\frac{P_i}{1-P_i}$ 称之为发生比（the odds of experiencing an event, odds），又称为相对风险（Relative risk），它是事件发生的概率与不发生的概率之比。根据公式2.5，发生比与自变量之间的关系为：

$$\frac{p_i}{1-p_i}=\exp(\sum \beta_i x_i) \quad (公式 2.6)$$

2.极大似然估计

极大似然估计是统计学中常用的一种参数估计方法。与最小二乘法相比，极大似然估计即可以用于线性模型，也可以用于复杂的非线性模型。由于概率的二项取值特性，使得最小二乘法的估计结果不能满足无偏性的假设。因此，logistic模型参数估计最为常用的是极大似然估计法。

用极大似然估计法进行参数估计需要构建似然函数（likelihood function）。似然函数将观测概率表述为未知模型参数的函数。模型参数的极大似然估计是选择能够使这一函数值达到最大的参数估计。似然函数的表达式为：

$$L(\theta)=\prod_{i=1}^{n} p_i^{y_i}(1-p_i)^{(1-y_i)} \quad (公式 2.7)$$

公式2.7称为n个观测值的似然函数。直接求公式2.7的最大值比较困难，一般通过把似然函数进行对数转换的方法，再求转换式的最大值。

$$Ln[L(\theta)] = Ln[\prod_{i=1}^{n} p_i^{y_i}(1-p_i)^{(1-y_i)}]$$

$$= \sum_{i=1}^{n}[y_i \ln(p_i) + (1-y_i)\ln(1-p_i)$$

$$= \sum_{i=1}^{n}[y_i(\beta_0 + \sum \beta_i x_i) - \ln(1+e^{(\beta_0+\sum\beta_i x_i)})] \qquad \text{（公式2.8）}$$

公式2.8称为对数似然函数（log likelihood function）。为了估计能使$Ln[L(\theta)]$最大的总体参数β_0和β_i，先分别对β_0和β_i求偏导，然后令它等于0。

极大似然估计具有一致性（consistency）、渐进有效性（asymptotically efficiency）和渐进正态性（asymptotically normal）。一致性表示当样本规模很大时，参数估计将近似于无偏。渐进有效性是指当样本规模足够大时，参数估计标准误（standard error）应相应足够小；渐进正态性是指随着样本规模的增大，最大似然估计值的分布趋近于正态分布。

3. 数据

模型中的原始数据来自于美国农业部、联合国粮农组织和世界银行，本文作者根据指标作了计算处理。

变量TL（拖拉机农地比例）、FL（肥料农地比例）、TB（农业进出口贸易平衡状况）、GTB（农产品贸易平衡增长变化）、LL（劳动力土地比例）、AGPOPU（农业人口数量占总人口数量比重）和LABAG（农业劳动力比重）数据来自于FAOSTAT，经作者计算得出；PENT（农产品进口额占农业增加值的比重）、PVT（个人消费数量）、GOVT（政府在GDP中的消费比例）和VAAG（人均农业增加值）数据来自于World Bank，经作者计算；CH-IMAGPCEN（进口中国农产品占农业总产值的比重）、CH-IMPECEN（进口中国农产品占其农产品进口的比重）和DIFF-EX-IM（2001年与中国进出口贸易之差）指标中进出口数据来自于中国海关，农业总产值数据World Bank 有关数据推算。

因变量数据是根据近年来发生的农产品技术性贸易措施事件自行设计的（见表2-2）。

表2-2 因变量定义

国家	代理变量数值	近年对我国农产品技术性贸易措施事宜
阿拉伯联合酋长国	1	2002年6月和9月，阿联酋迪拜酋长国政府仅以欧盟检测出中国出口的禽类产品氯霉素残留超标为由，即两次颁布禁令，禁止进口原产于中国大陆的禽肉及其制品。

续表 2–2

国家	代理变量数值	近年对我国农产品技术性贸易措施事宜
澳大利亚	0	一些中国企业反映澳大利亚的法规名目过多，但由于今年来对中国农产品没有严重的进口禁止事件，所以视为没有技术性贸易措施。
德国	1	2001 年下半年，德国在进口中国的冻虾中检测到氯霉素以后，在整个欧盟内部掀起了一股抵制中国动物源产品的贸易保护主义思潮。
俄联邦	1	2002 年 3 月 15 日俄罗斯农业部又以中国有关部门没有能够按照先前双方达成的协定满足兽医检查的要求为由，宣布俄罗斯将禁止从中国进口一切猪肉、牛肉和禽肉，这一禁令虽然于 2002 年 4 月 1 日解除，但也曾一度给中国鸡肉出口造成一定影响。另外，欧盟发布这一堆中国的蜂蜜和水产品禁令后，匈牙利等国也紧随其后效仿。
法国	0	法国作为欧盟成员国，虽然也对中国农产品进口有着与欧盟一样的限制，但作为单个国家，法国还没有在近年来对中国农产品有过过激的进口限制行为。
韩国	1	韩国一直将中国视为一个检疫区，一旦发现中国某个地区存在韩国禁止入境的动植物疫病或虫害，则中国非疫区生产的同类产品也将被禁止。受此影响，目前中国的新鲜水果难以进入韩国市场。2001 年 6 月，韩国以从中国个别企业产品检测出禽流感病原体为由，对中国相关产品采取了临时进口禁止措施，同年 11 月底虽然有条件解禁，但由于检疫程序过于严格和繁琐，中国家禽肉产品对韩国出口仍面临很大困难。2002 年 1 月，在未事先通报的条件下，韩国对中国出口的枸杞子、干萝卜丝、萝卜根、当归、黄芩、黄芩根、黄芪等 11 种产品实施二氧化硫精密检验；2002 年 7 月前，韩国对 18 种鲜活鱼实行“先检验，后通关”，致使中国对韩国水产品出口受阻；等等。
荷兰	1	2002 年 1 月，欧盟宣布全面禁止我国动物源性产品进口后，瑞士、日本、韩国等国家相继采取措施，加强对我国动物源性产品的检测，德国、荷兰等国提出更高更严的要求，沙特暂停了对我国此类产品的进口。中国加入世贸组织以后短短几个月间，我国农产品的出口就出现一些反常情况：茶叶不合格、西兰花不合格、鸡腿不合格而被进口国拒收的情况屡见不鲜，甚至只要和肉沾边的中国食品就不能进入欧洲。荷兰干脆把还在码头存放的中国出口的肉一烧了之。
加拿大	1	在 2001 年年底欧盟宣布中国蜂蜜和水产品氯霉素超标后，加拿大采取行动，严格限制中国蜂蜜进口。
马来西亚	0	马来西亚至今还没有对我国实施较为激烈的技术性贸易措施。
美国	0	美国一直就对我国的禽肉、水产品、蜂蜜等均实施较为严格的进口限制措施。
墨西哥	1	墨西哥农业部 2002 年 6 月 2 日下令把扣留的 356 吨受污染的中国蜂蜜销毁或退回中国，主要是在抽样检查中，发现这些蜂蜜中含有链霉素等一些有毒物质的残留物和一些“对人体健康和国家养蜂业造成危险”的污染物。实行这一严厉措施实质上是为了保护墨西哥的养蜂业。

续表 2–2

国家	代理变量数值	近年对我国农产品技术性贸易措施事宜
日本	1	日本是对我国实施技术性贸易措施最多的国家，涉及产品包括蔬菜、禽肉、蜂蜜等。
泰国	0	近年来对中国农产品有过过激的进口限制行为。
新加坡	0	近年来对中国农产品有过过激的进口限制行为。
意大利	0	近年来对中国农产品有过过激的进口限制行为。
印度尼西亚	0	近年来对中国农产品有过过激的进口限制行为。
英国	1	2002 年 1 月 31 日，欧盟委员会发出中止进口包括蜂蜜在内的部分中国动物源性产品的指令。接着，欧盟又提出比以往更苛刻的氯霉素残留限量，要求蜂蜜中氯霉素检出量不得超过 0.1ppb，比原先严格了 100 倍。欧盟委员会的这一指令，很快引起许多国家的连锁反应。英国食品标准局也紧接着在市场抽检中查出中国蜂蜜含有氯霉素残留，建议商店停止销售所有含有中国蜂蜜的混合蜜。
巴西	0	近年来对中国农产品有过过激的进口限制行为。
菲律宾	1	菲律宾政府在未经我官方同意的情况下，先后多次派检查组来华进行检查，而检查后又不对中国肉类出口企业进行注册，严重阻碍中国肉类对菲律宾出口。
南非	0	近年来对中国农产品有过过激的进口限制行为。
印度	0	近年来对中国农产品有过过激的进口限制行为。
越南	0	近年来对中国农产品有过过激的进口限制行为。
蒙古	0	近年来对中国农产品有过过激的进口限制行为。
挪威	0	近年来对中国农产品有过过激的进口限制行为。
沙特阿拉伯	1	2002 年 4 月和 9 月，沙特阿拉伯以中国蜂蜜和海产品氯霉素超标为由，两次禁止进口中国海产品和蜂蜜。
土耳其	0	近年来对中国农产品有过过激的进口限制行为。
西班牙	1	中国罐头行业的出口强势引起了西班牙的不满，以往西班牙产品也主要销往欧美市场，是与中国竞争市场份额的惟一对手。近来西班牙不甘心自己的失利，向欧盟委员会提出申请，希望对原产于中国的橘子罐头采取保障措施。欧盟成员国已开始高度关注中国橘子罐头的农药残留问题，鉴于目前没有确凿证据，不能采取保护措施，为此把目光转向了反倾销条款，以对付中国橘子罐头的外销。
希腊	0	近年来对中国农产品有过过激的进口限制行为。
智利	0	近年来对中国农产品有过过激的进口限制行为。

资料来源：相关媒体报道。《国别投资环境报告》，中华人民共和国商务部，人民出版社

4.模拟分析

应用SAS统计分析软件进行我国农产品出口遭遇技术性贸易措施可能性的logistic概率模型拟合结果表明，如果使全部变量进入模型，很难

满足模型整体拟合的良好性。而使用stepwise命令后所得的筛选变量数又很少。所以本文先用最优子集法（score）确定保证模型整体拟合优度下的最优变量搭配，然后逐一筛选模型。

在SAS统计软件上运行命令，结果中输出273种变量组合，其中有128种能够保证模型整体拟合优度（即p value of chi-square 小于0.05)。本文在每个自由度等级选取了拟合优度最好的一个组合进行分析建模。

5.模型评价

logistic模型的最常用的评价指标有皮尔逊x^2（pearsonx^2）检验和偏差（Deviance）两个。其中皮尔逊x^2可以用来比较模型预测的和观测的事件发生与不发生的频数检验模型成立的假设，其表达式为：

$$\chi^2=\sum_{i=1}^{n}\frac{O_i-E_i}{E_i} \quad \text{（公式2.9）}$$

其中，O_i为观测频数，E_i为预测频数，自由度（d.f.）为协变类型数目与参数数目之差。x^2统计量要是很小，就意味着预测值与观测值之间没有显著差别。一般当皮尔逊x^2的p检验值小于0.05时，表明模型充分地拟合了数据，拟合量度良好。

另外，观测值与预测值的比较还可以根据堆书似然函数（log likelihood function）表示。以$\tilde{L}_S$表示模型所估计的最大似然值，它概括了样本数据由这一模型所拟合的程度。但是由于这一统计量不能独立于样本规模，因此不能仅根据它的值来估计模型的拟合优度，对于同一套数据我们还必须有一个基准模型作为比较所设模型拟合优度的标准。一个基准模型是一个饱和模型（full or saturated model)，它可以完美地预测观测值。饱和模型的最大似然值标记为$\tilde{L}_f$。比较$\tilde{L}_S$和$\tilde{L}_f$实际上就是比较预测值和观测值。通常采用-2乘以设定模型和饱和模型之间最大似然比的对数：

$$D=-2\ln\left(\frac{\tilde{L}_s}{\tilde{L}_f}\right)=-2\left(\ln\tilde{L}_s-\ln\tilde{L}_f\right) \quad \text{（公式2.10）}$$

公式中括号内数量就是似然比（likelihood radio)。-2乘以似然比的自然对数形成一个统计量，当样本规模足够大时，服从x^2分布，自由度等于所设模型中协变量类型个数减去系数个数所得之差。当用此公式计算的统计量指标的x^2检验结果时，模型拟合优度较好。

（三）模拟结果

按照上述logistic模型的评价标准，从每个自由度级中选出一个拟合优度最好的变量组合进行极大似然法估计，得到9个logit概率模型。设

（1）自由度为1的变量组合模型

$$\ln\frac{p_i}{1-p_i}=0.925-0.1692x_{15}$$

（2）自由度为2的变量组合模型

$$\ln\frac{p_i}{1-p_i}=-6.2939-3.2442x_{13}+1.0565x_{14}$$

（3）自由度为3的变量组合模型

$$\ln\frac{p_i}{1-p_i}=-6.6775-2.7291x_1-3.5052x_{13}+1.1736x_{14}$$

（4）自由度为4的变量组合模型

$$\ln\frac{p_i}{1-p_i}=7.4422-0.00502x_5+0.0957x_{11}-4.2551x_{13}+1.1990x_{14}$$

（5）自由度为5的变量组合模型

$$\ln\frac{p_i}{1-p_i}=-8.1928-0.00262x_2-0.007777x_5+0.1167x_{11}-4.5345x_{13}+1.3497x_{14}$$

（6）自由度为6的变量组合模型

$$\ln\frac{p_i}{1-p_i}=-4.9529-0.00783x_5-0.00162x_7+0.1128x_{11}-4.7777x_{13}-1.0502x_{14}-0.0333x_{17}$$

（7）自由度为7的变量组合模型

$$\ln\frac{p_i}{1-p_i}=-10.888-2.0919x_1-0.00287x_3-0.00266x_4-0.00750x_5+0.1246x_{11}-4.5030x_{13}+1.8931x_{14}$$

（8）自由度为8的变量组合模型

$$\ln\frac{p_i}{1-p_i}=-13.3627-0.0133x_2-0.00754x_3-0.0158x_5+0.6178x_9-0.0296x_{10}+0.1619x_{11}-5.31155x_{13}+2.3838x_{14}$$

（9）自由度为9的变量组合模型

$$\ln\frac{p_i}{1-p_i}=-12.2644-2.0177x_1-0.0120x_2-0.00563x_3-0.014x_5+0.5499x_9-0.0265x_{10}+0.1387x_{11}$$
$$-5.0101x_{13}+2.1969x_{14}$$

综上所述，在考虑模型整体显著性和单个变量显著性的前提下，当自由度从1到9变动时，各自由度级别中最为良好的模型经调整后分别为：

$$\ln\frac{p_i}{1-p_i}=-0.1692x_{15}\ \cdots\cdots\cdots\cdots\cdots\cdots\quad（模型-1）$$

$$\ln\frac{p_i}{1-p_i}=-6.2939-3.2442x_{13}+1.0565x_{14}$$ ……（模型－2）

$$\ln\frac{p_i}{1-p_i}=-6.6775-3.5052x_{13}+1.1736x_{14}$$ …………（模型－3）

$$\ln\frac{p_i}{1-p_i}=7.4422+0.0957x_{11}-4.2551x_{13}+1.1990x_{14}$$ ……（模型－4）

$$\ln\frac{p_i}{1-p_i}=-8.1928-0.007777x_5+0.1167x_{11}-4.5345x_{13}+1.3497x_{14}$$

…………………………………………………………………（模型－5）

$$\ln\frac{p_i}{1-p_i}=-0.00783x_5+0.1128x_{11}-4.7777x_{13}$$ ………………（模型－6）

$$\ln\frac{p_i}{1-p_i}=-10.888-0.00750x_5+0.1246x_{11}-4.5030x_{13}+1.8931x_{14}$$

…………………………………………………………………（模型－7）

$$\ln\frac{p_i}{1-p_i}=-13.3627-5.31155x_{13}+2.3838x_{14}$$ ……………（模型－8）

$$\ln\frac{p_i}{1-p_i}=-12.2644-5.0101x_{13}+2.1969x_{14}$$ …………（模型－9）

（四）结论

从模型1～9的变量来看，只有农产品特征变量组中的“农产品贸易平衡状况”(TB)，农业政策制定者偏好变量组中的“农产品出口额占GDP比重”（GDPEXP）、“WTO成员国变量”（WTO）和“居民消费水平”（PVT）和有效政治力量变量组中的“农业GDP贡献”（AGGDPPCEN）五个变量进入模型，其他变量可能由于样本规模较小的原因没能通过显著性检验。值得说明的是，上述模型拟合结果只是说明了在当前的样本规模下，对我国实施农产品技术性贸易措施的贸易伙伴国的若干较为显著的相关特征，并不意味在足够样本规模时，其他变量也将从农产品技术贸易措施实施的政治经济因素中剔除。受制于当前的模型形式，这里将对显著性变量的影响进行较为详细的讨论，而对统计检验不显著的变量只能试图进行概略解释。

1.影响农产品贸易伙伴国对我国实施TBT措施的显著性变量

(1) 农业进出口贸易平衡状况

农业进出口贸易平衡状况（TB）是衡量农业出口部门相对于农业进口部门经济所得的一个指标。从表相关分析的结果来看，TB与人均农业增加值呈正相关，这说明农产品进出口贸易顺差越大，农业生产者从农产品贸易中的经济利益所得就越大，从而他们游说政府甚至对政府施加政治压力以实施农业保护政策的积极性就越低。在模型5、模型6和模型7中，都有变量x_5出现，且系数相差不大。也就是说在其他变量保持不变的前提下，x_5每增加1美元／人，该国对我国实施农产品技术性贸易措施的对数发生比就约降低0.008，发生比约降低0.8%。从表2-3和表2-4可以看出，在近年来对我国实施进口禁止等激烈农产品技术性贸易措施的13个国家中，有9个国家的人均农产品贸易顺差呈现负值，贸易顺差最大国家为荷兰（677.89美元／人），最小值为阿拉伯联合酋长国（-596.40美元／人），平均值为-40.86美元／人。而近年来对我国实施农产品技术性贸易措施的16个国家中，贸易顺差最大国家为澳大利亚（667.67美元／人），最小值为阿拉伯联合酋长国（-297.28美元／人），平均值为40.96美元／人。其中荷兰是一个转口贸易国家，从统计上看，其农产品贸易呈现出“大进大出”的格局。因此，可以说荷兰的农产品贸易顺差不足以代表上述13个国家的最高值水平。如果退而求其次，让加拿大（168.70美元／人）成为该组国家中贸易顺差最大的国家，则对我国实施了农产品贸易的国家组的人均农产品贸易顺差，无论是在最大值、最小值，还是平均值都远低于未对我国实施农产品技术性贸易措施的国家组。

值得注意的是第二组国家中的新加坡、意大利、挪威、希腊四个国家2001年的人均贸易顺差均为负值，马来西亚、泰国、印度尼西亚、巴西、南非、印度、蒙古、土耳其、智利等国的人均贸易顺差也比较小。根据模型5、模型6和模型7的拟合结果，这意味着这些国家很有可能在其他条件成熟时，也可能采取限制农产品进口的措施，是对我国实施农产品技术性贸易措施的潜在国家。

表2-3 对我国实施了技术性贸易措施的国家的农产品贸易顺差

国家	2001年人均农产品贸易顺差（美元／人）
阿拉伯联合酋长国	-596.4
德国	-104.55
俄联邦	-52.48
韩国	-141.66
荷兰	677.89
加拿大	168.70
美国	41.15

续表 2-3

国家	2001 年人均农产品贸易顺差（美元／人）
墨西哥	−31.87
日本	−252.06
英国	−225.64
菲律宾	−12.77
沙特阿拉伯	−2.95
西班牙	1.43
平均	−40.86

资料来源：FAOSTAT

表 2-4　未对我国实施技术性贸易措施的国家的农产品贸易顺差

国家	2001 年人均农产品贸易顺差（美元／人）
澳大利亚	667.67
法国	130.84
马来西亚	65.71
泰国	70.77
新加坡	−297.28
意大利	−90.93
印度尼西亚	1.32
巴西	74.47
南非	23.72
印度	1.19
越南	12.21
蒙古	0.02
挪威	−5.49
土耳其	0.49
希腊	−0.08
智利	0.68
平均	40.96

资料来源：FAOSTAT

（2）农产品出口额占 GDP 的比重

农产品出口额占 GDP 的比重（GDPEXP）是衡量一国经济对国际农产品市场依赖程度，反映农业政策制定者偏好的一个变量。农产品出口额占 GDP 的比重越大，表明该国经济对农产品出口市场就越发依赖，同时农业政策制定者就越倾向于扩大农产品出口。但是文献中对于

GDPEXP 变量对技术性贸易措施实施的影响方向却有不同的解释。Thornsbury Suzanne（1998）认为一国经济越依赖于农产品国际市场，该国的农业政策制定者通过技术性贸易措施限制农业贸易的可能性就越小。而布兰德和克鲁格曼（1985）则通过模型证明了“限制进口以促进出口”的贸易保护主义理论是可信的。

布兰德和克鲁格曼的模型允许每个国家在同一产业既有进口又有出口，并且假定农业产业内存在边际成本曲线向下倾斜的或者是学习型、研发型的规模经济。通过从假定国内外企业具有相同的边际成本的比较静态分析出发，布兰德和克鲁格曼认为一国通过给本国企业在某个市场上的特殊地位，便可以使得这个产业的企业对外国竞争者拥有一种规模优势，即使在一个没有保护的市场上，这个规模优势也会转化为较低的边际成本和较高的市场份额。

根据这种理论，当一国经济对农产品出口依赖性比较大时，就有可能为了扩大农产品出口，而采取限制进口的措施，为本国农业企业营造一个较为宽松的市场环境，促使其扩大规模，降低成本，最终使国内外农业企业的相对边际成本向有利于本国企业的方向变化，从而达到扩大市场份额的目的。

从模型 4、模型 5、模型 6、模型 7 的拟合结果来看，x_{11} 的系数均为正值，系数变化范围为 0.0957～0.1246，即在其他变量值保持不变的前提下，农产品出口额占 GDP 比重每增加 1 个百分点，贸易伙伴国对我国实施技术性贸易措施的对数发生比就约增加 0.1，概率发生比就约增加 10.5%。

从表 2-5 和表 2-6 可以看出，在已经对我国实施了技术性贸易措施的国家中，农产品出口额占 GDP 比重最大的是荷兰（61.29%），最小的是俄联邦（0.01%），平均值是 11.79%。而到目前为止还未对我国实施过激农产品技术性贸易措施的农产品贸易伙伴国中，农产品出口额占 GDP 比重最大的是泰国（55.09%），最小的是印度尼西亚（0.69%），平均值是 6.86%。近年来已经对我国实施了农产品技术性贸易措施的国家组的 GDPEXP 平均值是尚未对我国实施过激农产品技术性贸易措施国家组的 GDPEXP 平均值的 1.72 倍。而且第二组国家中的泰国、澳大利亚、巴西三国的 GDPEXP 值均大于近年来已经对我国实施了农产品技术性贸易措施的国家组的 GDPEXP 平均值。单从这一个变量来说，这三个国家将是

表 2-5　对我国实施了技术性贸易措施的国家的农产品出口额占 GDP 比重

国家	农产品出口额占 GDP 比重（%）
德国	1.50
俄联邦	0.01
韩国	0.63
荷兰	61.29
加拿大	38.72
美国	7.19
墨西哥	25.65
日本	0.10
英国	1.21
菲律宾	2.02
沙特阿拉伯	0.24
西班牙	2.97
平均	11.79

资料来源：FAOSTAT

表 2-6　未对我国实施了技术性贸易措施的国家的农产品出口额占 GDP 比重

国家	农产品出口额占 GDP 比重（%）
澳大利亚	17.20
法国	3.00
马来西亚	0.82
泰国	55.09
新加坡	4.04
意大利	1.47
印度尼西亚	0.69
巴西	11.60
南非	2.32
印度	1.10
越南	1.80
蒙古	2.70
挪威	2.56
土耳其	1.27
希腊	2.47
智利	1.68
平均	6.86

资料来源：FAOSTAT

今后可能实施“限制进口以促进出口”战略的潜在国家。

(3) WTO成员国变量

WTO成员国（WTO）变量是表明政府融入世界贸易自由化趋势的偏好变量。在WTO框架下，成员国都要求遵守TBT协定和SPS协定，且有世贸组织统一的贸易争端仲裁机构，因此在很大程度上限制了贸易保护行为。从模型2、模型3、模型4、模型5、模型6、模型7、模型8、模型9的拟合结果来看，拟合系数都为负数，且拟合系数的显著性检验都十分良好，变量系数变化范围是3.2～5.3。

WTO变量是一个二分变量。如果把这个二分变量按照连续变量看待，认为WTO变量从0.1到1的变化过程是某国从有加入WTO的意愿直到经过努力加入WTO的过程，则可以得出比较有意思的结论是：那些试图申请加入WTO的国家，在申请早期会在农产品技术性贸易措施的实施上做出较大让步，而随着入世申请工作的顺利进展（WTO ≥ 0.5），这些国家在农产品技术性贸易措施上的让步力度会逐步降低，最后将停止在WTO所能容许的界限上。因此，可以说WTO的协议约束可以在其他因素不变的前提下，降低技术性贸易措施发生的可能性。但其不会改变其他因素作用的趋势，也就是说，WTO协议只能对某些国家的技术性贸易保护行为进行限制，但不能根除国际贸易中发生的技术性贸易措施现象。

(4) 居民消费水平

居民消费数量（PVT）是衡量政府对储蓄、消费和政府支出比例划分偏好的一个变量，也可以看作是对经济发展水平的衡量。一般来说，公众的消费水平越高，对食品消费的质量和档次也就越高，对农产品质量不安全也就越敏感。这很可能成为引发对进口国以农产品质量不安全为由进行进口限制的因素。同时这个指标也反映了消费者对政府政策制定的影响。

在模型2、模型3、模型4、模型5、模型7、模型8、模型9中PVT变量的所有拟合系数都为正数，变化范围为1.09～2.38，且该变量系数的显著性检验都十分理想，表明该变量对因变量的解释力较强。

从表2-7和表2-8可以看出，近年对我国已经实施了农产品技术性贸易措施的国家组中居民消费水平最高的国家是美国（23995.91美元/人），最小的是菲律宾（634.25美元/人），平均值为9870.74美元；尚未对我国实施过激农产品技术性贸易措施国家组中居民消费水平最高的是挪威（15704.11美元／人），最小的是泰国（109.26美元／人），平均值是5058.62美元／人。两个组相比较，第一组的居民消费水平最大值、最小值和平均值都远大于第二组。

另外，第二组中的挪威、法国、意大利、澳大利亚和新加坡的居民消费水平也比较高，分别为第一组平均值的1.59、1.22、1.16、1.16和0.91，在其他条件成熟时，这些国家将是对我国实施农产品技术性贸易措施的潜在国家。

表2–7　对我国实施农产品技术性贸易措施国家的居民消费水平

国家	美元／人
美国	23995.91
日本	17568.65
英国	15354.26
德国	13244.96
加拿大	12670.19
荷兰	11578.13
阿拉伯联合酋长国	10585.33
西班牙	8684.43
韩国	5366.20
墨西哥	4356.92
沙特阿拉伯	3189.67
俄联邦	1090.73
菲律宾	634.25
平均	9870.74

资料来源：World Bank

表2–8　尚未对我国实施农产品技术性贸易措施国家的居民消费水平

国家	美元／人
挪威	15704.11
法国	12008.38
意大利	11419.47
澳大利亚	11417.50
新加坡	8959.85
希腊	7833.79
印度	3046.60
智利	2819.77

续表 2-8

国家	美元／人
巴西	1747.98
马来西亚	1665.44
南非	1647.05
土耳其	1494.85
印度尼西亚	516.23
蒙古	277.50
越南	270.08
泰国	109.26
平均	5058.62

资料来源：World Bank

（5）农业GDP贡献

农业GDP贡献（AGGDPPCEN）是衡量某国农业经济相对地位的变量。从相关分析可以看出，农业GDP贡献与农业劳动力比重和农业人口比重都呈正相关，相关系数分别为0.594和0.587，显著性双尾检验值均为0.001，十分显著。这表明农业GDP贡献较大的国家，其国内农业劳动力和农业人口就相对较多，在一致的目标下，组成管理成本较高，一般情况下难以形成较强的政治力量去游说政府实施农产品贸易保护措施。

另外，农业GDP贡献与居民消费水平和政府消费占GDP比重还呈显著的负相关，相关系数分别为−0.733和−0.377，双尾检验值分比为0.001和0.044。这个实验结果与一般的经济发展规律相符，即随着一国经济发展水平的提高，农业在国民经济中的比重要逐步下降，居民消费水平和政府消费占GDP的比重将随之提高，居民消费结构将出现结构性升级，对高档次安全食品和公共产品的消费需求增加。在普遍的社会压力下，政府将会在农产品质量安全政策和相关监管措施等社会公共物品供给方面加大力度，以寻求更多的社会政治声誉。当然，这种分析的前提是去除那些农业资源较少的资源型国家和城市型国家。

在所有9个模型中，模型1是唯一一个包含农业GDP贡献的模型，拟合系数为−0.1692，即农产品贸易伙伴国的农业产值占GDP的比重每下降1个百分点，该国对我国实施农产品技术性贸易措施的对数发生比就降低0.1692，发生比降低18.4%。

如表2-9所示，在近年来已经对我国实施了农产品技术性贸易措施的国家组中，农业GDP贡献最小的是英国（1%），其次是美国（1.04%），最大的是菲律宾（15.20%），平均值为4.33%。在近年来尚未对我国实施农产品技术性贸易措施的国家组中，农业GDP贡献最小的是新加坡（0.10%）、其次是挪威（1.80%），最大的是蒙古（30.50%），平均值为10.81%。

表2-9.1　对我国实施农产品技术性贸易措施国家的农业GDP贡献

国家	农业GDP贡献（%）
英国	1.00
美国	1.04
德国	1.20
日本	2.30
加拿大	2.60
西班牙	3.60
阿拉伯联合酋长国	3.90
韩国	4.40
墨西哥	4.40
荷兰	4.50
沙特阿拉伯	5.20
俄联邦	6.90
菲律宾	15.20
平均	4.33

资料来源：World Bank

表2-9.2　尚未对我国实施农产品技术性贸易措施国家的农业GDP贡献

国家	农业GDP贡献（%）
新加坡	0.10
挪威	1.80
法国	2.90
意大利	2.90
澳大利亚	3.10
南非	3.10
马来西亚	8.40
智利	8.80
巴西	9.30
泰国	10.20

续表 2-9.2

国家	农业GDP贡献（%）
希腊	11.90
土耳其	13.80
印度尼西亚	17.50
越南	23.60
印度	25.00
蒙古	30.50
平均	10.81

资料来源：World Bank

第二组国家中，新加坡、挪威、法国、意大利、澳大利亚和南非的农业GDP贡献均小于第一组国家4.33%的平均值。但从这一个变量对因变量的影响来看，这六个国家将是未来对我国农产品技术性贸易措施的重点潜在国。

2.影响农产品贸易伙伴国对我国实施农产品技术性贸易措施的非显著性变量讨论

运用最优子集法进行变量筛选时，拖拉机农地比例（TL）、肥料农地比例（FL）、人均农业增加值（VGGA）、农业劳动力－土地比例（LL）、进口中国农产品占其农产品进口的比重（CH–IMPECEN）、2001年与中国进出口贸易之差（DIFF–EX–IM）、农业劳动力比重（LABAG）和农业人口比重（AGPOPU）均在模型总体显著的情况下进入拟合模型，但具体单个变量不显著。本文在参考已有文献和结合这些变量在模型中各自符号的基础上，分别作简要的理论阐述。

（1）资本－土地比

拖拉机农地比例（TL）和肥料农地比例（FL）是资本－土地比的替代变量。一个国家农业的资本密集度越高，其农业生产就越有比较优势(Anderson and Hayami，1986；Gardner，1993)，其农产品的在市场上的竞争力就较强，农业生产者的经济所得较多，因此游说政府官员实施技术性贸易措施以保护其自身利益的积极性就会降低，对我国实施农产品技术性贸易措施的概率也将降低。

如表2–9.2显示，变量TL出现在变量组合3、7、9中，而变量FL出现在变量组合5、8、9中，拟合系数均为负值。TL的显著性检验值分别为0.25、0.39和0.55，FL的显著性检验值分别为0.36、0.29、0.32，不能满足95%的变量显著性检验要求。但总体在60%的置信范围内的显著水平也可以初步验证上述的理论推测。

(2) 农业增加值

人均农业增加值（VGGA）是衡量农业对经济绝对贡献的一个变量。人均农业增加值较高，说明该国的农业比较优势较为明显，农业生产者的利益所得较为优厚，游说政府实施农产品进口保护的积极性不强。

从模型的拟合结果来看，变量组合7、8、9中的X_3变量系数均为负数，x^2显著性检验值分别为0.42、0.19、0.30，虽然显著性检验值难以通过，但总体在60%的置信范围内的显著水平也可以初步表明人均农业增加值越大的国家，对我国实施农产品技术性贸易措施的可能性就越小的理论推测。

(3) 与中国的农产品贸易特征

CH−IMPECEN和DIFF−EX−IM都是描述与我国农产品贸易特征的变量。一般来说，进口中国农产品占其农产品总进口的比重越大，表明中国农产品在其国内农产品市场的份额也越大，对其农业产业的冲击也越大，其国内农业生产者要求政府限制中国农产品而保护他们自身利益的愿望也越强烈，就容易对我国实施农产品技术性贸易措施。再者，如果我国农产品在某国国内市场的份额较大，则单从我国农产品在这个国家的农产品技术性管制措施的受体目标面来说也就越宽，从而遭遇该国农产品技术性贸易措施的概率也越大。

另外，如果贸易伙伴国在与我国的农产品贸易中顺差（DIFF−EX−IM）越小，那么该国在基于整体经济利益和国际收支平衡的考虑下，以及在国内相关政治团体的压力下，就越可能采取专门限制我国农产品的进口的技术性贸易措施，从而增大我国农产品出口遭遇技术措施的可能性。

在这一组变量中，除进口中国农产品占农业总产值的比重（CH−IMAGPCEN）没有进入模型外，进口中国农产品占其农产品进口的比重（CH−IMPECEN）变量组合8和9中的拟合系数均为正值，而2001年与中国进出口贸易之差（DIFF−EX−IM）在变量组合8和9中的拟合系数均为负数，且两个变量均在70%的置信水平下显著。因此，与前两组变量相比，该组进入变量组合的两个变量对因变量的解释能力要更大一些。

此外，变量农业劳动力−土地比例（LL）、农业人口比重（AGPOPU）和农产品进口额占农业增加值的比重（PENT）虽然进入了变量组合，但由于显著性水平过低（x^2 显著性检验值分别为0.75、0.51和0.55），故无法揭示其对因变量影响方向的正确性；而变量农业劳动力比重(LABAG)、政府在GDP中的消费比例（GOVT）和农产品贸易平衡增长变化（GTB）在保证每个自由度级别变量组合总体最优的条件下，没能进入变量组合。

（五）我国农产品出口遭遇技术性贸易措施限制内因分析

我国农产品出口遭遇技术性贸易措施的限制既有外因，也有内因。到目前为止，本文似乎只研究了外因，而忽略了内因。其实，在上述模型中屡次出现的居民消费水平变量（PVT）和未进入统计变量组合的GOVT变量的设计初衷也有反映我国农产品遭遇技术性贸易措施内因的成分。模型最终得出的贸易伙伴国居民消费水平（PVT）与我国农产品遭遇技术性贸易措施概率呈正比的结论，足可以解释是由于我国农产品整体质量安全水平低而不能满足经济发达国家居民消费需求的内因。唯一遗憾的是由于统计数据的原因，GOVT变量没能进入最优变量组合，无法解释是否由于我国农业生产的整体病疫防治水平低而导致进口国出于对社会福利的考虑，限制我国农产品进口。但这又似乎说明了当今各国实施农产品技术性贸易措施主要考虑的是保护本国生产者利益和消费者健康，而“消除外部性”理由似乎显得有些苍白。

中国是一个农产品生产和消费大国，中国政府历来十分重视农产品质量安全，并把它作为一项事关人民安康、社会稳定和经济发展的大事在抓。经过几十年的努力，中国农产品生产已基本上能满足国内城乡居民对食物消费数量和质量的需求。但由于受制于经济发展水平和长期以来追求数量型农业生产目标的影响，农产品质量安全管理水平和农产品质量安全水平与先进国家相比，还存在一定差距。这也正是我国农产品出口遭遇技术性贸易措施的内因。

四、对我国实施农产品技术性贸易措施的重点国家

（一）重点国家

近年来我国已经遭遇的农产品技术性贸易措施属于既成事实，在“既有既成事实就有相应原因”的假设和排除不确定性概率的前提下，目前已经对我国实施了农产品技术性贸易措施的国家仍是未来对我国实施

农产品技术性贸易措施的高发国家，主要包括英国、美国、德国、日本、加拿大、西班牙、阿拉伯联合酋长国、韩国、墨西哥、荷兰、沙特阿拉伯、俄联邦和菲律宾。

依据农业进出口贸易平衡状况（TB）变量判定的对我国实施农产品技术性贸易措施的潜在国为：新加坡、意大利、挪威、希腊、马来西亚、泰国、印度尼西亚、巴西、南非、印度、蒙古、土耳其和智利。

依据农产品出口额占GDP的比重（GDPEXP）变量判定的对我国实施农产品技术性贸易措施的潜在国为：泰国、澳大利亚和巴西。

依据居民消费水平（PVT）变量判定的对我国实施农产品技术性贸易措施的潜在国为：挪威、法国、意大利、澳大利亚和新加坡。

依据农业GDP贡献（AGGDPPCEN）变量判定的对我国实施农产品技术性贸易措施的潜在国为：新加坡、挪威、法国、意大利、澳大利亚和南非。

如图2-1所示，依据不同的变量，可以选出不同的潜在影响国。这表明与不同显著变量对应的潜在国具有对我国实施农产品技术性贸易措施某些显著共同特征，而且这种显著性共同特征越多且作用越大，则对我国实施农产品技术性贸易措施的概率越大。在实际计算中，对于特定的潜在国而言，共同特征的多少由其所对应的模型显著变量个数决定，而共同特征的作用则表现为对应显著性变量在模型中的系数。因此，可以根据各显著变量在不同模型中的拟合系数平均值，设计一个旨在表明尚未对我国实施农产品技术性贸易措施国家的潜在影响级别的指标，来定量化地确定各国的潜在影响程度，并在此基础上确定影响级别。

根据表2-10的计算结果，借鉴社会上通行的星级划分法，把希腊等影响数值为0.008的7个国家定性为一星级影响类，把影响数值在0.12~0.17的南非、泰国、巴西和法国4个国家定性为二星级影响类，把影响数值为1.785的新加坡、意大利、挪威3国定性为三星级影响类，把影响数值为1.889的澳大利亚定性为四星级影响类，把英国、美国、德国、日本、加拿大、西班牙、阿拉伯联合酋长国、韩国、墨西哥、荷兰、沙特阿拉伯、俄联邦、菲律宾13个已经对我国实施了农产品技术性贸易措施的国家定性为五星级影响类。

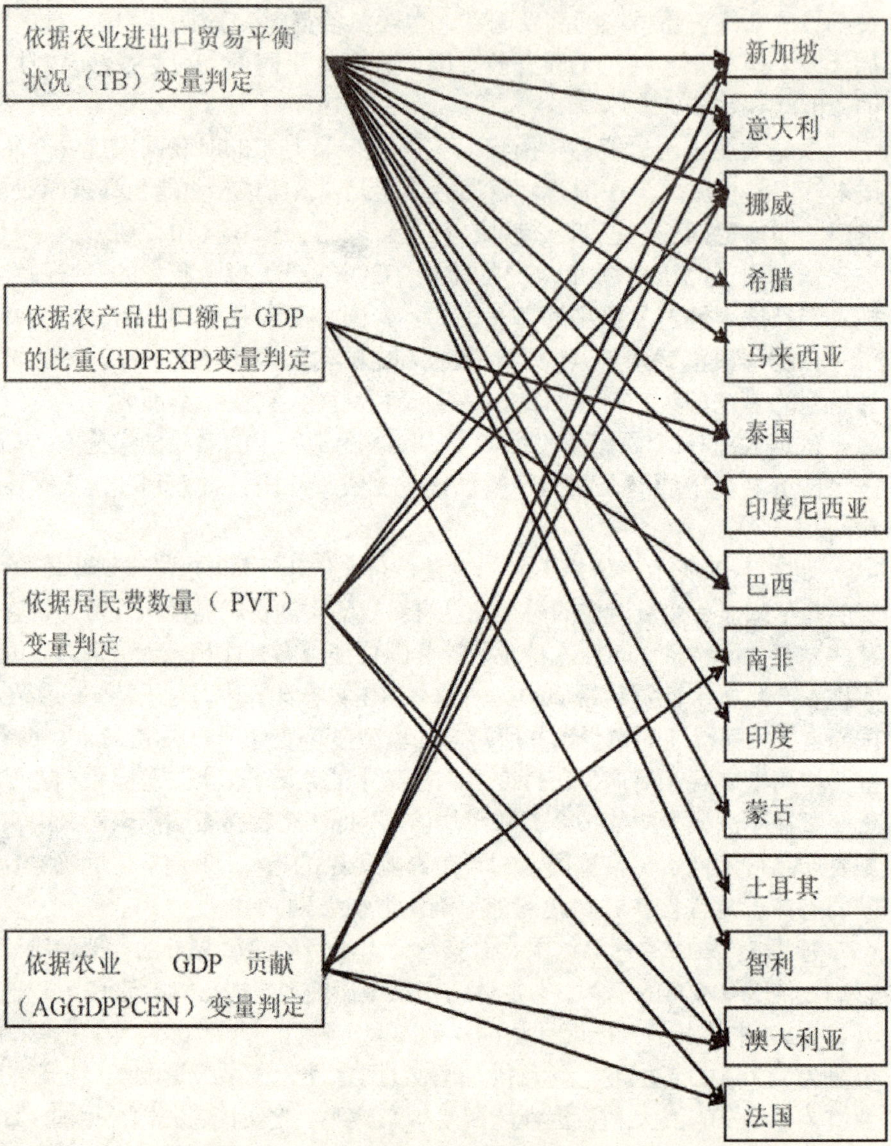

图 2–1 依据各显著性变量判定的潜在影响国

表 2–10　各潜在国的影响指数及影响级别

	依据变量 TB 判定	依据变量 GDPEXP 判定	依据变量 PVT 判定	依据变量 AGGDPPCEN 判定	影响数值	影响级别
澳大利亚	×	✓	✓	✓	1.889	☆☆☆☆
新加坡	✓	×	✓	✓	1.785	
意大利	✓	×	✓	✓	1.785	☆☆☆
挪威	✓	×	✓	✓	1.785	
南非	✓	×	×	✓	0.177	☆☆
泰国	✓	✓	×	×	0.12	
巴西	✓	✓	×	×	0.12	☆☆
法国	×	×	✓	✓	0.113	
希腊	✓	×	×	×	0.008	
马来西亚	✓	×	×	×	0.008	
印度尼西亚	✓	×	×	×	0.008	☆
印度	✓	×	×	×	0.008	
蒙古	✓	×	×	×	0.008	
土耳其	✓	×	×	×	0.008	
智利	✓	×	×	×	0.008	

（二）重点产品

根据上述分析结果，我们按照各国家的影响级别和近年其与中国农产品贸易种类、数量，确定重点产品。在具体的分析过程中，本文沿用海关统计的98章分类法来把农产品分为“活动物”等10种，并根据每个影响级别国家对中国农产品的进口结构，设计旨在定量化确定各类农产品遭遇技术性贸易措施可能性大小的指标，即：

$$P_j=\sum_{i=1} S_i w_{ji} \qquad \text{（公式2.11）}$$

其中，P_j 为第 j 种农产品的危险指数，$j \in$（1，2，3，…，10）；

S_i 为第 i 国的影响级别，即一星级 $S_i=1$，二星级 $S_i=2$，依此类推；

w_{ji} 为中国第 j 种产品在对 i 国农产品出口总量中的比重。

在公式中，S_i 的数值可以由前述重点国家分析获得，而 w_{ji} 数值的获取则要分别计算我国对上述 28 国的各类农产品出口结构。

分别将我国对各国各类农产品出口的比重代入“产品危险指数”的计算公式中，可得各类农产品遭遇技术性贸易措施的“危险指数”（表2–

11)。如果将危险程度最大的是“食用蔬菜、根及块茎”类农产品遭遇技术性贸易措施的危险级别设为1，则“鱼及其他水生无脊椎动物”类、“肉及食用杂碎”类、“其他动物产品”类和“食用水果、坚果、甜瓜等水果果皮”类的危险级别分别为0.567、0.434、0.430和0.349，前5类农产品的危险指数占全部10类农产品危险指数之和的80%以上。

表2–11　我国各类农产品出口遭遇技术性贸易措施的危险指数

产品	危险指数	危险级别
食用蔬菜、根及块茎	2691.97	1.000
鱼及其他水生无脊椎动物	1526.28	0.567
肉及食用杂碎	1169.34	0.434
其他动物产品	1156.91	0.430
食用水果及坚果；甜瓜等水果果皮	939.25	0.349
咖啡、茶、马黛茶及调味香料	808.48	0.300
谷物	594.66	0.221
乳、蛋、蜂蜜、其他食用动物产品	335.2	0.125
活植物、茎、根、插花、簇叶	64.92	0.024
活动物	12.866	0.005

结论：我国蔬菜、水产品、肉类产品和水果等将依次是遭遇技术性贸易措施可能性较大的农产品，也应是我国应对农产品技术性贸易措施的重点监护对象。

五、若干重点国家农产品质量安全管理和技术性贸易措施体系

从地域分布来看，我国农产品出口国家主要集中在亚洲、欧洲和北美洲。2001年和2002年，我国对各星级的28个影响国家农产品出口总额为114.2亿美元，其中对日本出口42.4亿美元，占总额37.1%；对韩国出口27.4亿美元，占总额的24%；对东盟出口15.6亿美元，占总额的13.7%；对欧盟出口11.3亿美元，占总额的9.9%；对美国出口9.2亿美元，占总额的8.1%。且在这五组国家中，五星级影响国家就有8个，占整个五星级影响国家的62%。因此，加强对这些国家的农产品质量安全管理体系研究，将对增强我国农产品应对其技术性贸易措施，借鉴经验构建我国的农产品技术性贸易措施战略具有重要意义。

（一）日本农产品质量安全管理

日本是一个工业高度发达的国家，自然资源匮乏。农业在日本国民经济中所占比重很小，农业人口仅占总人口的9%。稻米和蔬菜是日本的主要农产品，但产量较少，农产品自给率很低，国内所需的大量农产品都要依赖进口。因此，日本农产品质量安全管理的重点是进口农产品。在长期借鉴西方国家做法和经验的同时，日本形成了具有本国特色的农产品质量安全管理模式。

1.农产品质量安全管理机构

日本农产品质量安全管理由农林水产省和厚生劳动省负责。农林水产省主要负责国产农产品生产环节的质量安全管理，农业投入品（农药、化肥、饲料、兽药等）产、销、用的监督管理，进口农产品动植物检疫，国产粮食的安全性检查，国内农产品品质和标识认证，农产品加工中“危害分析与关键控制点”（HACCP）方法的推广等。

厚生劳动省主要负责加工和流通环节农产品质量安全的监督管理，包括组织制定农产品中农药、兽药最高残留量限定标准，对进口农产品进行安全检查，食物中毒事件的调查处理等。

农林水产省和厚生劳动省之间既有分工又有合作。在农药、兽药残留量标准制定方面，由两个部门共同完成。在市场抽查方面，两个部门各有侧重。厚生劳动省负责执法监督，对进口和国产农产品的抽检结果对外公布，并作为处罚依据。农林水产省只抽检国产农产品，旨在分析农产品生产过程中的安全性，以便及时提供技术指导，提高农产品品质。

2.农产品质量安全标准体系

日本的农业质量标准数量众多，不仅在生鲜食品、加工食品、有机食品、转基因食品等方面有详细的标准和标志制度，而且在标准制定、修订、废除、产品认证、监督管理等方面也建立了完善的制度体系。

日本的农产品质量安全标准通常由农林水产大臣根据需要委托有关单位起草制定，将草案交农业标准委员会（JASC）审议，最后农林水产省大臣确认JASC审议的草案对有关方面均不会造成歧视后，批准发布。

在日本的农产品质量标准制定过程中，政府扮演着重要角色，并注重充分发挥专业团体的作用，体现“专家制定”的原则，保证了标准制定过程的透明化和合理科学化。

3.农产品质量法规体系

日本的农产品质量安全法律法规体系比较健全。目前主要有《农产品品质规格和正确标识法》《食品卫生法》《植物防疫法》《家畜传染病预防法》《农药取缔法》等，依法对农产品进口、生产、加工和流通等各环节进行管理。为了确保这些法律法规的实施，日本还制定了一系列相关的法律法规及强制性规章。如有机农产品生产管理认证的技术标准，加工食品质量分类标准，转基因食品分类标准等。

4.农产品质量认证体系

日本农产品质量认证体系可以分为常规农产品认证和有机农产品认证两种。常规农产品认证是指JAS认证。JAS是一种自愿认证制度，生产者可以自愿申请，经认证合格后被授权使用JAS标志。

日本于1992年发布了“有机农产品及相关说明的指南”，确定了有机农产品标识。后来又在JAS法的修订中确定了有机农产品及其加工制品的特定JAS规格标准。1996年将上述指南再次修订为“有机农产品和特殊栽培农产品的专门标志指南”，1997年再次修订，将稻米也列为认证对象。2000年1月20日，制定“有机农产品”及“有机农产品加工食品”的特定JAS规格，并于2001年4月起执行。与此同时，将原指南中与有机农产品相关的部分去掉，修订为“特殊栽培农产品的标志指南”。

5.农产品质量安全监督管理体系

农林水产省由综合食料局负责主管农产品质量安全政策的制定和产品质量标识，生产局负责动植物检疫、防疫和农业生产资料的管理。日本独立行政法人农林水产消费技术服务中心是农产品质量安全管理任务的主要承担者。该中心在全国设有7个分中心，负责全国47个都道府县农产品质量安全的调查分析，受理消费者投诉和办理JAS认证及认证产品的监督管理。另外，农林水产省植物防疫处还在全国7个区域性农业局设立病虫害防治科，在县级设立180多个防治所，指导农民合理地使用农药。在动物防疫方面，农林水产省设有1个本所、6个支所、17个派出机构、170个家畜保健卫生所，2000多名兽医直接承担家畜传染病防治工作。在农产品质量安全抽检方面，厚生劳动省在13个口岸设有检验所，负责对进口农产品进行抽检。

此外，日本还充分发挥社会新闻媒体的作用，对生产者和中间销售商进行舆论监督。通过低息贷款、减免税、政府投资等形式，对农产品质量安全管理有关的环节予以资金扶持。并实行优质优价和严格的违规惩处，增强生产者和销售者的自我约束能力，确保农产品质量安全。

（二）韩国农产品质量安全管理

韩国是一个新兴的工业国家，农业人口占总人口的9%左右。同时韩国又是一个典型的农产品进口国家，除大米、蔬菜外，绝大多数农产品都依赖进口。据联合国粮农组织统计，2001年韩国农产品进口总金额约为82.3亿美元，而出口仅为16亿美元，进口远大于出口。其中肉类进口约8亿美元，谷物进口约15亿美元，水果蔬菜约6亿美元。

与日本相类似，韩国的农产品质量安全管理也正在逐步转向以进口为重点监管对象的发展格局。从监管措施来看，对进口产品实行强制性检验检疫和市场检查为主，国产农产品以技术服务和品质认证为主。特别是1999年的政府机构改革，理清了农产品质量安全管理机构，加强了农产品质量安全管理职能，整个体系运作富有成效。

1.农产品质量安全管理机构

韩国涉及农产品质量安全管理的部门主要是海洋渔业部、食品药品安全厅和韩国农林部三个部门。海洋水产部负责水产品质量安全管理及相关病虫害检疫工作；食品药品安全厅负责农产品加工品和流通农产品的安全管理工作。

农林部负责农产品生产、贮藏和批发市场中的质量安全管理，畜产品从“牧场到餐桌”全过程的质量安全管理和农畜产品的品质认证、地理标识管理，以及进口农畜产品及加工品的病虫害检疫和畜产品的质量安全工作。

农林部下设农产品质量管理局、畜产品质量管理局、粮食管理局、国立农产品品质管理院和兽医科学检疫院，全面负责农产品质量安全管理的对策、法律法规拟定、财政预算编制及管理功能的实施。

2.农产品质量安全管理的法律法规体系及监管制度

韩国有关农产品质量安全管理的法律法规比较齐全。主要有《农产品品质管理法》、《植物防疫法》、《农药管理法》、《家畜传染病预防法》、《畜产品加工处理法》、《水产品品质管理法》和《食品卫生法》等。另外，还有农林部发布的7个农畜产品质量安全管理规范，国立农产品品质管理院发布的5个质量安全管理技术规范。

韩国农产品质量安全的监管制度比较严格，采取奖惩相结合和群众监督举报的措施，确保监管的有效性。韩国明确规定，对假冒农产品标识或标识使用不当者，要处罚款并处以3年以下监禁或管制。对举报有功者，予以最高不超过100万元的奖励。

3. 农产品质量安全检测检验体系和安全认证体系

韩国的农产品、食品质量安全检测检验体系分为三部分：一是农林部国立农产品品质管理院、国立兽医科学检疫院及两院在全国的分院和派出机构，主要对种植业产品和畜产品进行质量安全检测检疫；二是海洋渔业部所属的水产品检查所及其派出机构，负责对水产品质量进行安全检测检疫；三是食品药品安全厅所属的检验所和地方政府食品药品安全检查机构，负责对市场农产品（包括畜产品）质量安全进行检测检疫。三部分分工合作，仪器设备根据工作需要配备，人员统一纳入公务员管理。另外，在大型批发市场有快速检测设备，负责批发市场的自检工作。

韩国农产品品质认证均归农林部所属的国立农产品品质管理院及其分支机构承担。认证的形式多样，主要有有机农产品认证、转换期有机农产品认证、无农药农产品认证、低农药农产品认证、普通农畜产品认证、HACCP认证、地理标识认证、原产地标识认证和GMO标识认证等。

（三）东盟若干主要国家的农产品质量安全管理

1. 菲律宾农产品质量安全管理

菲律宾的农产品质量安全管理主要由菲律宾农业部和卫生部负责，两个部门分工合作，共同促进菲律宾农产品质量安全水平的提高。农业部下设29个分支机构，其中对农产品质量安全管理职责的主要有：

动物产业局：主要负责制定动物产品和兽药相关管理规定，审批办理省际间或地区间动物产品运输许可证，肉和肉类产品、活猪、家禽、工业用动物皮革、狗、猫、野生动物、牛和马的进口许可，以及进行兽药登记注册。

植物产业局：主要负责种子质量管理，组织种子测试认证和发放种子许可证；办理水果、蔬菜、植物及栽培材料、其他植物产品、鸟类和小动物的进口许可；对国内植物或植物产品进行检疫；发放国内植物运输许可证；发放植物检疫许可证。

化肥和农药局：规范化肥和农药企业，监测化肥、农药的功效和质量、化肥和农药企业的环境影响、化肥和农药产品对农业从业人员健康安全的影响；直接为农民和渔民提供相关技术服务；进行研究和开发，促进有机农业和自然农药的发展；监测部分农产品的农药残留；为公众提供健康和环境相关信息，并进行技术援助；进行作物害虫监测。

肉类监测局：主要负责家畜、肉类和肉类产品产后政策、程序、规则和标准的宣传和实施，对肉类加工、存储和保存进行检测，保护肉类消费者利益，并致力于促进家畜和肉类工业发展。

另外菲律宾卫生部食品和药品局也对农产品（食品）质量安全管理起重要作用。食品和药品局下设9个处，其中：

政策计划处：负责制定、发展、修订各种食品、药品、器械、化妆品和家用危险物品的标准，并进行监督检查；设计体系、计划、战略和活动促进规则的实施；制定、发展、修订标准操作程序（SOP）以保证政策执行的统一性等。

宣传和信息处：宣传与食品和药品法律、规则有关的信息；编辑和印刷宣传材料、健康咨询和年报；就特定主题组织信息宣传活动等。

信息管理处：主要负责设计、调试和安装食品药品局内部信息系统；维护相关数据库；维护食品和药品局内部计算机系统的软硬件等。

管理一处：主要负责对食品和药品等进口、出口、国内运输和零售进行检查，并办理许可证；收集食品和药品等样品进行质量检测；对各地区卫生局的官员进行食品和药品法规的培训等。

管理二处：主要负责对加工食品和再包装食品、药品等的检查，并发放许可证；监测对良好操作规范（GMP）的执行情况；对违反规则的产品进行查封、没收和处罚；对各地区卫生局的官员进行食品和药品法规的培训等。

另外还有实验服务处，法律、信息和遵从处，产品服务处等也都从不同的角度对农产品质量安全进行管理。

2. 马来西亚农产品质量安全管理

马来西亚农业部是马来西亚农产品质量安全管理的主要机构，农业部下设的农业局、兽医局、渔业局、联邦农业市场局及马来西亚渔业发展局是其农产品质量安全管理的具体负责机构。其中农业局主要负责栽培材料、土壤、混合肥料和生长促进物质的进口许可，植物检疫认证，出口许可证管理，农药证书的发放和注册，植物产品的销售和储存许可证管理等；兽医局主要负责动物进出口和畜体进口许可，兽药健康证书、动物检疫证书发放和管理，动物及动物产品国内运输许可及兽医技术操作等；渔业局主要负责鱼类出口许可证发放和管理及捕捞器械管理等，联邦农业市场局主要根据“1972年咖啡市场规则”“1973年椰子市场规则”“1980年蔬菜市场规则”和“1990年水果市场规则”对咖啡、椰子、蔬菜、水果加工者、批发商、出口商和储运商进行管理，并核准、管理、检查和发放许可征。渔业发展局主要根据“1971年马来西亚渔业发展法案”和“1973年渔业市场规则”进行渔产品进出口许可证管理。

3.泰国的农产品质量安全管理

泰国农产品质量安全管理的主要机构有公共卫生部的食品和药品管理局（FDA）和药物科学局，农业与合作部的渔业局和质量控制局。

食品和药品管理局（FDA）主要负责食品和药品上市前、上市后的检测、监测，为公众提供教育和信息服务，在卫生部药物科学局食品检验处的帮助下进行食品质量控制。

泰国1979年的《食品法》将食品分为三类：特殊控制食品、标准食品和一般食品。特殊控制食品的生产要求进行制造商和产品注册，主要是罐头食品；标准食品主要是指由小规模或家庭企业生产的食品。《食品法》要求标准食品的注册标签必须与公共卫生部的标准要求相符。普通食品是指各种生熟食、经过处理或未经处理的食品、加工食品或未加工食品以及冷冻食品等未包括在前述两类的所有食品。

泰国对农产品（包括食品）标签、食品添加剂、食品污染、毒害物质残留、包装材料、色素和味素等都有法律规定。泰国的食品质量控制机构、检测机构和消费者保护机构是这些法律法规的执行者和监督者。

农产品（食品）要进入市场销售，必须经过FDA的检测，并出示每3年就需更新的生产许可证。进口农产品（食品）必须在FDA注册，并取得商标许可和广告许可。进入市场销售的农产品（食品）还要接受质量管理检查，以确保质量和安全。

目前，泰国对蔬菜中的溴化物、水杨酸、硼酸、硼砂、碘酸钙、碘酸钾、氯酸钾、甲醛等12种食品添加剂采取禁用和限制措施。另外，药物科学局还为食品检测提供关于转基因食品的建议，特别是对9种转基因大豆产品、转基因玉米、5种转基因谷物产品和可可豆等。

FDA在建立本国的良好操作（GMP）框架，为本国农产品种植者提供GMP和HACCP指导方面起着重要作用。

泰国药物科学局负责对食品检测提供科学建议。并且在该局框架下，还建立了食品出口检测机构，负责对出口农产品进行质量安全检测。另外，药物科学局还负责根据相关食品安全和卫生标准为出口农产品（食品）发放许可证。

除泰国公共卫生部的食品和药品局、药物科学局外，农业与合作部的渔业局渔业质量检测控制处也在产品质量安全管理方面起着重要作用。该处负责为那些产品质量达到国际标准要求的加工企业发放卫生、健康和各种产品监测分析合格许可证，推进HACCP预防控制措施。

目前对泰国渔业局发放的许可证予以承认的国家有欧盟、阿根廷、澳大利亚、巴西、加拿大、捷克、日本、新西兰、波兰、俄罗斯和斯洛伐克。

另外，渔业局还负责工厂检疫检测，并对达到检疫检测要求的生产者发放HACCP认证。目前已有近300个水产品加工厂获得了HACCP证书。

泰国实验室服务机构提供包括化学实验室、微生物实验室和物理、感官实验室。化学实验室可以进行农产品（食品）质量指数分析、成分分析、食品添加剂分析、毒性分析、抗生素分析和污染物分析；微生物实验室可以进行食品中细菌的组培分析、埃希氏菌分析、葡萄状球菌分析、霍乱弧菌分析、沙门氏菌分析、无菌测试和抗生素检测；物理和感官实验室可以进行容器重量检测、接缝拆卸、过滤和感官质量分析。

（四）欧盟农产品质量安全管理

农业在欧盟经济中占有重要地位，它的年产值将近6000亿美元，占工业总产值的15%。一项比较表明，欧盟已成为国际上最大的食品和饮料生产地区。食品和饮料工业是欧盟第三大就业领域，雇员超过260万人。其中30%的雇员就业于中、小型企业。另外，农业部门年生产产值达到2200亿美元，创造了750万个就业机会。农业、食品和饮料年出口金额达到500亿美元。农业部门经济的重要性和人们对食品的大量需求，把欧盟的农产品质量安全管理提高到了整个社会的高度，政府当局和生产者都对此十分关注。

1. 农产品质量安全管理机构

欧盟的农产品质量安全管理机构可以分为两类，一是在欧盟政策、法令、条例等制定和决策过程中起重要作用的欧洲委员会、欧洲议会、欧盟理事会和经济社会委员会，二是独立的食品安全管理机构。

欧洲委员会是一个执行机构，负责独立起草或修改法律提案，并确保法律的执行，对政策的实施有相当大的权利；欧洲议会通过选举产生，主要任务是参与法律的制定，批准预算及监督联盟的活动；欧洲联盟理事会由成员国政府的部长组成，在执行由委员会提议的法律时该机构有决定权；经济社会委员会是一个咨询机构，由189名成员组成，代表雇主、工会、农业工人和消费者等各专业集团，对法律的制定提供参考意见。欧盟有独立的法律执行机构，使政策和措施在整个欧盟成员国内得到实施。欧盟设有独立的预算，预算主要来源为各成员国上缴的进口税、农产品征税和增值税的一部分。所以，欧盟农产品进口标准的制定、监督执行是由以上机构来完成的。

欧盟十分重视农产品质量安全管理，从2000年开始筹备组建一个独立的欧盟食品管理机构，2002年该机构开始行使职能。欧盟食品安全管理机构的主要使命，是对食品和饲料安全有直接或间接影响的所有领域，为共同体立法和制定政策提供科学建议、技术支持、独立的信息，并进行风险通报；对内部统一市场运行框架内的动物健康和福利、植物健康和环境给予关注，致力于对人类生命和健康的高度保护；对食品和饲料安全有直接或间接影响的风险监测和风险特征的资料进行收集和分析；对与共同体立法有关的人类营养问题提供科学建议和科技支持；应欧盟委员会的要求，对在共同体健康计划框架范围内的营养问题的通报提供帮助；对有关动物健康和福利以及植物健康的其他问题提供科学建议；对指令2001/18/EC规定的关于转基因生物产品（而不是食品和饲料）提供科学建议，并不使该指令中所确定的程序受影响。

欧盟食品安全管理机构的主要任务，是为共同体的组织机构和各成员国，就共同体法律规定的所有方面和管理机构使命范围内的任何问题，尽最大可能提供科学建议；对其范围内的风险评估方法学的统一发展进行促进和协调；在其使命范围内的各领域，如需要，在对风险评估建议的考虑与理解上，向欧洲委员会提供科学和技术支持；为完成其使命，必要时可委托其他机构从事科学研究；对其使命范围内的各领域的科学和技术资料，进行查询、收集、整理、分析和总结；在其使命范围内的各领域，对所出现的风险进行确认和定性；就其使命范围内的各领域，建立一个组织网络体系，并负责其运作；在实施风险管理程序过程中，当欧洲委员会就食品和饲料的安全性提出质询时，管理机构给予科学和技术的帮助；在其使命范围内的各领域，为促进共同体、申请国、国际组织和第三国家之间的合作，按欧洲委员会提出要求，提供科学和技术帮助；确保为公众和相关群体提供快速、可靠、客观及综合性信息；就其使命范围内的所有问题，独立表达自己的结论及看法等。

欧盟食品管理机构在执行公务时，必须遵守独立性、先进性和透明性的基本原则，必须体现出对欧盟当局和民众的高度责任感，密切与国家科学机构的合作。欧盟食品管理机构与欧洲委员会、各成员国当局以及生产者和经营者共同组成食品安全管理体系。为确保欧盟法规得到遵守，在必要时可采取强制性措施。为保证该体系的有效运行，欧洲委员会通过食品和兽医办公室制定了一个审计与检查方案。此方案将对成员国当局进行评估，检查其是否有效地发挥管理体系的作用，通过案例考察有关标准是否得到真正的实施。这种管理体系的运行需要各国家当局发挥积极的作用，即所有成员国的有关机构必须遵守有关规定，建立一个综合的、统一的运转管理体系；同时，加强各行政部门间的合作。

食品安全管理机构由管理董事会、执行主任和职员、咨询论坛和一个科学委员会及若干个科学小组构成。

2.农产品质量安全标准法律法规体系

自欧洲经济共同体建立的初期，食品安全措施已经构成了欧盟立法的一个部分。不过，这些措施主要是建立在部门基础上的。随着各国经济在单一市场内的不断统一，农场和食品加工的发展以及新的包装与流通形式的出现，欧盟有必要制定新的综合统一措施和标准。

欧盟在制定有关标准时，一方面立足于本地区的实际情况，保证其地区和成员国的根本利益；另一方面，也是充分考虑到了与有关国际组织的合作，尽可能遵循世界贸易组织《卫生和植物卫生检疫协议》(SPS)，借鉴国际食品法典委员会(CAC)、世界动物卫生组织(OIE)、世界卫生组织(WHO)和世界粮农组织(FAO)等规定和要求，有些甚至是直接引用。

欧盟农产品质量标准法律法规体系比较健全。主要包括涉及农产品的生产、加工、运输、贮藏等各个环节的技术标准法规；各种农产品中农兽药残留的限量标准法规；有机农产品检测认证标准法规；农产品包装、储运与标识标准法规；各种农产品进口标准；有机食品进口规定等。

从1997年欧盟食品法规绿皮书(COM (97)176)正式发表开始，欧盟就在酝酿一个新的食品质量安全法律框架。之后，欧盟委员会于2000年1月12日在布鲁塞尔正式发表了食品安全白皮书。白皮书提出了一项根本性的改革计划，即通过立法改革来完善欧盟“从农场到餐桌”一系列食品安全保证措施，同时建立新的欧盟食品管理机制。白皮书中所述建议从根本上对消费者的利益提出法律保护，渗透着“食品安全政策必须建立在综合、统一的措施基础之上”的思想。

欧盟委员会根据“绿皮书”和“白皮书”新的食品安全法律框架，于2002年1月出台了欧盟食品安全法，该法的宗旨是为实现对人类食品健康和消费者利益的高水平保护提供一个保证基础。它覆盖了所有的食物链，通过建立欧盟及其成员国食品安全控制机制，对整个食物链过程进行跟踪与监督，把食品安全控制建立在科学的基础上，并致力于提高对食物链中任何意外问题进行快速、有效和安全控制的能力。

3. 农产品质量安全的主要监管措施

2001年欧盟食品安全白皮书强调，欧盟食品安全政策的关键是科学指导和信息分析。

(1) 信息分析

食品安全机构的一项重要任务就是建立一个相关数据搜集与分析的网络系统，在欧盟和世界范围内搜集、分析有关食品安全问题的重要信息，并通过这些信息的搜集和分析，为食品安全政策制定提供依据，并及时、可靠地为成员国的食品质量安全管理提供科学指导，帮助成员国开发检验办法，并帮助它们使用这些办法。

(2) 危机反应

食品管理机构从食品安全问题急发的地方收集信息，并向委员会和成员国发布信息。同时，将动员必要的科学资源以提供科学指导。食品管理机构操作的快速警报系统，将对危险做出迅速有效的反应，迅速鉴定和显示食品安全问题。委员会能得到真实情况，并依据危害的性质，授权该管理机构完成进行各项紧急的监测和监视追踪。这些都有助于整个欧盟对食品危险进行有效的处理，也向消费者证明，本机构正采取先进的方法处理食品安全问题。

(3) 国际合作

欧洲食品管理机构与国家科学机构和负责食品安全的机构密切合作，形成一个确保现有机构和资源达到最佳利用的网络，保证委员会联合研究中心现有科学技术能力和基础设施的充分利用，使在职科技员工获得相关的先进技术和专业知识，跨出欧盟达到国际先进水平，提高该机构的作用，以使欧盟消费者更加信任欧盟管理机构，并将其作为欧盟食品安全问题的最有权威性的知识资源。

同时，欧洲食品管理机构还同那些负责起草立法、法律实施、操作调控和监察部门（FVO）、联合研究中心以及那些负责欧共体研究和开发项目的部门进行密切合作，以确保食品管理机构的成果更好地被利用。

（4）科学研究

加强食品质量安全控制技术研究也是欧盟食品质量控制的关键性措施。目前欧盟食品安全研究与开发项目是在多项年度项目基础上得以开展。这些项目包括欧盟委员会联合研究中心实施的间接措施（共享成本措施）和直接措施。它们的目的都是极力推进科研成果，为政策和法规的制定提供科学的基础。欧盟第五项框架研究项目已经将重点放在了对与居民需要有关问题的解决上。研究活动侧重于先进的食品技术，食品生产与流通的安全方法，对污染、化学危险和泄露等新的评估方法，食品对健康的作用，和食品分析协调机制等方面。另外，还有一些短期的应对突发事件的研究主要是由欧盟委员会的联合研究中心来完成。

（5）科学建议

食品安全管理机构将承担由原欧洲食品安全科学委员会负责的工作，向欧洲委员会提供食品对消费者的健康和安全产生的直接或间接的影响，食品消费的信息和科学建议。主要包括初级食品的生产（农业和兽医方面）、加工过程、储藏、流通和零售。其提交的报告也将包括风险和营养问题，动物健康和福利问题，以及将考虑其他与食品有关的特别是环境及化学方面的风险评估。

食品管理机构还将采取措施，在欧盟各国迅速筛选出科学家，并介入世界范围的科学网络，该网络具有对形势的变化做出快速反应的灵活性。对不可预见的影响健康的突发事件，食品管理机构应与委员会合作研究中心、国家科学机构和国际组织进行联络，并对于执行这种特殊的任务及立即开展的研究工作做出预算。同时，也应考虑通过欧共体研究项目建立网络，以及建立促进欧共体研究项目之间的交流机制。

（五）欧盟重点成员国的农产品质量安全管理

目前欧盟有15个正式成员国，10个候选成员国，总面积400多万平方公里，人口5亿多。各成员国的农产品质量安全管理基本都是在欧盟委员会的法律框架下进行的。

1.英国农产品质量安全管理

英国是牲畜、食品、,农机等产品的主要出口国。英国77%的土地都用于农业耕作，种植业以谷类作物和园艺作物为主。

(1) 农产品质量安全监管体系

英国农产品质量安全主要是由农业、渔业、食品部（MAFF）和食品标准机构（FSA）共同进行管理的，这两个机构在此领域的合作基本上构建了英国农产品标准管理体系的框架。

MAFF有七个执行代理机构，它们分别是中心科学实验室（CSL），兽医实验室（VLA），环境、渔业和水产中心（CEFAS），肉类卫生局（MHS），杀虫剂安全理事会（PSD），兽药理事会（VMD）及农业和农村保持代理机构（FRCA）。

中心科学实验室（CSL），兽医实验室代理局（VLA）及环境、渔业和水产中心（CEFAS）主要是根据政府的指令和工作目标进行有关的研究和检测，它们是MAFF的研究机构；杀虫剂安全理事会（PSD）和兽药理事会（VMD）主要是保证农产品的安全标准，授权杀虫剂和兽药的销售和使用，以及为MAFF的长官提供政策建议，它们是食品标准规定的代理执行机构；肉类卫生局（MHS）的工作主要关系到农产品的标准性规定，保证屠宰场、冷库和植物切割食品对于人类消费的安全性，保证含有牛海绵状脑病（BSE）病毒的危险物质不进入人类食物链，以及在发放肉类生产许可证前进行肉类卫生的检测；农业和农村保持代理机构（FRCA）主要是协助政府进行有关农业、环境保护和农村经济的政策的设计、发展和补充。

FSA总部在伦敦，同时它还在苏格兰、威尔士和北爱尔兰都有执行机构。FSA总部有一个首席长官，在他下面有三个工作组和一个肉类卫生局，三个工作组分别为食品安全政策组、执行和食品标准组、合作资源和战略组。食品安全政策组下辖七个分处和一个研究调整单位，七个分处分别为化学安全和毒物学处、微生物安全处、污染物处、营养处、动物饲养处、新型食品处、食物链战略处；执行和食品标准组下辖五个分处和一个其他机构，分别为食品商标、标准和消费者保护处，肉类卫生处，地方权利执行（支持）处，兽医、兽医公众健康处，地方权利执行（政策）处以及食品紧急情况处；共同资源和战略组下辖三个分处，分别为金融和IT处、职员和体制处、合作战略处。

在1999年《食品标准法》(food act，1999）的基础上，英国农业、渔业、食品部（MAFF）和食品标准代理机构（FSA）于2000年6月签订了一个合作协议。这个协议初步建立了MAFF和FSA的合作框架。

协议的基本原则主要是为了发展更有效率的工作伙伴关系，双方的官员要保持经常的接触，良好的沟通将有助于两个部门内部和两个部门直接工作效率的提高。两个部门之间任何工作认知和方法上的差异或冲突将通过法定的政府机构来解决。具体包括：及时和经常地向对方通报有关的工作动态；如可能，在涉及对方的有关决定公开宣布之前，事先给予提醒；对对方的观点能给予足够的重视；要互相提供全面的、畅通的互相接触渠道，包括科学、技术、政策信息以及研究和监测的结果；要共同创造机会在策划、研究、监测等领域的共同合作。

职责协议分工

——FSA和MAFF共同合作保证那些质询信件的答复。

——MAFF兽医主管官员（the Chief Veterinary Officer)：雇佣首席兽医外科专家；对官方的兽医证明负有全部责任；根据需要为FSA提供建议；鉴别是否存在人畜共患病的潜在威胁。

——MAFF肉类卫生局（MHS)：屠宰的动物的福利保护法规及其各种补充规定；监督和加强与挂牌的“红肉”生产厂以及家禽屠宰场；给屠宰场发放许可证和注册登记。

——MAFF杀虫剂安全理事会：有关杀虫剂的法律及其施用许可；通过那些名誉成员（对食品安全具有特别的兴趣）为杀虫剂顾问委员会提供帮助和建议；还就所有有关杀虫剂政策方面向MAFF和杀虫剂立法机构提供建议；要求FSA就有关危险评估和毒物学等问题做出答复。

——MAFF兽药理事会（Veterinary Medicines Directorate)：兽药的生产和销售的管理；通过其名誉成员为兽药理事会（VMD）提供建议，并接受VMD有关兽药政策等问题的质询；与食品标准代理机构(FSA）紧密合作，共同研究监测食品中的兽药残留及其结果的评估。

——食品标准代理机构（FSA）对从农场到消费者的食物链条负有减少人畜共患病的大部分责任，但MAFF在从农场到屠宰场等一系列环节的人畜共患病问题上负有领导责任。MAFF和FSA将在潜在的和即将出现的病原体数据和信息交换方面进行紧密合作，特别是在TSEs的研究方面，双方将举行一系列规范的研讨会，就有关的技术和政策问题展开讨论，实现两个机构的信息充分交换。

——FSA负责有关食物标准的制定和有关的法律提案。MAFF对整个欧盟的农产品市场标准体系建设负有领导责任；MAFF在给自由贸易的商家颁发证书时要采纳FSA的技术建议，特别是在那些由法律认定由食品标准机构负责领导的领域。

——FSA在新食品和材料建议委员会和动物饲料建议委员会两个专家组织的协助下负责所有GM食品方面的安全事宜以及经过基因处理(GM)的原料的安全事宜。

——MAFF负责对作物种类进行评估和认定，以决定它是否加入英国的国家物种目录或者欧盟的共同物种目录。GM物种和非GM物种一样参与评选。MAFF中的“杀虫剂安全理事会”负有对种植基因工程作物的地区的杀虫剂施用进行评价的责任。同时MAFF还负责一些贸易问题，如涉及进口货物中的GM原料以及与WTO进行有关农业问题的磋商等。

——FSA负有对动物饲料进行安全检验的职责。同时MAFF还保留了对那些能够影响到动物健康乃至整个畜牧业的生产操作及其商品的标准管理。同时为了保证公共健康和动物健康，以及处于对整个畜牧业的考虑，FSA和MAFF同意由双方共同推荐饲料建议委员会的秘书成员，在涉及到动物饲养等大范围的农业问题上要互相磋商和通告，并在出口许可证的发放上保持联系。

(2) 农产品质量标准规律法规体系

英国是一个农业高度发达的国家，其农业生产率很高，在欧洲国家中处于前列。随着经济的发展和人民生活水平的提高，英国的农业标准体系也逐渐地趋于完善和健全。英国的农产品标准体系结构可以有两种分法，一种是按照产品种类划分，另一种是按照调控领域划分。

按照产品种类划分。可以分为面包、黄油、酪食品、巧克力产品、可可豆、咖啡、鱼（包括沙丁鱼、金枪鱼和鲣等)、面粉、果汁、花蜜、蜂蜜、婴儿食品、果酱（或类似产品)、人造黄油、肉类（包括特别说明的牛肉和肉类产品以及可以涂开的鱼肉等)、奶类（包括液体鲜奶、浓缩奶和干奶)、橄榄油、禽肉（包括冷冻的和含水的)、减肥食品、涂开食用的油脂、糖类食品以及婴儿断奶食品等若干类。

按照调控领域划分。可以分为农产品添加剂标准、各种污染物残留标准、加工处理和包装标准、商标标准、卫生和健康标准以及农产品的称量标准六大块。其中，农产品添加剂标准包括色泽的标准、调味料标准、碳氢化合物标准、混合添加剂标准、甜味剂标准以及色氨酸标准等；农产品污染物标准主要包括农产品的黄曲霉含量标准、砷含量标准、氯仿含量标准、芥子酸含量标准、荷尔蒙物质和其他肉类残留物质标准、铅含量标准、亚硝酸盐和硝酸盐含量标准、杀虫剂残留标准、放射性物质污染标准和锡残留标准等；农产品加工处理和包装标准涉及冷冻食品、提取溶解食品、放射性生产食品、食品原料以及其他与食品生产有关的材料（包括常规材料和塑料物质）、新型食品和新食品成分等；农产品商标标准方面包括常规农产品的商标标准、基因工程的食品商标标准、牛奶和奶类产品的商标标准、农产品的商标代码、食品添加剂的商标标准、未经过人工加工的食品的商标标准以及食品标准名称的保护等；农产品的卫生和健康标准包括常规的卫生标准，农产品的温度控制标准，牛奶和奶类产品的卫生标准，奶油的热处理卫生标准，肉类的卫生标准（包括肉和肉类产品），家禽肉、农场猎禽以及兔肉的卫生标准，野生动物的肉类卫生标准，蛋类产品的卫生标准，鱼类产品的卫生标准，鲜活的软体动物以及其他贝壳类动物的卫生标准，容易腐烂的食品的卫生标准（采用国际标准）等；农产品的称量标准包括规定的称量和数量标准、平均重量标准、农产品衡量的单位以及称量和容积标志等。

2.荷兰农产品质量安全管理

荷兰是一个农业和贸易都很发达的国家，荷兰农业尤其以高质量和现代化而闻名，其猪肉、奶产品、饲料、水果等销往世界各地，在国际上很有市场。

(1) 荷兰农产品质量安全管理体系

荷兰的农产品质量安全管理体系，主要是由农业、自然管理和渔业部（LNV），健康、卫生、体育部，总巡察机构，5个地区的卫生巡察机构和实验室，以及一些专业协会共同组成。荷兰的农业、自然管理、渔业部（LNV）主要负责农产品生产过程中的安全标准政策的制定，确保本国农产品在国际市场上的竞争优势，其下属的国家家畜和肉类检测局（RVV）、环境、质量和卫生局（MKG）及首席兽医官（CVO）是农产品生产质量安全控制的主要机构。国家家畜和肉类检测局（RVV）主要负责动物和动物产品生产和销售的详细要求，以保护公众健康和动物福利；环境、质量和卫生局（MKG）主要负责动植物健康（包括人类健康）、动物福利、环境、关于农业生产和市场链的质量问题，动植物源饲料等的发展政策问题，进行发展战略的制定并贯彻执行，风险分析、风险管理（标准和框架）和风险交流，生产方式，消费模式，技术创新，食品安全（如污染、微生物、自然毒素和残留），兽药、饲料添加剂、农药和其他农业辅助物质（包括微生物污染的标准和风险管理），安全生产体系等项目在内的监测保障体系的准备、发展和实现政策制定；首席兽医官（CVO）主要负责动物疾病控制和为动物及动物产品发放许可证；荷兰健康、卫生、体育部主要负责对巡视员和检查员进行资金资助，并进行相关立法；荷兰农产品质量安全的中央检查机构主要负责处理农产品质量安全的终审投诉和进行电话调查；设立在荷兰的北部、东部、南部、西北部和西南部地区的五个地区检查机构主要负责食品安全检测和信息的收集分析。另外，荷兰一些独立机构和行业协会，如农药授权委员会，荷兰奶制品委员会，家畜、肉类和蛋类生产委员会，荷兰肉类委员会和动物饲料生产委员会等也在农产品质量控制中起着重要作用。

（2）饲料质量安全管理

GMP是“Good Manufacturing Practices”的简称，GMP合格证是建立在ISO—9002质量管理标准和HACCP技术标准的基础上的。从20世纪90年代开始，荷兰动物饲料生产委员会（PDV）就主要依据GMP标准来对饲料质量进行控制。饲料GMP质量控制体系是荷兰综合质量控制体系（IKB）的一个部分。动物饲料商品委员会负责发放GMP合格证。动物饲料质量局（KDD）及国家家畜和肉类检测局（RVV）也对产品进行检测，以保证产品质量符合质量保证要求。

荷兰饲料质量管理GMP标准从饲料供给者饲料和食品质量安全意识、饲料供给者的附赠文件、风险评估系列步骤和方法、危害关键点控制的特别措施（CCP）和常规措施、监测和查证、评估和信息发布以及进口饲料质量管理等都作了详细规定，并确保标准的实施。

（3）肉类质量安全管理

荷兰的猪饲养量大约1300万头，1998年荷兰的猪肉出口总值大约为3.7亿荷兰盾，猪肉是荷兰的主要肉类产品。荷兰是世界上猪肉生产装备最为现代化和最有效率的国家之一。荷兰的猪肉以安全、高质量而闻名世界。荷兰对肉类的质量控制主要应用“食物链整体控制”（IKB，integrale ketenbeheersing，荷兰语）的质量控制体系。

IKB是荷兰的肉类部门运用的一个质量体系，这个体系认为所有有关猪肉生产的活动都应是紧密相关的。IKB体系保证了肉类质量、来源和安全符合既定的要求。这个体系保证了肉类供给链中从农场到销售的每一个环节，都能够交换关于动物和肉类的信息，而且每一个环节都要遵循《良好制造实践法》(the code of Good Manufacturing Practice, GMP)和《良好兽医实践法》(the code of Good Veterinarian Practice, GVP）的要求。IKB规则同时包含对饲料、卫生、兽药的使用、运输和动物福利的要求，这些要求要比相关法令的最低要求严格。IKB规则同时也禁止使用生长促进剂，对生长促进剂的检测主要是由牛肉部门质量保证基金会（Foundation for Quality Guarantee of the Veal Meat Sector, SKV)和屠宰–放牧中央服务局(Central Bureau of Slaughter-stock Services, CBS)负责。

另外，荷兰还有一种强制性的识别和注册（Identification and Registration, I&R）体系。I&R是一种集中的管理程序，能够有效识别动物的来源。这也是IKB体系的一个组成部分。

IKB体系是在20世纪80年代由猪肉部门独立发起的，在1992年第一次公开地向公众介绍。IKB体系的成员都是自愿参与的，但是一旦参与就要求遵循IKB的特殊要求。1998年荷兰的屠宰动物中有90%参与了IKB体系，荷兰屠宰场大约每年要加工处理1000000头通过IKB认证的猪，占整个荷兰全国屠宰量的97%。荷兰的IKB质量体系给荷兰的肉类零售商和消费者在肉类质量和安全上以高度的保证。IKB体系包括一个有弹性的和以市场为导向的协议和保证，所有直接或间接地参与IKB体系的企业和个人都要受到IKB体系所制定的有关约束制约。

猪的饲养是猪肉生产的基础，大约有三分之二的荷兰猪场运用计算机体系来记录它们的数据，这样就能保证高水平的技术成效和准确的监测数据。

屠宰场是IKB链的关键环节，作为整个猪肉生产链的管理者，它负有使整个生产链高效率的运作和达到特定标准的职责。屠宰场的运作程序、指导方针和检测都被记录到操作手册中，由一个经PVE授权的独立检测机构负责对屠宰场的操作手册及其具体操作过程进行检测。

在IKB体系下，有关的信息随着猪都传递到下一个环节。具有IKB认证的屠宰场记录了所有猪的健康监测信息，然后反馈给猪场，由猪场根据反馈信息对猪的饲养管理进行改进。

信息、培训和研究是荷兰猪肉部门的重要特征，饲料生产者、屠宰者和农民也都有他们的专业技术顾问提供各种建议。所有的相关部门都与很多国际知名的研究和培训机构紧密合作。

除了IKB体系外，荷兰的肉类企业还遵循ISO、GMP和HACCP体系的质量要求。荷兰所有的质量控制体系都是动态的体系，他们是动态发展的，经常吸收最新的知识和经验。

(4) 奶业产品质量安全管理

早在1723年荷兰就开始使用奶产品质量标准。当时就有对鲜奶和奶酪生产中弄虚作假的行为进行公告批评的做法。1913年，政府开始实施奶酪质量控制标记，并建立了第一个奶产品质量检测中心。

经过多年的发展，荷兰的奶产品生产质量控制已经发展到综合系统管理体系的阶段。目前，荷兰的奶制品质量控制主要运用GMP（Good Manufacture Practice）和"奶业链条质量控制"（KKM，Keten Kwaliteit Melk，荷兰语）两个体系。GMP体系于2000年10月1日，开始生效，这个规则主要致力于对整个食物链的追溯性、早期预警和及早干预。荷兰乳品生产企业和牛奶场协会的联合组织——"奶业链条质量控制"也于同时在2000年初成立，这个规则主要是为了保证牛奶产品的一定质量参数的实现。在荷兰几乎所有的牛奶产品都遵循KKM标准，所以不符合KKM标准的奶类的市场价格就要偏低。

KKM的标准主要涉及到兽药使用、动物健康、奶类生产程序、饲料、水、卫生、生产过程的消毒、残留量水平和环境等各个环节。KKM的参与者所使用的饲料必须来自于具有GMP认证的饲料厂家，使用的兽药必须经过GVP认证，并且要登记农户购买和使用兽药的其他具体情况。

①质量安全意识和预防

荷兰奶制品质量控制体系的一个重要特征就是以预防为主，强调培养生产者的质量意识和风险分析能力。荷兰奶业生产企业的产品质量严格按照一整套既定的标准进行控制，这些控制是建立在广泛的风险分析基础上的。企业在教育生产者提高质量意识的同时，也提高了建立在风险分析基础上的质量预防控制能力。

②乳产品生产链质量安全控制

饲料质量控制

荷兰的奶牛一般在精选的人工草场上放牧，草场上的草是经过筛选的、专供奶牛食用的牧草。到了冬季，牧场所产的牧草和一些收获的谷物就成了奶牛稳定的食物来源。另外，为了保证奶牛有平衡的营养配方，还要有高质量的混合饲料补充。这些饲料原料成分都来自于自然，不含人工合成的抗生素、催奶素和其他合成添加剂。只有那些拥有GMP合格证的饲料公司才有资格为奶牛供应饲料。

奶牛健康控制

荷兰奶场中的牛都是健康的牛，这是各种复杂饲喂工程项目的结果。荷兰用于奶品生产的动物都严格地与疯牛病，肺结核病，普鲁氏菌病，败血性增生病和细螺旋体病隔离。另外，每一头牛都有详细的鉴定和登记系统（I&R），每一个牛耳上都有一个识别标记，必要时可以查询其来源。

牛奶生产的质量控制

为了保证牛奶质量，KKM基金会将定期对奶牛养殖厂进行检查，并通过圈所和饲养条件控制、GMP质量法要求、兽药进行强制性注册登记以及对于那些服用不合格兽药或者圈所和饲养条件的生产者设置暂停期等措施进行质量控制。

牛奶检测

为了保证奶制品质量，荷兰乳品控制站（MCS）要对牛奶质量进行检测，另外，很多实验室也在荷兰牛奶和奶产品控制机构（COKZ）的监督管理下对牛奶的污染物进行监测。牛奶生产者把他们的牛奶保存在牛奶罐内，每次奶类收集时，牛奶运输卡车的司机都要从中取出部分样品送交乳品控制站（MCS)[乳品控制站（MCS）是由牛奶生产者和奶品厂共同资助维持的一个独立的监测机构，受到COKZ的监督]进行检测。这些控制站每年都要根据荷兰和欧盟的法律和法规检测大量的样本，具体的检测内容包括：细胞检测（检测是否有乳腺炎）、凝固点（检测牛奶中的水分含量）、脂肪pH值、微生物数量、抗生素含量及视觉纯度等。

奶牛饲养者的牛奶价格要由奶类监测站对其产品检测的检测结果决定。那些没有达到要求的牛奶将卖到很低的价格，低质量的牛奶甚至有可能被奶品厂拒之门外（根据欧盟的规则）。经常供应高质量牛奶的农民将得到一定的奖励。

奶制品生产过程的质量控制

荷兰的奶品厂都有自己的质量标准，在很多情况下，这就意味着奶品厂从工厂设计、维护、操作和卫生都要遵循严格的标准。一般来说，HACCP认证体系是从牛奶到最终奶产品的整个生产过程的质量控制基本标准依据。荷兰奶制品生产厂家主要通过制定质量管理标准、从奶牛场到奶品厂的运输要求、对原料乳的检测、技术设备的卫生标准、各种最终产品生产过程的草案协议等措施来进行乳产品生产环节的质量控制。

最终产品质量检测

所有的最终产品都必须经常接受抽样检测和根据国际允许的研究方法进行试验分析。最终产品要在欧盟通用质量标准、《荷兰消费品法案》和《荷兰农产品质量法》的基础上进行检测。产品质量检测项目主要有成分、添加剂、微生物质量、污染物含量、外观、气味和口味（如黄油和奶酪）等。

荷兰牛奶和奶产品控制机构（COKZ）根据政府的《商品法案》和《农业生产法（质量控制）》对奶品厂和牛奶厂进行生产监测，监测标准依据是欧盟的奶产品卫生指令和HACCP规则。出口奶产品许可证发放由国家家畜和肉类检测局、荷兰牛奶和奶产品控制机构（COKZ）及农业、自然管理和渔业部共同负责。

③农家奶类产品的认证体系（KB）

在荷兰，除KKM之外，一个对农家奶类产品的认证体系（KB）已经发展起来，这个质量控制体系对原有奶制品加工的有关规定作了补充，KB体系为奶酪生产的各个阶段（奶酪的压制、盐水浸泡和奶酪成型）和运输设定了标准，批发商在对农家制作的奶酪进行搬运时要求也遵循这些标准。对于达到此项目要求的奶酪制作者和批发商将得到一个生产执照，这个生产执照每年都要由荷兰牛奶和奶产品控制机构（COKZ）复查。

④有机牛奶生产标准

有机牛奶生产上主要是试图寻求农民、植物、动物和环境的平衡。近年来荷兰的有机食品生产和加工迅速崛起，目前荷兰大约有250家奶牛场，年产有机牛奶大约5000万公斤，占牛奶总产量的0.5%。另外还有125家准备改造为有机牛奶生产企业。荷兰最大的奶品厂专门有有机牛奶生产厂。奶产品只有达到荷兰或欧盟严格的质量要求才能在商标上印有EKO标志或称为“有机”。Skal（一个独立的国际检测组织）已经受农业、自然和渔业部的委托开始执行这些要求。

⑤质量安全控制技术研究

研究是奶产品质量预防控制的基本组成部分。荷兰奶业研究所(NIZO)对影响奶产品质量的因素进行了深入研究，致力于促进奶产品质量控制技术的进步。这些研究主要集中于奶产品生产过程中的微生物生态研究、新生产方式和操作规程可能的负面影响研究，以及发展新的分析和检测技术等。另外，国家农产品质量控制研究所受政府和生产企业的委托也对乳产品的生产过程和乳产品本身进行管理和监督。

3.德国农产品质量安全管理

德国的农产品加工业十分发达，食品加工业在整个国民经济中占有举足轻重的地位，食品贸易大约占整个零售业销售总额的26%。德国食品、农、林部是德国的农业行政主管部门，对国内农产品安全生产负有主要责任。德国农产品进口标准的管理由国际及欧盟农业政策局负责。各州主管食品卫生监察的部门负责监督食品卫生法规的实施以及企业自检体系的运行状况。

德国的标准化工作由政府委托标准化协会（DIN）实行统一管理。农产品质量标准工作主要是由食品、农林部、卫生部等部门委托标准协会制定、监督和管理。德国标准分为国家标准和企业标准，国家标准全部为推荐性标准。在德国标准目录中，农产品有关标准主要是以产品进行分类的。包括蔬菜、水果、乳制品、油脂食品、肉、蛋、水产品、茶叶和饮料等有关的技术、安全卫生标准及检测检验技术规程。

由于近年来食品安全问题引发了全球性恐慌，特别是疯牛病引起的饲料和家畜安全问题，德国对农产品质量安全的控制和管理越来越严格。为保证饲料安全，德国农业部门与饲料行业协会就使用动物的饲料问题达成一致，着手完善饲料风险质量控制体系，进一步扩大单一饲料的生产规模，并逐步向无抗生素饲料供应发展。

1988年德国颁布了植保法，由联邦农林生物研究院负责组织实施并监督检查。该法对植物保护农药及相关器械做出详细规定。2001年起，德国对使用农药做出新规定，标准更加严格，并加大了违规处罚力度。

德国对进口商品的包装和标签标准较为严格，要求必须名列厂商、成分、通用名称、公制单位及产地等。另外，1983年的食品标签法还要求将食品成分按重要性大小依次标出，还要注明最短存放时间等。

（六）美国的农产品质量安全管理

美国的农产品（食品）质量安全管理体系是以系统、权威的联邦和州的法律为基础，同时也赋予农产品（食品）行业必要的食品质量控制权力。政府各有关机构和农产品（食品）生产等部门能做到有效的配合与协作。同时，美国农产品（食品）质量安全管理体系高度重视以科学为基础的风险分析和预防，即美国相关农产品（食品）质量安全法律、法规及政策都考虑了风险，并有相应的预防措施。

1.美国农产品（食品）安全管理机构及职能

在美国对农产品的质量安全管理的特点是，农产品质量安全管理与食品管理相结合，以行业或产品的大类明确其分工和职责。美国政府制定和颁布了一系列有关农产品（食品）质量安全管理的法律法规。如《联邦食品、药物、化妆品法》《联邦肉类检验法》《禽类产品检验法》《蛋类产品检验法》《食品质量保护法》《公众健康保护法》等。美国政府对农产品（食品）质量安全管理工作高度重视，总统亲自抓农产品（食品）质量安全。1997年美国总统拨巨款启动一项食品安全计划，1998年成立总统食品安全委员会。美国对农产品（食品）安全管理的机构有三个：

一是美国食品和药品管理局（FDA），主要负责除畜禽类产品外美国国内和进口的食品安全，制定畜产品中兽药残留最高限量法规和标准。

二是美国农业部（USDA），主要负责畜禽类产品安全，并被授权监督执行联邦食用动物产品安全法规。

三是美国国家环境保护署（EPA），主要负责饮用水、新的杀虫剂及毒物、垃圾等方面的安全，制定农药、环境化学物的残留限量和有关法规。

其中，美国农业部作为行政和执法部门，在农产品质量安全管理中处于重要地位，负责农产品质量安全标准、检测与认证体系的建设和管理工作。其下设的食品安全检验局（FSIS）、动植物健康检验局（APHIS）、农业市场局（AMS）、粮食检验包装储存管理局（GIPSA）、以及联邦谷物检验局（FGIS）等分别负责不同农产品的质量安全体系建设和管理。

FDA管理FSIS管辖范围之外的食品，负责保护消费者以防不纯、不安全、欺诈性标签等食品安全问题。EPA的使命包括了保护公众健康、保护环境不受杀虫剂强加的风险、促进更安全的害虫管理方法。所有的食品添加剂和药品残留的标准必须符合FDA的规定，杀虫剂残留必须符合EPA的标准（指最高限量），否则这些食品被视为不能进入市场。

2.美国农产品质量安全标准体系

（1）常规农产品质量标准体系

美国在农产品质量标准方面与我国的情况比较相似，主要有国家标准、行业标准和企业标准三类。

一是国家标准。此类标准的制定机构包括美国联邦农业部食品安全检验局（FSIS）、动植物健康检验局（APHIS）、农业市场局（AMS）、粮食检验包装储存管理局（GIPSA）、卫生部食品与药物管理局（FDA）及美国环境保护局等政府机构，以及由美国联邦政府授权的机构如美国饲料官方管理协会。

二是行业标准。这是由民间团体制定的标准，诸如美国谷物化学师协会、美国饲料工业协会等制定的标准。民间组织制定的标准具有很强的权威性。行业标准是美国标准的主体。

三是由农场主或公司制定的企业操作规范，相当于我国企业标准。

（2）有机食品标准体系

美国农业部于2001年公布了“有机食品”的正式定义，并从同年起对有机食品发放统一许可证。自此，“美国农业部有机”的章即出现在有机食品上，代替原来的非正式或各州制定的“有机”标准。

美国对有机食品的管理主要包括以下内容：有机生产加工处理系统计划，土地法规，土壤肥力和作物营养管理标准，种子和栽种苗木的操作标准，作物轮作实施标准，作物害虫、杂草和疫病的管理措施标准，野生作物收获操作标准，家畜来源标准，家畜饲料标准，家畜保健标准，有机产品标签规定等。

3.农产品质量安全检测检验体系

美国为了加强对农产品质量安全的管理，制定和实施了许多有关农产品质量安全方面的监测计划，目的是通过这些监测工作，了解和掌握美国整个国家生产和销售的农产品质量安全状况，为政府制定相关政策提供技术依据。

（1）联邦谷物检验体系

主要是实施国家质量保证／质量控制计划（QA／QC），这一计划是由所有官方检验机构参与的统一体系。这些计划包括：国家样本检验及监视体系（SIMS）；检测申请复查委员会（BAR）／质量保证专家（QAS）主观检测评价过程（STEP）；由BAR负责的鉴定样本交流计划；

市场监管计划（1MP）；农作物品质研究；联邦谷物检验处（FGIS）早期预警计划。而且有一系列的在线质量控制，如检查检测程序、仪器校准、参考样本、解释性图片、解释性印刷品、小麦品种样本和小麦分级手册。同时，明确各自的岗位设置及职责，确保官方检测机构按照QA／QC体系对申请者提供检测服务，向FGIS的QA／QC体系提供技术支持等。

①样本库样本检测和监督体系。主要包括样本抽取、样本分析、统计分析、采取的措施。

②主观检测和评价过程。这是确保QAS与BAR、机构质量保证专家（AQAS）与QAS，对问题的解释保持一致的基础。主要是明确检测工作过程中的相关关键控制点，特别是指检测中需主观评价的因素（如：未成熟大豆的损失），这些因素对特定的地区很重要。而且所有联邦谷物检测局（FGIS）、QAS机构人员（主要机构和附属机构），必须参加国家这一检测和评价工作。

③鉴定样本交流计划。包括BAR负责的鉴定样本交流计划，FOM负责的组织鉴定样本结果交流计划，以及调查样本计划（抽样计划）。

④市场监控计划。交易者重视的是农作物在流通环节中特别是产地和目的地之间的检测结果能否保持一致。各级市场是否一致，同时又是监测检验体系能否满足消费者期望的标准。联邦谷物检验处（FCIS）的市场监管计划（IMP）提供了各级市场检测结果的对比情况，它便于监测员及时发现问题，与检测申请复查委员会（BAR）及相关机构采取补救措施。主要通过数据收集和采取的措施来实现。

⑤早期预警计划。在农产品进入市场时，谷物和水稻新品种种植的各种条件可能会影响分级问题。考虑到影响品质的多种可能因素，以及在来自行业、官方机构、联邦谷物检验系统的不同检测时，在分级方面有可能产生问题和负面效果，因而要建立早期预警计划。信息收集，是FGIS现场办公室及官方机构管理者亲自负责各自责任范围内获及营销的谷物、水稻等信息的收集、分析、传送；同时也包括质量波动信息（例如不利的气候、特殊的储存方式、装载地的分级资料等）。如果从收集的资料中发现了分级中存在的问题，监测机构的负责人要立即电话通知BAR机构。如果必要，还需要提供书面报告，概括地说明收集的资料、电话通知的记录，并对潜在的和已知的分级问题进行总结。在通报BAR机构后，现场办公室或官方机构负责人要制定措施，确保出现问题地区

的农作物能够得到准确的检测，对运输这些农作物的装卸地要确保监测无误，同时，有纠正或预防分级问题的措施。而且在收到早期预警报告后（书面的或口头的），BAR 机构要采取相应的措施。

（2）农业市场局新鲜水果和蔬菜检测体系

对新鲜水果、蔬菜及其他特殊商品的分级服务，将满足国内和国际市场体系中对产品进行无偏认证的需要。由美国农业部农业市场局的新鲜产品部（FPB）提供的官方检验、分级和认证服务，可以证明这些农产品在国内和国际市场的质量状况，这种证明对检测机构有非常重要的参考作用。对新鲜水果和蔬菜的分级可以在离岸地进行，也可以在到岸地进行，美国与49个国家有合作协议，在离岸地提供分级服务。联邦—州检测局的职员履行分级服务，他们由FPB颁发执照并受FPB的监督。在138个城市到岸地，设有对新鲜水果和蔬菜进行分级的办事处。

农业市场局的新鲜产品部（FPB）的主要职能是：A.向全国的承运商、进口商、加工商、销售商、采购商（包括政府采购机构）和其他相关经济利益团体，提供检验和分级服务，并收取服务费用。B.颁发指导性材料及美国的分级标准，以保持分级的统一性。C.现场实施对新鲜类农产品分级活动的系统复查。D.在影响食品质量及分级的官方方法与规定方面，它还作为与食品和药物管理局、其他政府机构、科学团体的联络部门。E.定期监督检查计划的有效性，考察是否遵守公民平等就业机会和公民权利的要求。

FPB 总部设在华盛顿，由以下机构组成：

主任办公室：制定FPB新鲜产品部的政策和执行程序，对整个计划实施提供原则性指导，协调FPB战略计划的制定。主任办公室是FPB与涉及蔬菜水果计划的其他部门的联络机构，同时也是美国和世界各地申请者向FPB提出申请的受理机构。主任办公室的专家，协助现场经营部制定、实施和维持FPB的新计划，包括质量同盟计划（PIQ）和在离岸地的客户辅助检验计划（CMP）、在离岸地和到岸地的检测中保持卫生作业FPB内部质量管理系统（BIQMS）监督全国的离岸地检测计划。

现场经营部（FOS）：负责确保向承运方、买方、政府机构和其他利益相关组织提供统一的分级服务。FOS在全美38个联邦市场和位于俄克拉荷马州的花生交易市场提供检测服务。FOS还监督全美的联邦—州检验计划，其中大约有5000名联邦许可的公务员对港口和合作市场提供检测服务。在主任办公室的协助下，FOS根据客户的需求确定、评价、实施、贯彻检测计划。FOS对接受检验的承运者，负责协调全美联邦市场的检验认证的邮递。

标准制定部：该部门制定和修订对新鲜蔬菜、水果和其他特产的分级标准，并编制分级手册，对联邦和州的检验员进行指导。此外，该部门还参与所有的FPB培训活动，复查和制定国际标准。

计划支持部（PSS）：协调FPB的行政管理和资金运营，复查和评价技术项目，建立和维护FPB的管理信息系统（包括数字成像）。PSS负责确定、评价、执行技术和行政管理程序，以提高FPB的工作效率。

（3）美国农业部畜禽产品检验体系

1996年7月，美国发布了关于肉类和禽类加工产品的新规定，以及关于企业和检测人员进行检测的新程序。这个新的体系重在预防肉类和禽类产品受到污染，而旧的体系重在危害发生后的检测。

美国农业部已经采取了一些其他的措施，以降低畜产品和禽类产品受细菌感染的可能，进而降低美国食品导致疾病的范围和严重性。这些措施包括规定对未加工的畜产品和禽类产品用标签注明其安全情况，增加食品安全研究资金，建立农业部与疾病预防和控制中心之间的联络处，塑造新的管理角色等。

食品安全预防的现代化：美国农业部食品安全检验局（FSIS）负责对畜产品和禽类产品进行检测。为提高畜产品和禽类产品的安全程度，FSTS开始实施综合的策略，彻底改造已有90年历史的检测体系和检测方法，实现检测现代化。

新的食品安全体系由4个基本内容组成：一是所有联邦和州检验的肉类和禽类的屠宰场和加工厂，必须制定危害分析和关键控制点（HACCP）计划。二是所有联邦和州的受监督的畜产品和禽类产品生产企业，必须制定书面的操作程序卫生标准，表明企业如何达到规定的日常卫生标准。三是FSIS会检测未加工的畜产品和禽类产品中的沙门氏杆菌，以验证是否达到了沙门氏杆菌病原菌所要降低的标准。四是屠宰企业检测屠宰后的胴体大肠类病菌，以验证是否有效地预防和消灭了可能由排泄物导致的病菌感染。

危害分析和关键控制点（HACCP）：美国农业部要求所有的畜产品

和禽类产品生产企业，必须制定HACCP计划来监督和控制生产操作过程。这些企业必须首先根据各自生产和加工的具体情况，确定影响食品安全的关键控制点。影响食品安全的因素除生物因素外，还包括化学的和物理的危害，诸如化学物残留和金属残留等。在关键控制点采取控制措施，可预防和降低危害食品安全的因素，使之达到可以接受的水平或者彻底消灭这些危害因素。

卫生标准执行程序：美国农业部在HACCP质量控制体系中为减少病原菌的数量而做出新规定：所有联邦和州检验的肉类和禽类企业，必须制定书面的卫生标准执行程序，以确保达到日常的卫生要求。企业必须保存完整的卫生标准执行程序记录，以及采取的预防和补救措施记录。检验员会进行随机的卫生检查，来验证企业的记录。卫生标准执行程序，适用于所有规模的企业，并已在1997年1月27日开始生效。

FSIS对沙门氏病原菌的检测：FSIS检测未加工的畜产品和禽类产品中的沙门氏杆菌含量，这项职能作为对企业HACCP计划的独立管理要求，并且是对企业HACCP计划有效性的测度。所有的屠宰企业必须达到沙门氏菌控制的最低标准。在美国，食用畜产品和禽类产品导致人体疾病最常见的原因，是含有沙门氏杆菌的病原菌。因而企业在达到HACCP要求的同时，必须将沙门氏菌控制到最低标准。

屠宰企业对大肠杆菌病原菌的检测：检测大肠杆菌类病原菌，可以确认是否受到排泄物的污染。控制大肠杆菌操作标准的目的，是提供客观的参考标准以帮助屠宰企业和FSIS对企业的生产过程进行控制，减少排泄物对畜产品和禽类产品的污染。制定这些操作标准，要以FSIS对大肠杆菌目前情况的调查数据为基础，这些标准与必须考虑的其他信息，以及检测中观察到的情况，共同决定了要采取的管理措施。

所有规模的企业（不论大小），必须在1997年1月27日开始检测大肠杆菌，给予6个月的宽限期，以积累实施检测的经验。6个月后，FSIS开始对企业的检测结果进行定期复查。

4.动植物产品质量认证体系

肉类认证服务：肉类认证局对较大数量的购买者，如医院、学校、餐馆、宾馆、航空公司、军队等，提供符合他们要求的肉类产品。经过认证服务，肉类分级者复查并确认牲畜、肉类及肉类产品，符合他们的规定。

进出口农产品认证：动植物健康检验局（APHIS）的植物保护检疫

处（PPQ），负责确保出口的种子、粮食、块茎植物、木材、鲜花、蔬菜、水果和其他出口农产品不会对农业和自然资源产生风险。APHIS的兽医处（VS），则要确保美国出口的动物和动物产品，如冷冻精液和胚胎，不会对进口国的动物健康产生危害。

5.美国农产品质量安全监管制度及监管措施

美国对农产品（食品）供应实行机构联合监管制度，在每一层次（地方、州和全国）监督农产品生产和流通。各市县卫生局、各州卫生机构及联邦的许多部门，都雇用食品检验员、微生物学家、食品科学家等，执行持续监管。联邦机构与各州和地方政府相对应的部门建立了合作关系，形成一个综合而有效的监管体系。如美国农业部为了预防畜禽类产品受到污染，提高该类产品的安全程度，保护消费者的健康，彻底改进以前的检测方法，建立了新的食品安全体系并制定相应的处罚措施。

USDA新的食品安全体系的四个基本组成部分，按规定的时间表开始强制实施。一般来讲，大企业实施的时间要比小企业更早。如果触犯了这些新的规定，FSIS将根据发现问题的严重性，采取相应的处罚措施。USDA的首要目标是阻止潜在的不安全食品以及掺假食品进入消费领域。对这些食品要扣留在企业或者要求企业召回这些食品。FSIS的检测人员会通报那些触犯HACCP标准和操作程序卫生标准的企业。对于一些轻微的触犯行为，如果是系统问题无法遵守，或者是基础性的食品安全，FSIS可以中止检测。对于比较严重的违规情况，例如掺假或使食品受到细菌污染，FSIS会要求企业停止生产，直到企业达到HACCP的要求，校正了对操作程序卫生标准的触犯行为，而且采取了措施以防重犯。检测人员也会对企业的某些设备、生产线和设施进行检测，如果发现触犯了卫生标准，企业要停止使用这些设备，直到解决了相关的卫生和其他问题。对屡次违规且情节恶劣的企业，将由其他行政管理机构、民事直至刑事处理。例如记录资料的虚假和不规范情况可能导致检测的无效。因为准确的记录保存是卫生标准和HACCP体系实施的基础，进而影响食品供应的安全程度。随着计划实施的过渡，USDA将继续加强和调整处罚措施，保证这些处罚措施的有效性、公正性和连贯性。

六、我国农产品（食品）质量安全现状

农产品质量安全水平不高是我国农产品出口遭遇技术性贸易措施的

主要内因。而我国农产品质量安全水平不高的主要原因是整个农产品质量安全管理体系不健全和不完善。

（一）农产品质量逐步提高

中国政府在解决农产品数量安全的同时，也着力解决农产品质量安全问题。早在1992年，中国政府就做出了大力发展高产优质高效农业的决定。经过近10年的努力，我国农产品质量安全水平有了明显的提高。

1.粮油产品

优质稻米发展迅速，按中国国家行业标准判定，优等品率已达到了25%以上；优质专用小麦种植面积已占小麦总种植面积的20%以上；“双低”油菜在长江中下游地区大面积种植，占油菜总面积的45%以上。

2.“菜篮子”产品

蔬菜种类丰富，精细菜实现了全年供应，主要蔬菜产品中的农药残留和有毒有害物质超标率问题得到了有效控制。

2002年4月，农业部组织有关技术检测机构，参照国际食品法典委员会（CAC）标准，对北京、天津、上海和深圳市及山东省寿光市生产基地、批发市场和农贸市场的蔬菜产品质量安全情况进行了抽检，蔬菜产品抽检合格率达97.7%（不合格率仅为2.3%）；北京、天津、上海和深圳市场上的蔬菜多以外地蔬菜为主，应当说，四个城市的抽检结果基本上反映了中国国内蔬菜产品的质量安全状况。精瘦猪肉、中高档牛羊肉、特种畜产品和名特优水产品等逐渐成为城市居民的日常消费食品，良种肉鸡、蛋鸡基本实现了良种化繁育、专业化生产，鲜活水产品和加工产品的质量安全水平有了大的提高。

3.果茶产品

果品花色品种增多，优质水果比例明显提高，优等品率超过三分之一，果品包装上市率大幅度增加，中国的果品基本实现了全年均衡供给。名优茶生产快速发展，已占中国茶叶总产量的20%以上。

4.绿色食品

近年来，各地农业部门根据当地自然优势，相继推出了无公害绿色食品，开展有机农业生产的尝试。近几年来，我国绿色食品发展在总量规模不断扩大的同时，产品出口保持了快速增长。2000年，全国绿色食品产品出口额为2亿美元，出口率为2.5%；2001年，产品出口额为4亿美元，出口率为6.5%；2002年，产品出口额为8.4亿美元，出口率为

11.6%。2000–2002年，绿色食品出口年平均增长105%，比1997—2000年平均增长速度42%高出63个百分点。2001年，绿色食品产品出口额占全国农产品出口额119.4亿美元的3.4%，2002年绿色食品产品出口额占全国农产品1–11月份出口额160.9亿美元的5.2%。2002年，全国绿色食品出口企业达到273家，占绿色食品企业总数的15.5%，出口产品达到301个，占绿色食品产品总数的9.8%。

（二）中国农产品质量安全管理现状及问题

1.各相关部门在农产品质量安全管理方面的主要职能及我国农产品（食品）质量安全组织管理体系存在的问题

农产品质量安全管理的行政和执法监督涉及到农业、卫生、环保、贸易和市场等领域，目前，我国具有农产品（食品）质量安全管理职能的部委有农业部、卫生部、国家环保总局、国家质量监督检验检疫总局和国家食品药品监督管理局。另外，商务部和国家工商行政管理总局在行使其职能时，也涉及到农产品质量安全管理和农产品技术性贸易措施问题。这些部门各司其职，共同组成了我国的农产品（食品）质量安全管理组织体系。

我国农业部对农产品（食品）质量安全的管理主要集中在农产品产前和产中领域，主要职能包括农业标准体系建设、农业投入品管理、动植物疫情防治、绿色食品管理、相关技术推广、进出口检疫、农业生物基因安全管理、组织实施农业质量振兴计划、生产许可证和质量“打假”工作等；卫生部在农产品（食品）质量安全管理方面的职能主要是对食品和饮用水卫生的监督与抽检、食品安全法规建设，以及相关认证机构的审批管理等；国家环保总局主要负责进行相关的环境法规建设、环境污染监督、查处和治理、环境标识认证和组织相关技术研发等；国家质量监督检验检疫局主要负责动植物检疫法规建设和组织实施、出入境检验检疫管理、动植物疫情信息收集与科学建议、商品普惠制原产地证和一般原产地证的签证管理等；国家食品药品监督管理局主要负责食品安全政策法律制定、食品安全协调、食品安全监察和组织相关科学研究。此外，虽然商务部和国家工商行政管理总局的设置并不直接针对农产品（食品）质量相关问题，但这两个部门也在农产品（食品）进出口贸易、国内农产品（食品）市场秩序等方面行使相关职能，是我国农产品（食品）质量安全组织管理体系的重要组成部分。

从各相关部门的职能来看，我国农产品（食品）质量安全管理组织体系还是一个比较松散的、尚缺乏高度统一协调机制和有待进一步完善的体系。主要表现在：

（1）各部门法规和政策制定缺乏统一的协调机制

目前，农业部、卫生部、国家质量监督检验检疫局和国家食品药品监督管理局均有相关法规和政策制定的职能。虽然各部门在相关法规和政策制定方面也显现出了按领域划分的初步态势，但由于各部门之间的行政级别相同，本部门制定的相关法规和政策只在本系统内部起到指导和规范作用，对其他本部门职能范围之外的领域约束力度不大，在很多地方还存在重复和不衔接的问题。各部门在相关政策法规方面各自制定和各自发布的现状，很容易使整个食物链质量安全控制出现漏缺和矛盾现象。特别是农业部门制定的农业产前和各类产品标准很难成为卫生、质检部门最终产品检测标准制定的依据，也不利于“从农场到餐桌”整个食物链质量安全法律法规体系的一致和完整。

（2）对农产品生产产中质量安全监控和产后加工管理薄弱

从目前我国的农产品质量安全管理分工来看，农业部主要侧重于产前投入品的管理和产后产品质量的检验检疫，对产中规范操作介入较少；卫生部的职能主要集中在对上市食品的质量抽查和重大食物质量安全事故调查处理方面，对食品加工和生产过程的监控管理投入力度不够；国家质量监督检验检疫局则主要集中在动植物进出口检验检疫方面，很少涉及国内农产品（食品）生产情况；而初衷试图协调我国整个农产品（食品）质量安全管理的国家食品药品监督管理局的“监督管理”职能也由于其自身的行政级别限制得不到发挥。因此就形成了一方面高喊“从源头抓起”和“严格市场准入”，而另一方面却存在整个农产品（食品）生产、加工过程少有人问津的不合理状态。

（3）整个体系的“条条”管理格局较为分明，但缺乏“条框”结合的运行机制

按照国务院的改革方案，国家食品药品监督管理局是国务院综合监督食品、保健品、化妆品安全管理和主管药品监管的直属机构。设立此机构的主要目的是试图改变我国农产品（食品）组织管理体系“条框”分离的格局，协调整个体系运转的协调性。但由于该机构与其他相关部委一样，仍为正部级，无法在行政上协调其他部门的活动，因而“监督”效

果不大，更谈不上“管理”。目前只有所谓的“三绿工程”和“放心食品工程”等少数行动是各部门协同参与开展的，而绝大多数情况下，各相关部门只是在本部门的行政职能范围内开展农产品质量安全管理活动，部门之间横向联系、沟通缺乏，协作较少。

（4）各相关部门之间信息沟通不充分，尚未形成有效地风险信息交流和共享机制

从各部门在农产品质量安全方面的职能来看，仅有国家质量监督检验检疫局标明有风险信息收集、发布与科学建议的职能，而其他部门并未明确此项职能。事实上，在目前我国农产品质量安全组织管理体系的运转过程中，也确实存在风险信息收集、整理、分析不到位和部门间信息共享不充分的问题。特别是各相关部门在农产品质量安全事件处理和信息、建议发布方面没有形成一套互相协调、协商和统一发布口径的机制，在某些敏感问题和重大问题上，往往是各部门根据本部门所掌握的资料信息单独宣布各自的观点和所要采取的行动，而其他部门由于所持有的材料和工作领域不同，异议甚多，严重影响了我国整个农产品质量安全管理组织体系的正常、有序运转。

2.农业标准体系建设现状及存在的问题

到目前为止，我国的农业标准体系基本形成了以国家标准为龙头，行业标准为主导，地方和企业标准为补充的四级标准结构。农业国家标准（兽药除外）由国家质检总局编号发布，行业标准由农业部审批、编号发布；各地在国家标准和行业标准的基础上，分别制定了相应的农产品安全卫生、生产技术规程等地方农业标准；生产规模大、组织化程度高的农产品生产和加工企业，为满足本企业生产管理和提高竞争力需要，制定了相应的企业标准。

据不完全统计，中国政府已组织制定农业国家标准1911项，行业标准3144项，无公害食品行业标准199项，农业地方标准1.6万余项，组建全国农业标准化技术委员会20多个。标准范围从农作物种子、种畜禽发展到种植业、畜牧业、渔业、热带作物、饲料工业、农机化、农村能源与环境、农业高新技术等各个领域，标准的内容也从原来的产品标准延伸到关键技术以及加工、包装、贮运等各个环节。为适应中国农业发展新阶段的需要，中国农业部和财政部从1999年开始，设立了农业行业标准制修订专项，加大了农业行业标准制定和修订的力度。目前已下达

四批农业行业标准修订计划，有1446个农业行业标准列入范围。并把动植物病虫害诊断与防治、农药（兽药）使用、农药（兽药）残留等有害物质限量、农产品产地环境及与农产品质量直接相关的关键控制技术列为制标重点。为推动“无公害食品行动计划”的实施，2001年制定和发布了73项无公害食品行业标准和4项有机茶行业标准。

从目前的情况来看，我国的农产品质量安全标准建设已经渐成体系，包括种子、品质、生产规范、检验方法以及产品标准等，近年来，加快了农产品中残留物质和有害元素安全限量标准和检验方法标准的制定。但农产品生产环境、加工、包装、运输、贮存、残留物质、安全限量以及检验方法，这些方面的标准与我国可上市的农产品数量（110类、1000多个产品）相比，还存在着数量少，不配套，同时技术水平低的问题仍很突出，且存在农业标准的采标率低，标准设置不合理问题。农业标准体系建设仍需继续加强。我国的农业标准体系建设与发达国家相比还有很大的差距，存在着标准种类少、分类粗泛等问题。例如，针对各类化学农药在农产品中的最高限量（MRL），联合国粮农组织／世界卫生组织（FAO/WHO）已经公布了2500多项，美国公布了9000多项，德国8000多项，澳大利亚3000多项，日本3000多项，而我国仅公布了农药残留国家强制性限量标准205项，国家推荐性残留量标准354项。

3.农产品法律、法规体系建设现状及存在的问题

(1) 我国涉及农产品（食品）安全的主要法律

①中华人民共和国农业法

《中华人民共和国农业法》是我国农业的基本法。2002年6月24日第九届全国人民代表大会常务委员会第二十八次会议通过了《中华人民共和国农业法修订草案》，其中农产品质量安全问题，是这次修改增加的重要内容，修订草案主要作了以下规定：一是国家采取措施提高农产品的品质和质量，建立健全农产品质量标准体系和质量检验检测监督体系，制定保障消费者安全和保护生态环境的农产品强制性标准，禁止生产经营不符合强制性标准的农产品。二是国家支持建立健全优质农产品认证和标志制度。扶持发展无公害农产品生产。符合标准规定的农产品，可以申领绿色食品标志、有机农产品标志。建立农产品地理标志制度。三是建立健全农产品加工制品质量标准，加强对农产品加工过程的质量安全管理和监督，保障食品安全。四是健全动植物防疫、检疫体系，加强

监测、预警和防治，建立重大疫情和病虫害的快速扑灭机制，建设无规定动物疫病区，实施植物保护工程。五是采取措施保护农业生态环境，防止农业生产过程对农产品的污染。六是对可能危害人畜安全的农业生产资料的生产经营依法实行登记或者许可制度，建立健全农业生产资料安全使用制度。

②中华人民共和国产品质量法

《中华人民共和国产品质量法》于1993年2月22日第七届全国人民代表大会常务委员会第三十次会议通过，主席令第71号发布。该法规定在中华人民共和国境内从事产品生产、销售活动，必须遵守本法，本法所称产品是指经过加工、制作、用于销售的产品。国务院产品质量监督部门主管全国产品质量监督工作。国务院有关部门在各自的职责范围内负责产品质量监督工作。县级以上地方产品质量监督部门主管本行政区域内的产品质量监督工作。县级以上地方人民政府有关部门在各自的职责范围内负责产品质量监督工作。同时该法的第十二条、第十三条和第十五条分别规定：产品质量应当检验合格，不得以不合格产品冒充合格产品；可能危及人体健康和人身、财产安全的工业产品，必须符合保障人体健康和人身财产安全的国家标准、行业标准；未制定国家标准、行业标准的，必须符合保障人体健康和人身、财产安全的要求；国家对产品质量实行抽查为主要方式的监督检查制度。

③中华人民共和国食品卫生法

《中华人民共和国食品卫生法》于1995年10月30日第八届全国人民代表大会常务委员会第十六次会议通过。该法共分五十七条，有总则，食品的卫生，食品添加剂的卫生、食品容器、包装材料，食品用工具、设备的卫生，食品卫生标准和管理办法的制定，食品卫生管理，食品卫生监督，法律责任和附则九大部分。凡在中华人民共和国领域内从事食品生产经营的，都必须遵守本法。该法规定适用于一切食品、食品添加剂、食品容器、包装材料，食品用工具、设备、洗涤剂、消毒剂；也适用于食品的生产经营场所、设施和有关环境。凡在中华人民共和国领域内从事食品生产经营的，都必须遵守本法。国家鼓励和保护社会团体和个人对食品卫生的社会监督。

④中华人民共和国标准化法

《中华人民共和国标准化法》于1988年12月29日第七届全国人民代

表大会常务委员会第五次会议通过，1988 年 12 月 29 日中华人民共和国主席令第十一号公布，1989 年 4 月 1 日起施行。该法规定对需要在全国范围内统一的技术要求，应当制定国家标准，行业标准由国务院有关行政主管部门制定，并报国务院标准化行政主管部门备案，在公布国家标准之后，该项行业标准即行废止。对没有国家标准和行业标准而又需要在省、自治区、直辖市范围内统一的工业产品的安全、卫生要求可以制定地方标准，地方标准由省、自治区、直辖市标准化行政主管制定并报国务院标准化行政主管部门和国务院有关行政主管部门备案，在公布国家标准或者行业标准之后，该项地方标准即行废止，企业生产的产品没有国家标准和行业标准的，应当制定企业标准，作为组织生产的依据。企业的产品标准报当地政府标准化行政主管部门和有关行政主管部门备案。已有国家标准或者行业标准的，国家鼓励企业制定严于国家标准或者行业标准的企业标准，在企业内部适用。国家标准、行业标准分为强制性和推荐性。

此外，还有《中华人民共和国环境保护法》《中华人民共和国动物防疫法》《中华人民共和国渔业法》《中华人民共和国进出口商品检验法》《中华人民共和国进出境动植物检疫法》《植物检疫条例》《农药管理条例》《饲料和饲料添加剂管理条例》《兽药管理条例》《农业转基因生物安全管理条例》《基本农田保护条例》《肥料登记管理办法》《无公农产品管理办法》等相关法律、法规。

(2) 我国农产品（食品）法律、法规体系建设存在的问题

从前述可以看出，开始于 20 世纪 80 年代中后期的我国农产品（食品）安全法律、法规体系建设已经取得了初步成绩。但受制于长期计划经济的影响，目前还仅是一个框架性的东西，整个体系的覆盖面还不是很宽，尚存在许多不完全和漏洞的地方。整个体系与我国农业发展新阶段的新形势，以及人民生活消费水平迅速提高和农产品国际贸易日趋激烈的新动向还不相适应。亟待进一步健全和完善体系、细化和充实内容。

4. 农产品检测检验体系建设现状及存在的问题

我国的农产品质量安全监测体系，是依照国家法律、法规和有效标准，对农产品（含农业生态环境和农业投入品）质量安全实施的重要技术执法体系，具有农产品质量安全评价、农业依法行政、市场秩序监管和促进农产品贸易等重要职责，在促进农业产业结构调整、农产品质量

升级、农产品消费安全和提高农产品市场竞争力等方面具有重要的地位和作用。

我国农产品质量安全检测检验体系建设起始于20世纪80年代。1985年国务院颁布了《产品质量监管试行办法》。农业部分别于1988年、1991年和1998年分三批，在与农业有关的科研、教学和专业检验检测机构中择优组建了国家的产品质检中心13个，还规划建设179个部级农产品质检中心，到目前已有164个部级农产品质检中心通过了国家计量认证和机构授权认可。经过十多年的建设，目前农业部所属的国家级、部级检测中心的管理水平明显加强，执法地位逐步树立，检测范围不断扩大，检测范围覆盖了农业生态环境、农业生产资料、农产品等方面。同时，已有近50%的省（区、市）共建立了480多个省级农产品质量安全检测中心，1200多个地、市、县级农产品质量安全检测站。我国的农产品检测检验体系建设取得了突破性进展。

但是目前我国农产品检测检验体系还存在一些问题。从检测对象来看，现有的检测机构数量与社会需求尚存在差距，特别农产品中农药、兽药残留等安全类检测机构的数量还不能满足需要；从地域分布来看，现有质检机构在各地分布不均衡。中西部地区农产品质量安全监测体系的建设还相对滞后，面向广大市场和广大农村的地、县级综合性的农产品检测机构还很薄弱。随着农业科学技术的迅速发展，从事农业高新技术产品（如转基因产品等）质量安全监测机构还亟待加强建设。

5.我国认证体系建设现状及存在的问题

从20世纪90年代初开始，我国便开始了农产品质量认证认可体系的建设。目前已建立水产品、绿色食品认证中心并投入运行。水产品认证推行的HACCP已开始进行认证试点。经中国国务院批准，农业部自1990年开始在全国倡导、推动发展绿色食品，并成立了中国绿色食品发展中心，具体负责绿色食品的认证工作。截至2002年底，全国已有1756家企业的3046个产品获得了绿色食品证书，绿色食品年实物总量达2500多万吨，年销售量597万吨，出口额8.4亿美元。此外，种植业、畜牧业产品认证和农作物种子产品认证工作已经启动，并建立了农业部农产品质量安全中心。目前，全国已有155家单位的214个产品通过了农业部农产品质量安全中心首批全国统一标志的无公害农产品认证，其中种植业产品115个，畜牧业产品15个，渔业产品84个，总产量为212万吨。我国农产品质量安全认证体系建设取得了很大成就。

但从市场实际操作来看，我国农产品质量安全认证存在着名目繁多和各类认证界限不清、鱼龙混杂的现象。例如在北京市场上，农产品认证有“安全食用农产品”“绿色食品”“有机食品”“无公害食品”4种认证标识，而绝大多数消费者根本无法区分这些标识。其中，“安全食用农产品”的认证机构是北京市食用农产品安全生产体系建设办公室，“有机食品”的认证机构是国家环境保护总局有机食品发展中心，“绿色食品”的认证机构是农业部下属中国绿色食品发展中心，“无公害食品”的认证机构较多，目前有许多省、市、区的农业主管部门都进行了无公害食品的认证工作。这些认证机构之间互相独立、互不隶属，造成了混乱的农产品认证体系和没有章法的管理体系。特别是各类认证机构从事认证管理的高额收费（如北京市食用农产品安全生产体系建设办公室作为北京市农委的一个行政机构，认证一个蔬菜品种需要1000元的认证费，3000元的土地环境检测费。而且这个价位还要低于“绿色食品”认证费用），不仅使得农产品标准执行混乱，也在很大程度上打消了农业生产者的积极性。更具有讽刺意义的是，很多已经取得“绿色食品”认证的农产品，还是在国际市场上受到了绿色壁垒的限制，原因就是我国历时十多年发展起来的绿色食品质量认证标准体系是结合我国国情发展起来的质量认证体系，国际上并没有对应的标准体系。而且我国国内各类认证机构与国际权威认证机构之间并没有实现实质性的机构互认，国内认证机构的认证工作和结果得不到国际同类机构的承认。因此，亟需尽快整顿各类认证资源，加强统一管理。

6.农产品检测检验技术、设备和无公害、绿色农业技术落后

目前，我国现有大部分部级质检中心均是在科研、生产和教学单位原有实验室基础上建立的，仪器设备多数使用时间在10年以上，故障频繁发生。且这些仪器属被淘汰的型号，零配件、消耗件无法解决，维修十分困难，严重影响到质检中心的正常检测工作，急需更新换代。部分仪器设备的专业化程度较低，档次不高，配套性差，限制了检测能力的提高和检测范围的拓宽。现有农产品类质检中心大多数虽配备了可用于农药残留等成分检测的气相色谱仪，但有半数质检中心尚未配齐必要的检测器、自动进样器及相关辅助设备，影响检测速度和仪器整体功能的发挥。新颁布的无公害农产品标准中规定蔬菜类产品要检测的项目有48

个，拥有独立完成全部检测任务所需仪器设备的质检中心仅有5个，且目前只有1个中心购买了1个小时内可以完成60多个农药残留定量检测的快速检测仪（常规仪器需1–2天完成）。

受制于落后的技术和设备，我国农产品质检机构与国外同类质检机构相比，检测能力也亟待提高。例如国外的农业环境质检机构在大气、水、土壤和污染源等方面的可检测项目有680个左右，而我国同类质检机构能检项目约140个，差距明显。另外，我国农业检测机构基本上是在原有单位的科研实验室基础上改造而建立起来的，大多实验室是由办公室改建而成的。因此，许多实验室的环境条件达不到检测标准规定的要求。主要表现在检测实验室的房屋陈旧，布局欠合理；实验室辅助设施落后，排污、通风、温湿度控制系统不健全，检测用房面积小，缺乏功能性用房、配套的样品室、样品前处理室，检测没有专用电源或备用电源等。

长期以来，由于我国的农业科研和技术开发一直在围绕增加农产品产量、满足人们的基本食物消费为中心进行，对农产品质量提高的技术研发落后，至今尚未有专门化、集成化的无公害、绿色农产品生产、加工技术，已有技术覆盖率不全，无公害、绿色农产品生产过程中技术疏漏环节较多，影响了整个食物链的质量和安全水平。

7.农民组织化程度低，质量竞争意识淡薄

由于我国的家庭经营式农业生产方式，使得农业的市场化程度长期得不到提高，农业生产者与市场的关系疏离，农民的市场化经营意识普遍不高，质量竞争意识淡薄，难以实现自发式的、旨在提高农产品质量安全水平的资源和技术配置。而农业行业和农民组织建设又受制于农民经济实力和文化素质，难以有效地发展壮大，有组织地促进农业生产者进行技术改造、增加农产品质量安全生产资源配置的组织成本也很高，组织效率低下。另外，从前文政治经济学的分析也可以看出，农民的组织化程度低，对政府制定质量安全政策和进行质量安全方面的财政投入预算规划的政治影响力也不强。因此，便出现了没有文化、没有资本、缺乏意识、组织分散、市场竞争力弱的中国农业生产者“怪圈”。

8.农产品质量安全信息服务体系不健全，缺乏风险评估和预警机制

目前，随着我国农产品出口遭遇技术性贸易措施的日益频繁和影响不断扩大，国内各类媒体对此类事件的报道也逐渐增多，但主要还集中在新闻式的通报方面，没有形成系列化、专门化和专业化的信息集成。国

内农业生产者、经营者，甚至政府决策部门也没有做到知己知彼，应对国外技术型贸易措施存在着严重的信息不对称，策略选择难以科学化和有效性。

另外，我国也没有一套完全公开化、透明化的农产品质量安全和技术性贸易措施信息披露机制，公众参与性不强，公众了解和获取相关信息的权威途径和渠道缺乏，风险信息交流不够，风险分析程序和结果不透明。公众只是被动地接受只言片语的事后信息，无法对整个过程进行监督和评论，更谈不上认同感，也难以唤起他们的责任感和风险意识。

七、我国农产品技术性贸易措施战略选择

（一）战略目标

在 WTO 框架下，适应新阶段农业和农村经济发展的要求，瞄准国内和国外两个市场，充分利用国内外两种资源，借鉴发达国家的通行做法，以保护国内农业及相关产业、生态环境和满足消费者身体健康需求、消费偏好为核心，依靠组织创新，制度创新，科技创新（农产品检测检验技术及无公害农产品生产技术创新），加大基础设施建设投入，加强能力建设，构建灵活、隐蔽、有效的，适合我国国情的农产品技术性贸易措施体系。对内促进农产品质量的全面提高，增强我国农产品的国际竞争力，促进农业结构调整和农民收入增长，实现农业可持续发展。对外实现有效地抵御国外农产品大举入境，有效防范各种病虫害的边境输入，保护国内相关产业免受冲击和生态环境免遭破坏。为国内居民提供一个从“农场到餐桌”全程卫生、安全的食物链环境，为国内农业产业提供一个适度保护下的、稳定的发展空间。

（二）战略对策

1.苦练内功，加强宣传

根据前面我国农产品遭遇技术性贸易措施的外因和内因分析结论，要首先本着苦练内功、提高自身农产品质量安全水平、不给进口国以可乘之机的原则，根据重点国家对农产品进口的要求，加强对重点农产品的质量安全建设，提高我国农产品的质量和安全水平，从根本上消除我国农产品出口遭遇技术性贸易措施限制的内因。同时，加强对我国农产品质量安全水平和国内农产品质量安全管理的正面宣传报道，有理、有

力地驳斥国内外各类不合事实的负面谣传和诋毁。并要针对重点国家和重点产品开展有针对性的新闻攻势活动，树立我国农产品质量安全水平的良好国际形象。

2.跟踪调研，知己知彼

要围绕我国农产品出口受阻的重点产品，开展对重点国家的情报信息搜集和调研，并及时跟踪，系列集成，定时发布，为农产品生产者、加工企业和政府决策部门提供信息服务，以做到知己知彼。跟踪调研内容要尽量翔实、全面、动态、及时，主要包括：该国的农产品质量安全管理体系的结构和各部分的功能；各相关农产品质量标准和农业技术操作规范的发展动态、趋势及具体要求；农药、兽药、化肥、饲料添加剂等农业投入品的残留量限制；农产品包装、商标、形状、尺寸及相关辅助材料规则；农产品质量安全认证体系及具体的标志、步骤、指标、机构、要求等内容；该国国内相关农产品的生产、消费发展趋势，以及与我国的贸易发展形势等；该国的政治环境，包括有效政治力量及其相互对比，政治决策体制等。

要依托专门的机构，按产品实行专门分工，不间断连续跟踪，获取第一手情报材料；要建立专门的渠道，将信息产品及时送交政府决策部门，以供科学决策参考；建议以农业部信息发布的“五个一”工程为依托，把对国外农产品技术性贸易措施和农产品质量安全动态的信息调研和发布作为农业信息化建设的重要内容，纳入专门的规划和预算，实现规范化、制度化运作。

3.促进合作，互惠互利

充分坚持“相互尊重、平等相待、求同存异、彼此借鉴、相互信任、互利互惠、优势互补、面向未来、共同发展”的原则，在多层次和全方位上建立平等的合作伙伴关系。

要加强农产品质量安全控制技术交流与合作。进行实验室设备加强、改进的研发合作，协调和统一试验设备操作和农产品（包括食品）分析方法，共同开展动植物疫病防治和农产品质量安全监测、检测等新技术研究；加强在对中小企业生产的质量管理规范方面的合作，推行HACCP卫生质量控制方法，做好农产品质量不安全预防工作；加强农产品质量安全教育和培训方面的合作，促进相关高级人才的合作培养；加强食源性疾病监测方法和数据收集、回溯技术操作及风险评估方法手段方面的合作，提高各种预防控制措施的有效性。

加强认证互认合作。广泛开展与农产品贸易伙伴国间多层次的农产品质量认证经验交流与管理合作，积极促进国家间农产品质量安全认证机构的双边和多边互认合作；通过共同积极参与国际组织，签署多边协议，加强对国家间认证体系的互认合作；通过信息交流与多层次对话，实现管理体系、监测检测体系和信息分析评估能力的互认；开展多层次的技术合作与交流，实现风险管理方法与能力、农产品质量控制技术和农产品质量安全标识的互认。

加强信息交流合作。开展我国与农产品贸易伙伴国间公众的农产品质量安全参与合作，通过建立国际消费者论坛、国际公众集会和学术讨论、网络专访的形式促进农产品质量安全的民间信息交流与跨地区监督；加强各国内部风险管理信息交流机制建设的合作，促进各国风险评估人员，风险管理人员和相关利益者的相互沟通，实现互动；加强各国农产品质量管理机构间风险管理信息共享合作，合作建立国家间食品风险管理信息及时互报和共商机制，发展国家间农产品质量安全相关数据的官方和专家共享系统，以便实现地区间农产品质量安全管理的一致行动和合作控制，减少贸易摩擦。

4.利用规则，争取主动

要仔细研究WTO规则，吃透内涵，充分运用规则保护本国产业；要积极参与新一轮WTO谈判，参与国际规则的制定，提出合理运用技术性贸易措施的条件，限制任意曲解技术壁垒的原意，使技术性贸易措施的应用更符合科学原理和公平合理规则，消除发达国家设置的技术壁垒，有利于促进国际农产品贸易，也使中国农产品国际贸易环境得到进一步改善。

要在对国外农产品贸易性技术措施动态跟踪调研的基础上，加强对重点贸易伙伴国国内农业政策的研究，了解其实际情况，掌握其动向。特别是要注意收集能够在WTO仲裁机构反击其不合理技术性贸易措施的一手经济数据。以备在国际贸易争端中做到“有理、有力”，争取主动。

当然，要想在现代国际自由贸易条件下打赢贸易争端战，还要加强对国内行业协会和企业自身能力的建设。这样一旦遭遇技术性贸易壁垒，不但要敢应战，也要把握应战必赢。

5.出师有名，以牙还牙

在某种意义上，国际贸易政策的政治性影响要大于其宣称的经济性内涵。从前述的模型分析结果来看，一国对我国实施农产品技术性贸易措施的初衷可能并不是针对此产品的质量和安全，而是其对国内政治集团的利益影响，甚至是为了报复另一种产品对其国内市场的冲击。例如，近年来美国对俄罗斯禽肉实施的技术性贸易措施，就是为了报复俄罗斯对其钢材的进口限制。

我国加入 WTO 后与世界各国贸易不断增长，遭遇技术性贸易措施的可能性也将日益增加，有些措施可能是不合理的，我们可以寻其不合理之处进行申诉和反击，但有些还受制于我们能力建设的水平，无法正面应对。因此，设计和筹备实施此种迂回战略，也不失为保护我国农业产业的一个应急之策。

要充分发挥我国劳动力丰富、价格低廉的优势，挖掘五千年农业文化的精髓，改造和发展一批具有中国特色的，符合生态、绿色和环保要求的传统农业生产技术，并建立相应的技术操作规程和产品标准，从操作规范、产品性状、包装、商标、随同杂质等方面设计一系列能够有效限制国外农产品进口的特色标准，加强储备，以备反击之需。

（三）战略体系

1. 农产品质量安全及技术性贸易措施组织管理体系

(1) 体系构建的基本原则和依据

综观英、美、日等发达国家的农产品质量安全的组织管理体系，一个重要特点是各部门既有清晰的分工，又有融洽的合作，且更为重要的是相关部门之间信息共享充分、行动步调和声音一致。如前文所述，英国农产品（食品）质量安全主要是由农业、渔业、食品部（MAFF）和食品标准机构（FSA）共同进行管理的，二者在农产品质量安全管理方面建立了良好的合作伙伴关系，特别是在标准、技术、风险信息、行动决策等方面实现了全面交流与共享，建立了定期和不定期的会晤制度，共同促进本国农产品质量安全水平的提高；美国的农产品（食品）质量安全管理由总统亲自抓，美国食品和药品管理局（FDA），主要负责除畜禽类产品外美国国内和进口的食品安全，美国农业部（USDA）主要负责畜禽类产品安全，并被授权监督执行联邦食用动物产品安全法规，美国国家环境保护署（EPA）主要负责饮用水、新的杀虫剂及毒物、垃圾等方面的安全，制定农药、环境化学物的残留限量和有关法规，这三个部门在总统的统一协调下，行动一致，互相配合，共同促进本国的农产品（食品）质量安全水平和把关进口农产品质量安全状况；日本农产品质量安全管理由农林水产省和厚生劳动省负责，农林水产省主要负责国产农产品生产环节的质量安全管理，厚生劳动省主要负责加工和流通环节农产品质量安全的监督管理，二者既有分工又有合作，形成了对农产品（食品）从“农场到餐桌”整个流程质量安全状况的完善的监督管理体系。

我国农产品质量安全及技术性贸易措施组织管理体系建立和完善的基本原则：组织成本低廉、部门运转协调、信息共享充分、行动步调一致和系统稳定延续。要充分结合当今农产品技术性贸易措施的发展趋势和对我国实施农产品技术性贸易措施的重点国家、重点产品判断，充分借鉴国外的先进经验，把对农产品质量安全管理和应对农产品国际技术性贸易措施纳入制度化、法制化的轨道，把整个组织体系的运转费用纳入国家统一财政预算的范围之内，将农产品质量安全管理和农产品技术性贸易措施管理作为一项重要职能列入政府活动议程。

(2) 组织体系框架及各部门职能

①立法机构

我国的立法机构是全国人民代表大会。可以考虑在全国人民代表大会“农业和农村专业委员会”之外增设“农产品、食品生产与贸易专业委员会”，专门负责根据国际农产品质量安全管理、农产品质量检测技术及标准和农产品技术性贸易措施动向，组织起草各种纲领性、全局指导性的农产品（食品）质量安全法律，并负责我国整个农产品质量安全法律法规体系框架的宏观设计和控制。

②行政和执法机构

整个农产品（食品）质量安全管理可以分为若干个关键环节，主要有农产品投入环节，农产品生产环节，农产品产后储存、包装、运输，食品加工、包装、存储、运输，市场农产品（食品）抽检、监督，农产品进口检验检疫等。如前所述，由于各相关部门各自独立开展工作，一方面由于部门间职能界限划分不清而出现多头、管理混乱局面；而另一方面又由于部门间缺乏横向联系和协作，不能全面兼顾整个农产品（食品）链各环节的安全监控，造成很多漏洞和薄弱环节。因此，当前适应农业发展新阶段和应对当今农产品国际技术性贸易措施的农产品质量安全组织管理体系构建，关键是要明确界定各部门的职能范围，并建立各部门之间互通信息、相互协作的运转机制。

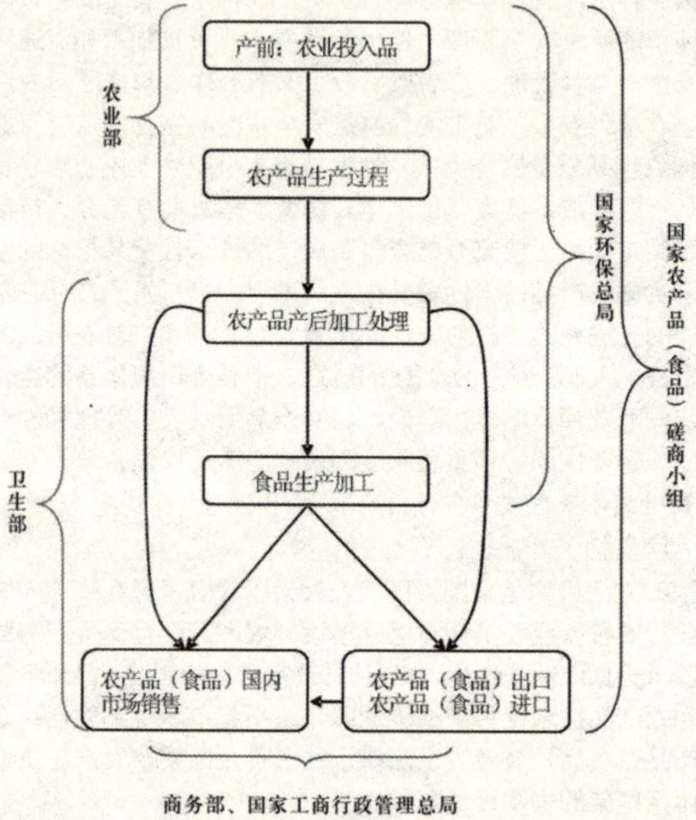

图 2-2　按农产品生产流程设计的组织管理体系框架

a.国家农产品（食品）安全磋商小组

建议组建国家农产品（食品）安全磋商小组，由国务院一位副总理亲自挂帅兼任组长，专门负责协调部门间农产品（食品）质量安全管理工作事宜。小组成员由农业部、卫生部、国家质量监督检验检疫局、国家食品药品监督管理局、商务部、国家工商行政管理总局等有关部门和直属机构的行政首长组成。国家农产品（食品）安全磋商小组下设办公室，挂靠在国家食品药品监督管理局。同时下设一个非官方论坛，也由国家农产品（食品）安全磋商小组办公室（国家食品药品监督管理局）负责管理。如图 2-2 所示。

要在国家农产品（食品）安全磋商小组内部建立一种信息共享和磋商的机制。各部门要对本部门农产品（食品）安全管理动态定期和不定期地通报国家农产品（食品）安全磋商小组办公室；对于本部门将采取的重大农产品（食品）安全管理措施和行动，要提前通过小组办公室通报其他相关部门；要建立各部门相关信件处理和政策决策等行动的互相通报和协商机制。

小组办公室负责定期召集各部门就农产品（食品）安全管理问题进行建设性磋商，并负责协调各部门相关行动的一致性；非官方论坛也由小组办公室负责管理，论坛的主要目的是广泛吸引社会各界人士（政府、生产者、消费者、经销商等）参与农产品（食品）安全管理，起到信息通报、信息交流和辅助决策的作用。

b.国家食品药品监督管理局

国家食品药品监督管理局是国务院设置的专管食品和药品质量安全的直属机构，其法律地位要低于农业部、卫生部等国务院组成部委，国家食品药品监督管理局的行政首长不是国务院的组成人员。按照目前的职能设置，国家食品药品监督管理局的主要食品安全管理职能是食品法律法规制定、食品安全管理协调、食品安全监察和组织相关技术开发。今后结合国家农产品（食品）安全磋商小组的建设，重点加强以该部门为龙头的信息集散体系建设和对相关各部门农产品质量安全管理的协调职能。

c.农业部

农业部是国务院组成部门。按照目前的职能设置，农业部在农产品质量安全管理方面的职能主要集中在农业标准体系建设、农业投入品管理、动植物疫情防治、绿色食品管理、相关技术推广、进出口检疫、农业生物基因安全管理、农业质量振兴计划和农业名牌发展战略,以及生产许可证和质量“打假”等方面。适应新形势下我国农产品（食品）源头及过程管理的需要，农业部的主要职能应更多地向农产品生产过程和相关无公害、高质量农产品生产技术研发和推广倾斜，并相应地承担农产品生产操作规范、技术规程和相关标准的制定工作。

d.卫生部

卫生部也是国务院组成部门。卫生部在整个管理体系中应更强调对农产品加工、运输及食品生产过程的监督监察和市场上食品质量卫生的抽检工作，并在国家农产品（食品）质量安全磋商小组的协调下，起草和制定相关的标准和规范。

e.国家质量监督检验检疫局

国家质量监督检验检疫局属国务院直属机构。目前其在农产品（食品）质量安全管理方面主要负责农产品进出口检验检疫和相关检疫信息的收集工作。今后应在整个国家的农产品（食品）质量安全管理框架下，继续强化其进出口检验检疫职能，并在国家农产品（食品）磋商小组办公室的统一协调下，起草和制定相关检验检疫法律、法规。

f.国家环保总局

国家环保总局也是国务院直属机构。国家环保总局应继续加强对整个农业生产环境的监督、检测、检验和治理工作，并配合相关部门对重大农产品（食品）安全事故进行调查处理和起草制定相关法律法规。

g.商务部、国家工商行政管理总局

这两个部门在农产品（食品）质量安全管理方面的职能应主要集中在农产品出口市场开拓、信息体系建设和农产品市场秩序、商标、包装等规范化要求的整治方面。

(3) 运转机制

全国人民代表大会是我国的最高权力机关，全国人民代表大会授权国务院行使行政权力，国务院对全国人民代表大会负责。全国人民代表大会和常务委员会下设“农产品（食品）质量安全专门委员会”，主要负责审议代表提案和进行相关提案。“农产品（食品）质量安全专门委员会”和“国家农产品（食品）质量安全管理磋商小组”要建立密切的信息交流机制，相关法律提案要由双方共同协商确定。如图2-3所示。

“国家农产品（食品）质量安全管理磋商小组”直接受国务院领导，由一位国务院副总理亲自主抓，农业部、卫生部、国家质量监督检疫局、国家食品药品监督管理局、国家环保总局、商务部、国家工商行政管理总局、国家认证认可监督管理委员会和国家标准化管理委员会首长是国家农产品（食品）质量安全管理磋商小组成员，在组长的协调下共同开展农产品（食品）质量安全管理和农产品技术性贸易措施体系建设工作。

国家农产品（食品）质量安全管理磋商小组下设办公室，挂靠在国家食品药品监督管理局，主要负责国家农产品（食品）安全磋商小组日常事务的处理、相关信息交流和定期与不定期会议的召集。

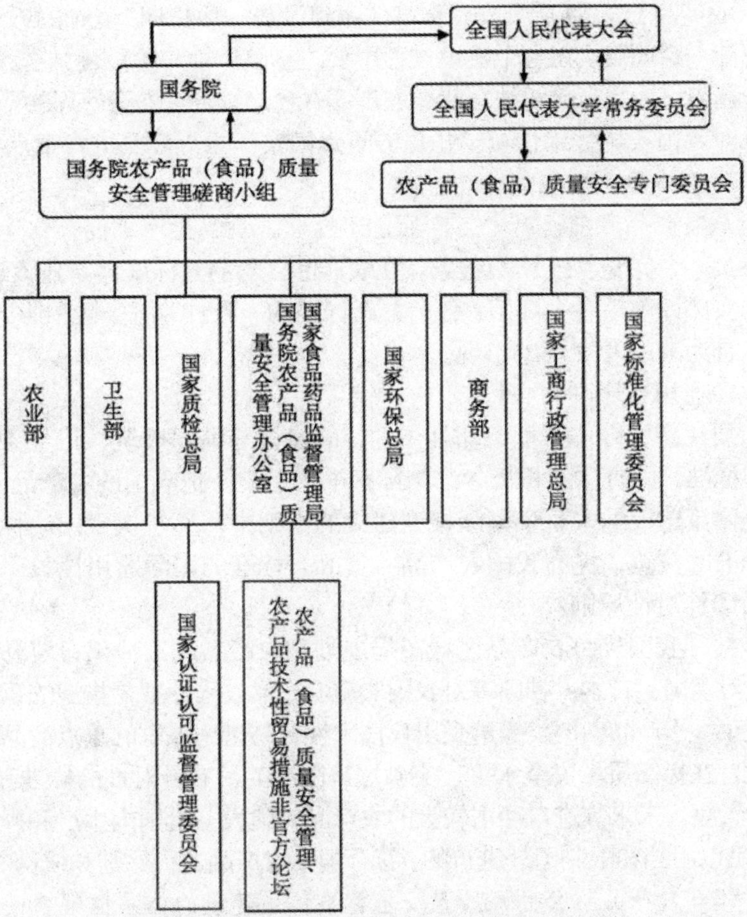

图 2–3　按行政隶属设计的组织管理体系框架

2.农产品（食品）质量安全标准体系

(1) 农产品（食品）质量安全标准体系建立和完善的基本原则

①科学性、全面性原则

要从服务于建设我国现代农业的长远战略目标着手，深入研究、总结和借鉴发达国家农产品（食品）质量安全标准体系建设经验，科学设计、全面兼顾，要注重适应国际农产品（食品）质量安全管理和农产品（食品）技术性贸易措施的特点和发展趋势，兼顾框架设计的完整性、兼容性和可扩展性。

②重点突出原则

农产品（食品）质量安全标准体系建设是一项长期、复杂的系统工程，不可能一蹴而就。在整个建设过程中要注意整体性与阶段性结合，分步实施，逐步完善。当前要结合我国农产品（食品）质量安全管理的薄弱环节和针对我国实施技术性贸易措施的重点国家、重点产品进行重点突破。

③整体协调性原则

从农产品产前、产中、产后加工处理，食品生产、储存、运送和市场售卖一个完整、连续的链条。在农产品（食品）标准体系建设过程中，要切实保证前后各个环节、各个方面标准的一致性、衔接性和协调性，避免各自为政的冲突现象出现。

④通用性原则

要注意标准体系框架即具体内容的建设与国际接轨，尽量采用国际通用标准，同时注意积极参与国际标准的制定，把我国的农产品（食品）标准体系建设纳入整个国际标准建设的框架中，逐步实现国内标准与国际标准的接轨，提高我国农产品（食品）标准的国际通用性。

⑤针对性原则

结合我国优势农产品区域布局规划和农产品加工、出口贸易区的建设，对美国、日本、韩国等对我国实施农产品技术性贸易措施的重点国家和蔬菜、水产品、肉类等遭受出口技术性贸易措施限制的重点产品，建设一批旨在提高质量安全水平、突破壁垒限制的、有针对性的标准和规范；针对大豆、玉米等进口冲击较大的农产品，建设一批国内生产和操作可行的、足以阻挡和限制国外进口的、符合国际农产品通行原则和惯例的标准。

(2) 农产品（食品）质量安全标准体系建设的体系框架

我国农产品（食品）质量标准体系设计可以分为投入品标准、过程操作标准、环境标准和产品标准四大模块。如图 2-4 所示。农业投入品标准主要包括种子和种畜禽标准、农资（农药、兽药、化肥、农膜、农机具等）标准；过程操作标准主要是指生产技术规程，另含有储运和包装技术规程、检验检测检疫技术标准等内容；环境标准主要包括农产品生产、存储和运输等环境的水分、微生物、各类微量元素、辐射强度等指标；产品标准主要包括产品中各类微生物、微量元素、农药、兽药及其他有害化学物质的残留量，产品中各种营养元素的含量，产品色泽，产

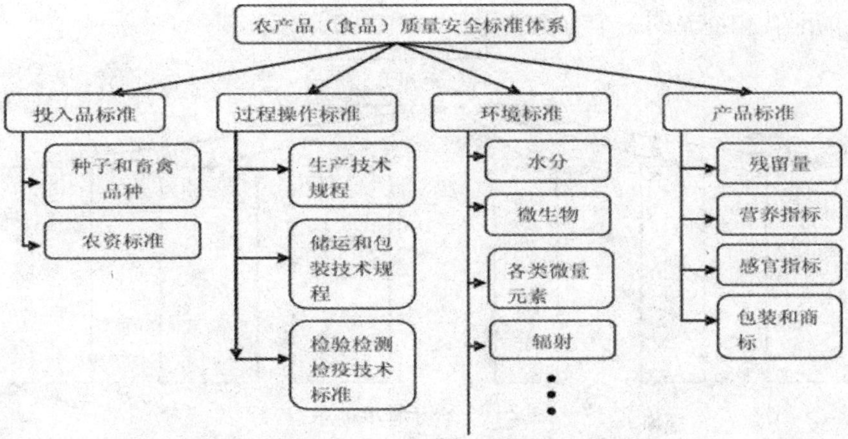

图 2–4　农产品（食品）质量安全标准体系

品口味，产品形状，产品尺寸，产品包装等标准。其中部分较为复杂的标准具体内容作细化分析如下：

①种子标准体系建设要遵循统一、简化、协调、优选原则，对农作物品种、种子的质量、生产、加工、检验、包装、运输、贮藏等方面制定先进而又可行的技术标准，以便于种子工作者检验和认真贯彻执行。主要内容包括：a)品种标准，即品种的植物学特征、生物学特性、生产性能和品种来源的准确叙述，栽培技术要点的总结概括和适应种植范围的具体说明；b)种子质量标准，它包括品种纯度、种子净度、发芽率和含水量等项指标，是划分种子等级、衡量种子质量优劣的依据；c)种子生产技术规程标准，即按照不同作物种子生产需要的栽培条件和主要技术措施，对土地选择、种植方式、田间管理、除杂去劣、收获脱粒、室内鉴定等方面，规定出具体方法、步骤和技术程序标准，是保证生产种子质量，实现种子标准化的有效措施；d)种子检验技术规程标准，即为正确判断种子质量所采用的科学方法、步骤的规程标准；e)种子包装、运输、贮藏规程标准，即从种子的防杂保纯和安全无损出发，对种子包装、运输、贮藏所必需的材料、规格、条件和方法等做出明确而又具体的规定，是保证种子质量和数量的重要规定，亦是保证种子标准化的重要环节；f)种子机械加工标准，即按种子机械加工的需要，对种子的脱粒、精选、烘晒、脱绒、包衣等加工过程，规定出具体的方法、步骤和技术程序。它是保证实现种子干燥、纯良、清洁、精壮和符合种子质量标准化，以及提高科技含量的有效手段。上述 6 项标准是互相联系和渗透、互有影响和制约、

互为配合和补充的一个有机整体。如图 2–5 所示。

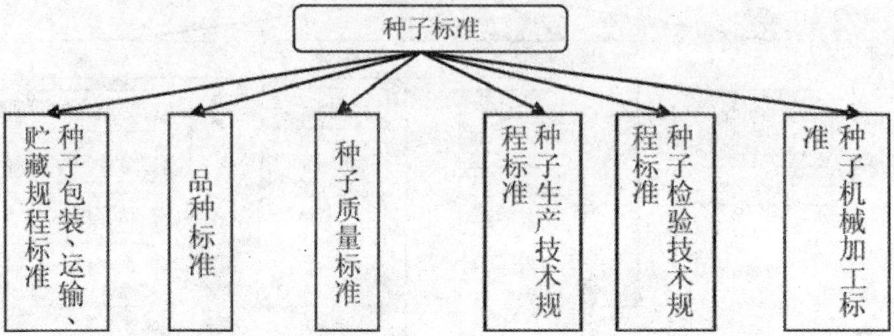

图 2–5 种子标准体系

②畜禽品种标准主要包括：a)品种标准，即品种的主要生物学特征、生产性能、繁殖率和抗病力等规范性规定；b）品种选育标准，主要包括种畜禽的选择标准、孕期饲喂和圈养环境标准、人工授精操作技术标准、生产保障操作规范和幼期培育规范等；c)新畜禽品种认证标准，包括血缘、品系和地域分布标准，繁殖种群规模和结构，种畜禽个体要求体重、抗病性和其他经济特性，种畜禽质量检测形式、技术和方法等。如图2–6所示。

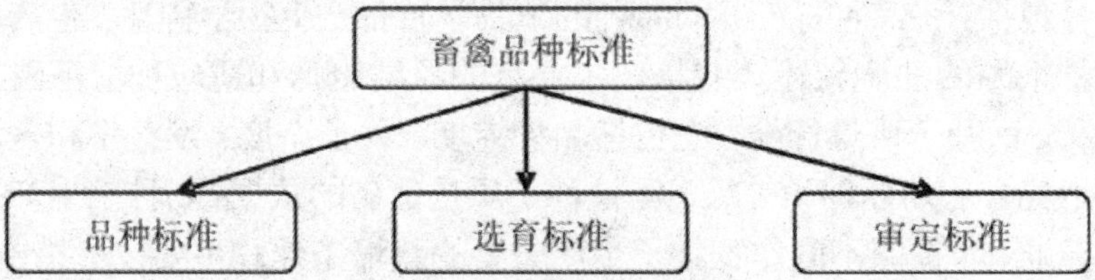

图 2–6 畜禽品种标准体系

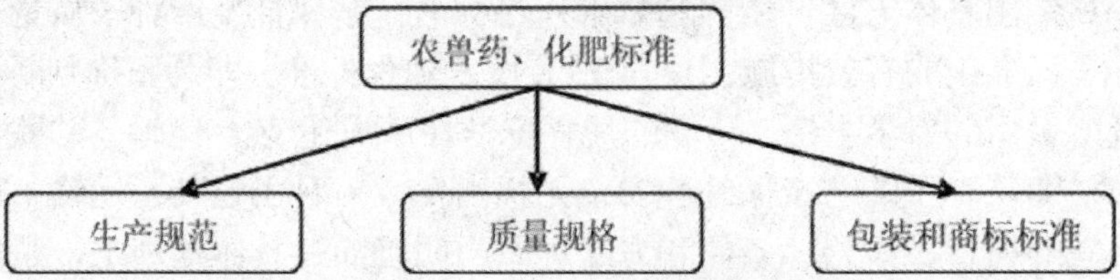

图 2–7 农兽药、化肥标准体系

③农兽药、化肥质量标准主要包括：a）农兽药、化肥生产规范，即原料到成品出厂整个生产过程每一个环节的操作标准，包括技术人员要求、生产设备要求、工艺流程规范和技术标准等；b）农兽药、化肥质量规格，即纯度、毒性、挥发性和可降解性等标准；c）农兽药、化肥包装

和商标标准，即包装材料耐度、颜色、防潮、防泄漏等规格要求，以及包装表面的品名、规格、成分、含量、重量、防治对象、用法、生产批号、生产日期、生产厂名称、有毒标志、放置方式等信息说明标准。如图 2–7 所示。

④农膜标准主要包括生产规范、产品质量规格两个方面，生产规范包括技术人员技术要求、生产设备要求、生产流程和操作工艺规范。产品质量规格主要包括产品的厚度、透光度、耐度、颜色、毒性、可降解性等。农机具标准主要包括用材质量、耗能度、尾气净化能力、操作灵活度和简便性以及生产能力等标准。

⑤农产品生产技术规程主要包括农产品生产环境的选择（包括光照条件、温度、湿度、土壤标准、地势等）、播种前地膜选择标准、土地整改技术规范、种子选用和处理技术规范、农药选用和处理技术规范、化肥选用和处理技术规范、灌溉技术规范、栽培技术规范、施肥技术规范、田间管理技术规范、病虫害防治技术规范、收获技术规范、贮藏技术规范、加工技术和运输规范等。如图 2–8 所示。

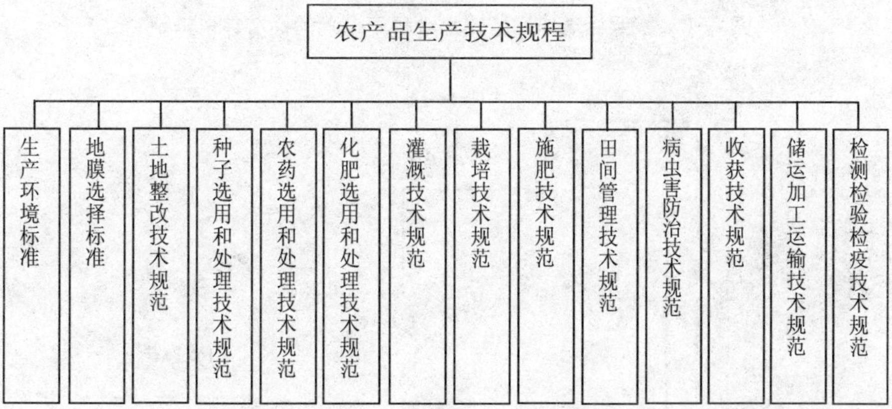

图 2–8　农产品生产技术规程

⑥畜禽产品生产技术规程主要包括饲料质量、安全和营养标准，饲喂技术标准，畜舍环境和卫生标准，疫病防治技术标准，畜禽屠宰技术标准，畜禽产品加工卫生技术标准，畜禽产品存储、加工、包装技术规范等。

另外，我国农产品（食品）质量安全标准体系还可以按照标准的级别进行分类，分为国家标准、行业标准、地方标准和企业标准。在整个建设过程中要注意四类标准的衔接和连续。从流程来说，要使较为成熟的企业标准上升为地方标准，较为成熟的地方标准上升为行业标准，较为成熟的行业标准上升为国家标准；从标准水平上来说，要求企业标准高于地方标准，地方标准高于行业标准，行业标准高于国家标准；从内容来说，企业标准要求填补地方标准空白，地方标准要求填补行业标准空白，行业标准要求填补国家标准空白，尽量减少标准重复建设并坚决杜绝矛盾建设。要保持整个标准体系的动态可更新性和连贯协调性。如图2–9，图2–10所示。

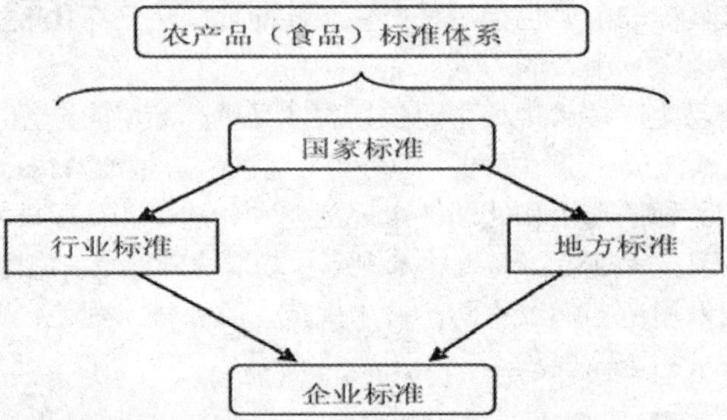

图2–9　按照标准作用范围大小顺序排列的标准体系框架

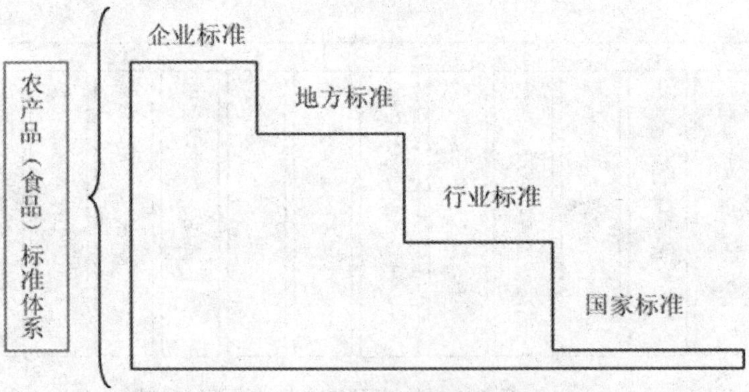

图2–10　按照标准水平排列的标准体系框架

3.农产品质量安全检测、检疫、检验体系

(1) 农产品质量安全检测、检疫、检验体系建设的基本原则

①地域均衡性原则

适应我国幅员辽阔的特点，要进一步加强农产品（食品）质量安全检测、检疫、检验机构的地域布局均衡性。要加强内蒙、山西、陕西、宁夏、新疆、甘肃、贵州等中西部地区检测、检疫、检验机构建设，提高

落后地区农产品（食品）质量安全检测、检疫、检验机构的密度，提高这些地区的农产品（食品）检测、检疫、检验能力。

②针对性原则

要结合我国正在实施的优势农产品区域布局规划，有针对性地建设一批设备先进、从业人员素质高、检测和检疫能力强的专业化检测、检疫、检验机构。特别是对那些面向出口的、经过认证的农产品，更要严格按照既定标准，从产地环境、操作过程、产品规格直到后期加工处理全程跟踪监测；针对出口美国、日本、韩国等对我国实施农产品技术性贸易措施的重点国家的蔬菜、水产品、肉类等遭受出口技术性贸易措施限制的重点产品，加大检测、检疫和检验力度，确保质量安全，发挥价格优势，突破技术性贸易壁垒；针对大豆、玉米等进口冲击较大的农产品，根据国内特定的科学标准，加大检测力度，达到限制进口的目的。

③制度化和统一管理原则

我国农产品（食品）检测、检疫、检验体系建设要充分依靠农产品质量安全组织管理体系的发展。国家农产品（食品）质量安全磋商小组是全国农产品（食品）检测、检疫、检验体系的总体协调者，农产品生产过程检测、检疫和产后检测主要由农业部负责统管，农产品加工、食品生产和消费市场抽查检测主要由卫生部统管，农产品生产环境监测主要由国家环保总局统管，进出口农产品检测、检疫主要由国家质量监督检验检疫局负责统管；要在国家农产品（食品）质量安全磋商小组的统一协调下，建立健全我国的农产品（食品）质量安全检测、检疫、检验制度，包括检测检疫形式、频次、范围、信息报送、协作、事故处理等各个方面，严格按照制度办事，实现整个体系的高效、统一和规范运作。

(2)农产品（食品）质量安全检测、检疫、检验体系的基本框架

①农产品生产流程划分。主要包括农业投入品（化肥、农药、兽药、饲料、农膜、农机具等）检测、农业生产环境监测、农产品生产过程检测、畜禽疫病检疫、农产品加工处理和运输过程监测、食品生产过程监测、最终农产品（食品）监测和进出口检测检疫等方面。如图2−11所示。

②按照检测机构的级别划分。包括国家级（部级）检测检疫机构、地区检测检疫机构、省级地方检测检疫机构、县级地方检测检疫机构、企业检测检疫机构和社会独立检测机构六级。其中国家级（部级）检测检疫机构、省级地方检测检疫机构和县级地方检测检疫机构之间是逐级技

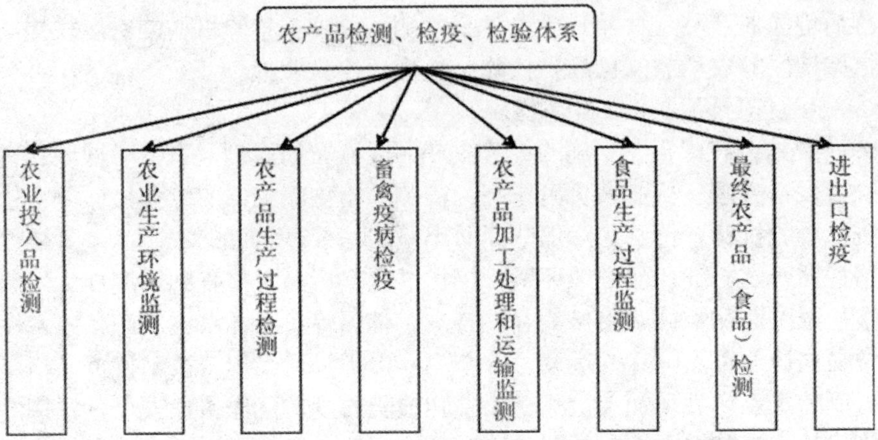

图 2–11　农产品检测、检疫、检验体系

术指导关系，国家级（部级）检测检疫机构与地区检测检疫机构之间是专业对口行政隶属关系，企业检测检疫机构和社会独立检测机构属于社会盈利性检测检疫组织，在技术上要接受国家级（部级）检测检疫专业对口机构的指导，要在相关主管部门进行备案注册。

国家级（部级）检测检疫机构负责具有全局性重点农产品（食品）生产、容易遭受技术性贸易措施的重点农产品（食品）和进出口农产品（食品）的检测检疫，对地区性、省级和县级相关检测检疫机构的技术指导和相关检测检疫技术研发；地区性检测检疫机构主要是根据各类优势农产品区域布局进行设置，在行政上属于国家级（部级）检测检疫机构的派出机构，重点负责本地区优势农产品的全面监测、检测和检疫工作，并具有信息通报集散功能；省级和县级农产品（食品）检测检疫机构主要由各省（直辖市、自治区）、县（县级市、旗等）相关主管部门负责建设，在技术和制度规范上接受国家级（部级）检测检疫机构的指导；企业检测检疫机构和社会独立检测机构由企业和社会出资人负责组建，要接受省级地方检测检疫机构和县级地方检测检疫机构的技术指导、相关主管部门的资质认可和定期检查。如图 2–12 所示。

4.农产品（食品）质量安全认证体系

农产品（食品）质量安全认证体系框架与检测、检疫、检验体系相比，更强调统一性和一致性原则。这个原则与国家认证认可监督管理委员会、国家质量监督检验检疫总局、农业部、国家经济贸易委员会、对

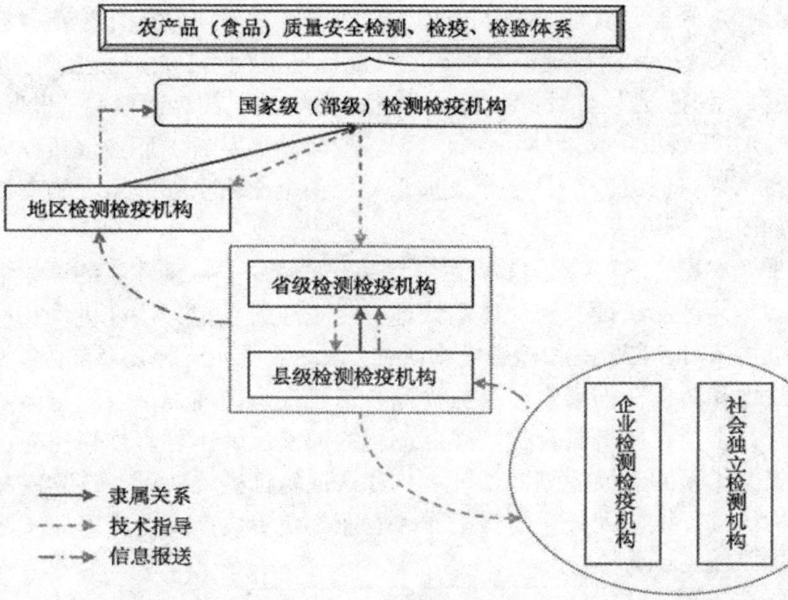

图 2–12　农产品（食品）质量安全检测、检疫、检验体系

外贸易经济合作部、卫生部、国家环境保护总局、国家工商行政管理总局、国家标准化管理委员会九部委于 2003 年 2 月 27 日根据《国务院关于新阶段“菜篮子”工作的通知》和《国务院办公厅关于加强认证认可工作的通知》要求，下发的《关于建立农产品认证认可工作体系的实施意见》精神基本一致。意见要求要统一认可制度、统一认可机构、统一认可标准和认可程序，保证认可工作的公正、公开、公平，加快农产品认证工作，坚决杜绝认证杂乱的现象；要实行统一的农产品认证机构、认证咨询机构和认证培训机构的国家认可制度，农产品认证机构应当取得国家认证认可监督管理委员会授权的认可机构的资质认可；对农产品认证培训机构、农产品认证人员实施注册、备案制度；以现阶段我国农业已开展了的“无公害农产品”、“绿色食品”和“有机食品”等认证为基础，统一、完善相关的认证标准体系，逐步使我国农产品认证与国际通行的认证标准和认证形式接轨；通过认证标志，建立认证质量的可追溯制度，认证机构要对其认证结果的有效性承担责任；适时对直接食用的农产品实行强制性产品认证制度和出口验证制度。另外，还要加强对农产品认证机构、认证咨询机构与认证培训机构的管理和监督检查。通过

政策引导和加强监督管理，引入市场竞争机制，培育一批运作规范、社会信誉高、符合国际通行规则要求的农产品认证机构；在农产品生产、加工、储运、经销企业(包括种植业、养殖业、加工业、储存运输业、批发、零售业等)中开展质量管理体系认证、环境管理体系认证、职业健康安全管理体系认证，促进农产品生产、加工、经销企业质量管理水平的全面提高。如图 2−13 所示。

按照《实施意见》，我国农产品（食品）质量安全认证体系的整体框架可以规划为产品认证、管理体系认证、卫生注册登记、认证机构和认证培训机构认可、实验室和检查机构认可、认证人员注册等几个部分。整个体系建设和运作在国家农产品（食品）质量安全磋商委员会的整体协调下进行，由国家质量监督检疫总局下属的国家认证认可监督管理委员会负责整个体系的建设规划、认证机构和认证培训机构认可、实验室和检查机构认可、认证人员注册等工作，农业部负责农产品生产管理体系

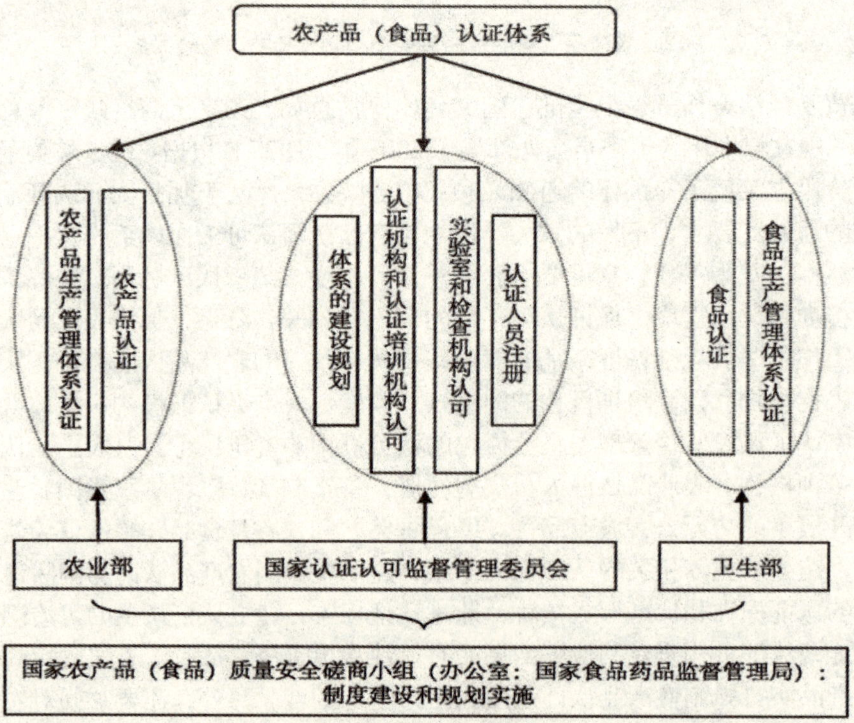

图 2−13 农产品（食品）认证体系

和初级农产品认证，卫生部负责食品生产管理体系和食品认证。整个体系的制度建设和建设规划实施由国家食品药品监督管理局在国家农产品（食品）质量安全磋商小组的授权下统一组织进行，商务部、国家工商行政管理总局和国家标准化管理委员会也根据各自的职能参与部分工作。

5.农产品质量安全和技术性贸易措施信息通报、交流和预警体系

（1）建设原则

①共享性原则

要在国家农产品（食品）质量安全磋商小组的统一协调下，注意加强各相关部门之间农产品（食品）质量安全风险信息的共享，要打破目前相关信息的部门分割、独立的现状，建立互通有无、高频次交流和共建共享的信息收集、整理、分析和传输利用机制，实现各部门间在信件处理、风险信息通报和评估、举报和咨询信件处理、行动决策和重大事故处理方面的共享、共商和经常性会晤。

②广泛参与性原则

农产品质量安全和技术性贸易措施信息通报、交流和预警体系建设不仅要有各相关行政、执法部门共同参与，而且要广泛吸收科研、企业、农民、消费者和新闻媒体等群体参与者，扩大信息来源渠道，增强信息纰漏监督力度，提高信息分析决策的科学化水平和信息传输、纰漏甄别的速度。实现风险信息收集整理的全面化、风险信息分析和科学建议的高水平实用化、甄别信息传输和纰漏的公开透明化。

③分级分层原则

农产品（食品）质量安全信息事关消费者的生命健康安全，一定要坚持公开、及时、共享和透明化的传输原则。但对于那些涉及我国重要农产品（食品）出口市场开拓和容易产生国际贸易争端的信息，则要采取分级分层授权查阅和使用的方法，有限制地进行甄别处理和公布。

④标准化原则

要建立一套统一的、标准化的信息采集、分析、处理和发布制度，对系统内信息实行标准化管理，避免信息的杂乱采集和无章发布。具体包括：统一的信息采集标准，有组织、群策群力和共同协商性的信息分析、加工，统一口径、固定媒体和固定时间的信息发布等。

⑤推广和培训原则

农产品（食品）信息的收集、整理和发布不仅要满足风险信息管理、

科学决策、违规操作纠漏和引导市场惩罚，以及消费者知情欲望的需要，更要注重加强对消费者农产品（食品）安全知识的传播和农业（食品）企业、农业（食品）生产者、农产品（食品）经营者质量安全标准和操作技术的教育和培训，并要致力于加强相关新技术、新信息、新标准和新规范的推广，提高整个社会的农产品（食品）质量安全意识和高质量、安全农产品（食品）供给能力。

（2）体系框架

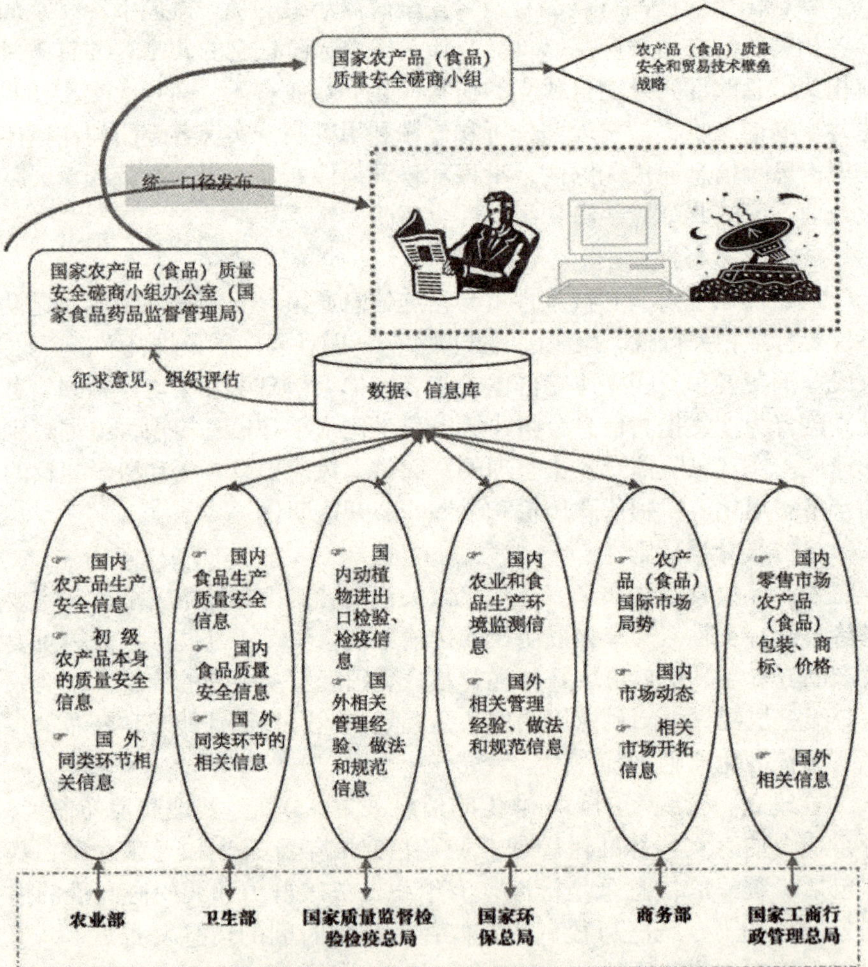

图 2–14　农产品质量安全和技术性贸易措施信息通报、交流和预警体系

整个体系运作要在国家农产品（食品）质量安全磋商小组的总体协调下进行，各相关部委各司其职，负责本职责领域的信息收集、加工和分析。如图 2-14 所示。

各部门具体分工为：农业部主要负责我国农产品生产（包括产前、产中、产后初级加工、存储、批发市场等）和初级农产品本身的质量安全信息以及国外同类环节的相关信息收集、整理、加工、分析和上报；卫生部主要负责国内食品生产和食品本身的质量安全信息以及国外同类环节的相关信息收集、整理、加工、分析和上报；国家质量监督检验检疫局主要负责动植物进出口检验、检疫的国内外信息搜集、整理、加工、分析和上报；国家环保总局负责农业和食品生产环境监测信息及国外相关管理经验、做法和规范信息的搜集、整理、加工、分析和上报；商务部负责农产品（食品）国际市场局势、国内市场动态和相关市场开拓信息（包括技术性贸易措施信息）的搜集、整理、加工、分析和上报；国家工商行政管理总局负责国内零售市场农产品（食品）包装、商标、价格以及国外相关信息的收集、整理、加工、分析和上报。

国家农产品（食品）质量安全磋商小组办公室（国家食品药品监督管理局）在各部门信息提交的基础上，组织各部门相关负责人和有关专家，结合对消费者、企业、农产品（食品）经营者和农民意见的征集情况，根据信息自身特征和信息发布的针对对象，对信息进行整体评估和把握，分组形成针对不同对象和不同发布形式的最终稿件，在规定的时间、制定媒体，以特定的形式进行发布；同时国家农产品（食品）质量安全磋商小组办公室（国家食品药品监督管理局）还要定期和不定期组织相关部门、专家和社会参与人员以论坛的形式，依据现有信息就我国农产品（食品）质量安全管理和农产品（食品）技术性贸易措施问题进行讨论，并将讨论结果经由国家农产品（食品）质量安全磋商小组报送国务院，指导我国农产品（食品）质量安全和技术性贸易措施战略的调整和修正。

（四）战略部署

我国农产品技术性贸易措施战略是一项长期、复杂的系统工程，必须分阶段规划、分步实施。要以前述对我国实施农产品技术性贸易措施的重点国家和容易遭受技术性贸易措施的重点产品划分为依据，合理部署。

1.战略准备期

完成农产品技术性贸易措施战略的规划工作，确定战略目标、战略对策和战略体系，并着手开展下一步规划工作。

2.战略重点期

(1) 组织管理体系建设

按照战略规划设计，组建国家农产品（食品）质量安全磋商小组，进行相应的制度建设。

(2) 分类体系建设具体规划

在建立健全组织管理体系的同时，以“食用蔬菜、根及块茎”、“鱼及其他水生无脊椎动物”和“肉及食用杂碎”这三类最容易遭受技术性贸易措施限制的产品为重点，组织力量进行这三类产品的标准体系、检测检疫体系、认证体系和信息预警体系建设具体规划的修正、设计和建设实施。

(3) 具体对策制定和实施

结合上述三类重点产品的标准体系、检测检疫体系、认证体系和信息预警体系具体规划，广泛调研、深入论证，制定应对英国、美国、德国、日本、加拿大、西班牙、阿拉伯联合酋长国、韩国、墨西哥、荷兰、沙特阿拉伯、俄联邦、菲律宾13个五星级重点国家对我国前三类农产品实施农产品技术性贸易措施的具体应对措施，并着手开始实施。要本着成熟一项、推出一项的原则，争取在战略重点期看到实施效果。

3.战略扩张期

(1) 品种范围扩张

在前期建设的基础上，以“其他动物产品”、“食用水果及坚果，甜瓜等水果果皮”和“咖啡、茶、马黛茶及调味香料”这三类危险级别在0.3~0.43之间的产品为重点，组织力量进行这三类产品的标准体系、检测检疫体系、认证体系和信息预警体系建设具体规划的修正、设计和建设实施。

(2) 国别扩张

结合前六类农产品的体系规划，制定对前述五星级威胁级别的13国对我国“其他动物产品”、“食用水果及坚果，甜瓜等水果果皮”和“咖啡、茶、马黛茶及调味香料”这三类农产品实施农产品技术性贸易措施的具体应对措施，以及四星级威胁级别的澳大利亚，三星级威胁级别的

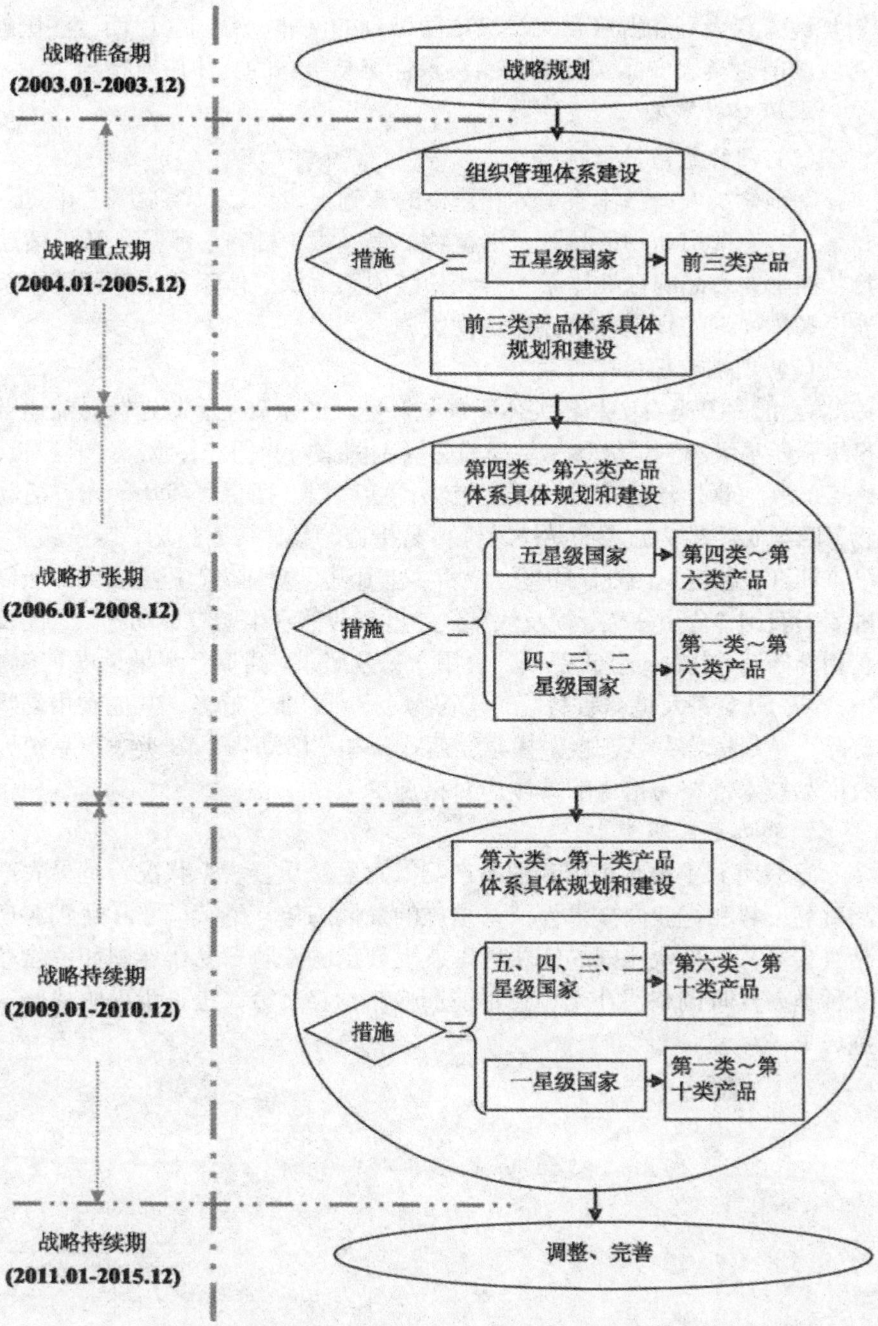

图 2–15　农产品质量安全和技术性贸易措施信息通报、交流和预警体系

新加坡、意大利和挪威及二星级威胁级别的南非、泰国、巴西、法国的对我国前六类农产品实施农产品技术性贸易措施的具体应对措施。

4.战略持续期

(1) 品种范围扩张持续

在前六类农产品体系规划和建设的基础上，继续对“谷物”、“乳、蛋、蜂蜜、其他食用动物产品”、“活植物、茎、根、插花、蔟叶”和“活动物”四类农产品的标准体系、检测检疫体系、认证体系和信息预警体系建设具体规划的修正、设计和建设实施。

(2) 国别范围扩张持续

在上述10类农产品相关体系规划和建设的基础上，制定针对前述五星级、四星级、三星级和二星级威胁级别国家对我国“谷物”、“乳、蛋、蜂蜜、其他食用动物产品”、“活植物、茎、根、插花、蔟叶”和“活动物”四类农产品实施农产品技术性贸易措施的具体应对措施，以及希腊、马来西亚、印度尼西亚、印度、蒙古、土耳其、智利7个一星级威胁级别国家对我国“食用蔬菜、根及块茎”、“鱼及其他水生无脊椎动物”、“肉及食用杂碎”、“其他动物产品”、“食用水果及坚果，甜瓜等水果果皮”、“咖啡、茶、马黛茶及调味香料”、“谷物”、“乳、蛋、蜂蜜、其他食用动物产品”、“活植物、茎、根、插花、蔟叶”和“活动物”10类农产品实施农产品技术性贸易措施的具体应对措施。

5.战略完善期

这段时间主要是根据我国农产品（食品）质量安全状况、世界农产品贸易形势和行业内技术性贸易措施的发展态势，继续调整和甄别农产品（食品）贸易伙伴国的威胁级别、发现新的威胁贸易伙伴国和危险产品种类，及时调整、补充和修正前期战略预警对策，进一步巩固战略实施成果。

第三章　环境领域技术性贸易措施战略研究

一、环境技术性贸易措施基本现状和问题

（一）环境技术性贸易措施的产生与发展

随着关税水平逐步下调，非关税贸易措施增多，且形式不断变化，隐蔽性强，越来越成为国际贸易发展的主要障碍。而其中，人类环境意识的不断提高，使得环境保护正成为诸多技术措施中的一个主要方面，并且其重要性日渐趋增。环境技术性贸易措施将成为21世纪较长一段时间内我国出口发展面临的最多也是最难突破的瓶颈。从未来世界的发展趋势看，环境技术性贸易措施将更多地取代传统的非关税壁垒。截至2001年底，已有152个国际环保条约出台，某些国家和地区也各自订立了名目繁多的环保法规，如德国制定的“环保篱笆”多达1800余项；在食品进口方面的限制更为突出，1991年32个国家和地区对427种农药在食品中的残留量定了标准，对不合标准的食品采取禁止、限制及惩罚措施；1996年，仅欧盟国家禁止进口的产品就达220余亿美元，其中源自发展中国家的产品占90%。

环境技术性贸易措施不仅包括狭义上的技术法规、标准和合格评定程序三要素，还包括绿色包装、进口检验检疫要求、绿色市场准入等。目前，中国出口市场主要集中在环境技术性措施比较严重的欧、美、日等发达国家和地区，这些国家和地区在产品的安全、环保、卫生等方面标准较高，中国企业产品在短期内很难达到要求，这将阻碍中国产品出口市场的扩大。我国加入世贸组织后，国外对我出口商品的关税壁垒及许可证、配额等传统非关税壁垒的门槛将继续逐步降低，但这并不意味着中国商品便可在国际市场上畅通无阻。事实上以技术壁垒为核心的形形色色非关税贸易壁垒的门槛正在日益提高，并将成为未来我国对外贸易发展的最大障碍。

本研究报告的范围主要着眼于严格意义上的环境技术性贸易措施，即对有毒有害物质控制、噪声、水体排放、空气排放、固体废物处理等重要环境污染预防和控制有较大影响的环境技术性贸易措施。关于食品安全和动植物检验检疫等方面的技术性贸易措施，我们仅讨论其涉及以上重要的环境部分。

（二）环境技术性贸易措施对国际贸易及我国对外贸易的影响

1.环境技术性贸易措施的发展趋势

随着经济全球化和贸易自由化的发展，环境恶化作为全球经济高速增长的代价之一备受重视，经济和环境的均衡发展问题已经成为各国、各地区经济政策的一个重要方面。

通过对世界贸易组织公布的历年来各国 TBT、SPS 通报统计分析可以看出，近年来世界上技术性贸易措施主要有以下两点趋势：

（1）TBT 和 SPS 不断增加，技术性贸易措施正在成为各国限制市场准入的重要手段，环境技术性贸易措施在其中的比例逐渐增高

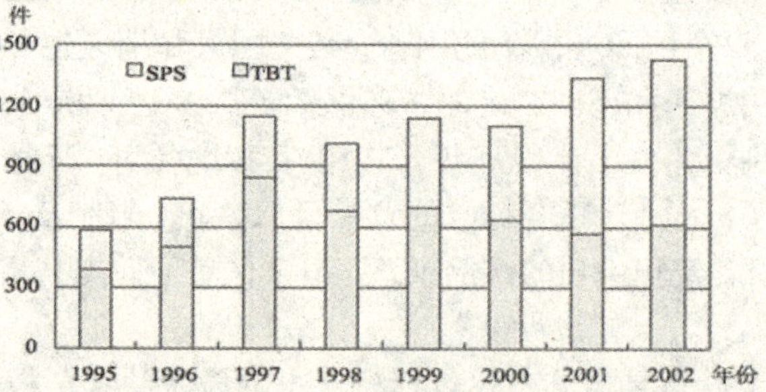

图 3-1 1995—2002 年 WTO 成员国 TBT、SPS 通报情况

图 3-1 的数据显示，从 1995 年到 2002 年，世界 TBT 和 SPS 通报的总量是呈上升趋势的，说明技术性贸易措施对国际贸易和各国竞争力的影响程度越来越大。其中，SPS 所占的比例在急剧增高，到 2001 年，SPS 超过了 TBT，成为国际贸易中主流影响力量。这种发展趋势反映了：一方面，尽管 WTO 规则中对技术性贸易壁垒作了明确限制，即“不应对国际贸易制造不必要的障碍”，但技术性贸易措施替代关税壁垒成为世界各国保护国家和人民利益的重要手段确是大势所趋。另一方面，面对 WTO

提出的世贸成员国可以在保护国家安全，防止欺诈行为，保护人类、动物和植物的生命健康，以及保护环境方面制定自己的规则，目前世界各国在执行WTO规则的过程中，更加倾向于强调保护人类、动物和植物的生命健康，以及保护环境，即形成环境贸易壁垒来行贸易保护之实。

(2) 发展中国家的TBT和SPS均呈上升趋势，而发达国家的TBT通报量却逐年下降，但SPS增速却很快

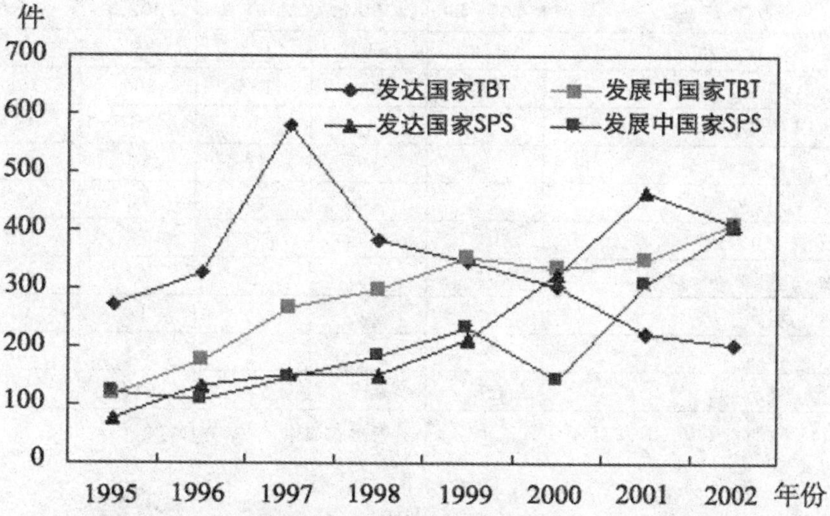

图 3-2　1995—2002 年发达国家与发展中国家 TBT、SPS 比较

数据来源：www.wto.org

从图 3-2 看出，发达国家的TBT通报量在1997年后逐年下跌，到2000年，发展中国家通报的TBT数量已经超过了发达国家，并且两者之间的差距在不断扩大。就SPS通报量来看，发达国家的SPS总体上高于发展中国家，并且上升趋势非常明显，这说明，随着资金和技术的全球流动，产品生命周期不断缩短，模仿国追赶创新国的步伐加快，发达国家利用技术差距在国际贸易中获得的比较利益也正在缩小。而同时，利用卫生、健康、安全等环境因素对国外产品及服务设限，已经成为发达国家阻止发展中国家产品进入其市场的主要手段。今后，我国将面临越来越严峻的环境技术性贸易措施的挑战，这需要我们从各方面增强国内企业和产品的国际竞争力，提高应对环境技术性贸易措施的能力，以跨越内容和数量上急剧增长的绿色贸易壁垒。

而从1999–2002年累计通报情况看，在TBT通报中，机电产品、石化产品、建材和农产品及食品是WTO成员TBT通报的重点（见表3–1）。因为SPS通报一般涉及农产品和食品行业，因此，2002年农产品和食品行业的TBT和SPS通报量是最多的，合计达965件，占TBT和SPS通报总量的67.5%。

表3–1　1999–2002年TBT通报的行业分布

行业	1999年	2000年	2001年	2002年	合计
农产品、食品	120	110	131	151	512
机电产品	184	200	184	200	768
纺织品服装	6	4	1		11
医　药	16	26	16	32	90
轻　工	60	44	21	28	153
石油、化工	103	77	52	78	310
冶　金	22	25	21		68
建　材				44	44
其　他	186	151	145	82	564
合　计	697	637	571	615	2520

资料来源：1999–2002年WTO成员向TBT委员会通报，www.wto.org

2.近年来国际贸易发展情况分析

世界贸易组织对全球贸易状况的统计是分为商品贸易和商业服务贸易两部分来进行的。2002年，全球出口贸易总额达到79000亿美元，全球进口贸易总额78100亿美元，其中商品贸易约占世界贸易总额的80%，商业服务贸易约占世界贸易总额的20%。

(1) 商品贸易

世界贸易组织对2002年全球商品贸易统计显示（见表3–2）：2002年全球出口商品总额为64550亿美元，全球进口商品总额为66930亿美元，分别比2001年增长4个百分点。美国以6939亿美元和12024亿美元名列商品出口和进口第一。2002年是中国入世第一年，商品出口和进口都得到高速增长，比2001年分别提高了22%和21%。其中商品出口额3256亿美元，占世界出口总额5%，位居世界第5位；商品进口额2952亿美元，占世界进口总额4.4%，位居世界第6位。可见，“入世”为我国商品经济的发展注入了新的活力，极大地推动了我国的对外贸易。

表3-2　2002年世界商品贸易情况

排序	主要出口国或地区	出口额（10亿美元）	份额（%）	年增长率（%）	主要进口国或地区	进口额（10亿美元）	份额（%）	年增长率（%）
1	美国	693.9	10.7	−5	美国	1202.4	18.0	2
2	德国	613.1	9.5	7	德国	493.7	7.4	2
3	日本	416.7	6.5	3	英国	345.3	5.2	4
4	法国	331.8	5.1	3	日本	337.2	5.0	−3
5	中国	325.6	5.0	22	法国	329.3	4.9	0
6	英国	279.6	4.3	3	中国	295.2	4.4	21
7	加拿大	252.4	3.9	−3	意大利	243.0	3.6	4
8	意大利	251.0	3.9	4	加拿大	227.5	3.4	0
9	荷兰	244.3	3.8	6	荷兰	219.8	3.3	5
10	比利时	214.0	3.3	12	香港	207.2	3.1	3
					其中：留存进口	24.3	0.4	−22
11	香港	201.2	3.1	5	比利时	197.4	2.9	10
	其中：本地出口	18.3	0.3	−10				
	转口贸易	182.9	2.8	7				
12	韩国	162.5	2.5	8	墨西哥	173.1	2.6	0
13	墨西哥	160.7	2.5	1	西班牙	154.7	2.3	0
14	台湾	135.1	2.1	7	韩国	152.1	2.3	8
15	新加坡	125.2	1.9	3	新加坡	116.4	1.7	0
	其中：本地出口	66.8	1.0	1	其中：留存进口	58.1	0.9	−4
	转口贸易	58.3	0.9	5				
16	西班牙	119.1	1.8	2	台湾	112.6	1.7	5
17	俄联邦	106.9	1.7	4	瑞士	83.7	1.3	−1
18	马来西亚	93.3	1.4	6	马来西亚	79.9	1.2	8
19	爱尔兰	88.2	1.4	7	奥地利	78.0	1.2	4
20	瑞士	87.9	1.4	7	澳大利亚	72.7	1.1	14
	世界出口	6455.0	100.0	4	世界进口	6693.0	100.0	4

注：1.留存进口额＝进口总额－转口贸易额。
2.进口额统一按FOB（离岸价）计算。
3.包括重要的转口贸易和留存进口价值的计算。
4.此表内容由WTO秘书处评估。
数据来源：www.wto.org

（2）商业服务贸易

2002年我国商业服务贸易的“入世”效应也十分明显，商业服务贸易出口与进口分别增长20%和18%。但较之于商品贸易，我国在商业服务贸易上的竞争力就显得较弱。2002年，我国商业服务出口394亿美元，占世界出口总额的2.5%，处于世界第10位；商业服务进口461亿美元，占世界进口总额的3%，处于世界第8位，进口大于出口，贸易逆差67亿美元（见表3–3）。

表3–3　2002年世界商业服务贸易情况

排序	主要出口国或地区	出口额(10亿美元)	份额(%)	年增长率(%)	主要进口国或地区	进口额(10亿美元)	份额(%)	年增长率(%)
1	美国	272.6	17.4	1	美国	205.6	13.3	2
2	英国	123.1	7.8	12	德国	149.1	9.6	9
3	德国	99.6	6.3	20	日本	106.6	6.9	0
4	法国	85.9	5.5	7	英国	101.4	6.6	9
5	日本	64.9	4.1	2	法国	68.2	4.4	10
6	西班牙	62.1	4.0	7	意大利	61.5	4.0	10
7	意大利	59.4	3.8	4	荷兰	55.7	3.6	7
8	荷兰	54.1	3.4	8	中国	46.1	3.0	18
9	香港	45.2	2.9	9	加拿大	41.9	2.7	−2
10	中国	39.4	2.5	20	爱尔兰	40.4	2.6	14
11	加拿大	36.3	2.3	−2	西班牙	37.6	2.4	12
12	奥地利	34.9	2.2	6	韩国	35.1	2.3	8
13	比利时	34.9	2.2	—	比利时	34.9	2.3	—
14	爱尔兰	28.1	1.8	21	奥地利	34.4	2.2	10
15	瑞士	27.9	1.8	7	台湾	24.3	1.6	3
16	韩国	27.1	1.7	−4	香港	24.2	1.6	0
17	新加坡	26.9	1.7	3	丹麦	23.6	1.5	0
18	丹麦	25.5	1.6	−6	瑞典	23.1	1.5	1
19	印度	23.5	1.5	12	印度	21.8	1.4	−5
20	瑞典	22.5	1.4	3	俄联邦	21.5	1.4	16
	世界出口	1570.0	100.0	6	世界进口	1545.0	100.0	5

数据来源：www.wto.org

环境技术性贸易措施对全球贸易的影响面和影响力度主要表现在商品贸易方面，对商业服务贸易的影响则较小。在商业服务贸易中，环境管理体系和环境标志认证是最有影响力的环境技术性贸易措施。

3.环境技术性贸易措施对国际贸易的影响

联合国国际贸易中心于2001年10月完成的《环境有关的贸易壁垒的

首次评价》研究报告，就有关环境的技术性贸易壁垒对贸易的影响作了全面的评估。

评估结论是：环境技术性贸易措施影响大部分贸易产品，在4917种产品中，只有1171种产品不受影响。受影响的3746种产品的贸易额达47320亿美元，占1999年世界进口额的88%，其中直接受影响的贸易额达6790亿美元，相当于世界进口额的13%。资料表明（表3–4），137个进口国采用了环境技术性贸易措施。因此，绝大多数贸易的产品受环境技术性贸易措施的直接或潜在影响。

表3–4　1999年环境措施对进口影响分布　　单位：10亿美元

产品进口受ETBs影响的程度（%）	受影响的产品数量（个）	世界进口额(1)	受影响产品进口额(2)	覆盖率（%）(2)/(1)
90–100	44	41	40	96
80–90	43	100	82	82
70–80	50	74	57	76
60–70	54	57	37	65
50–60	67	43	23	54
40–50	117	228	105	46
30–40	207	260	95	37
20–30	365	404	108	27
10–20	600	518	83	16
>0–10	2199	3006	50	2
合计	3746	4732	680	14
无影响	1173	670	0	0
合计	4917	5402	680	13

贸易保护主义者利用环境技术性贸易措施达到其保护本国产业的目的。在4917个产品中，1983个产品受“以环保名义的”贸易保护影响，占40%，这些产品的进口额达27000亿美元，可以说，世界进口总额的一半受环境保护主义的影响，直接受到限制的进口额达1100亿美元。另外，按环境敏感产品的定义——至少有34个国家同时实施的一种ETBs的产品——1999年有185种产品属于此类产品，世界进口额达2860亿美元，其中49%直接受到EBTs影响。这些产品除化工产品和医药产品外，主要是农产品和食品，特别是肉和谷物类。11种产品是高度敏感产品，因为至少50个国家实施了ETBs，实际进口额达210亿美元，其中的86%直

接受ETBs限制（见表3–5），这些主要是与环境健康直接相关的产品。

表3–5　1999年实施ETBs国家数量分布　　单位：10亿美元

通报1种ETBs的国家数量	受影响的产品数量(个)	世界进口额(1)	受影响产品进口额(2)	覆盖率（%）(2)/(1)
0	1170	670	0	0
[1；5]	1983	2729	110	4
[6；10]	521	691	75	11
[11；12]	638	627	227	34
[21；30]	354	289	104	36
[31；40]	171	200	78	39
[41；50]	68	129	68	52
[51；60]	9	17	15	85
[61；71]	2	4	4	91
合计	3746	4732	680	14
总计	4917	5402	680	13
其中：				
>33个国家	185	286	140	49
>50个国家	11	21	18	86
=1个国家	529	908	11	1

从保护目标看，为保护人类健康和安全而受影响的产品最多，达3870个；其次是保护环境，为1198个；而覆盖率最高的是保护野生动物，达37%；其次是保护动物健康，达32%（见表3–6）。

表3–6　1999年以目标划分的ETBs影响

保护目标	受影响产品数量(个)	覆盖率（%）
保护环境	1198	20
野生生物	737	37
植物健康	761	24
动物健康	1059	32
人类健康	2054	25
人类安全	1816	11

从保护手段看，受影响产品最多的是技术性措施，其次是授权，禁令居第三位；覆盖率最高的是禁令，然后是技术性措施中的包装和营销，配额居第三位。若把保护手段和目标结合起来考虑，受影响产品最多的

是技术性贸易措施，然后是授权，禁令位居第三位；但覆盖率最高的是事先监督，然后是禁令，技术性措施影响的产品位居第三位（见表3–7)。

表 3–7　1999 年以手段和目标划分的 ETBs 影响

		以手段划分		以保护目标划分	
		受影响产品数(个)	覆盖率（%）	受影响产品数(个)	覆盖率（%）
授权		2677	21.29	1019	11.57
禁令		1359	30.62	233	33.47
事先监督		41	23.76	1	34.13
配额		14	26.67	13	10.17
金融		19	14.20	19	14.20
垄断分销		7	7.9	—	—
技术性措施	营销	24	28.26	3	2.50
	标签	1489	15.13	31	21.39
	包装	248	28.26	—	—
	检验检疫	2085	21.36	437	19.99
	产品特性	3314	16.49	787	22.09

从受EBTs影响最大的出口型国家组别来看，发达国家受影响的产品有3629个，发展中国家有212个，转型国家2677个，最不发达国家只有一半的出口产品受影响。从直接受ETBs影响国家来看，最不发达国家受影响最大，其次是发展中国家，转型国家和发达国家受影响的水平大致相同。

由此可见，目前环境贸易壁垒已经对国际贸易产生了广泛的影响，其中使用最普遍的就是环境技术性贸易措施，而且从实施的效果来看，影响最大的是不发达国家和发展中国家，这也是环境技术性贸易措施引起广泛争议的原因之一。

4.环境技术性贸易措施对我国的影响

因为环境技术性贸易措施对国际贸易的影响主要反映在商品贸易方面，所以我们把此次基础研究对象确定为海关税则中规定的中国商品分类的22类产品。

商务部公布的2002年国外技术性贸易措施对我国出口影响的调查报告中显示：除去指向不明的第二十二类商品（特殊交易品及未分类商品），我国出口产品在2002年受到国外技术性贸易措施限制的比例如图3–3所示：

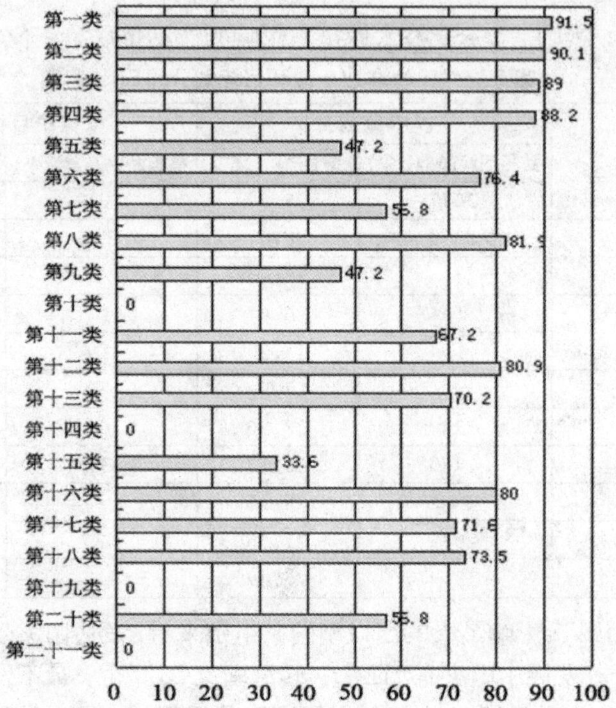

图 3–3　2002 年我国出口产品受国外技术性贸易措施限制比例

数据来源：商务部调查数据

统计数据表明，受技术性贸易措施影响最多的是第一类（91.5%）、第二类（90.1%）、第三类（89.0%）和第四类商品（88.2%）。其次是第八类（81.9%）和第十二类商品（80.9%）。除去不受影响的第十类、第十四类、第十九类和第二十一类，受环境技术性贸易措施影响的17类产品可归为五个行业：

行业	商品类别
食品土畜	第一类、第二类、第三类、第四类
轻　工	第八类、第九类、第二十类、
机　电	第十六类、第十七类、第十八类
纺织服装	第十一类、第十二类
五矿化工	第五类、第六类、第七类、第十三类、第十五类

各行业受技术壁垒限制的比例依次为：食品土畜：89.7%；轻工67.4%；机电64.7%；纺织服装67.2%；五矿化工60.1%。其中农产品受挫最为严重。受损金额分别达到：95亿美元；41亿美元；17亿美元；10亿美元和7亿美元。

经统计，在五个进出口行业中遭受技术壁垒的原因中，与保护人类健康及环境有关的比例分别是：食品土畜49%；轻工48%；机电46%；纺织服装38%；五矿化工36%。由此得出环境技术性贸易壁垒对我国进出口行业影响比例和影响金额分别如图3−4和图3−5所示：

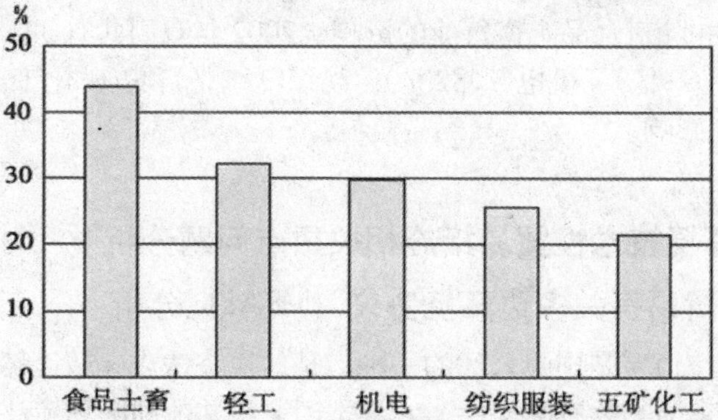

图3−4　各行业受环境技术性贸易措施限制的比例

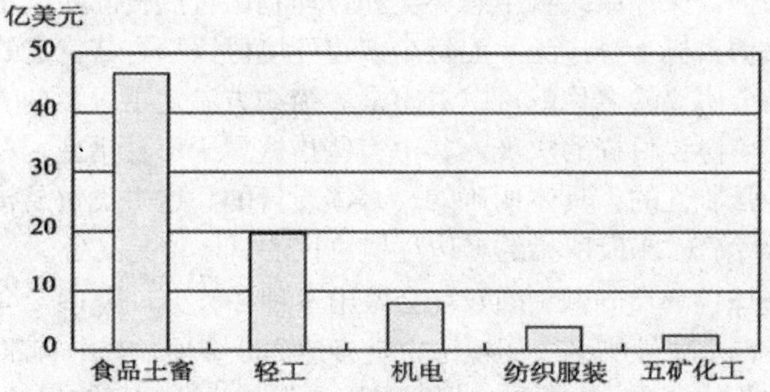

图3−5　各行业受环境技术性贸易措施损失的金额

以上数据显示，由于与人类健康和动植物安全密切相关，食品土畜类是受环境技术性贸易措施影响最深、损失最大的行业。相比之下，我国利润薄弱的资源性出口产品如五矿化工行业的矿产品和初级化工原料等，由于发达国家的需求量大，所遭受的技术性贸易措施影响较小。纺织服装产品是我国的出口大类，加入WTO后，我国以前所遭受的进口配额等贸易壁垒正被逐年取消，纺织行业面临发展壮大的良好时机。但同时，世界各国对纺织服装设置的环境技术性贸易壁垒也在急速崛起。以《欧盟生态纺织品标准》为代表的一系列纺织品方面的法规、标准和合格评定程序正在成为我国纺织服装及下游生产企业的主要贸易壁垒之一，尽管目前影响力度还不大，但其发展趋势极为迅速，应该引起我国纺织服装行业的足够的重视。

2002年环境技术性贸易措施大约影响了我国共80.37亿美元的产品出口，如果扣除对食品土畜行业的影响，2002年我国共有33.82亿美元的轻工（19.68亿）、机电(7.82亿)、纺织(3.8亿)和五矿化工产品(2.52亿)出口受到影响。

二、环境技术性贸易措施相关重点问题分析

（一）贸易有关多边环境协议（MEAs）分析

多边环境协定是国际公约的一种，是解决全球或区域性环境问题的具有法律约束力的政府间文件，它规定国家或其他国际环境法主体之间在保护、改善和合理利用环境资源等问题上的权利和义务。多边环境协议是为了保护、保存或改善生态环境和合理利用自然资源而制定的国际公约，其保护目标十分广泛。而每个多边环境协议都有其特定的保护目标，这从每个协议的名称就可以看出来。缔约方制定了一系列的措施来保证多边环境协议目标的实现，其中有些措施属于贸易措施，在贸易措施中有些是强制性的、具体明确的、必须履行的，这一类贸易措施就是《多哈宣言》第31.1段所指的多边环境协议的具体贸易义务。

针对全球性环境问题，国际社会做出了种种努力，从1972年人类环境会议至今，全球性的多边环境协定就多达200多项，其中有30多个包含与贸易有关的内容，主要是使用贸易限制措施来达到环境保护的目的。根据联合国环境规划署（UNEP）资料显示：在目前所有的238个“环境领域方面的国际条约和其他相关协议”中，共有32个含有现实或潜在的贸易措施的多边环境协议的清单。我国WTO贸易与环境委员会（CTE）秘书处从中选出了14项与贸易关系更为密切的多边环境协议，作为我国参与WTO贸易与环境谈判的起点（见表3-8）。

表 3–8　14 项与贸易关系密切的多边环境协议清单

序号	MEAs 名称及签署时间
1	国际植物保护公约，1951 年
2	保护大西洋金枪鱼国际公约（ICCAT），1966 年
3	濒危野生动植物物种国际贸易公约(CITES)，1973 年
4	南极海洋生物资源保护公约(CCAMLR)，1980 年
5	关于消耗臭氧层物质的蒙特利尔议定书（蒙特利尔议定书），1987 年及其修正案
6	控制危险废物越境转移及其处置的巴塞尔公约（巴塞尔公约），1989 年
7	生物多样性公约，1992 年
8	卡塔赫纳生物安全议定书，2000 年
9	联合国气候变化框架公约(UNFCCC)，1992 年
10	京都议定书，1997 年
11	国际热带木材协议（ITTA），1994 年
12	联合国渔业储量协议，1995 年
13	国际贸易中某些危险化学品和农药的事先知情同意（PIC）程序的鹿特丹公约，1998 年
14	持久性有机污染物(POPs)的斯德哥尔摩公约，2001 年

资料来源：MATRIX ON TRADE MEASURES PURSUANT TO SELECTED MEAs, Note by the Secretariat　WT/CTE/W/160/Rev.1, 14 June 2001

在我国参与 WTO 贸易与环境谈判的 14 项多边环境协议中，与我国贸易关联较小的是《保护大西洋金枪鱼国际公约》《南极海洋生物资源保护公约》和《国际热带木材协议》。另外，《国际植物保护公约》《濒危野生动植物物种国际贸易公约》《生物多样性公约》《卡塔赫纳生物安全议定书》和《联合国渔业储量协议》由于较多地与食品、进出口检验检疫相关联，因此不作为本研究报告的重点，所以我们把对与贸易有关国际环境公约的研究集中在《蒙特利尔议定书》及其修正案、《巴塞尔公约》《联合国气候变化框架公约》《京都议定书》《鹿特丹公约》和《斯德哥尔摩公约》6 个多边环境协议上。

1.《蒙特利尔议定书》及其修正案

协定书第四条对消耗臭氧层物质（ODS)的贸易作了规定，其中包括对与非缔约方 ODS 贸易的控制；管制与非缔约方的 ODS 产品贸易；管制 ODS 技术出口，不鼓励缔约方出口生产 ODS 技术，但排除 HCFCs（含含氢氯氟烃）以及回收 ODS 技术和设备等规定。

《蒙特利尔议定书》北京修正案于 2001 年 1 月 1 日生效（至少 20 个

缔约国批准)，在该协定中，HCFCs将分别在发达国家和发展中国家分阶段进行，期限分别为至2030年和2040年。其规定有：

①禁止与尚未批准哥本哈根修正案(1992)的缔约国进行HCFCs贸易；

②要求发达国家于2004年冻结HCFCs的生产至1989年的水平（消费量及生产量的平均)；

③发展中国家于2016年冻结HCFCs的生产为2015年的水准，容许超过基准量的15%，以符合发展中国家的基本内需；

④新近发展的破坏臭氧层化学品的生产（溴氯甲烷，附录C第三类)，应于2002年1月1日完成削减。

在五类20种受控物质中，我国主要生产其中四类7种物质（CFC-11、CFC-12、CFC-113、哈龙1211、哈龙1301、四氯化碳、甲基氯仿)。受控部门包括泡沫、制冷空调、消防、气溶胶及清洗5个部门。涉及许多化工原料、泡沫塑料、家用冰箱、空调、冷冻冷藏设备、灭火系统生产、发胶摩丝、治疗哮喘及呼吸道疾病的药品、通讯广播器材供应、半导体元器件工业、电子仪表仪器、电子计算机及外部设备工业等领域。

中国的保护臭氧层行动始于我国1989年9月加入《保护臭氧层维也纳公约》和1991年6月加入《关于消耗臭氧层物质的蒙特利尔议定书》。为了实现国际履约，我国成立了中国国家保护臭氧层领导小组并批准了《中国逐步淘汰消耗臭氧层物质国家方案》。方案对我国ODS生产行业、泡沫行业、工商制冷行业、家电行业、汽车空调行业、哈龙行业、气雾剂行业、清洗行业和烟草行业等相关行业制定了消耗臭氧层物质逐步淘汰的计划和目标。

目前，我国采用了多种手段来履行保护臭氧层的行动：

①实施多边基金项目

国际援助资金使得中国企业一级的置换和关闭ODS生产成为可能。世界银行与多边基金委员会（MLF）批准中国的ODS淘汰项目，为单个投资项目提供置换活动所需的资金。ODS项目批准项目如表3-9。

此外加工剂行业也已向执行委员会提出了多边基金项目申请。

②颁布政策法规推进保护臭氧层行动

《中华人民共和国大气污染防治法》明确规定：国家鼓励、支持消耗臭氧层物质替代品的生产和使用，逐步减少消耗臭氧层物质的产量，直至停止消耗臭氧层物质的生产和使用。在国家规定的期限内，生产、进

表 3–9　中国 ODS 项目批准项目表

行业	批准时间	获赠款（万美元）	实现目标	完成情况
哈龙行业	1997 年 11 月	6200	到 2010 年项目完成时，中国的哈龙生产减少 ODP4 万多公吨，哈龙使用量减少 ODP3.5 万公吨	从 1998 年项目启动到 2001 年底，中国的哈龙生产已减少 ODP24980 公吨，哈龙使用量也已减少 ODP23200 公吨
汽车空调行业	1998 年 11 月	770	到 2001 年 12 月 31 日淘汰 ODP814 公吨	该项目已如期完成，从 2002 年 1 月起中国生产的所有新车都将安装 HFC134a 型汽车空调
氟氯化碳生产行业	1999 年 3 月	15000	到 2010 年项目完成后计划淘汰 ODP50324 公吨	从项目开始以来中国的 CFC 行业已减少 ODP14100 多公吨
泡沫行业	2001 年	5380	到项目完成时减少 CFC14000 公吨	第一个年度计划已开始实施
商用冰箱行业	2002 年 3 月	520	减少 ODP765 公吨	

资料来源：www.worldbank.org

口消耗臭氧层物质的单位必须按照国务院有关行政主管部门核定的配额进行生产、进口。并对超过国务院有关行政主管部门核定配额的单位制定了处罚条例。

实施配额许可证管理，建立生产、消费、进出口、销售配额许可证管理制度。通过配额许可证管理对受控物质生产总量进行控制，对消耗臭氧层物质从生产（或进口）到销售、消费的全过程进行监控，明确消耗臭氧层物质合法的生产者、消费者和销售者，建立消耗臭氧层物质的合法流通渠道，使得合法生产的消耗臭氧层物质只能流入合法的消费者手中，防止非法消费。我国将从 2004 年开始进入对消耗臭氧层物质全面的许可证管理阶段。重点实现我国承诺的 2005 年主要消耗臭氧层物质削减 50%、2007 年削减 85%以及 2010 年削减到零的目标。

另外，我国各级政府和环保监督部门还通过公布严重污染大气的淘汰工艺与设备名录、禁止新建生产和使用消耗臭氧层物质生产设施、对新车生产限期停止使用CFC－12汽车空调器以及在进行排污申报登记中增加有关 ODS 的内容等政策法规手段来控制 ODS 的生产和使用。

③建立环境标志标准，以市场作用推动自愿性臭氧层保护行动

环境标志是对产品和服务环境行为的一种自愿性认证，主要作用于倡导绿色消费，保障产品与服务的质量、环境双优。美国规定家电工业

广泛使用的氢氯氟烃（HCFC）到2003年1月1日将禁止使用，在禁用以前，如产品含有该类物质应加警告标识。随着公众对环境问题的关注、绿色消费的舆论导向以及欧美等发达国家对消耗臭氧层物质愈加严格的贸易控制，国内生产和使用消耗臭氧层物质产品的企业也纷纷加入到自愿性环境措施的行列中来。我国许多冰箱和空调生产企业已经意识到环境标志对市场和消费的引导力，推出了替代氟里昂制冷剂的系列冰箱和空调，并取得了一些环境标志认证。2000年后我国引入了ISO 14020环境标志和声明国际标准，按照ISO14020系列国际标准的要求，替代消耗臭氧层物质的产品和服务，可以申请Ⅰ型、Ⅱ型、Ⅲ型环境标志认证，而且不止产品，包括替代消耗臭氧层物质产品的服务，也可自愿选择环境标志和声明。

④支持开发新技术，建立技术援助协议

新技术的发展，如开发替代产品、修订标准、绩效测试等，这些活动对于支持和保证淘汰消耗臭氧层物质的可持续性都是至关重要的。

根据上述情况分析，我们认为，我国已经基本具备了履行《蒙特利尔议定书》及其修正案的能力，该公约的贸易限制措施将不会对我国的出口贸易造成重要影响。

2.《巴塞尔公约》

关于控制危害性废物越境转移及其处置的巴塞尔公约对贸易的有关规定体现在：

第4条，对危害性废物的进口、出口、管理、销毁、包装、标签、运输设备等的具体规定；

第6条，出口国必须事先获得进口国的许可通知方可出口；

第8条，如未能将这些废物以一种环境友好的方式处理，那么再次进口将由进口国对此负责。

中国作为《巴塞尔公约》的缔约国，在加入公约的同时，我国制定了《危险废物识别标准》《中华人民共和国固体废物污染防治法》《关于严格控制境外危险废物转移到中国的通知》《废物进口环境管理暂行规定》以及《关于废物进口环境管理暂行规定的补充规定》等相关法律法规和标准，作为中国鉴别和惩处国际贸易活动中危险废物入境和过境的法律依据。这些措施一方面体现了我国实现对国际履约的承诺，另一方面也阻止了境外危险废物向境内的转移，防止我国成为发达国家工业废物的倾卸地。

从公约本身看，对我国的对外贸易影响不大，通过执行公约，能保护我国环境免受国外危险废物侵害。

3.《联合国气候变化框架公约》和《京都议定书》

为了控制温室气体排放和气候变化危害，联合国环境与发展大会于1992年和1997年分别通过了《联合国气候变化框架公约》和《京都议定书》。这是保护全球气候影响的最重要的两项多边环境协议，《联合国气候变化框架公约》没有直接的限制贸易，但执行该公约的国家的行动可能会对贸易产生重大的影响。

例如条款4.2(a)规定："附件1所列的发达国家缔约方和其他缔约方具体承诺如下规定：每一个此类缔约方应制定国家政策和采取相应的措施，通过限制其人为的温室气体排放以及保护和增强其温室气体库，减缓气候变化。"条款3.5还规定："各缔约方应当合作促进有利的和开放的国际经济，这种体系将促成所有缔约方特别是发展中国家缔约方的可持续经济增长和发展，从而使它们有能力更好地应付气候变化的问题。为对付气候变化而采取的措施，包括单方面措施，不应当成为国际贸易上的任意或无理的歧视手段或者隐蔽的限制。"

这些政策和措施将表明，发达国家是在带头依循本公约的目标，改变人为排放的长期趋势，使二氧化碳和《蒙特利尔议定书》未予管制的其他温室气体的人为排放回复到较早的水平。同时还应该考虑到不同缔约国的起点、做法、经济结构和资源基础方面的差别，其维持强有力和可持续经济增长的需要，可以采用的技术以及其他个别情况。公约还考虑了每个此类缔约方都有必要对为了实现该目标而作的全球努力做出公平和适当的贡献。这些缔约方可与其他缔约方共同执行这些政策和措施，也可以协助其他缔约方为实现本公约的目标特别是本项的目标做出贡献等。

我国作为此公约的最早的缔约国之一，积极参与了公约的制定，并成立了"国家气候变化对策小组"，提出通过限制化石燃料的使用和温室气体的排放、限制砍伐森林、限制木材和木制品的出口、征收污染税费、实施排污交易、鼓励公众参与等手段，以控制温室气体的排放。但因为《联合国气候变化框架公约》没有具体的贸易限制条款，它对贸易的影响也相对较小。

《京都议定书》是《联合国气候变化框架公约》下的一个法律文件，

于1997年12月在日本京都市通过，它要求工业化国家在2008年至2012年间，将其温室气体排放量在1990年的基础上减少5.2%，美国应减排7%。此议定书并未给发展中国家规定任何义务。据科学家进行的模型计算，如果《京都议定书》生效并实施，全球气温将可下降0.07摄氏度；反之，如果现在不开始行动，到2010年，全球气温将会上升1.4至5.8摄氏度。《京都议定书》对环境与贸易规定的条款较多，而且首次就削减温室气体排放制定了具体实施目标和时间表，是人类对大气环境保护史上的一个里程碑事件。由于《京都议定书》严格的贸易条例和量化目标，它对以美国为代表的主要二氧化碳排放国的经济发展产生了极大的影响。在有关《京都议定书》漫长的谈判过程中，美国出于保护本国竞争力和发展速度的考虑，对《京都议定书》的环境目标和评测方法一再做了修改。尽管如此，《京都议定书》依然是在保护全球气候变化公约中最重要、最具影响力的多边环境协议。

《京都议定书》对贸易的具体规定主要表现在：

条款2.1(a)，关于缔约方为履行第三条中关于排放量限制和削减指标的承诺以促进可持续发展的有关规定；

条款2.3，缔约方将通过尽量把对其他缔约方的不利影响，包括对国际贸易的影响最小化的方式来执行其政策和措施的规定；

条款6，联合履行机制；

条款12，清洁发展机制；

条款17，排放贸易机制。

中国已经核准了《京都议定书》，向国际社会表明了中国应对气候变化的决心。中国政府在气候变化问题上的原则立场是坚持减排温室气体应遵循“共同但有区别的责任”这一大的国际原则，因此，中国在达到中等发达国家水平之前，不可能承担减排温室气体的义务。

4.《鹿特丹公约》

危险化学品和农药对人类健康和生存环境产生了严重威胁，受到国际社会的广泛重视。据统计，目前全球市场大约有7万种不同的化学品，每年有1500种新产品问世，这给各国政府管理和监督危害物质的工作带来了巨大挑战。此外，不少发展中国家至今仍然在普遍使用许多早已被发达国家禁止或严格限制使用的农药。因此，1998年9月11日，61个国家在荷兰鹿特丹签署了《关于在国际贸易中对某些危险化学品和农药采用事先知情同意(PIC)程序的鹿特丹公约》,该公约主要是以保护人类健康和环境免受国际贸易中某些危险化学品和农药的潜在有害影响为目标,以促进缔约方在此类化学品的国际贸易中承担责任、开展合作为己任,并推动以无害环境的方式加以实施。我国是《鹿特丹公约》的第一批签署国之一,但迄今我国尚未正式批准该公约的实施。《鹿特丹公约》对贸易的有关规定分别体现在序言部分、第5条、第6条、第7条、第8条、第9条、第10.4 条、第10.9条、第11.2条、第12.1条、第13.2条、第13.3条和第15.4条。它规定了缔约方在现有的适用于化学药品的国际贸易及环境保护的国际协定的权利和义务、贸易和环境政策互相支持的义务、依照事先知情同意程序将化学品列入和排除程序、向秘书处通报的义务以及缔约方可以采取的保护措施范围、执行程序和相关方原则等。

按照国际公约惯例,《鹿特丹公约》需要有50个国家予以批准,才能开始生效。直到2003年,亚美尼亚成为第50个《鹿特丹公约》批准国之后,这项关于危险化学品和农药贸易的国际公约已于2004年2月24日正式生效。联合国粮农组织和环境规划署在一份联合公告中表示,即将具有法律约束力的《鹿特丹公约》将向包括发展中国家在内的各成员国提供必要的手段,帮助它们更加有效地清理囤积的过期农药,加强化学品的管理工作,并保障大众免遭危害。公约也相应考虑到了发展中国家和经济转型国家的具体情况和特殊需要,特别是加强国家化学品管理的能力问题,在技术转让、提供资金支持和技术援助以及推动缔约方之间的合作方面做了相关规定。

作为《鹿特丹公约》的签署国,尽管我国尚未批准实施该公约,但在公约生效之后,该公约就对我国环境贸易产生法律效应。所以,尽快制定应对措施是关系到我国相关产品对外贸易的关键。目前我国暂定政策是:由国家环境保护总局和农业部共同组织《鹿特丹公约》的执行,由国家环境保护总局化学品登记中心和农业部农药检定所具体实施。我国现在实施的法律是1994年5月1日生效的《化学品首次进口及有毒化学品进出口环境管理规定》,其中的有毒化学品进出口环境管理即是执行的事先知情同意程序。我国加入《鹿特丹公约》后,将对我国的禁用或严格限用的化学品清单进行调整,与《鹿特丹公约》并轨管理。

5.《斯德哥尔摩公约》

持久性有机污染物(POPs)是溶于脂肪的有毒化学品,它们不容易降解，可在环境中存在许多年，凝缩在食物链中富集，并在动物和人体组织中累积。POPs经常在其使用和排放地点数千里之外才结束其历程。越来越多的关于POPs严重影响人类健康的证据，促使各国政府采取联合行动。虽然POPs包括范围很广的化学品，但近期许多研究工作和管理行动更关注工业多氯联苯、二恶英和呋喃（各种工业过程的有害副产品），以及像DDT、氯丹和七氯这类杀虫剂。尽管许多发达国家限制这些化学品的使用，但这些国家仍然制造这些化学品供出口，而且在发展中国家仍广为使用。

《持久性有机污染物的斯德哥尔摩公约》旨在减少或消除持久性有机污染物（POPs）的排放，保护人类健康和环境免受其危害。根据公约将采取国际行动的最初12种（类）POPs包括三类：

①农药：艾氏剂、氯丹、DDT、狄氏剂、异狄氏剂、七氯、灭蚁灵、毒杀酚和六氯苯（HCB）（即是农药，也是工业化学品）；

②工业化学品：六氯苯（HCB）和多环芳烃（PCBs）；

③副产物：二恶英（PCDD）和呋喃（PCDF）。

公约对贸易的有关规定体现在：

序言：确认本公约与其他贸易和环境领域的国际协定互相支持；

条款3.1：缔约方应禁止、消除或限制对所列出的持久性有机污染物的制造、使用、进口和出口的有关规定；

条款3.2：进口和出口的条件规定；

条款4：为缔约方制造或使用所列出的持久性有机污染物建立一个特定豁免的记录；

条款8：建立在附件中列出持久性有机污染物的程序。

中国在2001年12月签署了《持久性有机污染物的斯德哥尔摩公约》。按照公约要求，从公约生效起最晚10年内，各缔约方最终消除9种，并要求在2025年消除在变压器、电容器等设备中所含的多氯联苯。经过中国等发展中国家的斗争，公约承诺为发展中国家承担的责任义务提供相应的资金支持。

对我国持久性有机污染物的基本现状调研结果如下：在首批列入公约控制名单的12种POPs中，我国依然生产和使用DDT、六氯苯、氯丹和灭蚁灵，此外还存在大量废弃或在用的含POPs的设备。伴随生产过程、生活燃烧中排放的二恶英和呋喃以及六氯苯、多氯联苯则广泛存在。我国目前生产的DDT主要用作中间体生产三氯杀螨醇及用于病媒控制，其使用总量比20世纪70年代大大下降。但是，由于DDT在我国曾作为主要农药品种长期大量使用，目前在环境、农作物、水果、茶叶、肉类、动物体和人体组织中均能检出。此外由于三氯杀螨醇中尚有残留的DDT，因此部分使用三氯杀螨醇的地方DDT的污染浓度没有下降。尽管我国直接使用的六氯苯数量不大，但是在环境、农作物与蔬菜和果品、肉类、禽蛋类、动物体、人体组织中均能检出它的存在。氯丹和灭蚁灵是两种药效良好并持久的白蚁防治药剂，因我国有2/3的省份受到白蚁危害，在这些受到白蚁危害的地区，目前或多或少还在使用氯丹和灭蚁灵。多氯联苯主要用于电力电容器的浸渍剂以及油漆的添加剂。从20世纪70年代开始，我国各地就开始将含多氯联苯的废旧变压器等设备集中存放。由于管理松懈加上时间久远，部分记录目前已无从查找。初步调查发现，一些存放点的废旧变压器有的已腐蚀，造成变压器油外泄，污染了周围环境。同时，我国还有一些含多氯联苯的电器设备仍在使用之中，需要加强管理和处置。许多燃烧过程都会产生二恶英和呋喃，在《斯德哥尔摩公约》列出的17类有可能产生二恶英类物质的来源在我国几乎都存在，如发电、炼钢、水泥生产、氯碱生产及垃圾焚烧等工艺过程。此外，我国用于血吸虫防治的主要药品五氯酚钠中也含有一定浓度的杂质二恶英。

我国POPs履约任重而道远。首先，在我国要清楚掌握POPs生产、使用、库存和污染场地的详细情况存在一定的困难，清理废弃的POPs污染场地任务也十分艰巨，因为POPs完全无害化处理需要大量资金和技术；其次，副产物二恶英和呋喃来源复杂广泛，清源调查困难；再次，对于部分即将被淘汰的杀虫剂(如氯丹和灭蚁灵等)，短时间内难以找到合适的替代品；最后，我国还急需加强控制和淘汰POPs相关管理和监测能力的建设。

为了保护人类健康和生态环境，切实履行公约义务，我国应该尽快制定相应的履约策略，如建立和健全国家级协调机制、查明POPs生产、使用、进出口、库存、废弃、污染和危害现状、制定相应的替代、削减、淘汰和处置计划、加强科学研究、制定相应的制度和标准，从政策上保障国家履约计划的实施。

(二)贸易有关各国环境法规分析

1.有毒有害物质管理相关法规

美国、欧盟、日本都对化学品的管理制定了专门的条款,其目的在于有效地管理和控制各种化学品的分类、生产、包装、标签、贸易及使用,防止可能出现的对环境的危害。

(1)美国

美国的《有毒物质控制法》以1983年美国联邦环保局登录的化学品为界,将化学品分为新化学品和现有化学品两类进行管理,现有化学品共有6万多种。《有毒物质控制法》涉及的范围包括:“具有特定的分子形态的任何有机或无机物质,以及由于化学反应或在自然中出现的这种物质的整体或部分化合或未化合的根和任何元素。”但不包括任何混合物、农药、烟草及其制品、《原子能法》规定的物质、联邦税法规定的应缴纳销售税款的物质、食品、食品添加剂、医药和化妆品。《有毒物质控制法》规定,由美国联邦环保局对化学品进行集中、统一管理,并授权环保局制定管理规则。《有毒物质控制法》规定:

①任何生产、加工、批发所列化学品的个人或单位都必须向环保局报告并作记录;

②对无法确定其环境影响的化学品必须对该产品进行严格细致的产品检验,环保局可以禁止或限制该化学品的生产、加工、分配、使用和处理;

③对新化学品和现有化学品有效新用途的管理规定;

④对危险化学品的管制作了专门规定,到目前为止,联邦环保局已经对多氯联苯、石棉等危险化学品做出了禁用或限制规定。

(2)欧盟

欧盟是化学品管理最为严格和完善的地区,欧盟依靠其得天独厚的区域性标准化优势,对世界其他国家的环境贸易政策的发展起到极大的影响作用,欧盟的环境法律法规、标准的变化是全世界各国环境贸易研究的重点。欧洲化学品法规从1965年至今,已经过多次的修正和补充,形成了较为完备的欧盟化学品管理法规体系。欧盟现行的内部主管化学品问题包括四大法律文件:理事会指令67/548/EEC有关危险化学品分类、包装和标识的要求;第88/379/EEC号指令有关危险制剂分类、包装和标识的要求;理事会76/769/EEC有关评估和控制现有物质风险的法规；76/769/EEC号有关某些危险物质和制剂限制销售和使用的指令。其涉及的内容包括：化学品的清查登记制度、化学品分类、包装和标签的规定；危险化学品的管理；新化学品市场准入和注册制度；以及化学品国际贸易的管理等等许多方面。这些制度和法规对化学工业的发展和化学品的贸易产生了较大的影响。

①《危险化学品分类、包装和标签法》及其修正案。

②特殊危险制剂（危险物质溶液混合物）管理系列条例，如关于溶剂分类和包装法、关于原料、清漆、印刷油墨、粘贴剂及同类产品的分类包装法、关于杀虫剂的分类包装法等。

③对于部分已确定对人体和环境有严重危害的危险化学品，欧盟专门制定了多项有针对性的法规，对其生产、贸易和使用进行管理和限制。例如76/769号指令及其修正案规定：

* 禁用含有浓度超过0.1%（重量比）的多氯联苯（PCB）和多氯三联苯（PCT）的产品。

* 单体氯乙烯（MVC）在任何条件下都不得用作推进剂，在暴露于含MVC场所工作的工人采用此条例加以保护。

* 禁止将危险化学品用于诸如灯具等装饰材料，禁止二溴苯磷酸盐用于诸如睡衣、内衣等纺织品。

* 禁止苯含量超过5毫克/千克的玩具在市场上出售。

* 禁止在纺织品中使用多溴联苯和三氮丙啶膦。

* 禁止在服装中使用巴拿马粉、硫铵、挥发性酯类、溴代乙酸等化学品。

* 禁止在欧盟成员国市场内销售“蓝石棉”，并要求含其他石棉纤维时都必须附以特殊的标签。

* 禁止在欧盟市场内出售五氯苯酚及其盐或酚类（PCP）含量超过0.1%的产品和制剂。

* 禁止使用和销售作为替代PCBs的Ugilec141（甲基四氯二苯甲烷）、Ugilec121（甲基二氯二苯甲烷）、DBBT （甲基二溴二苯甲烷）。

* 禁止在市场上出售PBBE（聚溴二苯酯）含量超过0.1%的产品和化合物。

* 通过与污染环境的镉作斗争的共同体行动计划方案，对镉的使用应进行严格控制等。

④新化学物质的管理。

2001年欧洲理事会发表了《欧洲未来化学品政策战略白皮书》以1981年9月声明已投放市场的所有化学品为界，将现行的通用工业化学品制度区分“现有物质”和“新物质”两类。其中，新物质约有2700种，根据67/548指令，在销售量超过10公斤时，即需要试验和评估其对人体健康和环境的风险。对销售量更大的物质，则需做更深入的长期和慢性影响的试验。相反，现有物质占市场所有物质总量的99%以上，但却不需要履行同样的试验要求。1981年报告的现有物质的数量为100106种，目前销售量超过1吨的物质估计有30000种。大约其中140种这些物质已被成员国主管机关确认为重点物质并需实施综合风险评估。欧洲实行新化学品政策并对化学品的管理建立了一套新的主次、评估、许可制度，简称REACH体系。因其影响范围巨大，对化工及相关行业的竞争力影响深远，《欧洲未来化学品政策战略白皮书》及其意见征询稿一经问世，即引起了世界各国热烈的讨论，美国、日本等发达国家纷纷对欧洲未来化学品政策发表意见，同时制定了应对战略，对其化学品法规也作了相应的调整和补充，使得2003年欧洲理事会通过的欧盟新化学品政策比以前的意见征询稿内容更加能够体现美国和日本的商业利益。相对而言，我国在应对此项重大影响的贸易政策时，显得并不积极。在2001年《欧洲未来化学品政策战略白皮书》公布后，我国既没有组织专家进行专门研究，也没有对现行法律法规作相应调整，直到2003年欧洲理事会展开大量的网上意见征询之后，中国有关部门才有所反应，向欧委会表达了中国的立场和意见。

⑤危险化学品的进出口管理。

欧共体从1988年开始立法，对共同体内禁止和限制的化学品出口到第三国（主要是发展中国家）或第三国禁止或限制的化学品进口到欧共体进行管理。对已禁止或限制的化学品（如汞、HCH、PCB、PCT、DDT等）的出口，欧共体采用“事先通知同意”（prior informed consent）的原则。对第三国禁止或限制的化学品的进口，欧共体所采取的措施与出口管理相似，但也有差别，即没有具体的管理物质名单。

（3）日本

日本涉及化学物质环境管理的法规以《化学物质审查与生产控制法》为代表，其中对化学品的贸易和进口有明显影响的规定主要是申报制定和化学品分类及其管理。日本将化学品分为第一类特定化学品、第二类特定化学品和指定化学品。

①第一类特定化学品

属于难分解、具有高蓄积性和慢性毒性的化学品被列为第一类特定化学品。日本在原则上禁止生产或使用该类化学品。对于批准生产和进口者，必须获得许可证，产品只能用于政府批准的用途。

②第二类特定化学品

属于难分解、具有低蓄积性和慢性毒性的化学品被列为第二类特定化学品。日本对该类化学品的生产和进口要求进行必要的控制，有关的生产商和进口商要遵守防止污染技术标准，并在产品包装上加注规定的标志，并由主管当局对生产、储运进行现场检查。

③指定化学品

属于难分解、具有低蓄积性和可能有慢性毒性的化学品被列为指定化学品。对该类化学品，要求生产商和进口商申报生产和进口量，并由有关机构对其提出减少在环境中排放的指导建议。

2.与贸易有关的空气污染法规

在美国、日本、欧盟的环境保护法规中，针对空气污染防治的法规占有重要的位置。这些法规对许多产生空气污染的生产设备和产品作了直接的规定，制定了严格的有害气体排放标准，达不到要求的设备和产品进入立法国市场将受到限制，甚至完全禁止。所以，这些空气污染防治法规必然会对这类设备和产品的贸易产生影响。就目前来看，受我国主要出口国空气污染防治法规影响较多的设备和产品包括：机动车辆、燃料、含有破坏大气臭氧层物质的产品（如制冷设备、喷雾剂、灭火器等）、锅炉、火力发电设备等，主要涉及机电行业和五矿化工行业。

(1) 美国

美国的空气污染防治法规最具有代表性的是《清洁空气法》(Clean Air Act)，它所创立的管理体系、管理方法和管理标准对其他各国的空气污染防治法有重要的影响。

《清洁空气法》关注的空气污染物主要有五种：一氧化碳，主要来源是内燃机，大多数产生于机动车辆；颗粒物，主要产生于固体源的燃料燃烧和工业加工；硫氧化物，产生于含硫燃料的燃烧；氮氧化物，主要来源是工厂的固定燃烧和运输车辆；碳氢化合物，来自于燃料的不充分燃烧。《清洁空气法》对这5种空气污染物制定了排放标准，并对产生这些污染物的设备和产品的生产、贸易产生了影响。主要包括：对机动车辆和航空器的规定；对燃料和燃料添加剂的规定；对危害大气臭氧层的化学物质的规定。

(2) 欧盟

欧盟空气污染防治法规的立法进程慢于美国同类法规的制定，直到20世纪80年代以后，由于欧洲大气污染、酸雨和臭氧层破坏的加剧，以及欧盟一体化法案的实施，使欧盟立法基础发生了重大转变——从第100款（全体通过）转变为第100A（大部分通过），欧盟的空气防治法规才迅速发展和完善了起来。

目前，欧盟针对空气和粉尘排放共通过了20多个法规和指令。针对臭氧层保护共通过了10余个公约、决议和指令，并另外就促进成员国在空气污染防治方面制定了多项法规，形成了一个相当完善的法规体系。在这些法规指令中，对机动车、燃料、CFC、石棉等制品的使用和排放标准做出了严格的规定，进而对其生产、使用和贸易产生了显著的影响。

(3) 日本

日本对空气污染的防治是十分重视的。日本的《大气污染控制法》与欧美的空气污染防治的立法有所不同。因为日本将空气污染看成是最主要的公害，尤其是特别重视“烟尘”排放的限制。所以，日本《大气污染控制法》相对欧美的有关法规而言，内容覆盖面相对更窄、更集中，但有关的规定却更详细，约束性、强制性更大。在日本《大气污染控制法》中对烟尘排放设施的限制性规定和机动车废气排放最高限量标准对有关产品的生产、贸易有较明显的影响。

3.与贸易有关的噪声法规

噪声污染是一种严重的公害，对人体的健康有严重的影响，所以美、日、欧盟等国很早就开始制定有关防治噪声污染的规定。这些法规涉及到的产品和设备很多，比较典型的有建筑设备、运输设备、电气和电子设备以及发动机和发电机等。针对这些产品提出的噪声标准，对这些产品的生产工艺和计划需求产生重大影响，进而影响这些产品在国际国内市场上的销售和使用。

(1) 美国

美国对噪声污染的防治主要体现在《职业安全卫生法》《噪声污染消

除法》《噪声控制法》《宁静控制法》等法律及其修正案组成的美国污染噪声防治的法规体系中。这些法律法规有效地推动了对环境噪声污染的有效防治工作，其中涉及的噪声标准和商业性产品噪声标准的控制对一些重要产品的质量标准提出了新的要求。凡达不到标准的产品将很难在美国市场上立足。此外当噪音成为产品的重要环境因素之一时，美国在不同产品的产品安全标准或相关法规中对噪音限量做出了不同的规定。

（2）日本

日本由于地域狭小，城市化程度较高，所以对噪声污染的防治也十分重视。日本的《公害对策基本法》包含了对噪声污染进行控制的规定。其后制定的《噪声控制法》及其修订案，对各种车辆的噪声限制标准和有关各种产生严重噪音的设施做出规定。这些规定对相关产品的贸易和进口产生了重要的影响。

4.与贸易有关的废弃物污染防治法规

（1）美国

美国针对废物污染的防治和资源的回收利用，于1976年制定了《固体废物处置法》，以全面控制固体废物的污染。美国把废物分为危险废物和非危险废物两大类。

对归入“危险废物”的废弃物，其生产、运输、处置和经营，《固体废物处置法》都作了详尽的规定，并进行了严格的限制。其中包括危险废物经营活动的报告、对危险废物产生者的管理、对危险废物运输者的管理以及对危险废物处理、储存和处置者的管理。

对非危险废物管理的另一重要内容是有关资源回收利用，该法所规定的联邦政府采买活动和促进资源回收利用对贸易有重要的影响，包括资源回收利用的管理和包装以及包装废弃物的管理。

（2）欧盟

欧盟关于废物管理的主要内容是各类废物的处理回收，废物中的危险废物、废纸、饮料容器和包装废物等都涉及到贸易问题。

①危险废物管理

欧盟1989年3月签署了《控制危险废物越境转移及其处置巴塞尔公约》。欧盟规定禁止和非巴塞尔公约的缔约方进行危险废物的进出口贸易，还禁止危险废物出口到任何第三方国家，除非进口国书面同意，或废物出口成员国保证废物将被以对环境友好方式处理或要回收的废物在欧共体内不能处理。共同体还授权各成员国拒绝或允许从第三方国家的废物进口，并在废物处理不能按计划进行时要求返回。

②废纸的管理

欧共体关于废纸回收复用和再生纸利用法建议成员国和共同体机构实施措施和政策，推进再生纸和纸板的使用，如：

* 鼓励再生和可回收纸和纸板的使用；
* 鼓励墨水、胶水等不妨碍纸和纸板回收的产品的使用；
* 进行消费者和生产者教育；
* 开发废纸的新用途。

③液体容器的管理

《关于液态食品容器法》对液态食品容器的制造、销售、使用和处理作了相关规定。

④含危险废物的电池和蓄电池的管理

《关于含有某些危险物质的电池和蓄电池法》要求各成员国禁止销售含汞量高于0.05%的特殊情况下延长使用的碱性锰电池、其他含汞量高于0.025%的碱性锰电池、含镉量高于0.025%的电池、蓄电池及含铅量高于0.4%的电池、蓄电池。同时该法还要求各成员国采取措施保证用过的电池和蓄电池的安全收集。

（三）与产品环境特性相关的法规与标准分析

标准、法规是环境技术性贸易措施最主要和最典型的表现形式。由于生产力发展水平的不一样，发达国家针对产品制定的环境法规、标准一般都高于或严于发展中国家。我们根据第一部分对环境技术性贸易壁垒影响分析，选择按行业来研究产品的环境法规与标准。

1.食品土畜类

食品土畜类产品面临的主要的环境问题是农药残留问题。

（1）美国

美国对食品、医药、化妆品及其相关产品的管理是由美国食品药物管理局（FDA）负责。美国是农药管理立法最早的国家，其农药管理已经形成一个较为复杂和完善的体系，即以《联邦杀虫剂、杀真菌剂和杀鼠剂法》（FIFRA）为中心，包括《联邦环境农药管理法》及其修正案、《农药分类和分类程序》《农药法执行条例》《农药使用者证书条例》《农产品农药残留量条例》等20多项行政管理法规，分别对农药的注册管理、标签管理、包装管理、进口管理以及取消和停止使用程序作了规定。美国从2000年之后，提出了108种农药残留含量限制要求，强化了对食品土畜类产品的贸易限制。

(2) 欧盟

欧盟早在20世纪90年代初就开始对出口到欧盟的化学活性制剂进行环保和安全方面的技术标准制定，而这些化学活性制剂绝大部分是农药。2003年欧盟公布了禁止包括60多种中国农药在内的320种农药的指令，引起了世界各国的广泛重视。此项指令是对原来被禁农药的一个补充，因其不仅影响了我国的农药生产和出口，更重要的是，它影响了大量的农产品等下游产业的外贸和发展。欧盟农药禁令早在2002年11月20日就向欧盟成员国公布，欧盟成员国有半年的过渡期。虽然国内有关部门将这一预警内容向国内通报过，但在当时并没有引起有关部门和企业的足够重视，所以在2003年禁令正式实施之后，我国行业应对策略尚不完善。目前对欧盟农药禁令涉及到的60多种中国农药中，相当一部分在国内已经停止生产和销售了，但还有少部分仍在生产和使用。对于替代农药的研制和生产，我国也正在积极组织专家进行研究。

例如，2000年欧盟先后发布了2000/24/EC、2000/42/EC指令，增加茶叶农残限量10项，改变茶叶农残限量 6项。2001年7月1日欧盟实行新的茶叶农药残留量检验标准达108项，凡超过农残标准的茶叶实行就地封存、销毁或退回到原产地国家。欧盟新的茶叶农药最高允许残留量标准实施后，部分产品农残的最高允许残留量仅为原来的1/100–1/200，如氰戊菊酯最高残留限量（MRL）值由10毫克/公斤降至0.05毫克/公斤，喹硫磷（MRL）值由2毫克/公斤降至0.1毫克/公斤（仪器检测最底线）。欧盟对中国输入的茶叶检测结果显示，农残超标呈逐年上升趋势，如氰戊菊酯的超标率，1997年红茶16.4%，绿茶27.5%，1998年为42.7%和37.9%。若不采取积极措施，中国茶叶将被迫退出欧盟市场，只有达到A级绿色食品标准才能迈进欧盟的“绿色门槛”。

(3) 日本

日本的《农药管理法》将农药分为三大类：作为残毒农药、土壤残毒农药、水质残毒农药，并对这三类农药制定了严格的限制销售和使用的规定。日本厚生省于2002年7月1日决定，实施新设约200种农药残留标准。在国内外约700种农药中，厚生省已对其中的229种设定了农残标准。2002年11月8日提出的《食品卫生法》修正案，强化对进口农产品的检查制度，对含有未设定残留标准农药的进口农产品将一律停止流通。

例如对菠菜毒死蜱残留限量标准规定中，日本政府规定的限量标准为0.01ppm，远远严格于国际食品法典委员会和欧美规定的0.05ppm标准，这一近乎苛刻的标准既违背了合理性要求，又提不出科学依据及风险评估。这是因为日本市场出售的菠菜几乎全部来自进口。一般来说，某种产品的人均日摄入量越大，其残留标准规定就越严。日本国民对萝卜的日摄取量为47.3克，对菠菜的日摄取量仅为22.8克，而日本大量生产、国民大量消费的萝卜规定的毒死蜱限量标准却高达3ppm，相差300倍之多。日本对其他蔬菜的限制也不同，如菜花、油菜、芥菜是2ppm，白菜是1ppm，番茄和毛豆是0.5ppm，芹菜为 0.05ppm。又如日本对中国进口大米进行的残留物检验项目，由1994年的56项增加到1998年的104项，到了2001年又增加到114项。这说明利用制定不同的环境技术标准，可以有效地建立绿色贸易壁垒，有选择性地把国外产品排除在本国市场之外，从而保护国内生产。

2.纺织服装类

纺织行业作为一个高污染行业，其产品生产过程及成品对环境和人体的危害正受到日益严格的环境要求限制，2005年之后技术性贸易壁垒将代替配额管理成为中国纺织服装类产品的主要出口障碍。纺织服装类产品中对人体健康可能产生影响的有害物质主要有以下几类：

* 甲醛、荧光增白剂和柔软剂（可产生过敏反应）；
* 棉及羊毛纤维上残留的杀虫剂、防腐剂和防霉剂，如五氯苯酚等；
* 纺织品及服装配件上重金属含量；
* 化学纤维中偶氮染料单体、甲醛和卤化物载体的残留；
* 棉花种植时喷洒的农药及施用的化肥等。

20世纪90年代以后，许多国家和机构纷纷针对纺织及服装产品出台了环境标准和要求，并对纺织和服装产品生产加工过程中有害化学物质的使用和限量做出了具体规定。其中以欧盟国家通过的法令、法规、标准最为重要和繁多。以对偶氮染料实施禁令为例：1994年7月28日德国政府颁布了《德国消费品法案第二修正案》，规定禁止在德国销售使用所列20种有致癌作用的芳香胺类偶氮染料的纺织品。在此影响下，荷兰

1996年8月也就关于禁用某些偶氮染料进行立法。欧盟其他成员国如瑞典、法国、丹麦等也纷纷采取措施。2002年9月11日，欧洲议会和欧盟理事会共同通过了欧盟第2002/61号指令，决定限制在有机会与人体皮肤或口腔接触的纺织品和皮革制品中使用偶氮类染料。指令列出了22种对人体有害的芳香胺，如果使用了偶氮类染料的某种纺织品被检测出所含有害芳族胺的量超过30ppm，那么这种纺织品在欧盟市场上将被禁止销售，同时也将被禁止从第三国进口。该指令涉及服装、纱线、织物、被褥、毛巾、假发、假眉毛、帽子、尿布等卫生用品、睡袋、手套、手提袋、椅套、各种钱包、手提箱、表带、鞋类、纺织或皮革玩具以及带纺织或皮革衣着的玩具等多类产品。日本、美国等国也有采取类似措施的倾向。

纺织服装类标准以OKO-Tex Standard 100生态纺织品标准为代表。OKO-Tex Standard 100最初是德国海恩斯研究所和奥地利纺织研究所联合建立的一个纺织品生态标志标准。由于该标准已经得到国际社会的普遍认可，成为全球使用最为广泛的国际性纺织品认证标志，欧洲委员会将OKO-Tex Standard 100引用为欧盟纺织品指令，这是一个典型的自愿性标准向强制性法规转化案例。

欧盟生态纺织品和服装指令是一个通过建立指标体系达到限制目的的技术性贸易壁垒，其内容广泛，由40多个分指标体系构成，除禁用染料外，该标准还要求严格检测甲醛、五氯苯酚、多氯联苯、色牢度（6种）、重金属残留物（9种）、农药、兽药残留量（9种农药），限制柔软剂、增白剂的使用并对包装用料的使用和处置提出了要求。该标准按不同用途将纺织品分为4类：婴幼儿品；与皮肤直接接触的内衣、泳衣、浴衣、毛巾及床上用品；未与皮肤直接接触的皮物产品；装饰用纺织品。按照不同类型分别规定不同的有害物质检测项目和最高允许限量要求以及相应的检测鉴定程序。如：

* 农药残留：如棉和天然纤维素纤维（包括木棉）中的艾氏剂等约19种杀虫剂小于0.05ppm；含脂毛和其他蛋白纤维中的林丹、艾氏剂等杀虫剂总量不超过0.5ppm，有机毒虫畏等总量不超过2 ppm，毒虫畏等总量不超过0.5 ppm；毒杀芬、PCB及其有机物在产品的运输、贮存和半成品加工中不使用。

* 重金属残留：涤纶纤维锑总量不超过260 ppm；聚丙烯纤维中含

铅的颜料不使用；颜料中规定了8种金属离子的含量；染料中规定了16种金属离子的含量；对人造纤维素纤维中的锌、铜等含量进行了限定。

* 生物降解：纤维和纱线的整理剂浆料中至少90%可生物降解，纺丝溶剂和助剂至少90%可生物降解；助剂、织物柔软剂和络合剂95%重量比的助剂可生物降解。

* 污水排放及处理：含脂毛和其他蛋白纤维洗毛的水中COD不超过60g/kg；漂白剂中AOX在排放液中小于40mgCI/kg；废水COD25g/kg，pH6–9；亚麻和其他韧性纤维包括大麻、黄麻和苎麻降低COD或TOC。

* 织物增重：铈的化合物不使用。

* 染料：可分解芳香氨的偶氮染料禁用；络媒染剂染料不允许；对过敏染料、金属络合染料、致癌和基因诱变及有毒染料做出了具体的规定。

* 甲醛：游离甲醛直接接触皮肤不超过30 ppm，其他300 ppm。

* 阻燃剂：13种助剂中不超过0.1 ppm含量。

* 涤纶的有机氯载体：不用。

* 色牢度：对耐洗、耐汗渍（酸、碱）、耐光、耐干摩擦、耐湿摩擦色牢度等进行具体规定。

* 其他指标涉及弹性纤维中不含有机化合物；防缩整理、后整理；填充物；涂料、粘合和膜；能源和水的应用；生态标签的内容；水洗和干洗尺寸变化率；印刷；剥色或褪色。

据估计，欧盟全面实施这一指令将影响我国大约30%纺织服装类产品的出口，损失将达18亿美元。

目前我国已公布的与最终产品直接相关的强制性纺织品标准有6个：GB 5296.4–1998消费品使用说明–纺织品和服装的使用说明；GB 8695–1998阻燃防护服；GB 9994–1988纺织材料公定回潮率(2001年确定为强制性标准)；GB 17591–1998阻燃机织物；GB18383–2001絮片纤维制品–通用技术要求；GB 18401–2001纺织品甲醛含量的限定(2003年1月1日实施)。2002年我国制定了强制性的国家标准《纺织品：基本安全技术要求》。这一标准只有pH值、甲醛含量限制、禁用可分解芳香胺染料、色牢度、异味等5个指标，这些指标基本上采用了Oeko–Tex Standard 100上的要求。但对重金属、杀虫剂、含氯酚、有机氯载体、PVC增塑剂、过敏染料、抗菌整理、挥发性物质释放等方面的要求，以及对欧盟生态纺织品服装上要求的其他指标则都没有体现出来。

目前国内对有机氯载体、PVC 增塑剂、挥发性物质还没有相应的试验方法标准；而对偶氮染料、重金属、杀虫剂、含氯酚等项目，需要先进分析仪器，普通实验室目前还不具备检测能力。近两年国内较有实力的纺织检测中心、出入境检验检疫系统的实验室等相继配备了进口的先进检测设备。但由于生态性能试验仪器价格昂贵，因此相应的实验费用也较高，相应地也影响了我国纺织服装类产品的出口竞争力。

3.机电类

机电类产品用途广泛，涉及的原材料和生产工艺较为复杂，是我国的重要出口产品，也是国际上受环境技术壁垒限制方面最多的一类产品。在 1999–2002 年 TBT 通报的行业分布中看出，4 年间，机电行业遭受的 TBT 通报以总数 768 件位居各行业之首。在国际上制定的与环境贸易有关的法规、标准和合格评定程序中，其中很多涉及机电行业。例如，在国际社会涉及臭氧层保护和空气法规中，其中大部分是对机电产品如制冷设备、机动车和机动车发动机等制定的。在噪声法规中，也主要针对建筑设备、运输设备、空气压缩机、电气和电子设备以及发动机和发电机等产品制定噪声标准。在固废处理法规中，电子电器的回收问题成为当前环境贸易讨论的重点，极大地影响了未来机电产品的发展。在有害废物处理、有毒物质管理、化学品进口法规中，机电产品仍然作为一个大类而存在。

机电类产品的环境技术性贸易措施主要集中在强制性的安全及其认证要求、节能要求、电磁波污染、电磁兼容性、可回收率等众多方面。

以节能要求为例，为了执行欧盟理事会的指令，欧盟委员会相继出台了一系列具体的电器节能标签指令，包括《家用电器能耗标签及产品信息标准的委员会指令 95 / 12 / EC》及其系列具体实施指令，如《家用电冰箱、电冰柜及其组合的能源标签的委员会指令 94 / 2 / EC》、《家用洗衣机能源标签的委员会指令 95 / 12 / EC》、《家用干衣机能源标签的委员会指令 95 / 13 / EC》、《家用洗衣－干衣机能源标签的委员会指令 96 / 60 / EC》、《家用洗碗机能源标签的委员会指令 97 / 17 / EC》(于 1999 年 3 月 4 日由 1999 / 9 / EC 修订)、《家用照明产品能源标签的委员会指令 98 / 11 / EC》、《家用空调能源标签的委员会指令》、《家用微波炉能源标签的委员会指令》等法规。在对95／12／EC的修正案的讨论中，欧洲拟提高现有的家电能耗标准，将在原先的A到G的能耗等级的基础上，引入更高能效等级。从国家层面上看，这无疑将有助于达到节能和环保的目标，但是，从另一个层面上看，对家电生产企业来说，则是面临更高要求的挑战。

以电子电器回收为例，欧洲议会和欧盟理事会2003年2月13日正式公布的《关于报废电子电气设备指令》（WEEE）是目前最受世界各国重视的废弃物回收法规。WEEE指令将交流电不超过1000V，直流电不超过1500V的废弃电气、电子产品分为10类：①大型家用电器；②小型家用电器；③信息技术和远程通讯设备；④用户设备；⑤照明设备；⑥电气和电子工具；⑦玩具、休闲和运动设备；⑧医用设备；⑨监视和控制装置；⑩自动售货机，几乎涵盖了所有电子电器产品。

WEEE指令提出报废设备的处理办法：①设计：从产品设计开始就考虑环保要求；②分类收集：报废设备与普通市政垃圾分开收集；③处理：按特殊处理程序处理报废设备；④回收：由生产者或第三方在单独或集中的基础上建立回收系统并制定了各类产品的回收率。WEEE指令规定回收处理费用由生产者承担，以及成员国应建立体系提供足够信息使涉及电子电气设备生命周期的相关方明白各自的责任与义务，并提出了相应的惩罚与强制措施及实施条款。指令要求，欧盟各成员国必须保证“生产商”在2006年12月31日前实现大型家用电器的回收率增加至每件产品平均重量的80%以上，配件、材料的再利用率将增加至每件产品的75%以上；小型家用电器回收率将增加至每件产品平均重量的70%以上，配件和材料的回收再利用率将增加至每件产品平均重量的50%以上。“生产商”包括以自己的品牌生产并销售电器者、定牌生产并销售者以及专业从事从成员国进口或向成员国出口电子电器设备者。

目前大部分围绕WEEE指令的争论都是关于经费供应的问题，指令要求生产者不仅要针对他们自己的产品负担收集、处理、恢复和处置的费用，而且要合理的分担“历史遗留的废弃物”的费用，并从2005年9月起为他们自己的产品的循环利用提供适当的财政担保。此项指令对我国机电行业不合理影响主要体现在：①历史垃圾回收费用：由于我国近几年出口欧盟的电子电气产品刚快速增加，此前出口量很少，因此历史责任由目前的制造商按市场比例分别承担不合理。②回收率和再利用率：

目前日本对相关产品的回收率规定在 50%−60%，且产品不同回收率不同；我国目前正在制定相同的法规中回收率拟定为 40%；欧盟指令提出 80%的要求显然太高，难以达到。③地域问题：欧盟企业就地回收的费用低于其他地域的企业，使得处于远东的中国企业在回收成本信息获取方面处于不利地位，从这个角度说，该指令隐蔽地违背了《技术性贸易壁垒协定》关于国民待遇的原则。

以危险物质控制为例，欧洲议会和欧盟理事会 2003 年 2 月 13 日正式公布的《关于在电子电气设备中禁止使用某些有害物质指令》（RoHS）同样是世界各国关注的焦点。RoHS 适用于上述指令所管辖的 10 类产品中除第 8 类和第 9 类以外的设备。欧盟要求成员国确保从 2006 年 7 月 1 日起，投放市场的新电气、电子设备不得包含铅、汞、镉、六价铬、用作阻燃剂的多溴联苯（PBB）和多溴联苯基醚（PBDE）六种有害物质，并制定了相应的惩罚和生效条款。该指令对我国机电行业最大的威胁在于 6 种有害物质的替代物，目前我国相当部分的电子电气产品使用了 6 种被禁有害物质，尽快研发和寻找 6 种被禁止使用有害物质的替代物，以保护我国公民的身体健康和促进电子电器产品的出口，已是刻不容缓的事情。

2002 年我国出口欧盟的机电产品总额为 270 亿美元，占全国机电产品出口的 17%，目前欧盟已成为我国家用电器出口的主要市场，约占我国家电产品出口市场的 1/4。据中国电子进出口总公司的统计，2002 年其对欧盟出口额为 1.3 亿美元，属于 WEEE 指令十类产品范围内产品占出口额的 70%。如果将回收成本转嫁到制造商身上，由于欧洲劳动力成本高，可能使回收成本接近甚至高于制造成本，将大大降低我国相关产品的竞争力。预计这两个指令的实施将使我国对欧盟的出口量减少 30% 至 50%，增加成本 2 亿 −7 亿美元，从而极大地影响了中国机电产品的竞争能力。

以电磁辐射为例，世界卫生组织认为，计算机、电视机、移动电话、微波炉、打印机等导致的电磁辐射可对胎儿产生极为有害的影响。家用电器和电子设备产生的电磁污染已经与空气污染、水污染被并列为世界三大污染，世界各国纷纷制定法规进行控制，1992 年欧盟制定了严格的电磁兼容指令(EMC)，涉及的机电产品范围很广，1996 年开始强制执行。目前，美国、欧盟、日本和澳大利亚建立了四方互认机制。近年来电磁波污染方面的要求正在对机电产品出口产生越来越大的影响。手机辐射问题也已经引起了各方的关注。

（四）绿色标志分析

绿色标志也称环境标志或生态标志，是指认证机构依据一定的环境保护标准、指标或规定，向自愿申请者颁发的一种符合性标志。它向消费者表明获得该标志的产品或服务与其他同类产品或服务相比，从开发、生产、使用、回收、利用到处置的整个过程符合环境保护的要求，对环境无害或危害极小。绿色标志直接针对市场，囊括了产品和服务两大类贸易形式，其对国际贸易的影响潜力巨大，而且发展非常迅速，是中国企业对外贸易必须重视的一类环境技术性贸易壁垒。

绿色标志最初是在1977年由德国政府策划实施，随着全球环境不断恶化，消费者环保意识不断提高，世界各国各地区也纷纷制定并实施了绿色标志制度，而且绿色标志的形式、对象也不断多样化，影响范围和程度也越来越深。国际标准化组织（ISO）制定的针对产品和服务的ISO 14020系列国际标准已经被许多国家和地区采纳，成为规范绿色市场的一面旗帜。我国也于2000年和2001年分别将ISO 14020、ISO 14021和ISO 14024国际标准等同转化为GB24020系列国家标准。

目前ISO 14020系列标准中定义了三种环境标志和声明，分别为：

Ⅰ型环境标志（ISO 14024），建立在由第三方设立的根据产品生命

表3–10 ISO 14020系列国际标准

序号	标准序列号	标准名称	备注
1	ISO 14020:2000	环境标志和声明——通用原则	提供了有关制定环境声明的导则及标准的通用原则。本标准1998年正式颁布，2000年颁布修正版
2	ISO 14021:1999	环境标志和声明——自我环境声明（Ⅱ型环境标志）	提供了组织对自己产品和服务的环境状况所作的自我声明有关术语、符号及试验方法的规定。本标准于1999年正式颁布
3	ISO 14024:1999	环境标志和声明——指导原则与程序（Ⅰ型环境标志）	提供了第三方环境标志认证过程的导则及程序。本标准于1999年正式颁布
4	ISO/TR 14025:2000	环境标志和声明——产品环境声明（Ⅲ型环境标志）	设定声明基于生命周期评估数据的产品量化信息时所需的原理和要点。本标准目前还属技术报告阶段

资料来源：www.iso.cn

周期评价建立的标准之上，是一个基于多重准则的标志。该类型标志的授权实体可以是一个政府组织，也可以是民间的非营利组织。Ⅰ型环境标

志是发展最早也是影响最大的环境标志。目前，全球共有30多个国家和地区颁布了自己的I型环境标志，其中参加GEN的会员国或地区包括澳大利亚、巴西、加拿大、克罗地亚、捷克斯洛伐克、丹麦、欧盟、德国、希腊、中国香港、印度、日本、韩国、卢森堡、新西兰、挪威、菲律宾、中国台湾、新加坡、西班牙、瑞典、泰国、英国、美国24个国家和地区的26个组织。

II型自我宣称的环境声明（ISO 14021），建立在制造商和零售商自己声称的基础之上。这种类型的例子有很多，例如“产品中有x%是由回收材料制造的”。许多国家将ISO 14021标准完全采纳或略加修改，成为国家标准，还有一些国家将此标准视为一种对厂商广告行为的一种约束和规范，将其纳入国家性公平交易（Fair Trade）相关办法中，成为最通用的约束企业广告用语的手段。目前，瑞典、加拿大、日本、英国、美国、德国六国和欧盟等国先后以ISO 14021为蓝本，制定了相应的国家标准或对厂商的规范（如英国的Green Claims Code，瑞典的Nordic Guidelines on Green Claims，德国的Code of Good Environmental Choice）。此外，阿根廷、澳大利亚、捷克、马来西亚、蒙古、泰国、土耳其、辛巴威、中国大陆、中国台湾等国家和地区将其作为国家标准并予以公告。

III型环境产品声明（EPD）（ISO/TR 14025，2000），建立在生命周期影响基础上，利用一系列参数来量化产品信息。这些影响列在一张表格中，便于在产品之间进行比较。在2002年6月的约翰内斯堡会议上正式通过将ISO/TR 14025转化为国际标准。目前，国际标准化组织正在积极准备制定III型环境标志标准ISO 14025，到2003年1月，ISO 14025标准草案（标准草案原文见第五节）已经起草完成。在这期间，先后有十多个国家以ISO/TR 14025为基础开展了EPD计划或类EPD计划（最具代表性的是瑞典和日本），并建立了国际间的交流与合作组织。如：“GED”、“NIMBUS”和“东南亚合作组织”，其中最有影响力的是“全球III型环境声明网GED”。 GEDnet提供了一个国际性的论坛，它的目的是鼓励在世界各地执行或者发展III型环境声明项目的机构之间加强信息和经验的交流，并且共同商讨该计划发展中存在的关键性问题。先后有日本、加拿大、德国、挪威、丹麦、韩国、意大利、瑞典8个国家加入该组织（见表3-10）。

除此之外，还存在一些单一环境标志及声明，如有机食品标志等。2003年10月23日，由美国农业部制定的全新的有机食品标签在美国正式使用。美国农业部规定：凡是有机程度达到或超过95%的都可贴上专门的有机食品标签；有机程度在70%–95%之间的食品可以在标签上标明本产品“包含有机成分”。有机食品标签的资格需经美国农业部批准的专门机构认证。新标签的推出无疑将进一步刺激美国有机农业的发展，同时对其他国家的农产品出口商而言，又可能是一个新的潜在的环境技术性贸易壁垒。例如，丹麦等国的出口商已经表示，本国的一些小农场无法满足美国极其严格的有机食品标准，对美农产品出口将因此受到巨大挫折。2003年德国政府决定在德国启用“生态食品标志”，用以帮助消费者很方便地识别出需要购买的食品种类。德国实行统一生态食品标志的目标是：原则上禁止转基因食品，禁止在食品中使用抗生素和违禁添加剂，尽可能保证消费者安全。

绿色标志对贸易产生影响的另一个特点在于其自愿性标准除了依靠市场选择、政府采购和公众舆论导向等手段发挥作用外，还有向强制性标准转化的趋势，最终以法律法规的形式制约贸易的发展。OKO–Tex Standard 100由自愿申请标准转化为欧盟纺织品指令，就是其中的一个典型例子。日本最初颁布的有机食品标签属于自愿性环境措施，但由于实际实施效果不佳，日本政府将其引用为强制性标志，通过政府力度促使其推广。自愿性标准与强制性手段的结合将进一步强化绿色标志对包括商品贸易和商业服务贸易在内的国际贸易的影响程度。

当前形形色色的绿色标志，能够对我国的产品出口形成实质性影响或具有潜在的重大影响的有三类，一是以节能为主要内容的如美国的能源之星或北欧的TCO’–01的能效标志；二是以食品安全为主要内容的有机食品标志；三是欧盟的生态标志，其产品种类目前包括24种，其中服务类2种（住宿服务、宿营地）、纸产品3种（薄绵纸、打印纸、复印纸）、机电类6种（便携式电脑、个人电脑、洗碗机、洗衣机、冰箱、真空吸尘器）、化学制剂2种（润滑油、土壤改进剂）、洗涤剂4种（卫生设备用多功能清洗剂、洗碗机用洗涤剂、洗碗剂、洗衣剂）、家居用品4种（家具、涂料、灯泡、地板）、纺织皮革类3种（纺织品、鞋、床垫）。

（五）ISO 14001及其他环境有关认证分析

ISO 14001环境管理体系认证并不是强制性国际标准。但ISO 14001已经进入汽车、电子、粮食等行业的大公司的供销合同领域，而且被作为核心问题对待。供货商提供的产品的生产和加工过程要符合环境标准，并且要通过认证。例如，戴姆勒－克莱斯勒公司就要求其所有供应商通过ISO14001认证。我国从20世纪90年代开始逐步引进、推广和提出适合中国发展现状的自愿性环境措施，并对其配套部门、政策及相关标准予以落实，在社会上取得了较好的效果。以环境管理体系为例，1996年，我国将 ISO 14001：1996环境管理标准等同转化为GB/T 24001－1996国家标准，并在全国开展了国际质量与环境管理体系双项认证的推广活动。到2002年，全球建立ISO 14001环境管理体系并通过认证的各类组织超过32000家，我国也有超过3000家各类型组织达到ISO 14001国际标准并通过了认证。通过市场宣传和政府导向，目前我国企业已经充分认识到ISO 14001环境管理体系对企业生产、管理和贸易的重要作用，通过ISO 14001环境管理体系认证的企业比例也越来越高，增长速度很快。而且，由于我国积极与国外组织开展ISO 14001的国际互认活动，我国企业获得的环境管理体系认证多数已能通过国外认可，所以，时至今日ISO 14001对我国外贸出口的影响已经不大。

其他的在国际上覆盖面较大，而我国尚未全面开展的环境相关认证包括FSC森林认证、SA8000认证、公平贸易认证、食品FDA认证等。

森林认证是目前国际上流行的生态环保认证，被认为是促进生态与经济双赢的有效手段。它包括森林经营认证和产销监链审核，是由一个独立的第三方按照一套国际上认可的森林可持续经营标准和指标体系，对森林的经营管理方式进行评估，并签发一个书面证书，以证明这片森林的经营方式与环境友好和具有可持续性，做到了保护生物多样性及其价值，维持生态功能和森林的完整性，保护濒危物种及其栖息地。1994年，全球经过认证的森林面积不过300万公顷，到2002年获森林管理委员会认证的就增长到46个国家的330个森林经营单位的2408万公顷森林。全球经过认证的林木产品数量正迅速扩大，一些国际知名的最大家具和装饰建材零售商都已声明要购买认证产品。在欧美成功经验的引导下，日本和中国香港还成立了绿色认证林木产品购买商协会。而几年之内，认证的森林面积增长了8倍。中国目前还没有一片森林获得FSC认证，这是在森林认证领域我国的一个极大的空白点。近年来，我国家具产品等林木制品在欧美、日本等地遭受了频繁的贸易壁垒和反倾销诉讼，其中一大原因就是中国家具没有使用通过森林认证的木材，使得其产品成本不恰当地低于国际平均成本。

SA8000即“社会责任标准”，是全球首个道德规范国际标准。强烈的社会关注力和责任感是一个现代化的企业应该具备的特征之一，不承担社会责任义务的企业被认为是以不正当手段获得产品或服务的竞争力，在国际贸易活动中将面临反倾销诉讼或禁入的风险。近十年来，欧美发达国家的消费者、投资者、劳工组织和大众媒体日益关注跨国公司在推行市场全球化过程中的社会责任表现。一些国际组织推出了“Rugmark”等社会标志计划和SA8000社会责任认证制度，欧美发达国家还通过法律、行政和投资贸易等手段，鼓励跨国公司监督国外工厂遵守劳工标准，制裁违反劳工标准的公司和工厂。2001年9月，ISO的消费者政策委员会（COPOLCO）宣布，COPOLCO已开始进行企业社会责任标准的可行性研究，并设立了一个网上论坛收集各个利益相关者的观点。我国正在开展SA8000标准的第三方认证活动的推广工作。我国化工行业的责任关爱行动也是我国推进社会责任的行动之一。

从2003年年初开始，欧洲13个国家市场上推出了一种统一的标志，即“公平贸易”标志，这个标志表示商品是在不用童工、保护环境和价格公平的条件下生产与提供出来的。德国政府加大了这个认证的推荐力度，他们认为“谁购买带着公平贸易印鉴的产品，就是以适当的报酬认可人权，每一个我们和南部国家本身生产咖啡、茶、橙汁或者加工产品的人，都有权利得到适当报酬和符合人的尊严的劳动与生活条件”。获得这种认证的产品现在已经在二万多家德国超市中出售，约300万消费者购买了这些商品，这些商品中有40%是绿色产品，41个低收入国家的八十多万个农村家庭得利于世界市场上的公平价格。国际范围的顶层协会公平贸易组织活动在17个国家监督有关标准的实施，比如是否有童工。因为按公平贸易标准，15岁以下的儿童是不许工作的。公平认证的另一个出发点是由于长期以来有人断言，环境保护和与贫穷作斗争是对立的，在最贫穷的地方，环境受到的侵害也最大。在过去十年里，公平贸易组织在德国出售了7000万包公平咖啡（每包500克），这些咖啡的价格比现在通常的3欧元一包要高。从公平产品进入超市，到欧洲13国实施统一印鉴，到德国政府大力推荐，国际趋势是明显的，中国的生产者也应有所准备，环境认证的领域也会再次扩展。

我国目前应该将上述几种影响逐渐增大的认证列入议事日程，研究在我国实施的条件和途径，开展国际互认，推动相关出口贸易发展。

三、环境技术性贸易措施战略研究

环境技术性贸易措施对我国外贸出口的影响是全面的、跨行业的，遇到的问题也往往是单纯依靠一个部门、一个行业无法解决的综合性问题。因此，跨越环境技术性贸易壁垒，建立我国的环境技术性贸易措施体系，必然是一个跨部门、跨行业的战略行动，要求不同的行业和部门协调组织，资源共享，联动合作，全面推动我国外贸出口发展。

（一）总体战略目标

由于E-TBTs对国际贸易影响力日益加大，我国建立环境技术性贸易措施战略已成为：

①我国建立循环经济，实现可持续发展的重要组成部分；

②我国法律法规、标准及合格评定程序工作与国际接轨的必然要求；

③我国规范市场规则，促进环保产业发展的重要保证；

④我国企业跨越绿色贸易壁垒，增强绿色竞争力的重要力量；

⑤推进我国外贸发展、提升我国环境技术水平的战略组成部分。

基于如上所述，我国在此阶段建立环境技术性贸易措施应对战略有其必要性和紧迫性。

环境技术性贸易措施战略总体目标：

在国家环境保护法规与标准、与产品环境特性有关的法规及标准、与合格评定程序有关的绿色认证等领域提出并建立和完善一批重要的标准、法规和认证活动，全面提升我国环境管理水平与产品的绿色竞争力，配合预警机制及应对系统，降低国际环境技术性贸易措施对我国外贸和外贸企业的损害程度。

（二）基本思路

实现环境技术性贸易措施战略目标，应该遵循以下基本思路：统一协调、划分阶段、持续跟踪、逐步推进。

（1）统一协调

环境技术性贸易措施涉及了不同部门，不同行业，其覆盖面极为广泛，所以建立环境技术性贸易措施应对战略需要在不同部门和行业中统一协调进行。

首先，迫切需要建立健全我国现有的技术性法规和标准，提高我国对外应对国际贸易壁垒、对内构筑自我绿色防线的基准，争取与国际接轨。2001年12月11日，我国正式成为WTO成员国后，根据我国对国际贸易组织的承诺法律文件之一,《中华人民共和国加入议定书》第13条第2款中，我国政府承诺："中国应自加入时起，使所有技术法规，标准和合格评定程序符合《技术性贸易壁垒协定》。"这一承诺要求我们要在新的国际环境下全面审视我国的技术标准体制对WTO规则和全球经济的适应性。这涉及两个方面：一方面我们要适应遵守国际上的标准化游戏规则，包括技术法规和标准的管理体制、运行机制和体系内容等；另一方面，我们还应主动制定游戏规则，使我国的技术法规和标准改革面向国际市场，在国际规则中反映我国的技术要求。

其次，我国需要建立健全认证认可制度，用市场化的手段来达到提高我国应对国际环境技术性贸易措施的能力。认证认可是国际上通行的提高产品、服务质量和管理水平，促进经济发展的重要手段。我国的认证认可工作开展得较晚，但随着近年来我国认证认可工作的不断发展，认证已由过去单纯对产品进行认证，拓展到服务、管理体系认证、认证机构和认证培训机构认可、实验室和检查机构认可、认证人员注册等诸多领域。目前国家认证认可的行政管理和工作框架已经基本确立，结构也趋于合理，政府对认证认可工作的监督管理将会日益完善，并在中国市场经济大潮中发挥极大地作用。2003年9月3日，我国第390号国务院令颁布《中华人民共和国认证认可条例》，于2003年11月1日施行。这项条例的颁布施行体现了党中央、国务院对认证认可工作的高度重视。

第三，我国不同行业的不同企业需要加强对环境技术性贸易措施的关注程度。特别是外贸企业，更应该定期收集与本行业、本企业相关的技术性贸易措施信息，积极参与我国技术法规、标准和合格评定程序的制、修、订工作，提高产品绿色新技术含量，提高企业国际竞争力，跨越国际绿色壁垒。

第四，采用国际标准、国家强制性法规和自愿性标准等手段相结合，规范绿色市场，发展符合市场要求的绿色产品，加强市场监督监控管理，使市场与生产、贸易健康运行，促进我国产品和企业应对环境技术性贸易措施的能力。

第五，建立资源共享的技术性贸易措施预警机制，负责收集、跟踪、分析国外的绿色壁垒动向，建立环境技术性贸易措施信息中心和数据库，通过对不同损害等级的环境技术性贸易措施的评价和预警，提前引起有关部门、企业的注意，为我国政府政策和企业经营策略的制定提供参考。

(2) 划分阶段

环境技术性贸易措施战略目标的实现是一个长期努力的过程，需要分阶段、分步骤调整完成。

第一步，尽快建立资源共享的预警与应对系统减少风险，同时在全社会推动自愿性环境措施的实施，特别是环境标志认证，实现绿色导向。

第二步，修改和完善一批技术法规、标准和合格评定程序，从根本上解决一些出口贸易中的重要问题。

第三步，提升我国环境技术性贸易措施体系在国际环境技术性贸易措施领域中的地位，主动参与国际环境技术性贸易措施的制定和修改工作。这条道路尽管漫长而艰难，需要国家、企业、科研机构等通力合作，信息共享，共同在国际舞台的实际活动中发挥作用，但由于国家对国际法规标准的影响力直接决定了该国产品和服务在国际贸易中的竞争力，所以与国际接轨、积极参与国际事务是我国环境技术性贸易措施战略必然的发展目标。

(3) 持续跟踪

建立环境技术性贸易措施战略的一个重要的任务是持续跟踪、了解国际上最新的环境技术性贸易措施。除了有关部门、各行业协会、主要出口企业以及环境技术性贸易措施预警机构定期跟踪、评估E-TBTs动向之外，我国还应该建立一个共享信息渠道，增强信息的获取能力和互助能力，同时也能节约信息成本，提高信息的利用率。

目前我国对环境技术性贸易措施的跟踪研究并没有形成统一有效的机制，对预警信息的收集和发布也没有一个权威可靠的渠道，主要还是依靠商务部和一些相关协会来完成这项任务，预警发布后也未取得预想的效果。例如，欧盟早在1998年就制定了CR法规草案，规定出口价在2欧元以下的打火机必须安装防止儿童开启的“安全锁”，否则不准进入欧洲。而我国作为中低档打火机的第一生产大国却在2002年CR法规正式实施时才获悉此信息，造成我国出口价格在1欧元左右、年产5亿只金属打火机、国际市场份额占70%的温州打火机行业遭受重创，面临被全面挤出欧洲市场的困境。2001年，影响程度深远，几乎覆盖所有与化工产品相关产业出口贸易的《欧洲未来化学品政策战略白皮书》发表后，美国、日本等发达国家即组织人力对白皮书内容和本国应对战略进行专门的研究。而我国有关部门直到2003年欧洲委员会进行意见征询时才仓促应战，至今尚未形成中国的应对战略。此类案例不胜枚举，如果不解决信息跟踪、研究和信息的有效处理渠道，中国应对环境技术性贸易措施的战略只能是空中楼阁。

（4）逐步推进

环境技术性贸易措施战略的构建和实施是一个实践、修改、再实践、持续改进的过程。在“逐步推进”的实现目标中包括技术法规，标准和合格评定程序的修改、市场管理体系的建立、政府职能的转变、企业竞争力的提高以及科技含量的增加等。

（三）环境技术性贸易措施战略优先领域

我国当前受环境法规、标准和合格评定程序影响较多的是机电行业、化工行业、纺织行业、玩具行业、食品行业等。上述行业面临的问题，很多都是交叉性的，例如，欧盟对化学品的管理指令，要求禁止将危险化学品用于诸如灯具等装饰材料，禁止二溴苯磷酸盐用于诸如睡衣、内衣等纺织品，禁止苯含量超过5毫克/千克的玩具在市场上出售，禁止在纺织品中使用多溴联苯和三氮丙啶膦，禁止在服装中使用巴拿马粉、硫铵、挥发性酯类、溴代乙酸等化学品，直接影响到了轻工、纺织等行业。

经研究分析，环境技术性贸易措施战略的优先领域可以总结为：“一项政策、二项攻关、二个法规、三种认证、四个标准。”

*一项政策：

化学品政策

从《鹿特丹公约》、《斯德哥尔摩协定》这样的多边环境协定对危险化学品、持久性有机污染物的要求，到欧盟新的化学品政策REACH对我国化学品及其下游产品出口的冲击，充分暴露了我国对化学品的分类以及对危险化学品、持久性污染物的确认和处理法规的种种不足。建立我国适应国际要求的国家化学品政策，不仅是发展我国化工行业的需求，而且关系到所有使用化工原材料、涉及有毒有害化学物质的产品的发展。

＊ 二项攻关：

RoHS 中六种有害物质替代物研究

欧盟要求成员国确保从 2006 年 7 月 1 日起，投放市场的新电气、电子设备不得包含铅、汞、镉、六价铬、用作阻燃剂的多溴联苯（PBB）和多溴联苯基醚（PBDE）六种有害物质，并制定了相应的惩罚和生效条款。目前我国相当部分的电子电气产品使用了 6 种被禁有害物质，尽快研发和寻找 6 种被禁止使用有害物质的替代物，是促进电子电器产品出口的要求。

纺织品中有害物质检测方法研究

目前国内对纺织品中有机氯载体、PVC 增塑剂、挥发性物质还没有相应的试验方法标准；而对偶氮染料、重金属、杀虫剂、含氯酚等项目，需要先进分析仪器，普通实验室目前还不具备检测能力。为降低企业检测成本，规避风险，推动纺织品出口，加强检测方法研究刻不容缓。

＊ 二个法规：

固废处置法

各类废物的处理回收，废物中的危险废物、废纸、饮料容器和包装废物等都涉及到贸易问题。欧盟的 WEEE 法规更是对我国的电子电器产品出口提出了严重的挑战。我国现行的《固体废物污染防治法》仅规定了固废的防治、危险废物污染防治等内容，缺乏对固废回收处置的要求。规定物质的回收处置义务，一方面可以促使产品在设计之初就考虑回收处置，增强出口竞争能力，减少回收费用。另一方面可以推动我国循环经济的建设发展，保护我国的资源与环境。因此，有必要尽快修订我国现有的固废法，将回收处置义务纳入其中。

电池法

2003 年 TBT 通报中，修订／颁布最多的法规就是各国（特别是欧盟国家）的《电池法》。这些法规不仅对电池中的有毒物质进行了更加严格和全面的限量规定，而且纷纷将电池的回收处置义务纳入法律。我国的电池不仅出口，而且应用于我国大量出口的许多电动工具中。我国目前对电池的有害物限量和回收还没有相应的法规要求，只是制定了禁止汞、镉等物质的时间表，并不能从根本上解决问题，考虑到电池废弃危害的严重性与出口贸易的需要，因此，有必要建立我国的电池法，解决电池行业的发展问题和回收处理问题。

* 三种认证：

ISO 14020 环境标志认证

ISO 14020 国际标准是各国绿色标志共同遵循的标准，从单一声明的能效标志、有机食品标志到欧盟的生态标志，无不属于这一类自愿性环境标志认证。环境标志认证的发展，一方面可以通过绿色高标准起到科技导向作用，推动行业科技创新；另一方面，通过国际互认合作，环境标志认证有助于企业开拓海外市场，减少认证费用，便利市场准入。我国环境标志应尽快根据欧盟生态标志动向，补充制定相应的标准，以利于出口企业及时调整产品。

FSC 森林管理认证

由于一些国际知名的家具和装饰建材零售商声明只购买经认证产品。几年中，认证的森林面积增长了八倍。但我国目前还没有一片森林获得 FSC 认证，这是在森林认证领域我国的一个极大的空白点。近年来，我国家具产品等林木制品在欧美、日本等地遭受了频繁的贸易壁垒和反倾销诉讼，其中一大原因就是中国家具没有使用通过森林认证的木材。因此，发展森林管理认证有助于推动我国相关产品出口。

SA8000 社会责任认证

欧美发达国家的消费者、投资者、劳工组织和大众媒体日益关注市场全球化过程中的社会责任表现。欧美发达国家还通过法律、行政和投资贸易等手段，鼓励跨国公司监督国外工厂遵守劳工标准，制裁违反劳工标准的公司和工厂。发展社会责任认证，有助于企业打开国外市场，避免受到以人权为借口的贸易风险。

* 四个标准：

纺织品生态标准

2002年我国制定的强制性国家标准《纺织品：基本安全技术要求》只有 pH 值、甲醛含量限制、禁用可分解芳香胺染料、色牢度、异味 5 个指标，这些指标基本上采用了 Oeko-Tex Standard 100 上的要求。但对重金属、杀虫剂、含氯酚、有机氯载体、PVC 增塑剂、过敏染料、抗菌整理、挥发性物质释放等方面的要求，以及对欧盟生态纺织品服装上要求的其他指标则都没有体现出来。

玩具安全标准

玩具行业因为与儿童健康密切相关，所以在欧美、日本等地，玩具行业的环境法规和标准越来越严格。主要包括对其化学品、重金属、噪声、阻燃性等的要求。我国对玩具制定的国家标准主要还在对玩具机械、物理等安全性能的要求上，对环境性能要求较少涉及。在玩具出口中，达到出口国玩具安全标准是玩具产品进入国外市场的首要要求。因此，必须制定与国际要求接轨的玩具安全标准，避免出口受阻。

家电产品能耗标准、

近期对95／12／EC修正案的讨论中，欧洲拟提高现有家电能耗标准，将在原先的A到G的能耗等级的基础上，引入更高能效等级。其中，对于家用制冷设备(电冰箱和电冰柜)的能源标签，引入A＋和A＋＋两个新的等级；对于家用洗衣机的能效标签，将引入新的A＋等级，对家电生产企业来说，无疑是更高要求的挑战。在家电行业建立能耗标准，一方面可以提升全行业水平，与国际接轨，推动产品出口；另一方面可以节约能源，为我国履行减排温室气体的行动做出贡献。

农残标准

食品土畜中的一个重要的环境问题就是农残问题，它的解决一方面要依靠国家的化学品政策对农药的使用、管理规定来克服环境背景问题，另一方面需要我们加强农药残留标准的建设，目前美国对农药残留要求项目达108种，欧盟规定了320种农药的限量要求，日本也于2002年提出了200种农药的限量要求，我国由于农残问题导致的出口损失不胜枚举，因此，研究和建立我国的农药残留标准是我国农产品出口的重要保证。

（四）环境技术性贸易措施战略近期发展重点

1.推进ISO 14020系列国际标准在中国的贯标行动

在我国推行ISO 14020系列国际标准贯标行动必须按照ISO 14020国际环境标志标准和WTO的规定来进行，坚持采用开放、透明、平衡各方利益、保持标准有效性和适应性的自愿申请，多元化验证的原则。

* 环境标志标准的颁布不能由政府职能部门进行，而应纳入国家技术标准体系。按照ISO 14020国际环境标志标准的要求，环境标志产品技术要求（标准）属于自愿性标准的范畴。按照国家技术标准发展战略思路，原国家强制性标准将逐步改为技术法规；而除部分重要的有关国计民生的、有关可持续发展的标准由法定的政府主管机构组织颁布外，绝大部分标准将以推荐形式，由非政府组织制订发布，如技术规范或产品标准即属于推荐性标准范畴，即今后的推荐性标准将分为国家、协会学

会、企业三级。环境标志标准应该纳入国家技术标准体系，按照统一的途径来颁布。

* 环境标志标准的制定不能单一依靠政府职能部门，而应鼓励各行各业参与。由于ISO 14020属于国际标准，我们要遵循它，就意味着各种配套政策必须要与国际接轨，按照WTO的要求制定的国家技术标准发展战略认为，对于不涉及国计民生和可持续发展推荐性标准，可由其他组织如企业、社会团体等编写标准草案、由政府主管机构审查后颁发。这样做，将发挥包括工商企业在内的社会各方面参与标准制定的积极性，并把这主动性和积极性纳入政府指导的范围。

* 对于环境标志标准来说，由于涉及面较大，对于某些高新技术含量大但又未能得到广泛推广的产品，国家不可能花大力气来研制配套标准，这就需要发挥企业的能动性，自行制定产品的标准草案由政府主管机构审查后颁布。而且，绝大多数企业特别是国有大中型企业、三资企业非常愿意参加标准的编制工作，因为这既能在市场中体现企业的实力，又能在标准中反映企业的利益并使之在竞争中占优势，至少能及早获取有关信息，这对企业的生存和发展是非常有益的。而且，当企业愿意参加制定标准的活动时，贯彻这些标准的难度就不会太大。

* 环境标志计划的对象应包含产品和服务两类。按照ISO 14020系列国际标准的要求，环境标志计划不仅包括产品，还应包括服务。

* 环境标志计划的贯标模式不再单一依靠第三方认证，而将趋向于多元化。ISO14020系列国际环境标志标准规定：产品和服务的环境标志和声明包括认证、声明、宣告三种模式，分别用ISO 14024、ISO 14021和ISO 14025来规范。除了我国环境标志计划长期以来所采用的第三方认证这种形式外，企业还可以选择自我环境声明或生命周期信息公告的形式来宣传“绿色”，后两种形式可以弥补第三方认证的不足，具有灵活、快速的优点，更利于环境标志计划的推广。

* 环境标志产品的认证不再是垄断行为，而将推向市场。按照2003年11月9日颁布实施的新的认证认可管理办法——《中华人民共和国认证认可条例》，对环境标志产品的认证将不再是垄断行为。《认证认可条例》第十九条规定：“任何法人、组织和个人可以自愿委托依法设立的认证机构进行产品、服务、管理体系认证。对环境标志产品的认证属于自愿性认证的范畴，只要是按照《中华人民共和国认证认可条例》，由国务

院认证认可监督管理部门批准，并依法取得法人资格后的组织，均可从事环境标志产品的认证活动。

2.制定我国与国际接轨的化学品政策

我国制定自己的化学品政策已经刻不容缓，这来自于几方面的压力：

＊《关于在国际贸易中对某些危险化学品和农药采用事先知情同意(PIC)程序的鹿特丹公约》已经开始生效。我国作为《鹿特丹公约》的签署国，尽管尚未批准实施该公约，但公约仍然对我国环境贸易产生法律效应。《鹿特丹公约》要求签署国以保护人类健康和环境免受国际贸易中某些危险化学品和农药的潜在有害影响为目标，以促进缔约方在此类化学品的国际贸易中承担责任、开展合作为己任，并推动以无害环境的方式加以实施。

＊中国已签署的《持久性有机污染物的斯德哥尔摩公约》规定：第一批12种持久性有机污染物（滴滴涕、毒杀芬、氯丹、六氯苯、七氯、灭蚁灵、艾氏剂、狄氏剂、并狄氏剂、多氯联苯、二恶英、呋喃）从公约生效起最晚10年内，各缔约方最终消除9种，并要求在2025年消除在变压器、电容器等设备中所含的多氯联苯。目前我国滴滴涕、六氯苯、氯丹和灭蚁灵4种物质仍在生产或使用，一些含多氯联苯的介质和电力设备也仍在使用。

＊欧盟未来化学品政策已经在2003年由欧洲理事会审查通过。欧盟建立的这一套新的关于化学物质登记、风险评估及审批的单一监管制度涵盖了不同来源的广泛的化学品，如工业用化学品以及用天然产品、金属、矿物等生产的物质等。共涉及3万种化学品，大约2.5万类产品。其影响力度和影响范围都极为深远。我国还未建立起与之相适应的化学品战略，这使我国在应对因之产生的环境技术性贸易措施时，无章可循，无法可依，处于不利地位。

制定我国的化学品战略应该由国家环境保护总局和化工部共同组织完成，但在战略制定中还需要其他相关部门和行业协会的支持。例如国家环境保护总局化学品登记中心、农业部农药检定所、国家质量监督检疫总局、化工、机电、轻工等相关行业协会以及重要的化学品出口企业等。应该使我国制定的化学品战略既能与国际标准接轨，又能体现我国现阶段化工及下游企业的发展要求，在跨越国际绿色贸易壁垒的同时，也能建立绿色屏障，积极保护我国的民族工业。

3.建立专门的环境技术性贸易措施信息收集制度，拓宽信息收集渠道

发展中国家的出口商品受阻，很多是由于信息系统不发达，对进口国的各种技术限制和新出台的技术标准知之不多，使得贸易中有关的标准、法规难以收集，或缺乏最新版本，贻误成交机会，造成贸易损失。因此，要全面掌握出口国或地区的技术法规（规范、规程、规则）、法令、专利、文献等技术标准情报，就需要建立一套预警机制，专门收集、跟踪和翻译国外标准信息，加强对发达国家和我国主要贸易伙伴国家技术标准、技术政策、技术法规等有关内容的研究，并有的放矢地采用不同的国际标准或出口国（地区）标准，使我国出口商品适应和满足国际标准或进口国的技术要求，才能打破技术性贸易壁垒的“陷阱”阻碍。

在对国外技术性贸易措施预警跟踪实施过程中，信息的获得对预警的成功起着决定性的作用。例如，欧盟针对玩具新制定的三项玩具安全标准：PrEN71-9、PrEN71-10、PrEN71-11，其草案已经制定完成，PrEN71-9和PrEN71-10也已经交由欧洲理事会审查。这三项与环境有关的标准一旦通过审查，正式发表，将给我国玩具行业带来不小的“绿色冲击”。但由于我们始终无法看到草案全文，所以至今仍然不能对此作具体细致的风险评估和警情发布。所以我们建议：除了建立专门的信息收集制度外，我们还应该扩宽信息来源渠道，包括积极参与国际标准化工作，尽早获得最新的国际法规、标准变化的信息；与重要的贸易国的法规、标准制定部门或相关国际组织、协会建立长期互助的信息交换制度，加强国际合作；选择一些服务良好，信誉可靠的贸易商社和信息提供商，有偿地获得所需信息等。

4.加强我国检验试验能力

检验试验能力是我国出口贸易的一个“软肋”，在许多国家和机构纷纷提高产品质量和环境标准的同时，检验试验能力自然成了隐藏在合格评定程序中的一块绊脚石。由于通常不具备对较高标准的指标的检测能力，发展中国家的出口产品受阻现象就自然升高，这不仅对发展中国家的出口企业造成损失，而且直接影响了发展中国家出口产品的形象和声誉。即使通过发达国家的检测所验证，昂贵的检测费用也会使发展中国家的产品成本升高，使其不具备原有的竞争优势。更有甚者，因为在出

口国检测耗费大量的检测时间，某些保鲜期不长的商品会因之失去竞争能力，从而使得这类商品不得不退出该市场。所以，跨越绿色壁垒的一大基础就是提升我国的检验试验能力。

首先，要注意培育检验市场，积极争取更多的检验机构与国外有权威有影响的检验机构合作，争取成为其代理，受理委托检验、下厂验货、产品认证等业务，有利于企业消除技术性贸易壁垒，促进出口。目前，世界上比较大的公正检验机构有：德国的技术监督协会(TUV)、美国的保险商实验室(UL)、英国的英之杰国际检验服务机构及天祥公正检验行、瑞士的通用公正检验行(SGS)等，其中有一些已经在中国开展检验业务。根据我国加入世贸商定的时间表，2005年后，这些实力雄厚有权威的检验机构可以全面进入中国检验市场。

其次，应该发展和壮大我国检验机构的力量，改变目前检验机构"小、弱、差"的状况，引导检验机构走股份化、集团化、规模化的道路，通过兼并、参股等多种形式和国家必要的扶持，尽快形成一批专业技术覆盖面广、实力雄厚管理规范有序，能与国外著名的检验机构相抗衡，并逐渐形成在国内外有影响的公正检验机构。

第三，应该积极参与国际、区域性组织的有关标准、认可、认证和检验实验室的互认活动，争取签订各种类型的多边和双边的互认协议，既可减少重复检验、重复认证、重复收费，又利于冲破贸易的技术性贸易壁垒。

最后，因为计量标准不同所导致的贸易壁垒，如有些国家抵制与本国计量单位不一致的商品进口，可以通过国家间计量基(标)准与测量证书的多边互认，确定各有关国家计量基准的等效区间和测量的不确定度，定期公布各有关国家比对的结果，并进行监督来解决。

第四章 家用电器行业技术性贸易措施战略研究

随着我国加入ＷＴＯ和国际家用电器市场竞争的白热化，世界各国都在开放本国市场时充分利用非关税贸易壁垒手段设置障碍来保护本国的利益，其中技术法规和标准便是最常用的手段。随着我国家用电器产品对外出口的逐年增长，各国对我国出口产品的要求也越来越苛刻，通过不断提高的技术标准实现其变相限制进口的目的。

一、家电行业技术性贸易措施基本现状和问题

1.《关于报废电子电气设备指令》以及《关于在电子电气设备中限制使用某些有害物质指令》等

由于人类无节制地使用天然资源，在造福人类的同时，向环境排放大量的废物，使地球环境不断恶化，对人类的生存构成威胁。人们从大量的环境事故中逐渐认识到，只有实施可持续发展战略，做到“人与地球环境共存”，即人与地球环境和谐一致，人类才能繁衍生存。

在这种国际背景下，发达国家率先把环境保护提到日程上，具体体现在不断发布新的有利于保护环境的技术标准，规定实施前的过渡期，实施后，即按新标准指标检测我国出口的家电产品，对我国形成技术性贸易壁垒。

欧盟作为我国家电产品的主要出口市场，更多地利用能效标准与环保标准对我国产品设置障碍。2003 年欧盟以欧洲法律的形式实行欧盟的两份指令——《关于报废电子电气设备指令》以及《关于在电子电气设备中限制使用某些有害物质指令》，该两草案拟于2004年中期作为欧盟成员国的法律实施。

《关于报废电子电气设备指令》规定：欧盟成员国必须保证“制造商”

在2006年12月31日前实现大家电的回收率增加至每件器具平均重量的80%以上，其配件、材料的再利用率将增加至每件器具的75%以上；小家电回收率将增加至每件器具平均重量的70%以上，其配件和材料的回收再利用率将增加至每件器具平均重量的50%以上；其中对必须回收的物质和配件进行了具体的规定和限制（与白电有关的主要是CFC、HCFC、HFC和HC的回收和处理等）。对于收集、处理及回收这些电器的资金，将通过“制造商责任制”由制造商负责。要求制造商在将一项产品投放市场时提供财务保证，以确保产品报废回收的处理费用由该制造商承担。

《关于在电子电气设备中限制使用某些有害物质指令》则规定：从2006年7月1日起，投放于市场的新电子和电器设备将不得使用包含铅（其中不包括高温融化的焊锡中的铅，即含铅超过85%的锡铅焊锡）、汞、镉、六价铬（不包括作为制冷装置的冷却系统防腐蚀碳钢中含有的六价铬）、PBB以及PBDE等物质或元素。

上述指令的核心内容是器具的生产者必须对器具的设计、材料选择负有责任，必须对器具的废弃物处理负有责任。对于欧盟来说，中国是欧盟成员之外的第一大家用电器进口国；对于我国来说，欧盟是我国家电产品出口的第二大市场，小型家用电器的30%－40%、空调器的18%都出口欧洲（主要为欧盟成员国），由于庞大的出口产品基数，这项指令的实施对我国家电产品的出口也将关系重大。这一方面提高了我国出口欧盟产品的成本，增加了我国家电产品出口欧盟的难度，另一方面也要求企业从现在开始必须把可回收设计列上议事日程，在技术上有所提高，不断跟上国际潮流的发展。上述两项指令的实施将影响270多亿美元的我国家用电器产品出口。

目前，国内大多数厂家尚未对以上两项“指令”带来的严重影响有定量的认识，而且也未对“指令”所要求的共性材料、元器件和产品的重新优化设计深入开展研究和抓紧切实的工作。不少企业抱着“拿来主义”的心理等待同行先行一步，或者准备直接购买国外的成熟原材料、器件或产品设计方案。这样一来，将会使我国未来家用电器的“核心技术”掌握在竞争对手手中，也势必使我们在未来的竞争中处于劣势。鉴于以上现状，急需由政府部门牵头，针对目前的现状采取深入地研究，并采取切实可行的对策，以从容应对“指令”带来的挑战。

2. 氯氟烃（CFCs）替代

从20世纪30年代以来，家用电冰箱行业一直使用CFC-12作制冷系统中的制冷剂、CFC-11作绝热材料——聚氨酯泡沫的发泡剂。但是，1974年美国科学家Molina和Rowland首次发现这些CFCs物质对地球上空臭氧层变薄有重要影响。

为了保护臭氧层，在联合国环境规划署的倡议下，1985年缔结了《保护臭氧层维也纳公约》，1987年缔结了《关于消耗臭氧层物质的蒙特利尔议定书》。议定书确定了几种主要的臭氧消耗物质（CFC-11、CFC-12、CFC-113、CFC-114、CFC-115和三种哈龙物质），并对它们今后的生产量和使用量进行了限制。之后，随着保护臭氧层日益紧迫的要求，《蒙特利尔议定书》缔约方大会又先后通过了《伦敦修正案》（1990年）、《哥本哈根修正案》（1993年）、《蒙特利尔修正案》（1997年）和《北京修正案》（1999年）。这些修正案对所列消耗臭氧层物质或各受控物质的种类、消费量基准和禁用时间等作了进一步的调整和限制。

按这些修正案的要求，发达国家已于1996年1月1日起淘汰CFCs物质，并要求发展中国家（包括我国）从1999年7月1日起将CFC-11、CFC-12等物质的生产和消费量冻结在1995-1997年的水平；从2005年1月1日起，由冻结水平削减50%；从2007年1月1日起，由冻结水平削减75%；到2010年1月1日完全禁用CFCs物质。

禁用CFC-11和CFC-12对我国电冰箱、电冰柜、压缩机及相关零部件生产企业的影响十分巨大，国内电冰箱、电冰柜及压缩机企业刚刚花费几十亿美元引进的生产线又要重新进口设备进行改造。

近年来，随着全球气候变暖现象的持续，国际社会对全球气候变化问题越来越重视，对二氧化碳、甲烷等“温室气体”的排放进行限制。1997年12月在日本京都召开的联合国气候变化框架公约的第三次缔约方会议上通过了《京都议定书》，将CFCs、HCFCs和HFCs等制冷剂都列为“温室气体”，并要求在2000年左右将温室气体排放量冻结在1990年水平，还要求2008-2012年期间在此冻结水平上排放量削减5.2%。

在这种情况下，采用HFC-134a作制冷剂的电冰箱又面临第二次替代问题。同时，欧盟规定从2002年7月1日起，在单冷型分体式空调器中禁止使用HCFC-22，2004年在热泵型分体式空调器中也禁止使用HCFC-22。我国空调器和空调器用压缩机生产企业，尤其是出口企业面临HCFC−22制冷剂替代问题。

（1）HCFCs的禁用问题

我国已成为家用制冷产品生产大国，特别是我国近年来空调器和电冰箱产量、出口量和出口额增长很快，表4−1列出了我国1998年至2002年空调器和电冰箱的生产量、出口量和出口额。

表4−1　我国1998年至2002年空调器和电冰箱的生产量、出口量和出口额

年度	空调器			电冰箱		
	生产量（万台）	出口量（万台）	出口额（万美元）	生产量（万台）	出口量（万台）	出口额（万美元）
1998	1207	119	32809	1014	128	10864
1999	1342	198	48024	1199	185	16395
2000	1442	370	78259	1279	289	25143
2001	2412	579	106825	1349	374	33146
2002	3135	978	142694	1599	748	54415

我国属于《蒙特利尔议定书》中规定的第五款国家，即允许使用CFCs和HCFCs的时间要比第二款国家（发达国家和地区）长。因此，HCFCs作为CFCs的过渡性替代品被大量使用。在我国大部分空调器产品使用HCFC−22（R22）作制冷剂。

我国电冰箱行业在《蒙特利尔议定书》多边基金的援助下，经过几年的努力，大多数电冰箱生产企业已转为生产以R600a或R134a为制冷剂、以环戊烷为发泡剂的非CFCs电冰箱。但是，也有一些企业使用含HCFCs的混合制冷剂和发泡剂。

欧盟、美国、日本等国基于环境保护政策，已经开始限制HCFCs的使用。欧盟国家在保护全球环境方面一直扮演着急先锋的角色。从淘汰消耗臭氧层物质的《蒙特利尔议定书》，到控制温室气体排放的《京都议定书》，欧盟都走在最前面。

为了加快淘汰消耗臭氧层物质（ODS），保护臭氧层，欧盟国家从2001年1月1日开始实施新的、更加严格的限制生产、使用和进出口氟氯烃类制冷剂（包括CFCs和HCFCs制冷剂）及其产品的政策。该政策严格禁止欧盟国家使用已经禁用的CFCs，而对作为替代CFCs的过渡性替代品HCFCs提出了新的时间表，该时间表比《蒙特利尔议定书》中规定的淘汰时间表还要早。另外，欧盟的这一举措也是一种信号，以发达国家和地

区为代表的国家有可能要修订原《蒙特利尔议定书》中规定的HCFCs使用时间表，要提前淘汰HCFCs。欧盟则已经在为这一目标在《蒙特利尔议定书》秘书处、执行委员会上和世界各国游说，希望尽快提前淘汰HCFCs。

(2) 对新生产的HCFCs制冷设备的限制

欧盟在过去的有关政策中已对HCFCs的使用做出了限制，如严禁在新生产的家用冰箱和冰柜、汽车空调系统、公路公交车和铁路运输空调系统、冷库设备等产品中使用HCFCs，新政策则进一步要求从2001年1月1日开始，严禁在所有新生产的制冷和空调产品中使用HCFCs。

(3) 对在用HCFCs制冷设备的限制

新政策对在用制冷设备在维修过程中使用HCFCs做出了新的限制。从2010年1月1日开始严禁在维修过程中使用新生产的HCFCs，但允许使用回收的HCFCs。从2015年开始，严禁使用所有的HCFCs包括回收的HCFCs。

(4) ODS的回收和销毁

在制冷和空调设备的维修过程中，以及在销毁或拆除这些设备之前，必须对其中的ODS进行回收。从2001年1月1日起，回收的CFCs必须采用认可的技术进行销毁。对于回收的HCFCs，则可以对其进行销毁，亦可以使用到2015年。

从2002年1月1日开始，对家用冰箱和冷柜的处理要遵从此政策。

(5) 防止ODS制冷剂的泄漏

新政策尤其强调要防止制冷设备中ODS的泄漏，要求用户采用一切可行的手段防止和尽量减少ODS的泄漏。

为了保证制冷技术人员能正确地从事ODS回收和防泄漏工作，新政策要求所有欧盟成员国对所有从事制冷设备维修和接触制冷剂的人员制定一个基本资质要求，只有符合基本资质要求的技术人员才可从事这方面的工作。

3. 能效标准

在发达国家针对能源和环境问题所制定的种种战略中，家用电器和一些用电设备的能效标识和标准是一个重要的组成部分。能效标识和标准被各个国家广泛用来提高家用电器、办公设备及照明设备的效率。到2000年6月，全世界已有37个国家采用产品能效标识制、34个国家采用能效标准制。

欧盟是较早实施能效标准的地区。为了协调各国有关能耗信息的公布措施，为了执行欧盟理事会的指令，欧盟委员会相继出台了一系列具体的电器节能标签指令，如《家用电冰箱、电冰柜及其组合的能源标签的委员会指令 94/2/EC》、《家用洗衣机能源标签的委员会指令 95/12/EC》、《家用干衣机能源标签的委员会指令 95/13/EC》、《家用洗衣－干衣机能源标签的委员会指令96/60/EC》、《家用洗碗机能源标签的委员会指令 97/17/EC》(于 1999 年 3 月 4 日由 1999/9/EC 修订)、《家用照明产品能源标签的委员会指令 98/11/EC》、《家用空调能源标签的委员会指令》、《家用微波炉能源标签的委员会指令》等具体指导实施《家用电器能耗标签及产品信息标准的委员会指令 95/12/EC》的法规。

家用电器的耗电量是家庭能源消耗的主要部分，各国开展能效标准制和能效标识制都是从家用电器开始的，下面以电冰箱为例分析能效标准和能效标签对行业的影响。

在欧盟国家的普通家庭里，电冰箱的平均耗电量占家庭耗电总量的17.4%。欧盟将电冰箱的能耗分为七级，从A级（最佳）到G级（最差），与电冰箱能效相关的欧盟指令是94/2/EC，在2000/4/EC欧盟生态标签系统中，对电冰箱的能效又给出了更高标准，要求产品具备优于 A 级标准所规定的能耗指标 25% 的性能。另外还要求电冰箱所使用的制冷剂和发泡剂的温室效应指数（GWP）低于 15。同样地，在欧盟实施的另一标签标准“energy+”，也要求比 A 级标准高出 25%。欧盟计划在 2004 年初实施新的能耗标准，根据标准草案在 2004 年引入新标准后，现有的 C 级及能耗更高的产品将不允许生产。在目前能效等级为 A（<55%）的基础上将进一步引入 A+（<42%）和 A++（<30%）两个更节能的等级。通过引入这一标准，将使欧盟国家到 2004 年电冰箱能耗平均值从现在的70% 左右降到小于 60%。根据新的标准草案，欧盟将在 2006 年引入更加严格的节能标准，目前讨论的两种方案分别为：到 2006 年禁止能耗高于目前 A 级的电冰箱的生产和销售；电冰箱生产企业产品总平均能耗必须低于能效指数 52%。

仅能耗标准一项对我国电冰箱的出口的影响就达到748万台和5.4亿美元，占 2002 年电冰箱和电冰柜总产量的 36.25%。

(1) 家用电冰箱、冷冻箱

1994年1月21日欧盟关于家用电冰箱、冷冻箱及其组合产品能耗标签实施理事会指令92/75/EEC委员会指令94/2/EC中规定了家用电冰箱、冷冻箱的能效等级如表4-2所示。

表4-2 家用电冰箱、冷冻箱能效等级

能效指数I	电冰箱、冷冻箱能效等级
I<55	A
55 ≤ I<75	B
75 ≤ I<90	C
90 ≤ I<100	D
100 ≤ I<110	E
110 ≤ I<125	F
125 ≤ I	G

能效指数I = 电器每年的能耗 / 电器每年的标准能耗（%）

该指令实施后，欧盟市场上电冰箱、冷冻箱的能效有了很大提高。据统计，1996年到2000年间，欧盟的电冰箱、冷冻箱能效指数提高了30%以上（1996年为96.1，2000年为72.9，提高31.8%）。这意味着消费者在2000年购买的家用电冰箱、冷冻箱寿命期内节约29亿欧元的电力。

2000年欧盟市场上销售的电冰箱、冷冻箱，有五分之一为最高能效等级（A）的产品，某些市场上的A级产品超过二分之一，A级产品的市场份额正在迅速上升。研究表明，欧洲已能够制造能效指数为30的家用电冰箱、冷冻箱。

鉴于上述情况，为了进一步提高家用电冰箱、冷冻箱的能效，欧盟发出关于修订“家用电冰箱、冷冻箱及其组合产品能耗标签实施理事会指令92/75/EEC的委员会指令94/2/EC”的委员会指令01/XX/EC。修订的意见是，当家用电冰箱、冷冻箱的超能效指数（Iα）在表4-3规定的范围内时，该家用电冰箱、冷冻箱定级为A+或A++。

表4-3 家用电冰箱、冷冻箱的能效等级

超能效指数I	能效等级
30>Iα	A++
42>Iα ≥ 30	A+
Iα ≥ 42	A-G

如果家用电冰箱、冷冻箱的能效等级不是A+或A++，则按1994年指令中的能效指数（I）值分为A、B、C、D、E、F、G级。

（2）家用洗衣机

欧洲消费者大多使用带电加热的滚筒式洗衣机，耗电较大。为此，1995年5月23日欧盟关于家用洗衣机能耗标签实施理事会指令92/75/EEC的委员会指令95/12/EC中规定了家用洗衣机的能效等级如表4-4所示。

表4-4　家用洗衣机的能效等级

能效等	能效“C”以用第1条第2款提到的协调标准中的测试程序洗涤60℃标准棉织物一个循环，每公斤的电耗（kWh/kg）
A	C ≤ 0.19
B	0.19<C ≤ 0.23
C	0.23<C ≤ 0.27
D	0.27<C ≤ 0.31
E	0.31<C ≤ 0.35
F	0.35<C ≤ 0.39
G	0.39<C

该指令实施后，欧盟市场上的洗衣机能耗明显降低。据统计，1996年到2001年间，欧盟新洗衣机的标准能耗降低了17%以上（洗涤60℃标准棉织物每公斤能耗从1996年的0.25kWh降到2001年的0.215kWh）。这意味着消费者在2000年购买的洗衣机寿命期内将节约价值4亿欧元的电力。

欧盟2001年生产的家用洗衣机中，超过半数的产品达到最高能效等级（A），A级洗衣机的市场份额正在迅速上升。研究表明，欧洲已能够制造单位能耗低于0.17kWh的家用洗衣机。此类洗衣机目前市场上尚不多见。

鉴于上述情况，为了进一步提高家用洗衣机的能效，欧盟发出关于修订“1995年5月23日关于家用洗衣机能耗标签实施理事会指令92/75/EEC的委员会指令95/12/EC”的委员会指令02/XX/EC。修订的意见是，增加了最高能效等级A+（当能耗C ≤ 0.17时），见表4-5。

（3）家用空调器

2003年3月，欧盟颁布了针对家用空调器具体实施能效标签指令的补充指令（2002/31/EC）。补充指令规定，除了三种空调器（使用其他能源的空调器；冷凝侧为空气、蒸发侧为水和冷凝侧为水、蒸发侧为水的空调器；制冷量大于12kW的空调器）外，其余空调器从2003年1月1日开始强制实施节能认证，在产品的能效标签上标出能效等级。

表4–5　家用洗衣机的能效等级

能效等	能效“C”以用第1条第2款提到的协调标准中的测试程序洗涤60℃标准棉织物一个循环，每公斤的电耗（kWh／kg）
A+	C ≤ 0.17
A	C ≤ 0.19
B	0.19<C ≤ 0.23
C	0.23<C ≤ 0.27
D	0.27<C ≤ 0.31
E	0.31<C ≤ 0.35
F	0.35<C ≤ 0.39
G	0.39<C

家用空调器的能效分为A、B、C、D、E、F、G七个等级，A级能效最高，G级能效最低。空调器制冷能效在EN814中T1工况下进行测试，制热能效在EN255中T1+7℃工况下进行测试。空调器的能效等级根据测试出的能效比（EER）和制热性能系数（COP）划分，见表4–6。

目前我国出口欧盟的电冰箱、洗衣机、家用空调器的能效等级与欧盟新的能效等级有一定差距，从而形成技术性贸易障碍，经修订的指令一旦生效，将对中国的家电产品出口欧盟提出新的挑战。此外，出口欧盟的家电产品必须通过CE认证。出口日本的家电产品必须达到JIS标准的要求。

据统计，目前欧盟已成为我国家用电器出口的主要市场，约占我国家电出口市场的四分之一。2002年，我国出口到欧盟的家电金额为20.5亿美元，其中电冰箱、空调器、微波炉等的出口金额分别超过2亿美元。因此，欧盟新的能效标签指令一旦生效将对我国家电生产企业产生重大影响。它预示着今后来自国际市场的各种贸易争端将会激增，技术性贸易措施将会成为制约我国家电产品出口的重要因素，对未来企业的产品及技术开发和市场策略等都会产生深远的影响。

4．电磁兼容指令(EMC)和EMF

在2000年7月的TBT委员会会议上，美国代表对欧盟电磁兼容(EMC)指令下的新的参考标准提出质疑。于2001年1月1日生效的新标

表4–6　家用空调器的能效等级

风冷空调			
制冷（根据EN814，在T1 工况下）		制热（根据EN255，在T1+7℃工况下）	
能效等级	分体和多分体空调	能效等级	分体和多分体空调
A	3.20<EER	A	3.60<COP
B	3.20 ≥ EER>3.00	B	3.60 ≥ COP>3.40
C	3.00 ≥ EER>2.80	C	3.40 ≥ COP>3.20
D	2.80 ≥ EER>2.60	D	3.20 ≥ COP>2.80
E	2.60 ≥ EER>2.40	E	2.80 ≥ COP>2.60
F	2.40 ≥ EER>2.20	F	2.60 ≥ COP>2.40
G	2.20 ≥ EER	G	2.40 ≥ COP
能效等级	整体式空调	能效等级	整体式空调
A	3.00<EER	A	3.40<COP
B	3.00 ≥ EER>2.80	B	3.40 ≥ COP>3.20
C	2.80 ≥ EER>2.60	C	3.20 ≥ COP>3.00
D	2.60 ≥ EER>2.40	D	3.00 ≥ COP>2.60
E	2.40 ≥ EER>2.20	E	2.60 ≥ COP>2.40
F	2.20 ≥ EER>2.00	F	2.40 ≥ COP>2.20
G	2.00 ≥ EER	G	2.20 ≥ COP
能效等级	管路排气式空调	能效等级	管路排气式空调
A	2.60<EER	A	3.00<COP
B	2.60 ≥ EER>2.40	B	3.00 ≥ COP>2.80
C	2.40 ≥ EER>2.20	C	2.80 ≥ COP>2.60
D	2.20 ≥ EER>2.00	D	2.60 ≥ COP>2.40
E	2.00 ≥ EER>1.80	E	2.40 ≥ COP>2.10
F	1.80 ≥ EER>1.60	F	2.10 ≥ COP>1.80
G	1.60 ≥ EER	G	1.80 ≥ COP
水冷空调			
制冷（根据EN814，在T1 工况下）		制热（根据EN255，在T1+7℃工况下）	
能效等级	分体和多分体空调	能效等级	分体和多分体空调
A	3.60<EER	A	4.00<COP
B	3.60 ≥ EER>3.30	B	4.00 ≥ COP>3.70
C	3.30 ≥ EER>3.10	C	3.70 ≥ COP>3.40
D	3.10 ≥ EER>2.80	D	3.40 ≥ COP>3.10
E	2.80 ≥ EER>2.50	E	3.10 ≥ COP>2.80
F	2.50 ≥ EER>2.20	F	2.80 ≥ COP>2.50
G	2.20 ≥ EER	G	2.50 ≥ COP
能效等级	整体式空调	能效等级	整体式空调
A	4.40<EER	A	4.70<COP
B	4.40 ≥ EER>4.10	B	4.70 ≥ COP>4.40
C	4.10 ≥ EER>3.80	C	4.40 ≥ COP>4.10
D	3.80 ≥ EER>3.50	D	4.10 ≥ COP>3.80
E	3.50 ≥ EER>3.20	E	3.80 ≥ COP>3.50
F	3.20 ≥ EER>2.90	F	3.50 ≥ COP>3.20
G	2.90 ≥ EER	G	3.20 ≥ COP

准对信息技术产品以及所有其他电子设备的低频发射功率规定了强制性的限量。欧盟说此项规定是为了保护公共电网免受低频发射的干扰。然而，美国认为此项新标准对信息技术产品做出了严格要求。

欧盟电磁兼容指令为89/336/EEC。电磁兼容包含两个方面，其一电磁干扰EMI，指在某一规定场合下，装置、设备或系统产生的电磁扰动的量度低于一定的标准要求，不致妨碍其他电器装置、设备或系统的正常工作；其二为电磁耐受EMS，指装置有一定的固有抗电磁扰动的能力，在不超过标准要求的电磁扰动的环境下正常工作。

在实际测试时，采用如下的欧洲整合标准：

*EN55014-1：家用电器及电动工具电磁干扰性的限值与测量方法

*EN55014-2：家用电器及电动工具抗电磁干扰的限值与测量方法

*EN61000-3-2：谐波电流测试与限值

*EN61000-3-3：低电压设备的电压波动和闪动限值

欧盟作为我国家用电器出口的主要目标市场，EMC指令和EMF的实施，无疑会对尚未充分准备的出口企业带来很大的影响。

5. 专利技术（知识产权）

我国的家用电器行业经过几十年的发展已成为家用电器大国，但尚未成为家用电器强国。家用电器行业整体技术水平与发达国家相比还有较大差距，中小企业的研发能力较弱，产品的开发、设计还停留在仿制阶段。近年来，国内家电企业参加国际家电展览时屡屡出现参展样品被扣，要求索赔的专利侵权事件。近期出现的典型案例有：

(1) 日本DVD6C许可联盟向国内50家企业讨专利费

联想、七喜、方正等国内50家大型的电脑整机品牌商共同接到一封来自DVD6C许可联合体的信，此信要求这50家企业在购买DVD光驱这一配件时，应选择已获DVD6C专利许可的产品。这是DVD6C许可联盟继向DVD整机企业收取专利费后，再一次将专利大棒举向更大规模的PC产业。

据了解，由于DVD光驱比DVD播放机的制造更为繁琐，因此其专利费很可能突破6C曾向DVD播放机厂家收取的每台4美金，而我国每年新增PC过千万台，所以有业内人士预计，6C因此收取的专利费将很可能超过从DVD播放机厂家收取到的专利费。

在手法上更讲究循序渐进

DVD6C许可联合体包括：时代华纳公司、日立制作所、IBM公司、松下电器产业株式会社、三菱电机株式会社、东芝株式会社和日本JVC公司。6C从1999年就开始了浩浩荡荡的专利许可收费行动。这一次，6C的新对象即是我国50家PC厂家。

6C代表在接受记者采访时说："部分DVD产业的参与者还没就其目前使用的知识产权取得许可。这些未获许可的DVD产品安装入最终产品，则生产和销售这些最终产品(例如个人电脑)也将构成对我们7家公司所拥有的DVD核心专利的侵权。"

与以往一开始就声称要对DVD播放机企业采取法律诉讼不同，这次面对着规模更大的对手，6C更讲究循序渐进。由于很多PC厂家并不是直接生产DVD光驱，而更多是采购组装，6C代表声称，这只是一次"介入的开端"，这一次他们只以"希望"的口气要求我国这50家PC厂家确认生产的产品中所使用的DVD产品是否已获得许可。

未透露何时采取法律行动

6C通过律师说："如果其尚未获得许可，请贵公司要求这些DVD产品的卖方成为获得许可的制造商，这是对每一方都有益的。否则，如果使用侵权的DVD产品，贵公司自己生产的产品也将是侵权产品。"6C这封信尚未透露何时会对我国的不遵循游戏规则的PC厂家采取法律行动，但6C透露对DVD光驱的生产企业正在采取严厉的行动。据悉，目前在我国国内共有几十种DVD光驱品牌，其中不乏一些享有国际盛名的品牌，如康宝系列等。

(2) 数码相机步DVD后尘，高额专利费砸醒中国企业

国外厂商已从我国公司出口全球的DVD播放机中收取专利费30亿元。这一疼痛尚未消失，又有消息说，日本企业正在酝酿对中国数码相机收取专利费。

日本现在提出专利问题与我国数码消费市场近年来快速发展相关。如果日本企业收取数码相机专利费一事确定，就可以像那几家DVD厂商一样坐收大笔的专利费。

国内企业必须承认，数码相机大部分核心技术专利都掌握在日本、美国等企业手中，知识产权已成为国外企业进入中国市场的一张王牌。国内企业交纳专利费后，原来的产品低成本优势就会削弱。

征收专利费会不会增加成本？国内市场数码产品厂商联想称，将通

过提高运营效率，保持自身优势，继续为消费者提供最优性价比的产品。联想的自主知识产权之路，已取得初步进展。并且，联想集团内部也已经形成了围绕数码相机的独立研发体系，也会继续重视在技术上与其他厂商的深度合作。

制造业占优势的国家都有这么一个发展过程——先靠组装国外的散件实现盈利，之后，用别人的成套技术。等发展到一定阶段后，就开始仿制，用的都是别人的知识产权。

上述过程初期，一般没人来追究。可当企业挣钱了，占据一定市场份额，影响了专利持有者的收益时，官司就来了。

这种做法不新鲜。现在是日本企业要对中国企业征收专利费，而更早的时候，东亚其他国家都被欧美企业追收过专利费。很多领域的中国企业都已经走到这个阶段——仿制，并已经占据了一定市场份额，所以，专利纠纷刚刚开始。

(3) 科隆博览会上参会企业受阻

在每两年一度的国际家电盛会科隆博览会上，我国的家电参展企业多次因商标、设计结构和外形等侵权受到国外企业的投诉、扣留样品和拘留参展人员等。这些事件说明：专利纠纷将会是国内很多行业绕不开的话题，可国内企业对此还是认识不足，没有足够的准备和防范。毫无疑问，核心的技术都掌握在发达国家手中，国内企业研发的实力也确实不可能一蹴而就赶上国外，用别人的专利是免不了的。可企业用别人的专利时也应该有个战略规划，脑子里要有知识产权这根弦，要搞明白自己用了别人多少专利，产品进入市场前要预测在什么时段专利持有人会提出诉讼，如果要起诉，怎样将损失降到最低。比如：企业能预测到产品进入市场后3年，专利持有者会提起诉讼，那么企业就应该抓紧3年的时间，用市场收益的资金研发自主知识产权的产品，等别人准备要诉讼时企业也完成了产品替换。

国外企业纷纷向国内企业收取专利费不是百害无一利，相反，有很多积极作用。企业积极应对专利纠纷本身证明，自己是一个讲信誉的企业。日本当年走的路和我们现在一样——虽然交专利费的时候很疼，但从长远看，却对树立企业的国际形象有利。再有，只有企业现在知道疼了，才会意识到保护知识产权的重要性，懂得规划自己的知识产权战略。

照国内企业目前发展的势头，将来肯定有一天要到国外去收专利费。

如果我们现在对专利问题扭扭捏捏，推三阻四，将来能理直气壮地向别人收专利费吗？

有的企业抱怨，“我们不赚钱的时候，他们不来收；等赚了钱，国外的企业就趋之若鹜”。这种抱怨是国际上不能理解的语言。国内很多企业在计算成本的时候，几乎从来没有考虑到知识产权也是成本，所以被收专利费的时候，就认为是挤占自己的利润空间。

经过十多年来几轮的全球多边贸易谈判，尤其是世界贸易组织成立以来的努力，全球关税水平大幅下降，而各国为了保护本国的贸易利益，除了应用反倾销、反补贴等传统贸易保护手段外，知识产权和专利保护日益成为发达国家贸易保护的主要手段。中国相当多的家用电器产品，使用的核心技术都是外国企业的专利，有的是因为企业知识产权意识淡薄，看到好的产品就想仿制、借鉴或参考，而不去事先调查是否侵权；还有的企业属于“明知故犯”。而在中国加入 WTO 之前，跨国公司对于中国企业侵犯其知识产权的问题差不多是“睁一只眼闭一只眼”，其原因主要是中国企业还很弱小，市场潜力还没有充分开发，此时向中国企业使用知识产权武器，即使获胜了，益处也不大，可能还不够支付律师费；一旦中国企业和相应的产品市场壮大，则从中收取的知识产权费用就会很可观。这一点在 DVD 专利费之争的问题上表现得很明显。

随着中国“世界工厂”地位的逐渐显现，许多跨国公司以及外国政府认为，现在已经到了摘取“知识产权果实”的时候了。首先，中国产品的国内市场规模已经不容任何跨国企业忽视，同时中国出口产品已经占据国际市场的相当份额，“中国制造”事实上已经威胁到部分国家的产业利益。其次，中国产品的畅销，也意味着跨国公司从专利费中将获得相当大的收益。再次，中国加入WTO之后，中国从政府到企业对于WTO的规则有一个熟悉的过程，而外国政府和企业可以利用WTO的规则来向中国施加压力，运用知识产权武器就有了法律保障。

近年来，日本企业发现以中国（包括台湾地区）等亚洲区域为主，日本产品的仿制品日益增多。为此，日本经济产业省和专利厅，本着信息交流和各国政府建议的原则，以企业团体为主，创办了“国际知识产权保护论坛”，松下电器株式会社的社长任论坛主席。一些企业还参与了“产业界关于仿制品问题的建议”的策划，广泛收集了家电行业对家电仿制品情况及向各国政府建议的意见。2002 年 12 月召开论坛第二次全会，采纳了向各国的建议书。在其后政府间的交涉中，由日本政府向有关各国提出要求。2002 年 12 月 1 日至 7 日，由日本官方与企业共同组成的代表团访问中国，与我国政府进行协商，提出改善知识产权保护的要求。

可以预见，未来中日之间关于知识产权方面的贸易纠纷将大大上升。现在，国内的媒体和企业，往往关注的是一场场看似不相关的贸易纠纷，对问题的认识大多停留在战术层面，最缺乏的是战略层面的思考和协调。而跨国企业和外国政府恰恰是在战略层面在为向中国挥舞“知识产权”大棒做最后的准备。在这种情况下，未来的贸易战中，我国方面可能节节败退，巨额利润最终都被外国企业拿走。

由此可见，知识产权保护不仅仅是企业或行业的问题，而应当是国家层面的战略问题，而这正是中国家电行业的“软肋”。在这方面，我们应当尽早确立国家知识产权战略，一方面规范国内企业的专利使用，增强知识产权意识；另一方面，我们的公共服务中应当加强国家情报的采集，加强从政府层面为企业提供情报信息服务的力度，让企业尽快做好准备。当务之急应对此问题进行深入研究，并找出切实可行的对策。

二、家电行业技术性贸易措施应对战略研究

1. 总体战略目标

众所周知，标准是生产和贸易的依据，是产品质量的保证，又是经济运行的基石。

产品质量是现代贸易的基本条件之一。国际贸易中很大一部分商品的质量是通过技术标准来体现的。在贸易的基本条件中，首先要落实的问题就是要明确产品符合的质量标准是什么。因此标准可以称为贸易双方的一种联络因素，为贸易提供了背景与语言，是国际贸易的基本要素。未来的行业竞争实质上就是标准之争。

美国和日本由于其电网的电压和频率（110V/60Hz）与我国的电网系统相差较大，故安全标准要求有较大的不同。

欧洲的电工安全标准体系属于 IEC 标准体系，约有 68% 的欧盟标准等同采用 IEC 标准，但还有约 32% 的欧盟标准与 IEC 有较大的不同。

其他国家的相关标准则根据所在国情况，与我国标准有较大不同。

由于我国家用电器标准体系定位于以国际标准为蓝本，充分考虑到

我国的行业发展现状和技术水平等具体国情，所制定的标准既能满足产品出口国的技术需要，又能符合国内市场的各项技术要求。在产品销往欧洲时无须为标准的不同和技术要求方面的差异而对设计、工装和设备做大量的改动，为我国的家用电器企业在商业竞争中赢得了宝贵的时间，为我国近年来产品出口量的连年递增创造了畅通的技术通道。

综观我国家用电器标准的水平，大部分已经达到了国际标准的水平。但是，在某些方面，例如能效和可靠性指标等方面，我们与国外先进国家尚有一定的差距。

通过对出口企业的了解，我们认为目前我国家用电器企业在出口时遇到的主要问题之一是产品销往国的标准。有些企业既没有能够及时了解和跟踪技术法规和标准的变动，也没有及时地根据法规和标准的变动做出设计和生产方面的调整，从而在国际贸易中处于被动挨打的地位。因此，迫切需要对产品销往国的标准进行及时地跟踪和深入研究，以找出相应的对策指导企业的设计、生产和出口工作。

目前，就我国家用电器生产企业的现状和能力来讲，完全依靠企业自身来解决上述问题在短期内难以实现。鉴于此，十分迫切希望政府部门组织，由相应的行业技术管理机构通过整合国内的相关资源提供技术支撑，以应对竞争日益激烈的国际市场贸易技术问题争端。

家电行业技术性贸易措施的总体战略目标是要在中国逐步建立起符合中国国情的家电行业的技术性贸易措施体系，这个体系应该符合WTO/TBT和SPS的各项原则。应争取在较短时间内在技术标准、技术法规和认证认可等方面接近和赶上发达国家的先进水平。近期的工作重点侧重于技术标准方面。要建立一个具有快速反应能力的技术性贸易措施的预警系统。

为此应该做到四方面的落实：

首先要做到组织机构的落实，要切实加大标准化工作的投入并加强现有的家用电器标准化技术委员会的工作，及时跟踪国际上和发达国家在标准和法规方面的进展情况。要加强我国家电行业认证机构和实验室的工作，开展与国外认证机构和实验室的双边认可。要尽早建立起一个家电行业预警系统的管理机构来总体负责管理信息的收集、处理和应对。其功能包括信息收集、对预警信息可靠性和紧急性的分类与初步处理，确定重点预警地区、领域、企业和产品，开展与其他行业的预警信息的交换，并向政府有关部门提供咨询及应对措施。

第二要通过国家的支持和家电企业自愿投入来创立一种良性循环的经费机制，做到家电行业技术性贸易措施体系的经费落实，使这项工作能长期持久的开展下去。

第三要逐步培养一支既精通 WTO 技术性贸易措施原则，又熟悉我国家电企业技术状况和水平的骨干力量。做到人力资源的落实。

第四要逐步开展对中国的家电企业进行技术性贸易措施的内容、重要性及案例的教育，提高整个行业应对技术性贸易措施的认识和能力，做到企业素质的落实。

有了上述的条件，才能使我国的家电企业在加入 WTO 的有利形势下，积极开拓国际市场，才能使家电企业迅速发展壮大，走向世界。实现把我国从一个家电生产大国发展成一个家电生产强国的目标。

为了实现这个战略目标，在当前工作应侧重于技术标准方面。发达国家高度重视技术标准工作，从 1999 年到 2001 年欧盟、美国、加拿大、日本等发达国家都先后制定了标准化发展战略。发达国家的技术性贸易措施都是面向国际竞争的战略行为，国家在这方面给予了强有力的技术支持。标准化发展战略工作的重点有几个方面，首先产品技术标准和质量是我们“中国制造”品牌的保障，家电行业标准化发展战略要有利于树立“中国制造”品牌的国际形象，应该与我国的家电品牌战略的实施相结合。第二，技术性贸易措施战略要配合产业发展战略和贸易发展战略。对我国家电行业的保护作用要适度，要有利于公平竞争机制和技术创新机制作用的发挥。第三，应尽快与我国家电行业技术性贸易摩擦较多的国家建立双边技术磋商与调解机制，加强双方在技术标准法规与合格评定程序等方面的交流，建立相互认可的实验室。第四，要善于分析和区别国外技术性贸易措施中合理的与不合理的部分，采取不同的对策。近几年来家电行业遭遇的技术壁垒逐年增多，特别是 2003 年欧盟关于报废电子电气设备指令和关于在电子电气设备中限制使用某些有害物质指令及欧盟化学品政策等，影响面广，时间长，因此必须认真分析和区别对待。第五，技术标准、产业技术水平和检验检疫水平是技术壁垒的基础，实际是对我国家电行业技术发展能力的检验，要克服这些技术壁垒关键是提高我国家电行业技术发展的能力。

2. 中长期规划设想（包括技术法规、合格评定程序）

(1) 技术性贸易措施的中期规划设想

在技术标准、技术法规、认证认可和合格评定程序方面应逐步达到发达国家的先进水平。

我国的家用电器行业已有近30年的历史，在起步阶段就采用了国际标准或国外先进标准，产品技术水平较高，行业的发展较为迅速。采用国际标准已经成为家用电器行业的共识，根据国家质量监督检验检疫总局和国家标准化管理委员会关于积极等同、等效采用国际标准和国外先进标准的精神，我国目前的家用电器标准安全标准基本上是等同、等效采用的国际标准。这些标准为整个家用电器行业产品质量的提高，安全认证工作的顺利发展，产品的出口创汇和规范市场，起到了技术支撑和技术保护作用。

目前我国家用电器企业在出口时遇到的主要问题不是产品达不到国外的标准，而是企业没有能够及时了解和跟踪技术法规和标准的变动，没有在设计和生产方面做出相应调整，以致在国际贸易中处于被动地位。因此，今后我们应积极参与国际标准化工作，将我国家用电器行业的利益通过国际标准化渠道得到充分和根本的反映。

要建设和完善家电行业技术性贸易措施体系及预警和快速反应系统，目前技术性贸易措施对我国影响较大的原因是由于我国缺乏预警和快速反应能力的结果，在对国外技术壁垒有预警的情况下，一般企业都能采取应对措施，产生较明显的效果。因此从中期设想来看逐步建立和完善一个家电行业预警信息的管理机构是十分重要的。同时在家用电器技术标准、法规和合格评定程序方面应该加大工作的力度。

(2) 技术性贸易措施的长期规划设想

在技术标准、技术法规、认证认可和合格评定程序方面达到发达国家的先进水平基础上，要积极参与国际标准的制修订工作，使国际标准，法规和认证认可和合格评定程序符合中国国情和产业政策，反映中国家电行业的需要和消费者的利益。当前中国已经是名副其实的家电生产大国，家用电器世界制造中心的地位已经确立，因此从长期来看，必须加强家电企业的技术水平和行业实力，积极参与家电产品国际标准“游戏规则”的制定。

长期规划主要是在于提高家电行业技术支持能力的问题。因为技术支持能力是技术性贸易措施体系及预警和快速反应系统的战略重点。要把家电行业的技术支持能力建设列入国家科技发展和家电行业发展的长期规划中去，由政府组织前瞻性研究。技术性贸易措施的技术议题具有公益性，技术含量高，受益者是本国企业和公众。因此技术性贸易措施问题反映了一个国家的技术创新水平。

3. 应对技术性贸易措施必须研究的重点项目分析

随着我国加入WTO和国际家用电器市场竞争的白热化，世界各国在开放本国市场时，经常利用非关税贸易壁垒手段来保护本国的利益，其中通过提高技术法规和标准变相限制进口是最常用的手段。为应对家用电器行业技术壁垒必须研究的重点项目有：

(1)“欧盟报废电子电器设备指令”及“欧盟关于电子电器设备限制使用某些有害物质指令”的研究

此两项指令规定：必须保证大家电的回收率增加到平均重量的80%以上，小家电回收率将增加至平均重量的70%以上；其中对必须回收的物质和配件进行了具体的规定和限制（与白电有关的主要是CFC、HCFC、HFC和HC的回收和处理等）。所需资金将通过“制造商责任制”由制造商负责。有害物质指令则规定：投放于市场的新电子和电器设备将不得使用包含铅、汞、镉、六价铬等物质或元素。上述指令的核心内容是器具的生产者必须对器具的设计、材料选择负有责任，必须对器具的废弃物处理负有责任。欧盟是我国家电产品出口的第二大市场，小家用电器的30%－40%，空调器的18%都出口欧洲（主要为欧盟成员国），由于庞大的出口产品基数，这两项指令的实施对我国家电产品的出口将关系重大。一方面提高了我国出口欧盟产品的成本，另一方面也要求企业从现在开始必须把可回收设计列上议事日程，在技术上有所提高，不断跟上国际潮流的发展。上述两项指令的实施将影响上百亿美元的我国家用电器产品出口。

(2)“家用制冷设备中CFCs物质的禁用”的研究

为了保护臭氧层，联合国在1987年缔结了《关于消耗臭氧层物质的蒙特利尔议定书》。议定书确定了对CFC-11、CFC-12、HCFC-22等几种主要的臭氧消耗物质的生产量和使用量进行的限制。

按议定书的要求，发达国家已于1996年1月1日起淘汰CFCs物质，而我国的“淘汰消耗臭氧层物质国家方案”规定自2006年起禁止生产和使用CFCs物质。

禁用CFC–11和CFC–12对我国电冰箱、电冰柜、压缩机及相关零部件生产企业的影响十分巨大，国内电冰箱、电冰柜及压缩机企业刚刚花费几十亿美元引进的生产线又要重新进口设备进行改造。需要进口制冷剂、进口专用压缩机、引进专用设备，进口制冷剂的价格是原来CFC–12的4–5倍，进口的替代压缩机的价格比国内原有压缩机要高60%–70%。使每个企业的改造费和引进费都在上千万元。

近年来，随着全球气候变暖现象的持续，国际社会对全球气候变化问题越来越重视，对二氧化碳、甲烷等“温室气体”的排放进行限制。1997年12月在日本京都召开的联合国气候变化框架公约的第三次缔约方会议上通过了《京都议定书》，将CFCs、HCFCs和HFCs等制冷剂都列为“温室气体”，并要求在2000年左右将温室气体排放量冻结在1990年水平，还要求2008–2012年期间在此冻结水平上排放量削减5.2%。

在这种情况下，采用HFC–134a作制冷剂的电冰箱又面临第二次替代问题。同时，欧盟规定从2002年7月1日起，在单冷型分体式空调器中禁止使用HCFC–22，2004年在热泵型分体式空调器中也禁止使用HCFC–22。我国空调器和空调器用压缩机生产企业，尤其是出口企业将面临HCFC–22制冷剂替代问题。

(3) 能效标准的研究

在发达国家针对能源和环境问题所制定的种种战略中，家用电器和一些用电设备的能效标识和标准是一个重要的组成部分。能效标识和标准被各个国家广泛用来提高家用电器、办公设备及照明设备的效率。到2000年6月，全世界已有37个国家采用产品能效标识制、34个国家采用能效标准制。

欧盟是较早实施能效标准的地区，早在1992年9月22日，欧盟就颁布了有关家用电器能耗标签及产品信息标准的指令。该指令涵盖了电冰箱、电冰柜、空调器等各种家用电器。要求出售的家用电器必须附带有关能耗的标签。供应商对标签所含信息的准确度负责。指令还要求各成员国必须采取必要的措施，禁止易引起混乱且不符合本指令要求的标签、标志出现。指令还规定，在为实施该指令所制定的具体到各种电器能耗要求的指令中，必须规定出所涵盖电器类型的确切定义、取得有关能耗信息所使用的方法和测量标准、标签的内容和设计、粘贴电器标签的位置、标签中必须有的信息内容和格式等。

为了执行欧盟理事会的指令，欧盟委员会相继出台了一系列具体的电器节能标签指令，具体指导实施能耗标签指令的法规。

欧盟计划在2004年初实施新的能耗标准，根据新的标准草案，欧盟将在2006年引入更加严格的节能标准。美国是第一个应用能耗法规来控制电冰箱耗电量的国家。美国1990年便颁布了第一个该方面的法规，并于1993年对该法规进行了更严格的修订。新版法规（DOE 10 CFR430）于2001年实施。

仅能耗标准一项对我国电冰箱的出口的影响就达到748万台和5.4亿美元，占2002年电冰箱和电冰柜总产量的36.25%。

另外，欧盟向WTO同时发出了对家用电冰箱、电冰柜和家用洗衣机能源标签的指令进行修订的通报。有关人士认为，经修订的指令将对中国的家电产品出口欧盟提出新的挑战。

（4）电磁兼容指令的研究

89/336/EEC欧盟电磁兼容指令包含两个方面，其一电磁干扰EMI，指在某一规定场合下，装置、设备或系统产生的电磁扰动的量度低于一定的标准要求，不致妨碍其他电器装置、设备或系统的正常工作；其二为电磁耐受EMS，指装置有一定的固有抗电磁扰动的能力，在不超过标准要求的电磁扰动的环境下正常工作。

欧盟作为我国家用电器出口的主要目标市场，随着EMC指令的实施，无疑会对尚未充分准备的出口企业带来很大的影响。

（5）专利与知识产权保护问题的研究

发达国家越来越多地采用知识产权来构筑技术壁垒，如DVD、彩电、手机等，有的甚至把知识产权保护范围扩大到试验数据，这就构筑了技术含量更高的技术壁垒。因此这个问题也是我国企业需要解决的急迫问题。

三、家电行业技术性贸易措施近期对策研究

1. 国别对策研究分析

随着世界贸易组织的正式成立，以及如火如荼、方兴未艾的国际经济一体化运动，整个国际贸易呈现出贸易自由化的趋势。在这种趋势之下，国际贸易中的保护措施发生了较大的变化，特别是近几年来，西方发达国家如美国、日本、欧共体等主要资本主义国家纷纷采用隐蔽性较强、透明

度较低、不易监督和预测的保护措施——技术性贸易措施，给我国及其他国家尤其是发展中国家的对外贸易造成很大的障碍，同时也成为阻挡外国产品进入本国市场的屏障，技术性贸易措施因其名义上的合理性、提法上的巧妙性、形式上的合法性、手段上的隐蔽性，已成为当今国际贸易中最隐蔽、最难对付的一种贸易障碍。随着我国加入 WTO 和国际家用电器市场竞争的白热化，世界各国在开放本国市场时，经常利用技术性贸易措施来保护本国的利益，例如，日本为保护本国空调器市场，要求进口产品必须通过特殊的盐雾试验检测；欧盟为保护本国电器市场，要求进口产品必须通过电磁兼容（EMC）和能耗检测等。我国是名副其实的家电大国，电冰箱、空调器、洗衣机、电风扇、微波炉等家电产品的产量居世界第一，生产能力也位居世界前列，家用电器世界制造中心的地位已经确立，具备参与家电产品国际标准“游戏规则”制定的技术水平和行业能力，所以我国也应针对不同国家的技术壁垒特点，研究并制定相应的对策，提高国际竞争力，并起到替代关税壁垒的效应。以下是对美国、欧盟、日本等几个主要国家家用电器技术性贸易措施近期对策的几点思考：

（1）各国技术性贸易措施在形式上、手段上具有一定的相似性

①技术标准、法规繁多，使出口国防不胜防。为了阻碍外国产品的进口，保护本国市场，许多国家制定了繁多严格的标准、法规，甚至用法律明确规定进口商品必须符合进口国的标准。目前，欧共体拥有的技术标准就有 10 多万个，德国的工业标准约有 1.5 万种，据日本 1994 年 3 月调查的结果其就有 8184 个工业标准和 397 个农产品标准。美国是目前公认的法制、法规比较健全的国家，其技术标准和法规之多就不必赘述。

②技术标准要求严格，让发展中国家很难达到。发达国家凭借其经济、技术优势，制定出非常严格苛刻的标准，有的标准甚至让发展中国家望尘莫及，这无疑给发展中国家出口贸易造成很大的难度，一方面由于技术条件有限，很难控制到发达国家的高要求，另一方面由于受经济条件制约，本国的检测机构检测力量有限。如果让发达国家的检测机构检测，费用相当昂贵，成本增高，从而起到了技术壁垒的作用。

③通过精心设计和研究某些标准，专门用来针对某些国家的产品形成技术壁垒。

④制定的技术标准、法规不仅在条文上限制外国产品的销售，而且在实施过程中也对外国产品的销售设置重重障碍。

⑤此外，一些国家还利用商品的包装和标签标准、法规给进口商品增加技术和费用负担，设置技术性贸易措施。有一年，澳大利亚准备从我国南京某化工厂进口白油，澳方对产品质量表示满意，但因我国包装规格高为900cm，与他们的包装规格高为914cm不符，不便于流通周转，这样，包装规格便成了贸易障碍，使100吨白油出口未能成交。

(2)对美国技术性贸易措施近期对策的思考

技术性贸易措施的特点：美国作为全球最发达的经济体和头号科技大国，其技术壁垒体系拥有自己独特的优势。

首先，美国的标准和法规名目繁多。美国是一个标准大国，它制定的包括技术法规和政府采购细则等在内的标准有5万多个，私营标准机构、专业学会、行业协会等制定的标准也在4万个以上，其中不包括一些约定俗成的事实上的行业标准。美国标准体制与其他国家的一个重要区别在于其结构的分散化。联邦政府负责制定一些强制性的标准，主要涉及制造业、交通、环保、食品和药品等。此外，相当多的标准，特别是行业标准，是由工业界等自愿参加编定和采用，美国私营标准机构就有400多个。美国国家标准协会是所谓“自愿标准体制”的协调者，但协会本身并不制定标准。也就是说，实际上美国并没有一个公共或私营机构主导标准的制定和推广。这一体制造成的结果是技术标准数量繁杂，要求比较苛刻，如果用来作为国际贸易的标准，经常会让人防不胜防。例如，要向美国市场出口木制或金属的梯子，至少会遭遇30个以上相关的标准或法规，涉及到材料、用途、包装等。这些标准由不同机构制定，有一些是政府的强制性规定，但主要是“自愿标准”，如果没有做充分的调研，产品就容易“犯规”。美国技术标准的分散化还为标准的制定提供了多样化渠道，使制定者能根据一些特殊要求做出灵活反应，及时从标准角度出台限制性措施。

其次，美国的技术评定系统既分散又复杂。合格评定，是指对一种产品是否符合特定标准或技术规定进行确认的过程。美国普遍采用所谓“第三方评定”，即由独立实验室和测评机构等测试后，再提供有关产品是否符合标准的正式评定结果。

第三，美国合格评定系统结构分散，其主体是专门从事测试认证的独立实验室。“美国独立实验委员会”有400多个会员，测试认证在美国已形成一个很大的产业，每年营业额在100亿美元以上。在这个分散的结构中，美国政府部门的作用是认定和核准各独立实验室的资格，或指定某些实验室作为本行业合格评定的特许实验室，使得这些实验室颁发的证书具有行业认证效力。在合格评定领域，美国近年来对安全、健康和环保方面越来越重视。这意味着，相关企业在认证上有时会面临额外要求。如美国劳工部职业安全和卫生署规定，所有在工作场所使用的设备，都必须得到经过其承认的独立实验室的认证。

2000年下半年，美国国家标准学会等出台了《国家标准战略》，明确提出要利用美国标准体系的优势，整合各方面资源，大力推进美国标准的国际化，使美国标准更容易被国际市场接受。显然，美国是想通过“标准先行”进一步控制国际市场，同时达到突破别国技术壁垒的目的。

对策：美国这种利用技术标准国际化来克服技术壁垒不利影响的思路值得我们借鉴和学习。对于发展中国家来说，本国的生产商和市场潜力是最有影响力的因素，如果善用这些因素，在国际技术标准的竞争中完全可以取得自己的发言权。美国标准本来就多，要求也高，再加上复杂的评定系统，本国公司有时都不容易应付，更不用说那些想进入美国市场的外国公司了。对我国公司来说，接受美国指定实验室的检测，会耗费大量时间和金钱、使进入美国市场的难度和贸易成本增加。另外，由于合格评定包括取样、测试、评估等一系列环节，在每个环节上都可能通过更苛刻的等级要求加以控制，因此进口商品的竞争力被有效地制约。所以，我们应重点做好以下两点：

①科技开发与标准化相统一。采用国际标准是消除技术性贸易壁垒的有效手段，但我们在研究制定标准化发展战略的同时，要将科技开发与标准化政策统一协调，要最大限度地普及和应用技术开发成果，把标准化作为通向新技术与市场的工具，要深刻认识以标准化为目的的科技研究开发的重要性。同时，还要加快标准国际化的速度。

②主动提高技术水平，积极应对发达国家的技术壁垒。技术标准是一个企业的核心竞争力，如果我们“技高一筹”，壁垒又能奈何？海尔就是以高标准、高技术、高质量超越技术壁垒的典范。据了解，欧洲准备于2005年执行的A＋节能标准，比现行的A级能耗标准还要节能20%–30%。目前，除海尔外，只有另一个品牌的一种型号的冰箱能达到此标准。我国是制造大国，但还不是制造强国，所以提高技术水平，应对技术壁垒迫在眉睫。

针对美国普遍采用的“第三方评定”，国内产品要想在美国打开市场，必须经独立实验室和测评机构的测试，取得UL安全认证。同时，美国政府还规定：供应商都要进行ISO 9000注册，否则不购买其产品。

(3)对欧盟技术性贸易措施近期对策的思考

技术性贸易措施的特点：欧共体是最先意识到国际贸易中技术壁垒的国家，同时这些成员国也是设置技术性贸易措施最严格的国家，尤其在有关电机、汽车、机械和制药产业更为明显。

①欧共体各国由于普遍经济、技术实力较高，因而各国的技术标准水平较高，法规较严，尤其是对产品的环境标准要求，让一般发展中国家的产品望尘莫及。

②欧共体不仅有统一的技术标准、法规，而且各国也有各自的严格标准，它们对进口商品可以随时选择对自己有利的标准，从总体来看，要进入欧共体市场的产品必须至少达到三个条件之一，即：①符合欧洲标准EN，取得欧洲标准化委员会CEN认证标志；②与人身安全有关的产品，要取得欧共体安全认证标志CE；③进入欧共体市场的产品厂商，要取得ISO 9000合格证书。同时，欧共体还明确要求进入欧共体市场的产品凡涉及欧共体指令的，必须符合指令的要求并通过一定的认证，才允许在欧洲统一市场流通。例如：德国在技术标准、法规方面，目前应用的工业标准约有1.5万种，虽然这些标准并非全部属于强制性规定，即并非要求进口商品全部符合这些标准，但许多德国客户喜欢符合这些标准的商品，因而进口产品是否符合德国工业标准，实际上已成为推销产品的一个重要因素。除工业标准外，德国法律规定，某些进口产品必须符合特别安全规定或其他强制性技术要求，例如，电气用品必须符合VDE安全标准；机器、工具、家用器具、运动设备、玩具等，必须遵照目前德国承认的有关安全的机器工程条例。法国政府规定，所有进口彩电必须符合法国政府颁布的电视机NFC92-250强制性标准。欧洲共同体规定对进口商品的质量必须符合ISO 9000国际质量标准体系。

③欧盟为了提高能源效率，减排温室气体，保护本国利益，通过制定严格的强制性的技术标准，用以限制不符合能耗、环保标准的产品进口，这些对国际贸易在客观上形成了一种“绿色壁垒”。

对策：

① 欧共体各国由于普遍经济、技术实力较高，因而各国的技术标准

水平较高，所以要让我国的质量技术国际化。春兰电器实验室率先通过CE认证，这就是一个很好的开始。面临严峻的行业竞争形式，依据春兰国际化战略实施步骤，春兰第一个向德国莱茵公司递交了CE实验室认证申请。莱茵公司依照国际最新的ISO/IEC 17025认证体系对春兰进行了考核。因为莱茵公司与ISO/IEC 17025认证体系都代表着国际质量、技术与管理检测的最高水平，所以通过这次认证的春兰产品可凭此在欧盟畅通无阻。同时，中国的电器实验室通过CE认证也标志着中国的研发、生产能力已达到国际标准，中国的消费者能以发展中国家的价格购买到发达国家的质量与服务。

② 国内的企业应当尽快熟悉并且研究欧盟纷繁复杂的各种标准，以便及时做出应对。例如：厦华海外公司掌握了欧盟彩电的制式与我国不同，技术要求比较高，用户消费心理很成熟，对产品的外观质量和内在质量以及使用质量都非常挑剔等信息。厦华的工程师们就多次深入欧盟各国做详细的市场调研，针对消费者的习惯设计了几十种不同规格和款式的彩电，而且提早通过了各种苛刻的技术和标准认证，以便随时准备接受挑战。结果在2002年中国彩电获准重返欧盟后，厦华的彩电成为近10年来第一批出口到欧盟并免征反倾销税的彩电。这中间显示出来的国际化视角、前瞻意识、对目标国消费市场的准确把握，确实值得其他企业深思和借鉴。

欧盟由多个国家组成，欧盟不仅有统一的技术标准、法规，而且各国也有各自的严格标准，它们对进口商品可以随时选择对自己有利的标准的情况，但国内熟知这些标准的国际标准化人才匮乏，主要是因为国际标准化人才必须外语水平高，具有良好的语言表达能力，知识渊博，是该领域的技术或标准的专家；掌握整个国际技术和经济状况的动向；知道自己所属的企业、产业在国内及世界上竞争的能力和位置，以及与该技术相关的国外企业和产业的动向。鉴于以上情况需要国家和企业培养大量的国际标准化人才，通过国际标准化人才采取多种形式，对国际标准、技术、贸易等进行交叉结合研究，搜集并分析有关信息，包括贸易对象国的法规技术标准和WTO有关技术壁垒协定的研究，及时辨析国际贸易中的技术壁垒，提供政策和技术改进建议，从而有助于我们逾越技术壁垒。同时，经常参加国际组织的专业会议、活动，多与国外同行交流，及时准确地将欧盟的新信息反馈到国内。例如上文提到的2005年欧盟将执行A+节能标准，消费者购买一台A+节能冰箱，将获得政府100欧元的补贴。所以，国内企业在未来几年，要参与欧洲冰箱市场的竞争，就必须及时掌握此政策，并着手研发产品，进行认证。

③我国家电要想打入欧盟，必须面对“绿色贸易壁垒”，即家电的能耗问题。目前全球已有近万家企业获得了ISO 14000认证，而我国只有200多家。所以，首先要积极实施ISO 14000和环境标志认证，加快与国际接轨，使产品从原料生产到回收利用的全过程得到环保控制。其次，要争取国际社会更多的环保技术和资金支持，大力发展环保产业。我国要从多领域、全方位上扩大对外开放和合作交流，积极争取发达国家和国际金融组织在环境保护方面的技术和资金支持，特别是在保护全球环境方面如保护臭氧层、减少温室气体排放等方面的赠款支持。第三，要加强环境经济政策的研究和制定。我国要选择若干个地区，借鉴国外经验，建立适合中国实际的环境经济分析方法，在环境恶化或环境改善对资源、人体健康、社会经济的影响的定量化上加强研究，把不可更新资源的损耗、可更新再生资源的消长、环境的破坏与修复改善、污染的治理作为社会成本列入核算体系，逐步做到资源与环境的商品化、价格的量化，实现消耗资源和破坏环境的有偿性，有助于实现资源的有效管理与节约。尽快颁布实施《能源效率标识管理暂行办法》，提高能源节约和综合利用，减排温室气体，保护我国利益。

(4)对日本技术性贸易措施近期对策的思考

技术性贸易措施的特点：战后的日本以贸易立国，通过发展贸易，成功地促进了经济发展，同时也成功地保护了民族工业，这与日本带有强列保护色彩的技术标准和法规是分不开的。日本有名目繁多的技术法规和标准，其中只有极少数是与国际标准一致的，当外国产口进入日本市场时，不仅要求符合国际标准，还要求与日本的标准相吻合。只要有其中一项指标不合格，日方就可以以质量不达标为由拒之门外。

进入日本市场的商品，其规格选择亦为严格，堪称抑制国外商品进入日本市场的枷锁。而这些商品分为两种规格：一是强制性规格。这主要指商品在品质、形状、尺寸和检验方法上均须满足其特定的标准，否则就不能在日本制造与销售。二是任意性规格。这类商品主要是每年在日本市场消费者心目中自然形成的产品，此规格又分为国家规格、团体规格、任意质量标志三种。但如果不能满足这些标准的要求，基本上不可能进入日本市场。

日本市场不仅在技术法规和标准方面做文章，而且在进口产品的生产程序上也倍加重视，实行全过程管理监控体系。在发达国家人士的眼光里，确保商品质量、安全、卫生，在很大程度上取决于程序，但我国重结果、轻程序的思想根深蒂固，这样就常常难以逾越TBT。

对策：由于日本技术性贸易措施的特殊性，应重视对日本工业标准调查会（JISC）的研究，时刻注意日本国际化标准工作的新动向；重点对待《消费生活用品安全法》《电器使用与材料控制法》等法律对进口商品的严格管制；必须从思想根源上彻底改变重结果轻程序的看法，实行全过程管理监控体系。但更重要的是要掌握核心技术。核心技术对于任何一个行业都是至关重要的，没有核心技术的积累就等于失去了话语权，没有技术作后盾，即使在市场上、价格上多么骁勇善战，也很难摆脱“人为刀俎，我为鱼肉”的局面，6C封杀我国的DVD机，就是一个很深刻的教训。

(5)实施对策对贸易的影响和实施对策的条件分析

以上对策的实施，将对我国的出口贸易产生一定的影响，有弊有利。

弊： 出口产品的成本将有所上升，我国的家电产品在国际竞争中的价格优势将有所下降，企业在利润上将有所减少；对技术要求很高，增加了出口产品研发的速度，产品在品种、种类上和数量上相对减少；标准提高，很多非环保产品、高能耗产品将失去市场等。

利： 引导国家按照国际惯例建立与国际接轨的节能市场准入制度，提高能源利用效率，降低污染，消除绿色壁垒，促进家用电器扩大出口；迫使企业为自身生存在产品营销、研发上加大投入，提高产品的科技含量；有利于消除低价格竞争带来的不利后果，提高产品质量、技术、功能和外观等，提高产品竞争力，不断跟上国际潮流的发展等。

这些对策的实施已经具备相当的条件。

首先，我国目前的科技水平和标准化水平与发达国家相比，尚有较大差距，虽然取得了一定成绩，但长期以来，由于缺乏对技术标准工作的足够重视，缺乏对一些重点领域关键技术标准深入系统的研究，我国技术标准总体水平偏低，由我国主导制定的国际标准更是寥寥无几，这样很容易受制于人。以标准为例，我国共有国家标准近两万项，其中采用国际标准的平均水平仅占43.5%，而企业的国际标准采标率不到15%，而且，由于受制于科技实力，我国标准化投入不足。国际标准化组织、国际电工委员会等制定的成千上万项国际标准中，绝大多数由发达国家参与起草，中国参与制定的实属凤毛麟角。20世纪经济发展的经验也表明，谁制定的标准一旦为世界所认可，谁就会从中获得巨大的市场和经济利益。可见，TBT的背后，实质上是各国科技实力的角逐，已是各国面向激烈的国际竞争的战略行为，国家都应给予强有力的技术支持。

其次，贸易保护主义近年来也有抬头迹象。尽管明知是贸易保护，但因一些国家是在世贸组织允许的范围内行事，因此较难应对。但事实上，随着发达国家科技和人民生活水平的提高，客观上人们提升了对安全、健康、环保的要求，对进口商品的要求也“水涨船高”。对此，我们别无选择，只能顺应世界和时代潮流，努力向国际标准和先进技术水平靠拢，并积极参与国际“游戏规则”的制定。与此同时，我们还应尽快筑起我国的技术性贸易措施体系，以切实维护国家经济安全和广大人民群众的安全健康。

第三，随着世界经济共同化，传统非关税壁垒被进一步取消和规范，技术性贸易壁垒正在成为发达国家实行贸易保护主义的主要手段和高级形式。中国作为发展中国家，总体经济发展水平仍不高，出口商品结构仍有不合理之处，一些产品档次还较低，所以更应采取对策。国家在调整和优化产业结构时分析和考虑技术性贸易壁垒敏感度，大力发展“绿色产业”，并根据国际规则，建立与完善中国的技术性贸易措施体系，尽快提高企业技术标准化水平，改善企业竞争力的内外环境，促进出口，同时维护合法权益，规范进口。企业也应研究主要贸易对象国的具体要求，完善产品自身质量，突破技术性贸易壁垒。否则，就得跟在别人后面爬行，日本松下公司的录像机发展史就证明了这一点。

“三流的企业卖产品，二流的企业卖技术，一流的企业卖专利，超一流的企业卖标准。”我国家用电器行业要想打破他国技术壁垒，就必须加强重要技术标准研究工作，力争在今后5年至10年内，研制出一批重要技术标准，填补一批与重要技术标准研制相关的检测手段、方法和计量标准的空白，并使之成为相关产品和技术的国际公认标准，让越来越多中国研制的“筐”来量装世界的“苹果”。

2．家电行业的比较竞争优势分析

“中国造”在美国市场的表现足以令国人自豪，但其中的缺憾也是明显的。首先，中国商品基本都属于低附加值产品。据统计，美国市场上单位价格50美元以下的日用消费品中，中国产品的比例最高约达90%。

低价格一直是中国产品在国际贸易中的重要优势。中国加入WTO对中国产品进入美国和国际市场还将产生新的推动。但是，从长远来看，中国产品将很难在WTO框架内长期保持和倚重价格优势。

其次“中国造”并不等同于“中国货”。除了少部分低价家电、玩具和小百货等是地道的中国产品，绝大部分在美国市场的中国工业产品都是国外品牌，它们的产品设计，质量监管与营销体系都还是外国“专利”。这二者都意味着，中国在产品利润中的获益比例不高。

在“佳购”销售的海尔冰箱是一个例外，海尔与日本、美国品牌相比并无价格优势，却取得了不错的销售成绩。销售人员介绍说，300多美元一台的海尔储酒冰柜风头最盛。海尔针对美国人饮酒习惯设计的这一产品，目前仍是全场唯一的储酒柜产品。

许多美国经济学家指出，大量进口物美价廉的中国商品，不仅有利于美国的消费者，而且也不会夺走美国人的饭碗。相反，美国在过去十多年的产业结构调整中，创造了更多收入更高的就业机会，失业率还一度降低到了历史最低水平。

在美国最大的家电超市“佳购”(BESTBUY)，产自中国的商品从价值八九美元的小CD包到数百美元的“发烧”音响，覆盖了大部分商品门类。值得注意的是，其中一些产品，如CD随身听、箱包、电话机等，几乎是清一色的“中国造”。电话机类产品中，除西门子是德国制造，AT & T、贝尔、UNIDEN、VTECH、通用电气等其他品牌都出自中国工厂。

大华盛顿地区的一些商家表示，他们大量引进中国产品，对其质量是认可的。早年中国产品出现的质量问题已逐渐减少，且主要集中在一些小代理商从中国进口的小商品，如五金、百货等。进入沃尔玛、凯马特等大型购物中心的中国商品，顾客完全可以放心地购买。

在最近一年多的时间，总有人认为“中国已成为世界制造工厂”。但至少目前中国还不是世界制造工厂，即使在劳动密集型的制造业领域产量很大、出口额比较高，我们与发达国家还有很大差距。

加入WTO之前，我们认为中国的民营机制是民营企业最大的核心竞争力。在加入WTO之后，这些民营企业面临的对手将是更加灵活的大企业、跨国公司。我们在谈到中国比较优势的时候，首先要谈到人力成本问题，认为这是我们中国企业很核心的比较优势。实际上我们可以看到，国外的企业进来以后，跨国公司照样可以利用我们低成本的人力资源。因此，人力资源的低成本已经不仅仅是中国企业的核心竞争力，它可能成为所有进入中国跨国公司的核心竞争力。

在这样一个基础上，跨国公司通过知识产权的方式、诸多标准的方式来跟我们竞争。显然，进入知识经济时代后，知识产权将成为中国企业参与竞争的核心力量。

企业拥有技术还不一定成为自身的核心能力，拥有知识产权仍然不可能成为自身的核心竞争力。技术创新是重要的，知识产权也是重要的，在这个基础上利用知识产权、利用技术创新的商业模式更重要。有人说比尔·盖茨是技术天才，但他更是一个战略家，中国就是缺乏这样的战略家。可以说战略设计是推动中国知识产权变成利润的很重要的核心，战略设计的核心就是盈利模式。

现在竞争的现实是，我们面对国外已经很成熟的知识产权保护体系、大量的研发费用、众多的技术研发人才，我们如何来跨越？如果说人家在增加研发费用，我们也在增加研发费用，在相同的跑道上起跑，他们有可能比我们跑的更快，如果按照这种方式来竞争，我们很难赶上别人，所以这里面有一个跨越式的发展问题，能不能实现这个跨越式的发展，需要我们认真去思考。

随着我国经济的迅速发展，尤其是沿海地区经济的快速发展，势必导致国内劳动力成本的提高，加之国外大公司的生产场地大量前往中国和劳动成本比中国更低的东南亚等国家（例如：越南和印度等），将使“中国造”的成本优势在未来不复存在。

不容置疑，获取一个专利就意味着占有这项技术的市场。而放眼国内，原本产品最具价格优势的“中国制造”，在我国企业频频遭受专利危机后，在市场中地位已显得岌岌可危。如何应对这一挑战，已成为中国家电企业不得不面对的现实问题。我们只有尽快提高靠自身的核心竞争力，才能保持住我们在国际市场的份额。

3. 增强家电行业的核心竞争力

家电行业核心竞争力何在？这是企业共同关心的问题。

增强企业核心竞争力是一个系统工程，通过技术创新，使企业拥有自己的核心技术是其中的关键环节。加强企业知识产权的管理与保护，充分发挥知识产权制度在企业发展中的作用，促进企业技术创新，加快研究开发有自主知识产权的产品，增强国际竞争力，已经成为摆在我国家电企业面前的紧迫任务。

当前，从世界各国科学技术的发展状况来看，鼓励技术创新，最根本的是要建立一种机制和一种制度，为技术创新建立一种长期稳定的法制环境。只有形成了一个良好的机制，才能使企业真正形成面向市场的快速反应能力和应变能力。知识产权制度，作为市场经济体制的一项基本制度，理应成为制度创新的一项重要内容。

技术创新活动还需要突破一个关键环节——高新技术的商品化和产业化，这也是技术创新的根本目的。在计划经济时期，我国实行了一套比较完备的促进科学技术发明的科技政策和管理措施，尽管在历史上起过积极的作用，但这些政策和管理措施的一个直接后果或一大弊端是只重论文和成果鉴定。成果鉴定和评奖，不以市场为先导，终究不能形成技术创新的良性循环。这在市场经济条件下，在一个开放的社会系统里，特别是在经济全球化的大环境中，不利于解决技术发明完成后的商品化和产业化。专利制度自其诞生之日起，就把保护和鼓励技术发明的商品化和产业化作为根本出发点。按照专利法的规定，对发明人的奖励不是在技术发明完成后，而是移至技术发明产业化以后，从其创造的效益中提取。这是专利制度区别于现行科技奖励政策的一大特点。加强知识产权工作，充分发挥知识产权制度的作用已成为当务之急。同时，也要解决长期困扰我们的核心技术不足的问题。

首先，作为核心能力的技术同一般意义上的技术有清楚的界限，因为核心能力包括技术、管理，甚至企业文化等。核心技术是不可以从市场上买来的，从市场上买来的仅仅是一种资源。

其次，作为战略性资产的核心技术与作为资源的技术界限应该划清。

第三，领先企业与一般企业的战略性技术的界限要划清楚。

第四，作为战略转型期间的战略性资产的技术，同平常发展时期的战略性技术界限要划清。

第五，要把用专利打造核心能力的自主创新技术与从别人那儿拿来的技术划清。

第六，要把作为专业化发展战略中的核心技术与多元化发展战略中的核心技术的界限划清。

第七，要把核心技术同核心资源的界限划清。

一个企业要想把核心知识产权变成自己的核心技术的时候，须有五个基本条件要保证。

①必须是自己专有的，别人没有的，而且能保住自己专有，这是前提。

②能够获得高额利润，像长虹背投一下子跳过一二代到三四代，这样可以获得高额利润。

③要有自己的核心技术和能力，一定要建立自己的价值链体系，由这个价值链体系来保证。

④必须要为市场所认同。我们的研发人员要直接到市场上去。从研发、制造，一直到营销，每一个环节都直接面对客户。

⑤要有可持续的竞争优势和可持续性。

要想形成企业的核心竞争力，关键是要提升企业的自主知识产权、自主技术创新。

第五章　电器工业技术性贸易措施战略研究

一、行业背景介绍

（一）行业概况

电器工业是我国机械工业中的一个重要行业。它是以生产发电、输电、配电、用电设备和电工器材以及各种特殊用途电气设备等强电产品为主的重要产业。产品涉及到能源的开发利用，电能的输送和转换，电能的使用等整个电能流程系统，肩负着为国民经济各部门和人民生活提供所需电气设备的重任。按国家工农业产品分类标准（GB 7635–87），电器工业行业的产品共有63类，638小类。其中锅炉原动机制造业有9类、电机制造业有13类、输变电制造业有11类、电工器材制造业有13类、日用电器制造业有10类、其他电器装置和设备制造业7类。

电器工业在我国国民经济发展中居于重要地位。以2003年统计，全国电器工业国有独立核算企业及年销售收入500万元以上非国有独立核算企业共9268个（不含日用电器行业），全年完成工业总产值（不变价）5953亿元，占机械工业全行业的27.77%，职工人数231.47万人，是我国机械装备工业中的一个大行业。

半个多世纪以来，在党和国家的直接关怀和支持下，经过九个五年计划的基本建设、技术改造和改革开放时期，我国电器工业得到迅速发展，已建成产品门类齐全、布局合理、以国有经济为主多种所有制并存的大、中、小企业的完整制造体系。还建立了一支比较齐全的科研设计力量，行业内现有全国性科研、设计单位40个，工程技术人员近2万人。据2003年统计数据，电器工业发电设备完成3.7亿kW、变压器37.6亿kVA、交流电动机8.92亿kW。

改革开放以来，通过引进国外先进技术和装备，促进了电器工业的技术水平迅速提高。“六五”、“七五”期间引进的技术和装备较多，如目前我国的主力发电机组30万kW、60万kW火电机组就是这一期间引进的。“八五”期间，电器工业共签订引进技术及设备合同400多项，合同金额近4亿元，其中软件占10%。与外商建立合资企业400多家，世界一些著名的跨国大公司如德国西门子（Siemens）、瑞士ABB、阿尔斯通、美国西屋（Westinghouse）、日本三菱、东芝、日立公司等与国内骨干企业建立了合资公司。“九五”期间，仅1996-1998年就签约成交了32项技术引进项目，主要有三峡水电机组制造技术、三峡±500kV直流输电换流站设备制造技术、500kV高压开关、600kW风力发电机组制造技术、500kV纸绝缘成型件制造技术、重结晶碳化硅制造技术等。这些引进技术的消化吸收，提升了电器产品的技术水平，为产品出口奠定了基础。

（二）主要产品发展现状

电器工业主要产品包括发电、输电、配电、用电设备和电工器材以及各种特殊用途电气设备。

1.发电设备

发电设备包括火力发电、水力发电和核电等主要设备。火电包括蒸汽发电设备、燃气轮机发电设备、柴油发电机组和循环流化床燃烧机组、增压流化床燃气－蒸汽联合循环机组、整体煤气化燃气－蒸汽联合循环机组等清洁煤发电机组。自20世纪80年代引进国外先进火电制造技术至今，我国制造的火电设备机组容量从0.6万kW迅速发展到60万kW，参数从中压、高压、超高压到亚临界压力，正向超临界压力机组发展。已形成30万kW、60万kW火电机组的批量生产能力。目前大型发电设备的三大主机（锅炉、汽轮机、发电机）已按优化设计进行生产，国产化率达到95%左右，主要辅机的国产化率达90%以上，自动化控制系统与关键仪表的国产化率达80%。水电设备到2001年底已累计生产6923.78万kW。举世瞩目的长江三峡工程于1994年正式开工，计划安装的26台70万kW大型混流式水电机组是世界上最大的水电机组，每台机组总重7150吨，也是世界上最重的水电机组，2003年第一批机组已并网发电，投入商业运行，2009年全部建成投产。其左岸的14台水轮发电机组，是由我国哈尔滨电机厂和四川东方电机厂参加国际联合招标，承担分包制造的。我国制造的4号转轮（总重430吨，最大外径10600毫米，高5060毫米）。法国公司和业主一致认为，该转轮的各项技术指标达到或优于实际标准要求，全部满足合同要求，是当今世界最大的水轮机转轮。这标志着我国水电设备的设计、研究、制造已步入世界先进行列。核电设备的秦山30万kW核电站（一期）是我国自行设计和建造的第一座示范性压水堆核电站，已于1991年底首次并网发电，1994年投入商业运行。秦山二期的2台60万kW压水堆核电站，采取中外合作制造，现已并网发电。

为减少能源消耗和对环境的影响，十几年前，我国已开始发展超临界技术、蒸汽—燃气联合循环技术和洁净煤发电技术，同时也加快了对风力、太阳能、潮汐、地热等能源发电技术的开发。风力发电发展较快，但产品产量较少。

2.输变电设备

主要包括变压器、互感器、高压断路器、高压隔离开关、高压开关柜、负荷开关、自动重合器、自动分段器、电力电容器、电抗器、避雷器、绝缘子、电力电缆和继电保护装置等产品。按变电层次分为输电和配电。按运行电压的高低，输电又分为高压(60～220kV)、超高压(330～750kV)和特高压(750kV以上)；配电又分为低压(380/220V)、中压(10～20kV）和高压（35～110kV)。高压输变电设备除电压等级外，设备技术参数逐步发展提高。如高压断路器的额定分断电流从31.5kA提高到40kA、50kA、63kA，500kV三相变压器容量最大做到72万kVA。绝大多数输变电产品达到或接近国际上20世纪80年代末的技术水平，少数产品达到国际90年代初的技术水平。

我国已具备批量生产500kV高压输变电设备的能力。正在研制750kV超高压输电设备。

3.用电设备

用电设备包括的产品种类很多，如交流电动机、电动工具、电焊机、电炉等。交流电动机量大面广，是国民经济各行各业普遍采用的动力设备。2001年我国各类交流电动机产量达6263万kW，生产能力超过6500万kW。从数量上已可以满足市场需要。从品种上看，“八五”“九五”期间，中小型交流电动机各基本系列更新换代并定型投产，重点发展派生系列和专用系列电机，从而使产品品种有了显著增加。

4.电工器材

电工器材包括电工合金、绝缘材料、电线电缆、电炭等电器用基础材料。

（三）主要产品技术装备发展情况

包括火电设备和水电设备的发电设备制造业一直是我国重点支持的固定资产投资行业。目前该行业工艺装备水平已属国际先进。在我国“八五”“九五”期间引进国外先进技术的同时，装备了门类齐全的国外先进加工设备，为电器产品的提高档次和更新换代提供了保障。

高压输变电设备制造业也是国家重点支持的固定资产投资行业。尤其是“九五”期间，在“八五”计划的基础上，继续加大了对高压输变电设备制造行业投资力度。经过“九五”期间的基建和技改，我国高压输变电设备制造行业的工艺及工艺装备水平有了明显提高，扭转了高压输变电设备制造落后于发电设备制造的局面。

电器工业中的其他行业也相应增加和补充了先进生产工艺装备。如电机行业的铸造设备、机械加工设备、线圈设备、铁芯设备、装配设备、浸渍设备；绝缘材料行业的拉伸设备、上胶设备等。

通过五十多年的基建和技改，尤其是“八五”“九五”期间的基本建设和技术改造，以及与国外合资、合作生产，引进技术，我国电器工业已经形成装备成套发电设备2200万kW(火电1500万kW，其中60万kW机组6–8套，30万kW机组30套；水电700万kW)能力，输变电设备基本能满足我国500kV等级及以下电压等级电网基本需要。

（四）与国外技术水平的主要差距

经过二十年我国改革开放、技术引进，使我国电器产品更新换代，技术水平有较大提升，有效缩小了与国外先进国家的产品差距。但不可否认，电器产品与工业发达国家相比，总体技术水平差距还很大，无论在产品质量、品种、性能上，还是加工设备制造方面。具体如下：

1.发电设备主要差距

——产品品种与技术水平

——质量和可靠性

——生产能力集中度不够，企业规模偏小

——工厂装备，特别是检测设备

——价格水平，随着产品技术的创新和技术引进费的增加，我国原有的价格优势将会逐渐减少

2.输变电设备主要差距

——技术储备不足，科研开发能力弱

——企业管理水平低，影响了产品事故率偏高，可靠性低，产品外观差，缺乏竞争力

——超高压设备对市场满足度低，目前仍依赖进口

——企业规模化不够

——出口量较低

3.用电设备主要差距

——可靠性差、重量重、体积大、噪音大、外观问题，综合水平有差距

——在安全、噪声、电磁兼容等方面还有差距

4.电线电缆主要差距

①裸线产品

● 铜导体质量水平与美国ASTM标准仍有差距，拉线断头率高，性能还不能完全满足特种线缆产品的要求。

●300～350km/h高速铁路接触网用线、特宽梯排及其他特殊型线等裸线产品尚未开发。

●双金属使用量较小，生产工艺落后，国产包复法生产工艺及设备尚未工业化生产。

● 特种架空线，例如低弧垂大容量耐热铝合金线、特大跨越架空导线、大截面特高电压架空线、自阻尼、压缩型、防冰雪、防蚀导线等产品还未投入运行，国外已成熟使用。铝合金架空线、铝包钢导线使用比例偏少，有待扩大应用。

● 光纤复合架空地线（OPGW）国内尚未形成规模生产能力，而国外已大量应用。

②电气装备用电线电缆

总体讲，通用产品能较好地符合IEC标准或先进工业国家标准，各类产品质量与性能和国际水平基本持平。但是在品种及应用上有如下差距：

● 布电线国内主要以PVC为主，先进工业国家交联聚乙烯电线及PVC绝缘、尼龙护套线应用最多。

●欧洲较多采用无卤低烟低压电线电缆，国内虽能生产，但价格较高使应用受到限制。

●工作温度在90℃以下或150℃以上的电线，国内均有供应，但在90–150℃之间的产品，如机车车辆用线，F级电机引接线等还不能批量生产，有待今后完善。

●光纤复合电气装备用线，例如光纤复合电梯、船用、矿用电缆等国外已开始批量使用，我国研究工作尚未开展。

●一些特殊产品，例如核电站核岛部分用电缆、自控温电缆等有待开发；一些更新换代快的产品，例如航空用线，我国产品尚不能跟上国外产品步伐。

③电力电缆

●低压电力电缆。我国1kV低压电缆基本上以PVC绝缘为主，欧洲已较多应用硅烷交联聚乙烯电缆，并有逐步取代PVC塑力缆的趋势。

●中压电缆。我国交联聚乙烯（XLPE）电缆已占主导地位，其性能与国外产品相当，但制造厂由于过分强调安全性而忽视经济性，使绝缘厚度普遍偏大，而且偏心也过大，生产过程中对杂质等控制不严。

●高压交联聚乙烯电缆。110kV及以上高压交联电缆几乎均采用进口设备生产，产品性能达到IEC 840标准，与国外差距也在于强调安全性绝缘厚度普遍偏大，且仅能生产到20kV产品，国外已生产500千伏级。我国使用的交联电缆大多数是中、小截面，国外已达到2500mm^2。

●国外能成套供应高压交联电缆附件，电压等级到500kV，我国仅能提供户外终端与GIS终端，连接盒尚不能独立制作，电压等级仅是110–220kV。

●高压充油电缆。国内外充油电缆均做到500kV，国内外差距在于：国内导体截面小，国外可做到2500mm^2，国内绝缘材料为木纤维纸，国外大容量电缆采用聚丙烯木纤维复合纸作为绝缘材料；国外附件能成套供应，国内500kV塞止盒尚未试制。

④通信电缆与光缆

●市话电缆我国基本上按世界上最先进的美国REA标准生产，国外开发的皮－泡沫－皮结构国内早已试制成功，但因不适合国情未得到发展。

●我国5号缆已开发成功，但市场占有率较小。国外超5号缆、6号缆已广泛应用，7号缆开始研制；我国超5号缆正在研制，6号缆、7号缆尚未起步。

●国产光纤预制棒主要依靠进口，生产能力有较大缺口。光缆的物理

续表 5–2

海关税则号	商品	数量（万台）			金额（万美元）		
		2001 年	2002 年	增长(%)	2001 年	2002 年	增长(%)
84672990 (85088090)	未列名手提式电动工具	1886.2	2616.7	38	22897.8	30747.8	34
84679910 (85089000)	手提式电动工具零件	1538.6	1987.0	29	7109.4	9584.4	35
84672100 (85081000)	手提式各式电钻	3512.0	4792.2	36	47866.6	64344.8	34
总　计（万美元）					127397.34	169279.3	

＊注：税则号2002 年已调整，括号内为2001 年税则号。（下表同）

表 5–3　电动工具 2001–2002 年进口情况

海关税则号	商品	数量（万台）			金额（万美元）		
		2001 年	2002 年	增长(%)	2001 年	2002 年	增长(%)
84672910 (85088010)	手提砂磨工具（含抛光、砂光、砂轮机等）	31.68	28.0	−12	740.0	833.0	12.6
84672290 84672210 (85082000)	手提式电锯	7.7	12.1	57	305.9	417.9	36.6
84672920 (85088020)	手提式电刨	0.4	0.3	−25	23.9	15.8	−33.9
84672990 (85088090)	未列名手提式电动工具	7.2	5.6	−22	871.0	674.7	−22.5
84679910 (85089000)	手提式电动工具零件	604.3			5173.3		
84672100 (85081000)	手提式各式电钻	16.9	12.1	−28.4	995.9	949.6	−49
总　计（万美元）					8110	8969	

我国电动工具已形成以销定产、产销同步发展，外贸作为行业支撑，产品出口持续增长的局面。20 世纪 90 年代以前，国外电动工具大量进入我国市场，而我国生产的电动工具以内销为主，出口量不到 20%。现今我国电动工具产品已大量进入欧美市场。出口比重越来越大，电动工具外贸出口比重已占 85% 以上，出口持续增长，对我国电动工具的发展起着明显的拉动作用。但反过来说，我国电动工具生产销售受国际市场影响非常大，外商的举动变化，国外特别是工业发达国家认证标准的任何变化，都可能对电动工具的出口造成影响。研究跟踪国际电动工具市场动态、关注国外认证的动态，已经成为关系到电动工具行业发展，企业生

存的重要问题之一。

目前国外电动工具销售最大市场在北美洲，占世界电动工具销售额的44%，其次是欧洲，占35.5%，然后依次是亚洲、拉丁美洲及大洋洲，非洲最少。从各国市场看，电动工具销售量最大的是美国。据报道，1998年销售额为29.3亿美元，销售主要对象是家庭用户的（DIY）电动工具。接着是日本、德国等。

国外电动工具市场的另一个特点是压缩本国生产，大幅增加进口。自20世纪90年代以来，德国、日本等国的电动工具企业，压缩产量，销售量明显下降，而进口产品有较大幅度上升。其原因是受经济不景气影响，国外主要电动工具制造公司进行结构性调整，将劳动密集型的产品转移到东南亚地区生产，特别是近年，许多世界驰名的电动工具大公司纷纷在我国建立合资或独资企业，如美国的百德公司、德国的博世公司、日本的牧田公司及日立公司等充分说明了这点。近几年，美国、德国、日本等国进口增加很快，主要是进口低价产品在国内销售，这些工具绝大部分是从我国进口的。

我国电动工具产品的主要差距是：

——我国还不是电动工具的强国

一方面我国是世界电动工具的第一大生产国，也是外贸出口的第一大国。但另一方面，无论从产品技术含量，还是品牌，外观质量，售后服务等差距还很大。只能说从生产数量和外贸出口量算是大国，而不是电动工具强国。

如用户对我国电动工具产品要求，尤其是产品效率、重量、寿命等指标更为关注。以建筑行业为例，国产电动工具质量问题主要是：电锤易发热，连续工作时间短；电锤冲击力小，振动大，操作者要用力压着才能进深；钻头易磨损，易断等。因此，近年建筑行业大量进口国外工具，冲击国内市场。

目前，我国电动工具产品功能除部分电子调速产品外，大部分是单一转速的产品，不能满足用户对产品水平的要求。应积极开发用户所需的技术含量高的产品，如电子调速、电子控速的电钻、φ125毫米以上电子控速角向磨光机、φ26毫米以下电子调速电锤等产品，以提高产品的电子调速及机电一体化水平。

——出口多为低档次电动工具

一是我国外贸出口电动工具档次低，几乎都是DIY类工具，不能在生产线及工业上使用，产品出口卖不出好价钱；二是出口产品绝大部分是“定牌生产”“中性包装”，基本上是来样加工，没有自己的品牌。2002年电动工具进出口平均单价列于表5-4，由表可见，进口电动工具单价平均比出口电动工具单价高287%，其中最大差价接近10倍，这也是我国电动工具在国外市场频频受阻的主要原因之一。

表5-4　2002年电动工具进出口产品平均单价对比　　单位：美元

电动工具名称	出口平均单价	进口平均单价	进口比出口单价高
手提电动砂磨工具	9.6	29.7	209%
手提式电刨	12.9	46.9	264%
手提式电锯	18.9	33.8	78%
其他手提式电动工具	11.9	119.5	904%
手提式各式电钻	13.4	77.8	480%

——产品技术含量有待提高

目前我国电动工具仅有冲击电钻、电钻、电锤等少数品种有电子调速功能。而国外有冲击电钻、电钻、角向磨光机、曲线锯、电动螺丝刀等几十个品种应用了电子技术，既有电子调速、电子控速、又有各种电子保护和电子控制。我国生产的电池式电动螺丝刀虽能大量出口，但其他品种比较少。国外电池式电动工具品种很多，凡交流电动工具的品种，基本上都有相应的电池式电动工具产品，据了解约有50多个品种。我国电动工具质量不稳定、高频尖叫声、单位重量出力低、电磁兼容性不符合要求等。如在单位重量出力方面，目前电钻比国外低30～50W / kg；角向磨光机低30～100W / kg；冲击电钻低30～80W / kg。

我国电动工具产品的绝缘结构是E级，现在已着手进行B级串励电动机绝缘材料的研究，提高绝缘等级。计算机辅助设计（CAD）虽在一些企业中得到应用，但在行业中尚未普及。国外在对人机工程技术的研究，电子技术的应用，大容量可充电电池选择研究，快速充电器开发、绝缘结构选择研究、工作参数选择研究、传动结构研究和造型设计等，已普遍在电动工具上应用。

3. 交流发电机

我国交流发电机2001、2002年出口额分别为981.27万美元及1094.53万美元。交流发电机的进口大于出口，尤其大于665MVA的大型交流发电机目前还没有出口（见表5–5，表5–6）。

表5–5　交流发电机2001–2002年出口情况

海关税则号	商品	数量（万台）			金额（万美元）		
		2001年	2002年	增长(%)	2001年	2002年	增长(%)
85016420	交流发电机，350MVA＜P≤665MVA	2	2	0	871.2	871.2	
85016410	交流发电机，750kVA＜P≤350MVA	34	176	417.6	110.0	223.3	102.9
总　计　（万美元）					981.2	1094.5	11.5

表5–6　交流发电机2001–2002年进口情况

海关税则号	商品	数量（万台）			金额（万美元）		
		2001年	2002年	增长(%)	2001年	2002年	增长(%)
85016420	交流发电机，350MVA＜P≤665MVA	3	17	466.7	1985.3	638.7	-67.8
85016410	交流发电机，750kVA＜P≤350MVA	74	67	-9.5	1604.2	1203.0	-25
85016430	交流发电机，P＞665MVA	8	4	-50	1309.4	8806.3	-25
总　计　（万美元）					4899.1	10648.18	117.3

4．中小电机

中小型电机是产量大、配套面广的机电产品，广泛应用于化工、纺织、冶金、轻工、电厂等工业、农业、国防、医院、商场、宾馆、家用电器设施等各个行业，大量作为风机、水泵、压缩机、机床、印刷机、造纸机、纺织机、轧钢机、城市地铁、轻轨交通以及矿山电动车辆等重要机械的驱动动力源，据资料介绍全国发电总量的60%–70%用于电动机的消耗。

目前我国中小电机已发展成为以Y、Y2 三相异步电动机系列为主体，包括直流电机、小型同步发电机和电动机在内的300多个基本系列、派生和专用系列约有1500个大类品种，以满足市场的需要，我国中小电机生产能力为6000万kW，实际开工生产在4500万kW左右。

据统计，2001年我国大中小型交流电动机市场总容量约为4410万kW，其中大型电动机（H＞710mm）约为320万kW，占7.3%；中小型电动机（H80～630mm）为4092万kW，占92.7%；其中小型电动机（H80～315mm）为3150万kW，占总量的71.5%，中型电动机（H315～

630mm）为940万kW，占总量的21.2%。小型电动机是我国电机市场中量大面广的产品。

我国已具备生产高效电动机的技术条件（YX、YX2 、Y2E等高效系列）。南阳防爆集团公司1995年与美国通用电气（GE）等公司合作，按照美国、加拿大的技术研制出符合CSAC390标准的NEMA和IEC高效电机，与美国等工业发达国家同类产品进入国际市场，出口贸易日渐扩大，订货逐年上升，年出口额达500多万美元。

表5-7　我国中小电机2001-2002年出口情况

海关税则号	商品	数量（万台）			金额（万美元）		
		2001年	2002年	增长(%)	2001年	2002年	增长(%)
85014000	其他单相交流电动机	2274.3	4487.2	97.3	15596.6	24910.3	59.7
85015200	多相交流电动机，750W＜P≤75kW	125.7	146.2	16.3	14610.9	15646.5	7.1
85015100	多相交流电动机，P≤750W	962.1	863.8	-10.2	4958.9	5524.1	11.4
总计　（万美元）					35166.5	46081.0	31

表5-8　我国中小电机2001-2002年进口情况

海关税则号	商品	数量（万台）			金额（万美元）		
		2001年	2002年	增长(%)	2001年	2002年	增长(%)
85014000	其他单相交流电动机	1037.0	954.6	-7.9	5192.9	5895.7	13.5
85015200	多相交流电动机，750W＜P≤75kW	34.2	50.38	47.2	6224.9	1203.0	33.6
85015100	多相交流电动机，P≤750W	403.2	448.7	11.3	3600.2	5333.9	48.2
总计　（万美元）					13453.1	17454.7	29.7

中国的高效电机在效率上与发达国家还存在一定的差距，有进一步提高的潜力与空间。电机制造商要不断改进生产工艺装备和测试设备，提高批量生产高效电动机的能力，提升市场竞争力，以满足市场的需求，为推动我国高效电动机的发展做出贡献。

据近年行业统计信息，估计全行业中小型电机产量约4000万kW，销售总产值约90亿元，其中出口量约700万kW，基本上均为小型交流电动机，出口量约占交流电动机总产量的20%左右。

中小型电机是我国主要出口机电产品之一，单机出口产品主要是交流电动机、交流发电机及直流电机。目前，保持长期出口的生产厂家约40家，出口地区及国家达60多个，过去主要分布在东南亚，近几年欧洲及美国、加拿大、澳大利亚等国的出口逐渐增加。据海关统计显示，中小型电机出口产量为1.14亿–1.95亿美元，占世界贸易额的3.5%–5.6%（见表5–7，表5–8）。

我国中小型电机与机床、水泵、风机、农机具等产品的配套出口，预计达到有100万kW。目前，此类成套产品合资企业出口量较大。

5. 电力变压器

根据海关统计，2001–2002年我国大小容量变压器进出口数字见表5–9、表5–10。从统计数字中可以看出：1–16kVA小容量变压器进口数量2001年、2002年分别为172.6万台和62.7788万台；进口金额分别为1550.8万美元和919.4万美元。进口数量减少63.6%。而单台平均进口价从9美元／台增至14.6美元／台。可看出小容量变压器进口数量降幅更为显著。

2001年、2002年1–16kVA小容量变压器出口数量分别为235.69万台和262.05万台；出口金额分别为1814.85万美元和1675.06万美元。出口数量与金额分别增长11.2%和–7.7%。数量增加而出口创汇减少，平均出口单价从7.7美元／台降为6.4美元／台，可认为小容量变压器出口量大或由于出口竞争激烈而导出价格走低。

而小于1kVA的变压器，从海关统计数字分析，这类变压器的应用领域，主要是家用电器和消费类电子产品，应用量庞大。2001年–2002年这类变压器进口量达9.67376583亿台和10.45亿台，进口的金额分别为3.48亿美元和3.786亿美元，平均单价仅0.4美元／台。而同期出口量分别为24.1亿台和25.9亿台。出口创汇分别为8.12亿美元和8.446亿美元。上述二类小容量变压器进出口数额都比较大，说明在技术水平、生产能力和市场开拓等方面国内外产品处于同一水平，由于我国劳动力丰富，成本较低，因而市场竞争力毫不逊色国外产品。

在大容量变压器的进出口方面，国内产品竞争力低的弱点比较明显。如大于500kVA的电力变压器2001年和2002年分别进口了23718台和41445台，平均增长了74.7%，进口金额分别为2762.3万美元和3310.9万美元，这类产品进口的平均单价在798.9–1164.6美元／台之间。而同期此类产品的出口量仅为280台和281台，金额分别为630.1万美元和

表 5-9　2001–2002 年变压器进口情况数据

单位：美元

海关税则号	商品（八位码）	2001 年 01 月至 2001 年 12 月			2002 年 01 月至 2002 年 12 月					
		数量	金额	平均单价	数量	增长(%)	金额	增长(%)	平均单价	增长(%)
85043290	1kVA <额定容量≤16kVA 的未列名变压器	1726089.0	15507957.0	9	627788.0	−63.6	9194383.0	−40.7	14.6	62.2
85043210	1kVA <额定容量≤16kVA 的互感器	916089.0	6944864.0	11.3	564818.0	−8.3	1817007.0	−73.8	3.2	−71.7
85043400	其他变压器，P > 500kVA	23718.0	27622842.0	1164.6	41445.0	74.7	33108715.0	19.9	798.9	−31.4
85043300	其他变压器，16kVA < P ≤ 500kVA	72210.0	14793555.0	204.9	80643.0	11.7	19890942.0	34.5	246.7	20.4
85043190	未列名额定容量≤1kVA 的变压器	967376853.0	348083691.0	0.4	1045326435.0	8.1	378572102.0	8.8	0.4	0
合计（万美元）		969814959	41295.29	0	1046641129	7.9	44258.31	7.2	0	0

表5-10　2001-2002年变压器出口数据　　　　单位：美元

海关税则号	商品（八位码）	2001年01月至2001年12月			2002年01月至2002年12月					
		数量	金额	平均单价	数量	增长(%)	金额	增长(%)	平均单价	增长(%)
85043290	1kVA＜额定容量≤16kVA的未列名变压器	2356924.0	18148446.0	7.7	2620536.0	11.2	16750628.0	−7.7	6.4	−16.9
85043210	1kVA＜额定容量≤16kVA的互感器	1017.0	486272.0	478.1	14781.0	1353.4	872019.0	79.3	59	−87.7
85043400	其他变压器，P＞500kVA	280.0	6301402.0	22505	281.0	0.4	7724326.0	22.6	27488.7	22.1
85043300	其他变压器，16kVA＜P≤500kVA	23004.0	11436434.0	497.1	3690.0	−8.4	11262799.0	−1.5	3052.2	514
85043190	未列名额定容量≤1kVA的变压器	2410080265.0	812166355.0	0.3	2589967777.0	7.5	844548012.0	3	0.3	0
合计（万美元）		2412461490	84853.89	0	2592607065	7.5	88115.78	3.8	0	0

772.4万美元，平均单价为2.25万美元／台和2.75万美元／台。平均单价比进口产品的平均单价高出十几倍，主要原因是我国变压器制造业单台成本较低，特别是大容量变压器的性价比具有较强竞争力。因而在进口商品代码为85043400序号下的一般变压器，容量大于500kVA的产品虽出口数量少但价格较高，主要是大容量变压器出口数较多。

变压器类产品我国在生产技术、工艺水平和质量可靠性等诸方面已基本达到国际一般水平。而在大容量变压器方面如500kV用单相变压器和330kVA三相变压器的个别指标与国外先进产品尚有一定差距。而气体绝缘变压器和超导变压器以及直流大容量变压器的开发与制造技术差距较大。而单台产品价格则国产变压器具有明显优势。表5–11和表5–12为500kV国内外产品性能价格对比表。

表5–11 500kV电力变压器性能参数比较

出厂年份	国别、厂家	容量（kVA）	相数	空载损耗（kW）	负载损耗（kW）	重量（T）
1992	德国 TU	250/250/67	单相	60	380	200
1992	中国 保变	250/250/80	单相	85	350	222
1992	中国 沈变	250	单相	264	968	282
1995	法国 施耐德	250/250/50	单相	80	350	180
1997	中国 保变	360/360	三相	190.5	847.6	289
1997	法国 阿尔斯通	360/360	三相	175	900	307
1997	中国 沈变	360/360	三相	225	1060	292

表5–12 几种进口与国产500kV变压器的价格比较

国别	容量（MVA）	额定电压（kV）	空损（kW）	负载损耗（kW）	价格（万美元）	折人民币（万元／台）	出厂时间
意大利	250/250/60	525/230/35	80	400	146/台	1575	1993
中国 西变	250/250/60	525/230/35	95	470		610	1993
意大利	250/250/60	525/230/35	80	335	400/3台	1440	1992
中国 保变	250/250/60	525/230/35	86.5	338.8		630	1994
德国 TU	250/250/67	525/230/35	60	380	444/3台	1595	1994
中国 保变	250/250/67	525/230/35	85	350		710	1992

6.高压开关设备

高压开关按海关统计口径划分，代码号85352100为额定电压为1–72.5kV断路器，代码号85352900为额定电压大于72.5kV断路器产品，而85353000为隔离开关和断路器，额定电压为大于1kV。而大于或等于

500kV断路器产品则列入85372010序号内，名称为“全封闭组合式高压开关装置”。上述几类产品2001–2002年度进出口情况见表5-14.1、表5-14.2。高压电器产品中断路器这二年的进出口数值均为下降趋势。自动断路器额定电压≥72.5kV的产品进出口量均处于正常进出状态。进口产品多为欧洲、日本等高性能、高水平、高可靠性产品。出口对象则多为发展中国家或欠发达国家。在性能、技术水平上这类产品与国外先进产品差别不大，而可靠性和工艺水平上还有一定距离。但对500kV产品而言，国内产品的市场竞争力还有待加强。特别对全封闭组合电器装置2002年进口数量及进口额分别比上年增长了443%和137.5%。而同类产品的出口数量则分别下降76.7%和49.1%。2002年全封闭组合式高压开关装置出口平均单价增长较大，已达10121.4美元／台，比2001年产品出口单价增长了118.6%。说明出口产品中大容量开关增长幅度较大。

我国生产的全封闭组合电器产品是在引进技术、消化吸收的基础上完成的，因而在产品性能、技术水平和可靠性方面已与国外先进产品相当。如用于500kV输电用全封闭组合电器（GIS）国内外产品主要技术性能对比如表5-13所示。

表5-13 国内外550kV GIS的主要技术性能

指标 \ 厂家 / 主要性能	沈高	西高	日立	三菱	东芝	ABB	西门子	ALSTOM
额定电压 kV	550	550	550	550	520	550	550	550
额定电流 A	4000	4000	4000	4000	4000	4000	4000	4000
额定短路开断电流 kA	63	63	63	63		63	63	63
额定短时耐受电流 3S，kV	63	50	63	63	63	63	63	63
全开断时间 ms	40	40	40	40	40	40	37	40
额定雷电冲击耐受电压对地 kV	1175	1175	1175	1175		1175	1175	1175
额定操作冲击耐受电压对地 kV	1550	1550	1550	1550	1550	1550	1550	1550
额定－分钟工频耐受电压对地 kV	680	680	680	680	680	680	680	680
断路器断口数	2	2	2	2	2	2	2	2

我国高压断路器产品（含GIS）的价格竞争优势也比较明显。如：全封闭组合式高压开关装置 V≥500kV产品，进口平均单价为26085.7美

表5–14.1　高压电器进口数据

海关税则号	商品（八位码）	2001年01月至2001年12月			2002年01月至2002年12月					
		数量	金额	平均单价	数量	增长(%)	金额	增长(%)	平均单价	增长(%)
85372010	全封闭组合式高压开关装置，线路V ≥ 500kV	121.0	7216966.0	59644.3	657.0	443	17138278.0	137.5	26085.7	-56.3
85353000	隔离开关及断续开关，线路V > 1000V	347967.0	23785879.0	68.4	566329.0	62.8	57493787.0	141.7	101.5	48.4
85352900	自动断路器，线路V ≥ 72.5kV	10996.0	53860865.0	4898.2	10143.0	-7.8	38083107.0	-29.3	3754.6	-23.3
85352100	自动断路器，1000V < 线路V ≥ 72.5kV	128672.0	31582412.0	245.4	12302.0	-90.4	32169339.0	1.9	2615	965.6
合计（万美元）		16555330	49543.96	0	23083893	39.4	54747.53	10.5	0	0

表5–14.2 高压电器出口数据

海关税则号	商品（八位码）	2001年01月至2001年12月			2002年01月至2002年12月					
		数量	金额	平均单价	数量	增长(%)	金额	增长(%)	平均单价	增长(%)
85372010	全封闭组合式高压开关装置，线路V ≥ 500kV	232.0	1074012.0	4629.4	54.0	−76.7	546555.0	−49.1	10121.4	118.6
85353000	隔离开关及断续开关，线路V > 1000V	36590.0	1990195.0	54.4	17184.0	−53-	3395036.0	70.6	197.6	263.2
85352900	自动断路器，线路V ≥ 72.5kV	8220.0	4979384.0	605.8	10192.0	24	11358221.0	128.1	1114.4	84
85352100	自动断路器，1000V < 线路V ≥ 72.5kV	40622.0	1678523.0	41.3	2272.0	−94.4	3170777.0	88.9	1395.6	3279.2
合　计（万美元）		5277653	6842.97	0	6901399	30.8	8326.41	21.7	0	0

元／台，而同期出口平均单价为10121.4美元／台。电压≥72.5kV自动断路器进口平均单价为3754.6美元／台，而同类产品同期出口平均单价为1114.4美元／台。电压在1–72.5kV之间的产品，进口平均单价为2615美元／台，出口则为1395.6美元／台。因而在性价比上国产高压断路器在国际市场上是有一定竞争优势的。而在市场开拓力度、较完善的销售网络或成熟的代理以及营销人员的素质都是制约市场开拓的重要因素，应当引起企业及相关部门的重视。

7. 电线电缆

电线电缆被称为是国民经济的“动脉”与“神经”，是输送电能、传递信息和制造各种电机、电器、仪表实现电磁能量转换所不可缺少的基础器材，是未来电气化、信息化社会中必要的基础产品。电线电缆又是配套产品，几乎国民经济绝大部分行业都与电线电缆产品相关。因此，电线电缆行业的发展依赖着国民经济各方面的发展，特别是依赖着电力工业的发展。电线电缆分为五大类产品：裸线、电气装备用电线电缆、电力电缆、通信电缆与光缆、绕组线。

电线电缆行业是机械行业系统中的一大行业，其独立核算与非独立核算的电线电缆生产单位接近5000家，其中小型企业约占95%。我国电线电缆行业在改革开放初期，注意引进国外先进的设备和制造技术，以改变我国工艺设备的陈旧落后、生产效率低、能耗和材料消耗高、产品质量不稳定的状况。“八五”期间是我国电线电缆行业发展的辉煌时期，“九五”保持了“八五”高速发展势头，1999年电线电缆产值是1995年的1.58倍。至2001年，总产值已达到1200亿元，就总产值而言电线电缆行业是我国机械行业系统中仅次于汽车行业的第二大行业，超过日本，仅次于美国，可以讲我国是世界第二大电线电缆生产国。

我国电线电缆主要产品与工业发达国家对比见表5–15。

表5–15　电线电缆行业产品水平对比表

主要评价指标	工业发达国家	我国现有水平		2005年预测		简要说明（主要差距分析）
		主要指标	相当国际水平	主要指标	相当国际水平	
1.500kV充油电缆及附件 BIL tg δ(85℃) 附件	1550～1675 ≤0.18% 500kV全部配套	1675 ≤0.25% 高落差用塞止接头未试制	1980年代	1675 ≤0.25% 完成高落差电缆塞止接头试制	1980年代	待落实依托工程后试制

续表 5–15

主要评价指标	工业发达国家	我国现有水平		2005 年预测		简要说明（主要差距分析）
		主要指标	相当国际水平	主要指标	相当国际水平	
2.高压交联电缆及附件	500kV ZLPE 电缆及户外终端，GIS终端已运行，用于长线路接头在2000年投入运行	110kV ZKOE电缆及户外终端、GIS终端已批量生产220kV ZLPE电缆及户外终端GIS终端已通过型式试验	1980年代末	500kV ZLPE 电缆及户外终端与GIS终端	1990年代末	材料、工艺附件制造技术有差距
3.10~35kV可分离连接器	6~30kV系列可分离连接器已生产，并制定相应IEC标准	10kV不带电插拔可分离连接器已生产	1980年代初	完成10kV带负荷插拔可分离连接器及35kV不带电插拔可分离连接器试制	产品达到IEC60502－4标准	材料、制造技术及测试技术有差距
4.架空导线铝线电导率产品结构	61%~63% IACS；铝合金占30%；铝包钢也较多	61%IACS钢芯铝绞线为主	1980年代中	63%IACS扩大铝合金铝包钢用途	1990年代中	各种原材料与国外有差距铝合金和铝包钢价格均较贵
5.漆包线耐热等级	B级少量使用 F、H级为主	F、H级 仅占10%	1970年代初	F级、H级达到40%~50%	1990年代初	主要是F、H级价格偏高，漆原材料有差距
6.特种漆包线类 ⑴耐高温辐射漆包线 ⑵磁屏蔽漆包线 ⑶含氟材料漆包线	符合核电规范 按用户要求 按用户要求	同左	1990年代末	符合核电规范满足用户要求	达到国际水平 达到国际水平 达到国际水平	按当时规范制造 按用户要求制造 按用户要求制造
7.建筑用线缆绝缘及护套材料	聚氯乙烯、交联聚烯烃、尼龙（加强护层）	聚氯乙烯	1970年代末	部分用交联无卤阻燃电线	1990年代末	材料和工艺有差距
8.仪器、设备安装线绝缘材料	90℃~150℃阻燃交联聚烯烃（多为无卤）	聚氯乙烯为主，少量为交联聚烯烃	1980年代初	扩大用无卤阻燃交联聚烯烃	1990年代末	各种原材料与国外差距较大
9.自控温伴热电缆发热材料温度范围 ℃ 功率 W/M	高分子材料及高介陶瓷材料 65~400 10~50	高分子材料 65 10~20	1980年代初	高分子材料 65~130 10~40	1990年代初	各种原材料与国外有差距 工艺也有问题

续表 5–15

主要评价指标	工业发达国　家	我国现有水平		2005 年预测		简要说明（主要差距分析）
		主要指标	相当国际水平	主要指标	相当国际水平	
10. 干线光缆	欧美一、二级干线光缆水平	同左	同左	同左	同左	品种有差距
11. 市内通信电缆机电理化性能	按 REA PE–22，PE–23 标准	90 %等同 REA 标准	1990 年代	同左	同左	皮—泡—皮及填膏型结构产量较少，今后按市场需求开发产品

①出口情况

根据海关统计，近几年来，电线电缆出口金额均列电工行业出口额排名前十名。表 5–16 列出了我国近年电线电缆进出口额。从表中可以看出，我国近年电线电缆进出口贸易有较大的变化。电线电缆出口额从 1987 年 2600 万美元增至 2002 年 19 亿美元，增长了 72 倍。进口额从 1987 年的 1.3 亿美元增至 2002 年的 15.8 亿美元，增长了 11 倍。1998 年前我国电线电缆出口额小于进口额，1998 年实现了我国电线电缆出口额首次大

表 5–16　我国电线电缆进出口金额

年份	出口金额（万美元）	进口金额（万美元）
1987	2600	13000
1990	8410	18806
1991	11396	19198
1992	41840	36326
1993	25911	58747
1994	38500	65328
1995	52456	78527
1996	71331	78000
1997	89524	91000
1998	100010	92484
1999	128009	110000
2000	154263	81000
2001	152072	137373
2002	190030	158734

于进口额的转变。

近几年在我国电线电缆出口中占前几位的产品是：耐压在80V到100V之间的其他有接头电导体、耐压在80V到100V之间的有接头电缆、其他车辆与航空器及船舶用点火布线绕组及其他布线组、耐压小于80V的有接头电缆、耐压在80V到100V之间的未列名电导体等(见表5–17)。

表5–17 电线电缆（不包括钢芯铝绞线）出口排名 单位：万美元

序号	海关税号	商品名称	1995年	2000年	2001年	2002年
1	85445190	其他有接头电导体，80V＜耐压≤1000V		59552.6	63319.7	76037.2
2	85445110	有接头电缆，80V＜耐压≤1000V	13163.1	13583.3	13162.1	18458.9
3	85443090	其他车辆、航空器及船舶用点火布线绕组及其他布线组	3015.7	18922.6	14093.9	17265.1
4	85444110	有接头电缆，耐压≤80V	3947.7	5241.8	9736.2	14886.1
5	85445990	未列名电导体，80V＜耐压≤1000V		15552.8	10850.9	14417.6
6	85442000	同轴电缆及其他同轴电导体	3206.9	7651.1	10393.1	12866.4
7	85444190	其他有接头电导体，耐压≤80V		8094.8	8687.9	10967.6
8	85445910	其他电缆，80V＜耐压≤1000V	15009.2	4698.4	4405.5	6319.4
9	85441100	铜制绕组电线	6412.1	4574.4	5156.4	4606.2
10	85444910	其他电缆，耐压≤80V	4042.7	3381.5	2815.4	4369.7
11	85444990	未列名电导体，耐压≤80V		1986.3	1862.5	2550.4
12	85447000	由每根被覆光纤组成的光缆	173.3	4880.3	3617.8	2434.6
13	85446019	电缆，1000V＜耐压≤35KV	1034.7	2480.0	2588.1	1970.9
14	85446011	电缆，耐压＞35KV	192.5	1832.2	231.3	1154.6
15	85446090	未列名电导体，耐压＞1000V	183.3	1584.8	687.1	995.7
16	85441900	其他绕组电线	755.7	246.5	464.8	729.3

从出口企业性质分析，近几年电线电缆出口增长较快的原因之一是三资企业发挥了很大作用，如1996年出口创汇超过500万美元的有19个企业，出口额占全行业的37.4%，年均每个企业出口额1091万美元，其中三资企业占10家，第一至第四位均由三资企业长飞、乐庭、锡山坊前和龙口华美四家企业占据，最高的年出口额达3058万美元。从表5–18列出的2001年与2002年出口企业性质分析看也是如此。由此可见，“入世”后电线电缆行业将更快地汇入世界经济大潮，中国生产的技术含量高的电力电缆、通讯电缆和光缆，数据电缆等产品在世界电缆市场中的销售额必将

表5-18　电线电缆出口企业性质　　　单位：万美元

经营企业性质	2001年	2002年
外商独资企业	58946.7	82371.9
中外合作企业	4872.4	5197.3
中外合资企业	29593.2	34469.0
国有企业	55369.9	60439.5
集体企业	2405.5	2956.6
个体企业	883.4	4595.3
其他企业	1.6	0.2

上升。

我国电线电缆出口市场主要在亚洲。这些国家和地区是印度尼西亚、菲律宾、缅甸、马来西亚、新加坡、巴基斯坦、韩国、印度、柬埔寨、日本以及我国香港、澳门。对于技术含量较高的品种，如电力电缆、通讯电缆的出口流向已大大超过简单产品的流向，同一年度内钢芯铝绞线流向16个国家和地区，电力电缆流向48个国家和地区，而且流进了美、英、日等国市场，从另一侧面说明电线电缆产品只有提高技术含量，才能扩大出口。

虽然我国电线电缆出口量近几年增长较快，但是在世界贸易所占份额仍然很小，估计不到电线电缆国际贸易额的5%。随着全球经济一体化的进展，电线电缆生产也趋于全球化，Alcatel、pirelli、住友、古河等公司在国外采取兼并措施，使生产规模化与当地化。但是对于劳动密集型产品，这些公司又认为他们的产品抵挡不住发展中国家的冲击，因此把劳动密集型产品的市场拱手让给发展中国家。美国既是世界最大的电线电缆生产国，也是最大的电线电缆进口国。但对于高档线缆产品，例如光纤、光缆，美国又是一个强有力的出口国。日本基本上是一个出口国。欧洲各国既有进口国家，也有出口国家，欧洲共同体的发展使线缆市场基本上一体化。作为欧洲整体，进出口基本持平。“十五”期间这一格局不会有多大变化。其主要原因是欧洲及北美、日本等工业发达国家的电线电缆行业处于世界领先地位，且大集团基本上垄断了电线电缆市场。我国目前电线电缆生产水平、产品质量无法与先进工业国家竞争，因此主要出口产品为劳动密集型电线电缆产品，出口主要对象仍以第三世界发展中国家为主。但某些电气装备用线经过努力可以进入美国及欧洲市场。

我国市话通信电缆生产能力过剩，产品质量良好，20世纪90年代没有出口，“十五”期间，应积极参与国际招标竞争，争取出口。我国电力电缆，特别是中、高压电缆具有国际竞争能力，在“十五”期间也应努力进入国际市场。

②进口情况

从表5-16可以看出，进口额从1987年的13000万美元增至2002年的158734万美元，增长了11倍。1998年前我国电线电缆出口额小于进口额，从1998年起我国电线电缆出口额大于进口额。

近几年在我国电线电缆进口中占前几位的产品是:铜制绕组电线、耐压在80V到100V之间的未列名电导体、耐压在80V到100V之间的其他有接头电缆、耐压在80V到100V之间有接头电缆、耐压小于80V的其他电缆以及由每根被覆光纤组成的光缆等（见表5-19）。

表5-19 电线电缆（不包括钢芯铝绞线）进口排名 单位：万美元

海关税则号	商品名称	2001年	2002年
85441100	铜制绕组电线	42040.5	47935.4
85441900	其他绕组电线	2976.3	3812.6
85442000	同轴电缆及其他同轴电导体	6315.2	3268.5
85443010	机动车辆用点火布线组及其他布线组	0.0	0.0
85443090	其他车辆、航空器及船舶用点火布线绕组及其他布线组	607.1	585.5
85444110	有接头电缆，耐压≤80V	7091.7	8992.6
85444190	其他有接头电导体，耐压≤80V	4004.0	5475.0
85444910	其他电缆，耐压≤80V	6317.2	9549.7
85444990	未列名电导体，耐压≤80V	6051.4	9165.8
85445110	有接头电缆，80V＜耐压≤1000V	9670.1	13136.9
85445190	其他有接头电导体，80V＜耐压≤1000V	12342.6	15217.0
85445910	其他电缆，80V＜耐压≤1000V	4894.9	5273.0
85445990	未列名电导体，80V＜耐压≤1000V	17813.8	19633.2
85446011	电缆，耐压＞35KV	16980.0	3215.4
85446019	电缆，1000V＜耐压≤35KV	3158.5	2849.1
85446090	未列名电导体，耐压＞1000V	976.8	1785.3
85447000	由每根被覆光纤组成的光缆	11415.2	8839.5

从进口企业性质分析，主要电线电缆进口企业是三资企业。表5–20列出的2001年与2002年我国电线电缆进口按企业性质分类的进口金额。

表5–20　电线电缆进口企业性质　　单位：万美元

经营企业性质	2001年	2002年
外商独资企业	59352.0	75331.4
中外合资企业	29591.9	30017.2
中外合作企业	5213.5	6228.6
国有企业	39537.7	42466.6
集体企业	2445.6	2203.7
个体企业	1039.2	2361.8
其他企业	139.5	124.9

电线电缆产品进口与国内的制造水平和服务质量有关。在国内110～220kV交联聚乙烯电力电缆的生产技术还未成熟时，广东、上海等发达地区进口了较多这种电缆，电缆附件不配套也是电力系统希望进口电缆的原因之一。冰箱电视机等家用电器用漆包线要求高，以美国NEMA或日本JIS标准为依据，在线径、柔软度、绕线自动化程度等许多指标上要求可靠的质量保证，当制造商，尤其是合资或外国独资的制造商认为国内产品无法满足时就进口。海关资料表明1994年铜制绕组电线进口1.997亿美元，2001年进口额为4.2亿美元，2002年进口额为4.79亿美元，每年都占电线电缆进口总额的第一位。

此外，我国很多重大建设项目都是利用世界银行、亚洲银行等的外资，或是发达国家贷款，这些项目中很大比例的采购商品需首先选购贷款国的产品，不少光缆的干线工程以及核电站、地铁等重大工程项目进口的电线电缆、光缆都是单独或成套地在设计或施工中已经决定了的。

（三）遇到的主要技术性贸易措施问题

我国电器工业虽然经过五十多年的发展，从出口产品种类、出口地区构成到出口额都有很大的发展。但在扩大出口及优化进口产品结构方面仍存在许多问题，尤其是近年来，不断遭遇国外技术性贸易措施的限制和“入世”后国外产品大量涌入，电器产品进出口面临极大的挑战。

①技术标准方面

我国产品出口遇到的标准问题主要是：技术指标高于我国标准；技

术指标或检测项目与我国采标的国际标准不一致，如欧盟的EN标准；对于同一产品，出口到不同国家，执行标准不一致等。在优化进口方面，主要的问题是没有相应标准检测国外产品。

在产品出口方面，我国标准采标比例普遍低于美国、英国、德国等欧美工业发达国家，也是出口受阻的主要因素之一。工业发达国家国际标准采标率已达80%，日本新制定的国家标准更有90%以上是采用国际标准（ISO ，IEC）。现在我国国家标准对国际标准的平均采标率只有40%左右。即使是国内采标工作做得较好的电器行业，标准文本采标率也不到70%，产品采标率还要低一些，与发达国家相比差距较大。

在进口方面，由于缺乏对进口电器产品按照我国特殊的地理环境基础技术条件进行检验验收的相关标准，造成国内产品和进口产品的验收要求不同，对国内产品不公平待遇。

以发电机为例，由于我国电网的特性，国内用户部门一直要求国内企业进行发电机定子轴端部动态和振幅试验，并作为验收条件之一，因此我国企业一直注重研究，积累了不少的经验。但由于我国没有制定相关标准，对进口发电机没有相关要求，由于国外电网稳定，进口到我国的发电机并没有考虑我国电网特点，我国也没有相关验收标准，致使进口机组运行出现问题。

②法律法规方面

不同国家、地区，设置技术性贸易措施方法及表现形式各有不同，以日本、美国、欧盟为例。

日本：日本与电器产品有关的技术法规有《电器使用与材料控制法》《消费生活用品安全法》《包装与标签法》《限制噪音法》等，与法规配套的还有诸多需强制执行的技术标准，如对电器产品的规格选择要求等，在品质、形状、尺寸和检验方法上均须符合其特定的标准。进口产品还须通过绿色标准检验，实行绿色环境标志、绿色包装、绿色卫生检疫制度等，依此对进口产品在生产、运输、消费及废弃物处理过程实施强制要求，否则不能在日本制造与销售。电器产品在日本属强制性认证对象。

美国：美国的技术性贸易措施体系由政府颁布的法规和合格评定程序构成，如对电气产品要求符合美国联邦通讯委员会制定的FCC体系标准，以及美国保险商实验室制定的UL体系标准，涉及到噪音、排放等规定及检测试验，有些文件还包括适用于产品、工艺或生产方法的专门术语、符号、包装、标志或标签要求等；另外，如果涉及到处理电磁、火灾和其他危险安全的因素，也要符合美国消费安全委员会的规则。

在美国，产品的UL认证虽然不是强制性的，但产品如果没有取得UL标志，就很难有市场，消费者及经销商总希望经销带有公众认可的认证标志的产品。加拿大1995年认可了取得UL标志的产品进入加市场。目前UL的认证服务范围也扩展到墨西哥、丹麦等国。所以机电产品的UL认证事实上也作为产品进入国际市场的通行证。根据UL产品目录，涉及的电工产品有：电器和使用设备、电器结构材料、危险场所设备等。

欧盟：欧盟的技术性贸易措施体系是由指令、欧洲统一标准及欧盟强制实施的“CE”认证标志构成。指令只涉及卫生和安全（包括产品安全、工业安全、人体健康、消费者权益保护），只规定基本要求，具体要求由技术标准规定。欧盟规定，进口产品必须满足指令要求，才能在欧盟市场销售。欧洲的统一标准是为协调欧洲各国的技术标准，推进欧洲经济一体化的产物，有效地维护了欧洲各国的利益。欧盟强制实施“CE”标志是指凡属于欧盟指令范围的产品，必须加贴“CE”标志，以示产品符合欧盟指令的基本要求，才能进入欧盟市场。欧盟是最先意识到国际贸易中技术壁垒的，也是技术性贸易措施设防最严密的地区。通过“欧盟指令”和相关技术标准，形成了双层结构的技术贸易措施管理体系。电机、电器产品是主要壁垒的对象之一，在安全、环境、尺寸、规格、颜色、标识等方面，均有相关的法规和标准要求，特别是对产品的安全和环境标准要求，一般发展中国家的产品望尘莫及。

目前遭遇的最大障碍是，2003年2月欧盟发布的经欧洲议会和欧盟部长理事会共同批准的《报废电子电气设备指令》((2002/96/EC）和《关于在电子电气设备中禁止使用某些有害物质指令》（2002/95/EC）两个指令。指令要求自2006年7月1日起确保成员国投放于市场的交流1000V以下，直流1500V以下的新电子和电气设备不包含铅、汞、镉、六价铬，聚溴二苯和聚溴联苯共六种有害物质。欧盟颁布这两个指令的初衷是积极的，有利于环境保护和人类健康，但是同时为出口到欧洲市场的相关产品设置了技术性贸易障碍，特别对中国出口欧洲机电产品有严重的“负面”影响。因为欧盟近两年已成为中国电器产品出口的重要市场，两个指令所涉及的中国出口企业和出口商品面广量大。它的实施对我国电器行业目前大量出口欧盟的主要产品将带来严峻的考验。《报废电子电气设备指令》管辖了十类产品中交流电不超过1000V，直流电不超过1500V的设备，涉及的电器产品有：家电如冰箱、洗衣机等，小家电如吸尘器、熨斗等，电子和电气工具如钻孔机、电锯、加工木材金属用旋转、研磨、抛光、磨碎、切割加工设备、割草等园林用电动工具等。《关于在电子电气设备中禁止使用某些有害物质指令》则管辖了除去医疗设备及监视和控制装置之外的其他8类设备。

我国低压电器和电动工具产品首当其冲受到冲击。

低压电器如微型断路器、接触器、继电器等，目前仍广泛采用含镉氧化物的银氧化镉（AgCdO）触头材料。装有以银氧化镉材料作为触点的继电器的彩电、冰箱等家用电器也将面临严峻的挑战。据统计，2001年我国电器开关、断路器及其他电路保护装置等低压电器（≤1000V）出口金额为3.2亿多美元，其中继电器（≤1000V）产量达8.84亿只，出口量达5.75亿只，约占总产量65%。其中绝大多数采用的是AgCdO触头材料。如果欧盟指令时间表一旦实施，到2006年我国还没有找到AgCdO的合适替代物或不能规模生产批量供应，将使众多电子电气产品在使用适合于欧盟指令的电触头方面成为无米之炊，产品不能出口欧洲市场，直接影响出口金额每年数亿美元。

我国是世界家用电动工具（DIY工具，Do It Yourself的缩写，含义为“自己动手做”）的主要供应基地。据海关统计数字，我国电动工具2001年出口额12亿美元，2002年为16.9亿美元，增长了40.8%。电池式电动工具是出口主要品种之一，每年生产约1800万台，几乎全部供出口，年创汇金额约在1.6亿美元以上。这些产品几乎全部销往欧盟和美国，且国外对电池式电动工具的需求量逐年增大。目前我国出口的电池式电动工具绝大部分采用镍镉（NiCd）电池，电池式园林工具还有相当一部分采用铅蓄电池。欧盟指令到2006年7月1日一旦生效，在此以前如我国相关电动工具的产品仍无法找到六种有害物质的替代材料，就无法进入欧盟市场，仅此一项，每年减少出口创汇2亿~3亿美元，将对我国电动工具出口产生严重的影响。实际上，除了欧盟以外，其他如日本、加拿大、澳大利亚等国家也都对NiCd电池污染环境问题提出了要求。如今后一旦制定相应的法规、指令，将对我国电动工具出口产生毁灭性的打击。

考虑到技术性贸易措施的快速、强烈的扩散作用，预计其他国家或地区不久也会仿效欧盟做法，出台类似的要求。因此，寻找上述产品的替代品工作需要尽早考虑，包括技术更新、标准制定及国内企业工艺工装的改造。否则将会非常被动。

除上述2个欧盟指令外，欧盟的新方法指令中，涉及电器产品的还有低压指令、电磁兼容指令、机械设备指令、爆炸性环境设备和防护系统指令等合格评定（认证认可）方面。

按照主要出口地区国家分类，我国电器产品出口需要取得的合格评定（认证认可）有：

欧盟市场：凡属于欧盟指令范围的电器产品，如电动工具、低压电器等出口到欧盟市场，必须加贴“CE”标志，以示产品符合欧盟指令的基本要求，才能进入欧盟市场。

北美市场：只有取得UL认证的电器产品，才能进入美国、加拿大市场。根据UL产品目录，涉及的电工产品有电器和使用设备、电器结构材料、危险场所设备等。同样，我国电机产品只有取得美国能源部的能效认证，才能进入美国市场。

澳大利亚及新西兰市场：澳洲产品的认证分为强制性与自愿性两大类。强制性认证是由联邦政府发布实施强制认证的产品目录，并组织开展认证，如1945年颁发的电器安全法规定有63种电工、电子与家电产品列入强制产品目录。对于实施强制认证的电器商品，要求在上市前需经认可，符合标准，获准使用认证标志。自愿性认证，通常由工业组织或协会，要求其成员单位执行并遵守某些特定的标准，如能源行业的节能产品认证。

日本市场：日本自2001年4月1日新颁布的DENAN法（电器及材料安全法）取代了DENTORI法（电器及材料控制法），同时取消了T标志，政府不再直接颁发证书，而是授权第三方认证机构进行产品的符合性评估测试。新法将控制产品分为“特定电器及材料”和“非特定电器及材料类”。其中“特定电器及材料类”共包括111种产品，“非特定电器及材料类”包括343种产品。进入日本的“特定电器及材料类”产品必须取得第三方认证，标示PSE(菱形)标志。

三、六类主要产品的标准情况及分析

（一）产品出口标准存在的问题及案例

1．我国标准低于出口国标准

我国部分产品标准技术指标低于出口国标准。

案例：出口电动机的能效标准问题

以出口到美国的电动机产品为例，须执行美国的NEMA标准（美国电机制造商协会），NEMA标准与我国电动机现行标准相比，主要差异有三：一是电网频率不同，美国电网频率为60Hz，我国为50Hz；二是要符合美国电动机能效标准（EPACT规定的最低效率标准），EPACT规定的效率指标高于国内基本系列Y系列三相异步电动机的效率指标；三是试验方法不同（见表5-21），我国电动机多使用IEC标准，出口到欧洲的产品基本没有问题，但NEMA标准要求按照美国IEEE std 112的B法测试电动机的效率，实测负载杂散损耗，对测试仪器、设备的准确度等级和试验技术水平要求都很高。最近国际电工委员会（IEC）批准的新标准IEC 61972-2002《三相笼型感应电动机损耗和效率的确定方法》，也规定用实测负载杂散确定电机效率，并规定电机效率的测量不确定度不大于±0.5%，这个要求是很高的。我国现行标准都没有规定这项指标。

表5-21　不同国别、地区电动机效率试验方法标准对照

国别、地区	北美	欧洲	日本	中国	
				Y系列电机	Y2系列电机
试验方法标准	IEEE-112B	IEC34-2	JEC37	GB-1032* IEEE-112E	GB1032* IEC34-2

*注：GB-1032 包括IEEE-112和IEC34-2两种方法。

2．认证标准版本不同，仍需取得出口国的再次认证

我国电器产品是国内最早实行安全认证的行业之一，认证依据标准多是国际标准转化制定的我国标准。认证标准版本存在的问题一是国际标准修订速度快，我国采标工作受项目计划、经费限制，往往滞后于国际标准的修订，国内认证有时不能使用最新的国际标准；二是我国转化国际标准与出口国标准要求不一致。以我国开始实行的中小电机能效认证为例，由于我国电源频率、功率、计量单位、电动机功率等级及安装尺寸基本执行IEC标准，同时我国电动机出口量的3/4销往欧洲和亚太地区，仅有1/4销往北美地区，因此，我国2002年发布的电动机能效标准是以欧洲CEMEP的低档值作为国内生产的电动机最低能效限值。该限值低于美国能效标准值，因此我国电动机产品销售到北美，即使获得了

我国的能效认证，仍要通过美国UL认证。目前国际上制定电动机效率标准的国家有美国、加拿大、墨西哥、巴西、澳大利亚和新西兰。中小电机实行能效认证后，尚不能完全与国际接轨，只能接近国际要求。这是因为我国标准化体系与美国不同，美国的NEMA（美国电气制造商协会）不是认证机构。UL是美国的认证实验室，UL有关中小电机的认证标准有UL 1004（电动机）和UL 1446（绝缘材料结构—总则），我国目前尚无与之对应的标准，我国只有类似电机安全标准GB 14711—《中小型旋转电机安全通用要求》。

3．出口不同国家地区标准要求不同

尽管大多数国家都转化或采用国际电工委员会的IEC标准，但许多国家仍然有各自的标准。换句话说，对于同一种产品，出口到不同国家或地区，执行标准不同，要求的检测项目也不同。

案例1：电动工具产品出口到欧洲、美国的标准问题

我国电动工具行业，除个别产品外，检测依据均是等同采用IEC标准的国家标准。然而当电动工具产品出口到欧洲时，必须遵守EN（欧盟）标准和CISPR(国际无线电干扰特别委员会，主要针对电磁兼容)标准。EN标准与IEC标准的差异不太大，主要反映在EN标准中规定了必须测量产品发出的噪声和振动值以及相应的测量方法，这在IEC标准中是没有的；此外，EN标准对某些产品的结构有特殊要求，例如电刨产品，在IEC标准中规定，如果该电刨可以反装在符合要求的支架上作固定式产品使用时，允许在电刨上装有带自锁装置的开关；而EN标准，却是允许在固定反装电刨的支架上装有将该开关锁定在接通位置的机构，而不允许电刨上装有将开关锁定在接通位置的机构，这实质上要求产品结构不同。

出口到欧洲的电动工具还必须符合CISPR出版物的规定，尽管我国国家标准是等同采用CISPR出版物，然而出于对我国的歧视，凡由我国检验机构单独出具的电磁兼容检验报告，欧洲国家并不认可，而要有第三方的确认方才认可。尽管我国已有部分电磁兼容检测机构获得了DEMKO（北欧丹麦）的认可，上海电气器具检验测试所是其中一个。

由于上述标准差异的问题，我国生产的电动工具产品出口到欧洲时，即使已经取得了CB证书和合格的CB 检验报告，仍然受到了限制，这也是目前国内申请CB证书和CB检验报告的企业大幅度减少的主要原因

之一；但同样的电动工具产品出口到美国，标准差异更大了。电动工具产品出口到美国，必须通过 UL（美国保险商实验室）认证。虽然 UL 已加入 IECEE（国际电工委员会电工产品各合格测试与认证组织），但部分电动工具的 UL 标准与 IEC 标准差异较大。如针对携带式电动工具的 UL745 标准与 IEC745 手持式电动工具标准间存在重大差异。差异的来源主要是 UL 标准除了具有 IEC 相应标准条款外，还将原 UL45 中的大部分与 IEC 标准不同的内容列在 UL745 中。另外，在 UL745 标准中规定的绕组绝缘等级只有 A 级是认可的，所有的绝缘材料，诸如槽绝缘、轴绝缘、绝缘外壳、漆包线、器具开关、电源线等，都必须采用 UL 认可的绝缘材料和组件。差异的实质是欧洲标准将电动工具整机作为一个认证单元，UL 将不同的零部件作为几个认证单元考虑，加大了认证难度。除此之外，B 级及以上绝缘等级还要按绝缘系统获得认可后，才能被接受。因此对于具有 CB 证书和 CB 检验报告的企业，难以顺利进入美国市场。

针对固定式电动工具的美国 UL987 标准与 IEC61029 标准的差异更大，基本上是不同的两个系统，目前尚未收到有关 UL987 标准转换成 UL1029 的信息；美国 UL 标准的另一个特点是多变性，它在一年内可以被修改多次，造成跟踪的困难。

案例 2：我国变压器标准与美国标准的差异

我国变压器产品执行标准大多是转化 IEC 标准制定的国标，但与美国标准相比，不论是检测技术项目、技术指标都有较大的差异。表 5–22 列出了我国现行变压器产品标准与美国标准的差异。表中所列的 23 项技术指标中，美国标准严于我国标准的 8 项、我国标准严于美国标准的 9 项、两国标准要求不同的 4 项。

表 5–22　我国标准与美国标准的差异对照

序号	标准技术内容	标准主要技术差异	
		我国标准	美国标准
1	使用条件	额定频率：50Hz	额定频率：60Hz
		未规定	1. 负载功率因数不小于 80%； 2. 频率至少为额定频率的 95%
2	额定容量	指输入容量	指输出容量

续表 5–22

序号	标准技术内容	标准主要技术差异	
		我国标准	美国标准
3	电压等级	由于基础设施不同，我国与美国的电压等级区别较大，基本上无相同之处	
4	绝缘水平	由于电压等级不同，两者之间的绝缘水平无法直接比较。按照初步统计来看，对于设备最高电压为40.5kV及以下的产品，美国标准所要求的雷电冲击试验电压比我国要求要高，而工频试验电压两者互有高低。对于设备最高电压为40.5kV以上的产品，我国标准所要求的绝缘水平略高	
5	短路阻抗	油浸式变压器，以75℃为基准；对于干式变压器，以各绝缘耐热等级温升的标准值再加20K为基准	以用电阻法测得的绕组平均温升加20℃后的温度为基准
6	损耗	油浸式变压器，为75℃；对于干式变压器，为各绝缘耐热等级温升的标准值再加20K	参考温度为85℃
7	油箱密封及机械强度	最高98kPa	203kPa
8	短路试验时间	额定容量（三相）不大于2500kVA，为0.5S；额定容量（三相）大于2500kVA，为0.25S	额定容量（三相）不大于5000kVA，为1S（500kVA及以下者，时间通过计算决定，可能更长些）；额定容量（三相）大于5000kVA，为0.5S
		注：短路试验时间越长越严格。	
9	无线电干扰试验	无要求	特殊试验
10	介质损耗因数测量	例行试验	特殊试验
11	绝缘电阻测量	例行试验	特殊试验
12	声级测量	特殊试验	型式试验或特殊试验
13	电话干扰系数测量	无要求	500kVA及以下者为特殊试验；500kVA以上者无要求。
14	短路阻抗允许偏差	我国标准要求较为严格	
15	损耗允许偏差	总损耗为+10%； 空载或负载损耗为+15%，但总损耗不得超过+10%	总损耗为+6%； 空载损耗为+10%。 注：损耗偏差与订货台数有关。
16	绝缘油性能	执行的标准不一样，目前无法查到美国标准的数据，但估计美国标准要求不会低于我国标准	
17	三相电阻不平衡率测量	例行试验	无要求
18	低频试验	无要求	例行试验

续表 5-22

序号	标准技术内容	标准主要技术差异	
		我国标准	美国标准
19	吸收比及极化指数测量	例行试验	无要求
20	温升试验前、后的变压器油气相色谱分析试验（220kV及以上）	型式试验	无要求
21	长时间空载试验（220kV及以上）	特殊试验	无要求
22	油流静电试验（220kV及以上）	特殊试验	无要求
23	转动油泵时的局部放电测量（220kV及以上）	特殊试验	无要求

（二）在产品进口执行标准方面存在的问题

在电器产品进口执行标准方面也存在许多问题，尽管这些问题不如出口面临技术壁垒那么明显。目前存在如下问题。

1. 缺乏验收进口电器产品的技术性贸易措施

我国电器制造业根据我国特有的电网及运行特点，在长期的研究摸索实践中形成了具有技术优势的措施、检验技术等，并用于国产电力设备的验收。

案例：油浸式电力变压器

根据电力部门的统计，自1998年以来，在我国电网上运行的进口干式变压器和高电压等级的油浸式电力变压器越来越多，对我国变压器生产企业已构成一定的冲击，且进口变压器的运行事故时有发生。据电力部门对国产、进口变压器运行质量事故的初步统计分析，近几年来，进口变压器的事故率高于国产变压器事故率。究其原因，一方面说明我国国产变压器产品质量控制方面所采取的措施比较得力；另一方面，从标准的角度看，我国对于进口变压器验收标准方面有欠缺。

目前，我国现行的针对油浸式电力变压器产品的强制性国家标准主要有：GB 1094.1《电力变压器　第1部分：总则》、GB 1094.2《电力

变压器　第2部分：温升》、GB 1094.3《电力变压器　第3部分：绝缘水平、绝缘试验和外绝缘空气间隙》和GB 1094.5《电力变压器　第5部分：承受短路的能力》，干式电力变压器所对应的强制性国家标准主要有GB 6450《干式电力变压器》，这些标准均是按等效采用IEC标准的原则制定的。这部分标准是我国电力变压器的最基础产品标准，也是验收进口变压器产品的标准依据。然而，对我国变压器行业在控制产品质量方面所采取的一些技术性措施并未在标准中体现。造成对进口产品并没有依据我国电网特性的针对性相关检查验收项目。面对加入WTO后国外变压器有可能大量进入我国市场的情况，为进一步控制进口变压器产品质量，提高我国电网的安全运行，将我国变压器生产企业的经验通过综合研究和科学验证，并制定成技术性贸易标准，将有助于加入WTO后我国变压器行业整体利益的维护。

2. 与国际标准不同步，降低了国外产品准入门槛

由于没有做到与国际标准的同步转化，致使我国出口产品和国外进口产品在认证上待遇不同，无形中降低了国外产品进入我国市场的准入门槛，同时提高了我国出口产品的市场准入门槛。

3. 我国尚没有对于进口电气产品的废弃回收要求，但国外对我们出口产品则有要求。

四、电器工业技术性贸易措施的制定原则

（一）我国技术性贸易措施的现状及类型

我国加入WTO以来，各行各业都在研究和制定技术性贸易措施，以保护民族工业。中国电器工业协会自2001年以来，利用研讨会、期刊杂志发表多篇专门研讨电工技术壁垒的文章，协会标准部于2002年4月和2003年2月，专门组织召开了北京、沈阳、上海、西安地区标委会座谈会，就电器工业建立技术性贸易措施要开展的工作进行了研讨，研究还很不深入，没有形成行业整体的技术性贸易措施体系。

从电器工业和我国现行的标准、法规、合格评定体系看，如下几种形式有可能起到壁垒作用：

——强制性标准，电工共有强制性国家标准260项；

——我国正在实行的“强制性产品认证制度”，其中涉及的电器产品

有七类70种：电线电缆（5种）、电路开关及保护或连接用电器装置（6种）、低压电器（9种）、小功率电动机、电动工具（16种）、电焊机（15种）、家用和类似用途设备（18种）；

——生产许可证制度，涉及产品有：防爆电气产品。

但上述强制性标准多是涉及人身安全、设备安全产品标准。实行产品认证依据的标准多是等同修改转化IEC标准制定的国标，主要是安全要求。这些标准并没有专门针对贸易、市场准入的要求，能否起到壁垒作用，作用有多大都不好说。因此，要做好系统的研究分析。我国目前的技术措施由于是零碎的、缺乏有机联系的，所以对生产者和出口商的约束力不强。

（二）电器工业制定技术性贸易措施的基本原则

电工行业的技术发展，就其自身的特点，属于传统装备制造业，在技术水平上与国际先进水平差距较大，大型发电、输配电设备等产品主要依靠进口。经过近年来的国外技术引进和消化吸收，以及采用国际标准等手段，虽然逐渐缩短了与国外技术水平的差距，但整体优势还不突出，企业自主技术创新能力薄弱，产品技术水平低等。显然，按照发达国家构建技术性贸易措施的常规模式建立我们的技术性贸易措施体系是行不通的。关键问题是，如何从我国的具体国情出发，从我国电器工业的实际出发，根据不同的产品，不同的贸易目的，建立起适用的、可操作的技术性贸易措施。基本原则的考虑因素是：

1．对于扩大出口

当前及今后一段时间，电器产品扩大出口面临的最大、也是最直接的问题就是如何攻破国外以产品认证形式为主的技术性贸易壁垒。

——提高标准的技术水平广泛采用ISO、IEC国际标准进行技术协调；

——用高新技术改造传统产业，提升电工出口产品的技术含量；

——针对主要的电器出口产品，如电动工具、电线电缆、中小电机等，研究出口国或地区的标准。研究UL、CE认证的标准与我国同类产品标准的差异，有针对性地制定行业的应对措施，如国际互认等；

——及早知晓国外技术性贸易措施，要充分考虑到其扩散性，及早进行研究，制定相关标准规范；

——根据我国电器产品的技术特点、企业的不同规模，建立电器应对国外技术性贸易措施的预警机构，及时应对。

2．从优化进口结构的角度

——加快电气安全规范的实施；

——运用我国特殊的地理环境气候条件，制定技术性贸易措施标准，对于西部开发进口的电器产品增加高原适应性试验项目；

——针对我国特殊地理环境条件，以及由此造成对污秽等级的影响，制定相应的标准；

——对于进口量大的产品，针对使用者多为非专业人士，可考虑我国的文化背景因素，对标牌、说明书提出要求；

——对于我国多年来的研究成果，尤其是针对我国特殊地理环境条件、电网特性等特殊国情的研究成果，以标准形式体现出来，作为进口电器产品的验收检测依据，起到合理保护民族工业的作用。

第六章 石化行业技术性贸易措施战略研究

石油化学工业是国民经济的基础产业和支柱产业。它为农业、交通运输业、机械工业、电子工业、纺织工业、轻工业、家电工业、建筑行业和包装行业等部门提供基础原材料和配套产品，并为人们的衣食住行提供日益丰富的必需品。石油化工行业特点是涉及相关部门广，依存度高，互动性强，在我国经济发展、文化建设、国防事业和人民生活中占有举足轻重的地位，发挥极其重要的作用，是国家财政税收的主要来源之一。

2004年1–11月，石化行业实现工业总产值（现价）16592亿元，同比增长25.8%；销售产值(现价)为16361.9亿元，同比增长25.9%；出口交货值1332.2亿元，同比增长24.4%。前10个月利润总额已超过上年全年水平，在全国39个工业大类行业中，石油和天然气开采业实现利润位居首位，化学原料及化学品制造业位居第四，是利润增长最高的行业之一，成为工业增长的重要拉动力。

一、石油化工行业遭遇技术性贸易措施现状和问题

（一）近年来本行业对外出口的重点产品所遇到的主要技术性贸易措施现状

1. 食品、消费品等行业的强制性规定，对化工行业出口产生重大影响

从20世纪90年代以来，经济发达国家实施以安全、卫生和环保为主要内容的绿色壁垒政策，相继对食品、消费品、纺织品实行了强制性规定，直接对化肥、农药、涂料、染料等行业的出口产生重要影响。

目前，我国染料产量50万吨，占世界产量的一半，每年50%–60%出口。90年代初，欧盟最早对纺织品进行了强制性规定，禁用偶氮染料，涤纶染色中禁用有机氯载体，仅此规定使我国出口受阻面达15%左右，同

时也影响纺织用化学助剂产业的生产与发展。

我国农药年产量达40万吨，位居世界第二，每年出口量约占全部产量的1/3左右，且逐年递增。2002年我国出口农药22.2万吨，出口贸易额5.92亿美元，比上年分别增长12.7%和7.8%。2004年前10个月，农药出口22.28万吨，出口金额5.87亿美元，分别比上年同期增长20.0%和19.6%，是石油化工行业保持贸易顺差的一个亮点（石油化工行业多年来一直是贸易逆差）。欧盟2002年对农药颁布新禁令，从2003年12月31日起，正式禁止320种农药在欧盟销售。其中涉及中国正在生产、使用和出口的农药有60多个品种，如氧乐果、三唑磷、稻瘟灵、盖草能等。这60多种农药，约占目前我国农药现有品种的1/4左右，有一定的生产量和使用范围。

2．实施技术性贸易措施由发达国家扩散到发展中国家

随着关税、配额、许可证等传统贸易措施的逐步削弱，以及国际社会对环保、食品安全、消费者权益保护等方面重视程度的增加，以欧、美、日等国家为代表的经济发达国家相继制定技术性贸易措施，以提高市场准入门槛，保护本国经济利益。

在发达国家的带动下，中小国家纷纷效仿，印度、巴西、澳大利亚、智利等国对石油和化工产品的生产、进口、使用也都做出了相应的管理规定。多数国家在制定管理法规时，不仅考虑环境和动植物安全问题，同时也在很大程度上根据本国的实际情况实行了对本国贸易发展有利的政策。

如日前，印度工商联合会发表题为《中国进口产品对印度的影响》的报告，报告对从中国进口量较大的轮胎、纤维、化工等五种产品进行研究，“目的是寻求证实对这些廉价的中国产品实施贸易壁垒”。

据不完全统计，从90年代初至2004年10月为止，印度共发起反倾销调查153起，其中针对中国66起，排在各国之首。在这66起反倾销案件中，涉及石化产品有29起，占43.9%，也居各产品之首。目前，我国石油化工行业与印度每年的贸易占总贸易量的比例不大，但由此产生负面影响很大。国内企业由于受时间、经费或对印度法律不了解等因素的影响，真正应诉的企业很少。致使印度企业普遍认为，只要是涉及中国的反倾销案胜诉几率都很大，企业既可以将中国产品阻挡在外，政府又能收取较高的反倾销税，是种“双赢”策略。为此，印度政府将反倾销规则演化为实施贸易壁垒的一种手段，频频使用。不仅如此，印度工商

联合会还建议政府“使用特殊商品编号、质量、证明、包装成分比例作为非关税壁垒”措施，来阻止中国产品进口。

3．限制范围向整个生产链扩散

以欧盟白皮书为例。欧盟颁布的《未来化学品政策战略（草案）》白皮书（以下简称欧盟白皮书）及REACH制度，虽然是一个涉及化学品生产、贸易、使用安全的法律草案，但涵盖使用化学品的机电、轻纺产品，不仅包括了所有化工产品本身，而且延伸到进口商乃至下游用户，最终将影响整个生产链。

4．在新法律的制约下，昔日引进的技术成为“垃圾”技术

发达国家经常把一些技术落后、污染严重的生产设备或工厂转卖或移植到发展中国家，待发展中国家发展到一定水平，就颁布新的有关技术法规，限其改正或停止生产。发达国家正是利用发展中国家的技术引进，不仅淘汰了落后技术，转移了污染，从中获得经济利益，同时又通过技术法规的强制性规定，更好地牵制发展中国家技术与经济的发展。如20世纪七八十年代，趁我国刚刚开放和大量引进技术之际，发达国家将即将淘汰的用氟里昂作制冷剂的70多条电冰箱生产线和16条压缩机生产线，转移到我国。1991年，为保护臭氧层，我国成为《关于消耗臭氧层物质蒙特利尔议定书》的缔约国，承诺将于2005年完全淘汰制作氟里昂制冷剂的氯氟烷烃（CFCs）、四氯化碳（CCl4）等化学品。为此，从90年代起，国内生产这些化学品的企业又开始了新一轮的产品结构调整、技术改造和技术革新。

（二）技术性贸易措施对我国石油化工行业的影响

1．积极的影响

从长远看，国外技术性贸易措施促进我国石油和化学工业加快技术进步的步伐，促进与国际先进水平接轨的进程。在国际市场的竞争中，迫使生产企业主动引进国外新技术、新工艺、新标准，在化学品的研发、生产、销售、使用、废物处理等各个环节向更安全、更卫生、更环保的方向发展。通过大力推行技术改造，改进生产工艺，提高产品质量，加快产业结构和产品结构的调整，促使我国石油化工行业的发展与环境保护更加协调。

2．消极的影响

（1）国外技术性贸易措施的实施，增加了我国出口产品成本，削弱

了企业的价格竞争优势

环境、技术标准措施的实施，涉及化工产品从生产到销售乃至报废处理各个环节费用的增多，最终增加企业出口产品成本，企业将失去原有的价格竞争优势。更为严峻的是，发达国家的环境、技术标准非常苛刻复杂，国内大多数企业目前难以达到要求。因此，将大大削弱这些企业在国际贸易中的竞争力，减少对外贸易和国外市场份额，有些企业甚至退出国外市场。

(2) 国外技术性贸易措施的实施，将引起我国外贸商品结构变化

我国目前出口的大宗化工产品，主要集中在无机盐、涂料、染料、橡胶制品、有机中间体等领域，具有资源密集和劳动密集优势。随着技术性贸易措施的实施，这类产品将受到很大冲击和影响，在国际贸易中的比重将逐步降低。

(3) 国外技术性贸易措施的实施将进一步制约发展中国家

由于发达国家具有经济和技术上的优势，往往将现行的新型单边贸易壁垒演化为多边贸易壁垒，把自己的标准强加给发展中国家，要求必须遵守，否则以贸易制裁相威胁，这将进一步制约发展中国家。

(三) 我国石油化工行业遭遇技术性贸易措施对我国相关产业的影响

国外技术性贸易措施对我国石油化工产品出口带来不利影响，也间接影响到与石油化工行业相关产业的发展。

①直接影响我国农产品的出口。

②对纺织、轻工、医药、建材等相关行业产生不利影响。

③化工产品贸易受阻，将影响运输业、金融业、服务业的发展。

④造成我国失业人口增加。

(四) 本行业出口遭遇技术性贸易措施主要原因及评价

我国石油化工行业出口遭遇技术性贸易措施，既有外部原因，也有内部原因。

1. 遭遇技术性贸易措施的外部原因

①传统贸易壁垒受到约束，发达国家出于保护国内市场的需要。②发达国家重视环保。③发达国家对消费者安全和健康意识的加强。④进出口国家在法律、技术标准和规则存在差异。⑤WTO的有关协议对贸易

与环境的规定存在缺陷，为技术性贸易壁垒提供了可乘之机。

2．遭遇技术性贸易措施的内部原因

①技术及生产设备落后，产品竞争力不强。②标准化工作滞后。③认证步伐缓慢，检测数据与检测机构还未与国际接轨。④检验技术与检测设备落后。⑤缺乏技术法规和强制性标准。⑥企业和整个社会环保意识淡薄，缺乏经济与环保协调发展的意识和手段。

二、国际石油化工市场技术性贸易措施发展状况

（一）国际标准发展的趋势

1．发达国家标准工作战略化

质量是市场取胜最重要的因素。科学技术通过标准手段表现在产品上，代表特征就是质量。因此，标准之争就是市场之争，其背后是巨大的经济利益，甚至可以成为行业的定义者。为此，发达国家为了在国际市场上占有更大的份额，在全球市场一体化的进程中占据更有利地位，首先占领国际标准这个制高点，争夺国际标准制定的控制权。从1999年开始，欧盟、美国、加拿大、日本等发达国家相继制定标准化战略，目的是通过“标准”，先发制人，力争贸易上的主动，同时突破别国的技术措施壁垒。

2．产品规格标准转化为安全、环保标准

当前环境保护已成为全世界共同关心的问题，特别是化工品的安全问题。为此，发达国家率先改变末端治理的原有生产模式，首先从产品标准抓起，由过去以生产型标准为主、以组分含量为内容的形式，向有利于人类健康和环保需要的方向发展，提出安全、环保标准。最明显的体现在越来越多的国家对食品农药残留量、对纺织品染料致癌物的限制。

3．产品品牌战略

推行产品品牌，不仅使企业获得商机和便利，而且在消费市场占据更大的空间。我国是世界公认的化工产品进口第一大市场。自改革开放以来，由于国内企业品牌意识不强，致使国外许多品牌产品占据国内大量的市场份额，如涂料、胶卷等，使国内产品受到很大冲击。如洋品牌涂料占据国内45%左右的市场份额；洋胶卷已占据国内一大半市场，致使国内产品丧失提起反倾销诉讼的资格。

4. 技术标准延伸到化学品的生产全过程

发达国家从保护国内企业利益出发，采取贸易制裁措施，抵制低环境标准产品进口。为此，提出环境标准，将技术标准的内容从产品的生产、工艺、加工方法、销售方式、消费方式甚至对产品废弃物的处理方式都加以限制，制定苛刻复杂标准，要求符合环保需要，对人类健康和生态环境均无危害。概括的讲，将技术标准贯穿产品的整个生命周期。

（二）实施技术性贸易措施的主要国家

从国际设置技术性贸易措施的整体情况看，以欧盟、美国和日本等颁布的技术性法规最具代表性。

如欧盟经过多年酝酿，发表了更加系统、完善的技术性贸易措施文件——《未来化学品政策战略（草案）》白皮书。此后又发表了与之相配套的《关于化学品注册、评估、许可和限制（REACH）的咨询文件》，规定出口到欧盟的约3万种化学品都要登记注册，接受他们对环境影响、人体健康的评估，否则不许在欧盟市场销售。白皮书虽然只针对化学品，但影响范围可涉及上百类商品。

日本国会前不久通过了《化学物质控制法修正案》。该修正案要求从2005年4月1日起，每年所有生产量和进口量大于10吨化学品的生产商和进口商必须测试化学品的生态毒性，同时需要测试产品的生物降解性、生物累积性和生态毒性，这将大大增加化学工业的操作成本和复杂性。有关专家指出，新法案与美欧相比还是宽松的。因为美国和欧洲对化学品生产过程中使用的中间体都有严格的限制要求。

美国将修改《有毒化学品控制法》。美国是一个标准大国，它制定的包括技术法规和政府采购细则等在内的标准有5万多个，私营标准机构、专业学会、行业协会等制定的标准也在4万个以上，其中不包括一些约定俗成的事实上的行业标准。对想进入美国市场的外国公司来说，它们还需要耗费大量时间和金钱，接受美国指定独立实验室的检测。美国不但标准多，要求也高，再加上评定系统的复杂，使国外商品进入美国市场的难度和贸易成本增加，竞争力被有效地制约。美国曾一度忽视国际标准化工作。近年来，美国国家标准学会等出台了《国家标准战略》，明确提出要利用美国标准体系的优势，整合各方面资源，大力推进美国标准的国际化，是想通过“标准先行”进一步控制国际市场，使美国标准更容易被国际市场接受，同时达到突破别国技术壁垒的目的。

从当前的发展形势看，实施技术性贸易措施有向发展中国家进一步扩展的趋势。

（三）当前国际石油化工市场技术性贸易措施的特点及发展趋势

1．技术性贸易措施将长期存在并不断发展

随着关税、配额、许可证等传统贸易措施的逐步削弱，以及国际社会对环保、食品安全、消费者权益保护等方面重视程度的增加，技术性贸易措施以其合理性、复杂性、隐蔽性和灵活性等特点，在平衡国际贸易关系，保护本国市场，促进经济发展等方面发挥越来越重要的作用，它受到各国重视，已成为国际上许多国家设置非关税保护的一种重要手段。越来越多的国家和地区政府尤其是发达国家，利用其经济和技术实力上的优势，加强了技术性措施的制修订工作，推行严格的合格评定程序，借机提高国外产品市场准入的门槛，同时也起到保护本国利益的目的。

从广义上讲，技术性贸易措施还包括以绿色包装、进口检验检疫要求等绿色措施和社会责任标准（即SA8000）等为内容的新的技术性贸易措施。技术性贸易措施随着经济全球化和贸易的多元化，将长期存在并不断发展。

2．“环保”将成为化工行业发展关注的焦点

保护环境已成为全世界共同关心的问题。实现可持续发展，使发展和环境相协调，正引发社会各领域、各层面的深刻变革和广泛行动。特别是化工界，更应以实现可持续发展和保护环境的行动，作为自身应尽的责任和义务。为此，以高科技、低成本、低污染为特点的可持续发展模式，将成为化工业发展更为关注的焦点。

3．更多的利用知识产权协定保护进口国的利益

发达国家的技术壁垒越来越多地以知识产权为支撑，或直接以知识产权构筑技术壁垒，欧盟白皮书及REACH制度甚至把知识产权的范围扩大到试验数据，构成了技术含量更高的双重技术壁垒。

4．壁垒的构筑速度加快

据了解，一般情况下，标准制定周期为四年，但德国国家标准制定、修订周期特别短，一般为两年半，让国外企业很难适应，在竞争中总是处于被动地位。欧洲的指令及其标准更是不断变化的。可见，壁垒变化和构筑速度加快是发展的一种必然趋势，也是制约他人的有效手段。

5. 其他领域贸易壁垒的相互交织

长期以来，发展中国家一直是自然资源和初级产品的廉价提供者，是发达国家污染转移的庞大场所。从20世纪90年代开始，发达国家设置国际贸易壁垒逐渐呈现出多样性。绿色壁垒——借环境保护之名，行贸易保护之实；技术壁垒——发达国家利用与发展中国家的技术差距，制定各种复杂、苛刻的技术标准；政治壁垒——发达国家以人权、劳工标准为由，阻止发展中国家低成本产品进口；灰色化壁垒——如滥用反倾销规则演化为新的贸易壁垒。各种壁垒相互交织在一起，给发展中国家的出口贸易构成新的威胁和压力。

三、我国石油化工行业技术性贸易措施应对能力分析

（一）我国石油化工行业技术性贸易体系的现状与发达国家的差别

1. 我国石油化工行业技术标准、检测程序与法规的现状

①技术标准现状。长期以来，我国标准体系一直是由国家标准、行业标准、地方标准和企业标准四个层次组成。目前，我国石油和化工行业现有标准4699个，其中国家标准2237个，行标2462个。按三大行业产品区分，化工产品和相关的试验方法标准共有3617个，其中国标1853个（强制性标准218个），行标1764个（强制性标准528个）；石化产品和相关的试验方法标准共有1007个，其中国标337个，行标670个；石油产品和相关的试验方法标准共有75个，其中国标47个（强制性标准4个），行标28个。

②合格评定程序现状。包括体系认证、产品认证和实验室认证。体系认证又包括质量体系认证、环境体系认证、职业健康安全体系认证等。产品认证又分为强制性和自愿性产品认证。近年来，随着我国加入WTO，根据世贸协议和国际通行规则要求我国将两种认证制度统一起来，对强制性产品认证制度实施“四个统一”，即统一目录；统一标准、技术法规、合格评定程序；统一认证标准；统一收费。2001年国家开始对涉及人类健康和安全、动植物生命和健康、环境保护和公共安全的产品实施强制性认证制度。发布了《强制性产品认证管理规定》、《强制性产品认证标志管理办法》、《第一批实施强制性产品认证的产品目录》等法规和文件。

2003年，颁布《中华人民共和国认证认可条例》，规范了认证认可活动。

石油化工行业经过多年发展，已经建立起分布地域广、门类齐全、专业能力强的标准化和质检中心队伍，有专业标准化技术委员会和标准化技术归口单位56个（其中全国标委会14个、分技术委员会32个、行业技术委员会6个、技术归口单位4个），产品质量监督检验中心37个，检验产品基本覆盖全行业。

③技术法规方面。就化工行业来讲，从1954年设立化工部到2000年底，化工行业共发布法规、规章和其他规范性文件共545件，其中现行191件，已经废止或自然失效354件。目前还在实施的法规，如《农药管理条例》《危险化学品管理条例》《化工产品质量的评价、考核和统计管理办法》《中华人民共和国监控化学品管理条例》等，大多属于各政府部门颁布的管理性规章，不系统，难以构成有关化工品整体的技术性法规。

2．与国外的差距

①技术标准方面。同世界发达国家相比，我国石油化工行业由于形成的标准体系不同，暴露不少的差距和不足。具体表现在以下几方面：

——现有技术标准不适应对外贸易的需要。由于受“计划经济”的影响，长期以来我国石油和化工技术标准绝大多数是按生产需要制定的，体现对产品组成部分的要求，属于生产质量标准，而没有环境、安全、贸易和服务等方面的标准，已明显不能满足对环境保护和社会进步的需要。

——技术标准水平偏低。由于受检测方法落后、设备陈旧、技术水平低等因素影响，不少国家标准比国际标准和国外先进标准水平明显偏低。在产品进出口方面，由于我国产品技术标准不适宜贸易需要，因此，在外贸合同中大量使用发达国家标准。这意味着，我国出口产品只能遵守外国人制定的标准，致使我国出口产品和国外产品在认证上待遇不同，执行标准不同，无形中降低了我国市场的门槛，同时提高了我国出口产品的市场准入门槛。

——标准制定周期长，工作效率低。我国多层次标准管理体系带来机构臃肿、工作效率低的弊端，造成资源和人员的浪费。在运转中暴露出，国家标准与行业标准的界定很难科学、合理、清楚地加以区分；行业标准之间交叉、矛盾问题较多，给生产、使用造成混乱和矛盾等。制定标准周期长、标准修订不及时。如发达国家为加强环境保护，对化肥、农药、涂料、染料等产品做了强制性规定，而我国在石油和化工行业目前仅对汽车轮胎、安全套实施了强制性认证，标准化工作滞后。

——标准的研究工作薄弱，实施状态差。由于机构变化，导致从事标准化工作的人员老化，流失严重。社会各界，特别是相当一部分企业负责人、管理者，标准意识、质量意识差，成为阻碍标准推行工作的重要原因。

②质检体系方面。主要问题：

——质检中心的管理体制存在缺陷。化工行业质检中心的设置，是在原化工部时期根据专业特点依托化工科研院所组建的。经过机构改革，化工科研院所已转制为企业，其下属的质检中心不独立，检测数据的公平与公正性已受到社会质疑。

——检测数据问题。由于受经费限制，近年来化工质检中心检测设备更新慢，比较落后，检测项目少、精度低，使我国产品的检测数据得不到出口国的认可。以农药为例，目前我国农药企业在对外贸易遇到的最大问题是产品基础数据不准确。欧盟规定，对农药中所有杂质作定性、定量分析，精确度要达到0.1%。我国目前只有少数几个检测机构能够达到这一标准。此外，我国进行农药产品安全性评价的GLP实验室尚无一家得到国际认证，为此国内测试的数据能否取得国际认可还是个未知数，这使我国产品出口很被动。

③技术法规方面。就目前情况来看，在我国的法律法规体系中，对技术法规的范围尚无明确定位，仅以石油和化工行业强制性标准替代或作为部分技术法规去执行，在内容、范围和管理程序等方面不适宜，而且力度不够。我国石油化工行业的技术性法规体系尚未建立。

欧盟白皮书是经过二三十年研究出台的一部法规，对世界化工品的发展具有很大的影响。但我国化工品的制备、检测、备案和管理缺乏一套完整的技术法规体系。例如，我国尚未对进口化工产品的废弃回收提出要求，而国外尤其是欧洲对我国出口的产品则有要求。又如我国化学工业可持续发展与环保相协调问题等都缺乏法律规定。

我国目前既没有欧盟那样明确的“指令”型技术性法规，也没有美国那样比较完善的针对各种产品或事项的专项技术法律、法规。从国外的技术法规、技术标准和合格评定程序来看，三者既统一又相互配套，使三者具有更强的可操作性。我国存在的主要问题是：制定技术法规缺少技术标准的支撑作用，可操作性不强；有技术标准但不具备法规的强制作用，力度不够。在法规之间、标准之间、法规与标准之间衔接不好，互不配套，造成部门职能交叉，形成执行上的真空。

（二）我国石油化工行业的技术水平、技术开发能力与自主知识产权状况

1. 技术水平状况

随着经济发展，我国在国际石油化工市场占有一席之地。如我国炼油能力已占亚洲总能力的22.4%，占全球的5.5%；是世界最大的聚烯烃消费国，聚烯烃购买量超过全球贸易总量的30%；是世界第一大合成纤维生产国和消费国，产量和需求量分别占世界的1/4和1/3；是世界第四大合成橡胶生产国，全球最大的橡胶消费国；是世界染料第一大生产和出口国；农药去年出口量位居世界第二等。但目前我国化学工业的工艺技术仅相当于发达国家20世纪70年代末期水平，就整体来讲，技术水平比国外落后10～20年。可以说我国是一个生产、消费大国，但不是一个石油化工强国。

2. 技术开发能力状况

受经济实力制约，我国石油化工行业在新产品开发、创新能力方面较弱。大型企业的技术装备大多是七八十年代引进的，应用新技术、新材料、新工艺的比例不高，缺少国际上公认的优质产品。以农药为例，目前世界上研制开发一个农药新品种至少需要上亿美元，虽然我国农药生产企业超过2000家，但大多数是中小企业，巨大的开发成本和新品种被仿制的风险，是造成众多企业难以开发的主要原因。

3. 自主知识产权状况

我国石油化工行业产品的自有技术含量低，大多以引进、仿制为主，具有自主知识产权的产品、品种、技术、工艺等无论在量还是质上均落后于发达国家。如我国的有机原料中间体、精细化工产品等，技术水平、产品的数量、质量、规格等与国外相比，差距都是明显的，一批重要的中间体多年来国内技术一直未能突破，特别是医药和农药中间体，基本依赖进口。

（三）我国石油化工行业进出口情况

“入世”后，我国石油化工行业虽然受到国外反倾销、技术性贸易措施等不利因素冲击和影响，但也受到了一定的积极影响。2004年前11个月，我国石油和化工行业出口快速增长，具体情况见表6-1。

表6-1　2004年1-11月石化工业出口情况

产品类别	出口情况（亿元）	同比增长（%）
出口交货总值	1332.2	24.4
其中：原油和天然气	129.3	1.6
精炼石油产品制造	234.7	44.6
化学工业	968.2	23.9
其中：肥料制造	34.6	125.7
基础化学原料制造	170.2	18.0
橡胶制品	239.6	20.1

我国石油和化工行业新产品不断开发，产品结构继续改善。前11个月，新产品产值为563.4亿元，同比增长24.6%，其中精炼石油产品制造和化学工业取得了较好的成绩。精炼石油产品制造新产品产值为87.2亿元，同比增长18.6%；化学工业472.8亿元，同比增长26.4%。化学工业中，基础化学原料制造和橡胶制品技术水平不断提高，一些高附加值产品相继问世，产品结构得到不断的改善。

实践表明，我国宏观经济环境进一步完善，投资和出口增长强劲，消费保持活跃，产业升级步伐加快，特别是与化工相关行业如轻工、纺织、汽车、建材、电子等行业大幅度增长等因素的影响下，我国石油和化工经济形势取得较好的业绩，生产经营仍保持了适度增长的局面，产销衔接良好，经济效益进一步提高，进出口贸易继续保持增长的态势。因此，我们认为，我国石油和化工行业经受了“入世”的初步考验。

四、石油化工行业技术性贸易措施战略选择

21世纪，我国石油化工行业将以更加开放和更大的改革步伐，融入经济全球化的进程中，积极应对“入世”后的新机遇和挑战，努力实现持续健康快速发展。

（一）石油化工行业技术性贸易措施战略思想

石油化工行业技术性贸易措施战略思想可概括为：在对外贸易中，坚决维护国家利益，保护我国环境安全和人身健康，维护消费者权利。

石油化工行业技术性贸易措施战略方针：充分发挥协会上下沟通、联系广泛、熟悉专业的优势和特点，加强行业自律，在石油化工行业技术

性贸易措施的工作中，既要加强“破壁”研究，突破国外技术性贸易壁垒，开拓国际市场；又要加强“立壁”研究，保护国内产业安全和幼稚产业的健康发展；辅助政府决策，协助企业做好应对工作，在降低“入世”对行业、企业的不利影响方面发挥重要的作用。

（二）石油化工行业技术性贸易措施战略目标

我国石油和化工行业技术性贸易措施应确定为：建立符合 WTO 原则，又结合我国实际，能够有效、合理促进我国石油化工行业发展，保护我国石油化工产业与国内市场，保护人类健康与环境安全的技术性贸易措施体系，推动我国石油化工向更高阶段发展。

（三）石油化工行业技术性贸易措施战略对策

世贸组织的《技术性贸易壁垒协定》（以下简称WTO/TBT协定）对各成员国在国际贸易中制定、采用和实施的技术法规、标准及合格评定程序等做出了明确规定。我国化学品技术法规、标准、合格评定程序与国际接轨是必然趋势。因此，我们就近期的对策研究，需要做以下几方面的工作：

1．提高对技术性贸易措施重要性的认识

从2004年1月起，我国取消成品油、天然橡胶、汽车轮胎的进口配额许可证管理，国内市场进一步开放。“入世”两年来，我国石油化工行业在经历反倾销与技术性贸易措施相关联的双重冲击，受限产品品种不断增加的情况下，欧盟白皮书的出台再次给我们敲响了警钟，使我们认识到开展对 WTO/TBT 协定研究的重要性和必要性。

①石油化工行业不同于其他行业，产品缺口较大。近几年，我国石油化工行业进出口贸易持续出现逆差，主要原因是由于我国市场的进一步开放以及经济的快速发展，国内化工市场在电子、通讯、汽车、化学建材和轻纺工业发展的拉动下，需求旺盛，市场潜力大，石油化工产品缺口较大。如石油，需要进口1/3，2003年已超过8000万吨；五大合成树脂国内需求量约3000万吨，进口约1800万吨以上，占表观消费量60%左右；有机原料40%需要进口。我国石油化工行业进出口贸易逆差的状况在短时间内将不会改变。

②多数产品竞争力较弱。我国石化产品无论在工艺技术、生产规模、产品质量、品种牌号等方面与国际先进水平比还有相当的差距。据有关

方面推测，80%左右进口产品有倾销嫌疑；20%的出口产品有竞争力，属于劳动和资源型产品。由于企业经营不规范，为抢占国外市场而相互压价，屡遭国外反倾销调查。

③国际贸易摩擦日益增多。据统计，从1999年至2003年12月底，我国反倾销立案共27起，其中涉及石化产品20起，占全国立案总数的74.1%；2003年我国反倾销共立案6起，涉及石油化工产品4起，占全国立案总数的66.7%。

另外，一些国家利用我国由计划经济向市场经济转型之机，屡屡对我国出口的化工产品提起反倾销调查，涉案的数量和金额近年来居高不下，我国已经成为世界上出口产品受到反倾销调查最多的国家之一，石油化工行业成为遭遇到反倾销最多的行业之一。据统计，2003年共有14个国家对我国石油化工产品提出19起反倾销调查。其中，欧盟和印度各有5起，产品包括草甘膦、环氨酸钠、磺胺酸、碳化钙、三聚氰胺、钛白粉、磷酸氯喹、尼龙帘子布等。

随着经济发展，我国石油化工行业与国际市场的依存度越来越强，因此，为保护国内产业利益，挡住进口产品的冲击，提高市场准入门槛，保护我国环境和人与动植物的安全，更需要建立起我们自己的技术性贸易措施体系。

2．转变观念，提高全行业应对技术性贸易措施的能力

根据国际贸易形势的发展，有必要在我国石油化工企业开展技术性贸易措施内容、重要性及案例等相关知识的教育，逐步提高整个行业应对技术性贸易措施的认识和能力。

我国“入世”时间不长，企业对WTO/TBT的意义和发展趋势以及对贸易的影响缺乏足够的了解和认识，缺乏走出国门的眼光和远见，缺乏主动出击或组织起来研究共同应对国际贸易摩擦的自觉性，因此对外贸易一旦碰“壁”，一般采取短期行为，能接招就招架，不能就绕道、避让或依靠政府。企业领导者一定要转变观念，遇到问题找政府或依靠国家优惠政策已成为历史。因此，一方面企业要通过技术进步，加强环保意识，增强自己的竞争力。另一方面，企业要学会充分利用WTO允许的条款和手段，运用法律和事实来证明，自己产品的生产、供应和销售各个方面均具有市场经济条件，争取主动，争取获得公正合理的竞争环境，最大限度地维护自己合法权益。

3. 充分利用标准手段，制定石油化工产品标准

标准水平的高低，不仅与产品质量有关，同时也体现整体的技术实力。目前，我国的经济和技术实力与发达国家相比存在差距，短期跨越这些差距是不现实的。但我们认为，在WTO/TBT大框架下，可以“分重点、分阶段”在现有的基础上进行改善。

①利用我国的优势，有针对性地提高市场准入门槛。建议由国家授权，委托协会组织技术专家、标准专家、企业家等多方面人员参加，对行业标准的使用率和有效性进行整体评估，分清具体标准与国外的不同之处。针对重点产品、受倾销损害较大的具体产品，参考国际标准，找出我国产品标准与国际标准、国外产品的差距和原因，尽可能采用国际标准修订我国产品标准，必要时以标准形式体现我国的具体需要和技术差异。例如，燃料油，国外产品芳烃含量较高，可以通过修订燃料油芳烃含量的技术指标，要求按我国推荐性标准生产，以达到限制国外不合格产品进口冲击的目的；再如，在化肥行业，通过修订重金属镉含量指标，提高进口磷肥的质量，同时也起到保护农业生态、环境的目的；此外，对曾受到低价倾销损害的一些产品，如苯酐、邻苯二酚、PVC等，通过重新修订标准，实施技术保护，待反倾销税征收期满后，不至于使我国的产品再度受到国外产品的冲击。

②出口量较大的传统产品，积极采用国际标准和国外先进标准，提高产品质量。对于我国出口量较大的化工产品，如农药、染料、涂料、无机盐、胶鞋、轮胎等，必须在提高技术创新能力、产品质量和品牌知名度上下功夫，促进产品的升级换代，不能单靠低价来参与国际竞争；适时变动标准，给我国企业创造一个发展空间；标准要以国际标准、国外先进标准为基础，甚至更严，自检数据争取得到国际互认，以保证对外贸易顺利发展，使我国出口企业获得便利。同时，要关注进口国对这类产品技术法规和标准的修订情况，否则会由于信息不畅，使产品出口受到影响。

4. 尽快建立和完善石油化工安全标准体系认证

在目前质量合格评定的基础上，建立化学品的评估、注册、登记制度；应加强和完善对进口化工产品的检测程序；增加研究化学品对人体健康和环境影响的投入；支持化学工业的标准化工作，更新检测中心或实验室的测试设备，提高技术水平，使检测数据、检测机构、安全认证

取得国际测试机构的互认。推广国际质量认证和环境认证，尽快建立和完善有关染料、农用化学品等行业产品安全标准体系，取得国际认证。

关于检测机构，可以借鉴发达国家的经验和做法，质检机构独立，属于中介机构。建议通过国家质检、海关等部门考核、认可，授权行业协会参与对检测机构技术能力及公正性的评审、整顿，最终在全国形成数个集校准、计量、测试、验货、认证为一体，并与国际接轨的检验机构。该机构实行独立经营、自负盈亏，完全按市场机制运作，以便为企业提供高效、公正的优质服务。

5．加快技术进步，实现产业升级

“入世”后，国内外环境迫使我们提高自身优势。近两年，我国国有大中型企业加快了技术进步、产品创新及产品结构调整的步伐，并取得一定的成绩。如中石油和中石化两大公司开发、研制的丙烯腈、聚丙烯催化剂等具有自主知识产权的新产品、新技术，获得国家多项专利。川化、泸天化、云天化等大型国有化肥企业，除生产化肥主业外，还开发、生产了高科技含量、高附加值的产品，如川化生产三聚氰胺，泸天化生产甲醇、二甲醚，云天化生产聚甲醛等，这些企业均以一业为主，多种经营，其他产品共同发展，提高了企业竞争力。

6．提高环保意识，提倡清洁生产

自从我国改革开放以来，经济持续高速发展，与此同时，我国的资源受到了破坏，环境污染也非常严重。为此，我国提出抛弃那种耗尽能源和破坏环境的传统发展模式，选择以高科技、低成本、低污染为特点的可持续性工业化模式。

石油化工行业在这方面责任更大。根据形势发展，环保问题将成为化工企业发展生死攸关的重要问题。为实现可持续发展和保护环境相协调，要从基层做起。企业要从加强环境管理入手，改变末端治理的传统观念，树立污染预防（清洁生产）的新观念，将废物最小化，通过“自我控制、自我管理”，把环境管理融入企业全面管理中。

7．关注本行业国外新法规的制定，运用WTO原则主动参与评议

2002年底，石化协会组团赴欧培训时，了解到欧盟制定白皮书的情况，意识到欧盟白皮书的实施将会对我国化工品以及下游产品产生很大影响。我们及时将情况上报商务部、国家质检总局等部门，引起政府部门的广泛关注。

为了维护国家利益，国家质量监督检验检疫总局、商务部组织相关部门，起草了《中国政府对REACH制度的评议意见》，石化协会作为主要起草单位之一，参与了文件的起草工作。

为进一步陈述石化协会的意见，7月份以协会会长的名义，给欧盟企业总司和环保总司致函，阐述对REACH文件的意见。11月，协会第二次以会长名义致函欧盟，表达了对修改后的REACH的看法。同时，协会还参加了中欧双方召开的电视电话会议，就我方的立场再次与欧盟进行了沟通。从修改后的REACH文件里可以看到，欧盟对我国政府及石油和化学工业协会的意见非常重视。

通过这项工作，我们有几点认识：

①信息畅通，保持思想的敏锐性，才能掌握主动。随时关注、及时了解各国技术性贸易措施的动态，保持思想敏锐，可以掌握主动权，抓住有利时机，有效减少或规避贸易损失。

②面对国外技术性贸易措施和一些强制性规定，既要重视，又不能恐慌或避让。应该学会运用WTO赋予的权利，主动参与或评议，最大限度的争取合法利益。

第七章　电子信息产业技术性贸易措施战略研究

加入WTO以后，我国电子信息产品在出口贸易中受国外TBT限制日益严重。至今已发生了因TBT引发的DVD、彩电技术专利费等风波，WAPI无线网络标准事件，以及思科诉华为技术侵权案等一系列纠纷。这些问题说明，发达国家及其跨国公司已经利用TBT在高新技术产业领域加大了打击我国的力度，这已经并将严重影响我国产业结构的优化调整，影响建设小康社会的进程；这些问题也反映了标准劣势将使我国在国际政治经济秩序中处于被动地位，使我国企业在国际经济贸易中处于从属和附属地位，从而严重影响我国"走出去"战略的实施以及中华民族的伟大复兴。

一、持续快速发展的我国电子信息产品出口

（一）信息产业在国民经济、国家安全、人民生活和社会进步等方面发挥着越来越重要的作用

1．信息产业是国民经济的先导产业

信息产业的发展已经成为世界各国经济发展的主要动力和社会再生产的基础，信息产业作为高新技术产业群的主要组成部分，是带动其他高新技术产业腾飞的龙头。信息产业的不断拓展，信息技术向国民经济各领域的不断渗透，将创造出新的产业门类。信息技术的广泛应用，将缩短技术创新的周期，极大地提高国家的知识创新能力。

2．信息产业是国民经济的支柱产业

信息产业是国民经济新的增长点。我国信息产业以2－3倍于国民经济的速度发展，增加值在GDP中的比重进一步加大，对国民经济的贡献率不断提升，出口位居各行业之首，在国家外贸出口中的支柱地位得到

进一步巩固和提高。

3．信息产业是推进国家信息化、促进国民经济增长方式转变的核心产业

通信网络和信息技术装备是国家信息化的物质基础和主要推动力。信息技术的普及和信息产品的广泛应用，将推动社会生产、生活方式的转型。信息产业的发展对推动国民经济和社会信息化进程，提高其他产业的效率，促进国民经济和社会可持续发展，提高人民生活水平，具有现实意义和重要推动作用。

4．信息产业是关系国家经济命脉和国家安全的基础性和战略性产业

通信网络是国民经济的基础设施，网络与信息安全是国家安全的重要内容。强大的电子信息产业是网络与信息安全的根本保障。信息技术和装备是国防现代化建设的重要手段。信息产业已经成为各国争夺科技、经济、军事主导权和制高点的战略性产业。

（二）我国电子信息产品进出口额增长迅猛

我国电子信息产业经过几代人的努力，从无到有，从小到大，产业规模已由1980年的100.3亿元发展到2000年的1万亿元，年均增长速度保持在25%以上，是同期国内生产总值增长速度的3倍。目前，电子信息产业已成为我国工业的第一大支柱产业。伴随着电子信息产业的快速发展，我国电子信息产品进出口贸易增长迅猛。1991–2001年，其出口额、进口额与贸易额的年均增长速度分别达到27%、25%、26%，均为同期全国外贸增速的2倍左右。2000年，我国电子信息产品贸易额首次突破1000亿美元，达到1090亿美元；2003年电子信息产品出口额为1421亿美元，接近全国外贸出口总额的三分之一。2004年1–6月，我国电子信息产品出口额为881亿美元，同比增长55%。

（三）我国电子信息产品外贸贡献作用凸显

我国经济的快速发展和产业结构的优化升级带动了其出口结构的变化，出口产品的技术含量和深加工程度日益提高，表现之一为我国电子信息产品出口在我国外贸出口和经济增长中的地位和影响不断提高。

从存量分析看，1991年电子信息产品出口43.3亿美元，占全国外贸出口的6%；此后的十年间，电子信息产品出口占全国出口总额的比重持续大幅上升，到2001年该比重已经升至24.4%，相比十年前提高了3倍。

2003年，电子信息产品出口额为1410亿美元，增长53.2%，增速高出全国出口19.8个百分点，占全国出口总额的32.4%，对全国出口增长贡献率为44.4%，继续成为推动全国外贸出口的主要力量。

（四）我国电子信息产品国际市场地位显著提升

我国电子信息产品正在实现数量急剧扩张基础上的结构提升，其国际市场地位显著提高。截止到2003年底，我国电话用户总数达到5.32亿户，居世界第一位，其中固定电话2.63亿户，移动电话2.69亿户；互联网上网人数达到7800万人，居世界第二位。电子信息产业实现销售收入1.88万亿元，产业规模居世界第三位；程控交换机、手机、彩电、激光视盘机、显示器等电子信息产品的产量居世界第一位。1990年我国电子信息产品出口额为37亿美元，到2003年达到1421亿美元，比1990年增长了37倍多，约占全球电子信息产品贸易总额的15%。我国已经发展成为世界信息产业大国，正在由电子信息产业大国向强国转变。

二、我国电子信息产品对外贸易相关的TBT措施

近年来，随着我国电子信息产品出口量的迅猛增长，在国际市场上所占份额越来越大，发达国家的TBT措施对我国电子信息产品出口的影响日益加重。其主要原因是：以电子信息产品为代表的技术密集型产品占世界贸易额的比例进一步上升，贸易中所涉及的各种技术问题变得更加复杂，高灵敏度检测技术的发展给发达国家限制商品进口提供了快速、准确的数据，消费者对商品的选择性强，对质量要求高，对款式变化敏感；对环保、安全、卫生要求日趋严格。从受限制的技术性贸易措施的主要类型看，我国电子信息企业在产品出口过程中所受的TBT限制措施主要有以下几个方面：技术标准、技术法规、合格评定程序、产品安全认证和管理体系认证等。

（一）技术标准

在电子信息产品的国际贸易中，国际电工委员会（IEC）制订的技术标准最为权威，大都已成为国际通行标准。国际电工委员会成立于1906年10月，是世界上最早成立的国际标准化组织，负责制订电工和电子产品的国际标准。其中，IECEE是IEC内负责电工和电子产品安全认证的组织。CTL是IEC下属负责处理所采用标准的细则化测试规范和测量方法

的组织。CB体系是电子电工产品按安全标准测试结果的相互承认体系。

凡建立了IEC国家委员会的国家均可申请参加IECEE组织，但一个国家只能指定一个机构代表国家（作为NCB）参加IECEE的相关活动。我国电工产品认证委员会（CCEE）作为NCB参加IECEE的活动，并有10个CB实验室获得认可。我国目前已经采用了1911个IEC标准，占其所有标准的45.8%。CCEE颁发的附有CB测试报告的CB测试证书是通行其他国家认证机构的一种文件，证明该产品的样品按IEC标准所做的试验已合格。因此，获得CB测试证书的企业，可被IECEE体系内已声明认可该标准的其他成员国承认。

在我国，各种相关标准也正在逐步制定中。如我国计算机行业协会耗材专业委员会受政府委托，正积极开展"信息技术喷墨打印机用零配件墨盒通用规范"的标准制定工作。这个标准的制定为规范我国喷墨打印机耗材的市场秩序，保护环境，扩大出口起到了积极的作用。

除了我国以外，欧洲电工标准化委员会（CENELEC）也与IEC签订了合作协议，即德累斯顿协议。欧洲标准化机构在起草新标准时，积极采用国际标准作为欧洲标准。

1985年5月7日，欧洲理事会批准了85/C136/01关于《技术协调与标准化新方法》的决议。协调标准由欧洲标准化组织制定，凡是符合这些标准的产品，可被视为符合欧盟指令的基本要求，符合协调标准的产品即可在欧盟市场流通，但实施协调标准仍是自愿的。

实践证明，IEC标准能有效地促进世界电子信息产品贸易，消除TBT障碍，促进世界贸易自由化进程。对于我国而言，重要的是进一步加强与IEC的合作，更多地采用IEC标准，推动消除我国电子信息产品在国际市场上的TBT障碍。

（二）技术法规

我国的法律体系中没有明确的"技术法规"的规定，除强制性国家标准外，大量"红头文件"在现实中起着技术法规的作用。如《产品质量监督试行办法》、《工业产品生产许可证试行条例》《第一批实施强制性产品认证的产品目录》等。

像这些国家公布的强制执行的标准和规范等，目前实际起着技术法规的作用。这种状况与我国加入WTO后经济融入全球一体化的要求不适应，使我国产品出口过程中受到国外技术法规限制的同时，缺乏相应的限制措施加强对国内市场的保护。

（三）合格评定认证

从法律效力看，认证可分为自愿性认证和强制性认证；从认证对象看，可以分为产品认证和企业或其他机构的管理体系认证。目前，世界上共有3000多家认证机构，美国有400余家，欧洲从事认证活动的机构有1000多家。

在我国公布的《第一批实施强制性产品认证的产品目录》中有关电子信息产品部分为：信息技术设备（共12种）：微型计算机、便携式计算机、与计算机连用的显示设备、与计算机连用的打印设备、多用途打印复印机、扫描仪、计算机内置电源及电源适配器充电器、电脑游戏机、学习机、复印机、服务器、金融及贸易结算电子设备等。符合我国的认证程序是国外相应电子信息产品进入我国市场的必备条件。

（四）产品安全认证

目前国际安全标准分为两大认证体系，即欧洲安全认证体系和北美安全认证体系。

欧洲安全认证体系是以IEC标准和EN（欧洲）标准为基础。这些标准的实施由欧盟各成员国的授权认证机构在各自的国家具体开展，如英国的BSI，德国的TUVPS、TUV莱茵、VDE（德国电机工程师协会），荷兰的KEMA等。作为限制性措施，法国海关对与许可证不符或没有欧盟CE认证的产品不许入境；为保护环境，欧盟发布2000/45/EC决定，公布了洗衣机加贴生态标签的标准。同时，生产企业如果实施了ISO 14000或EMAS等环境保证体系，在认证机构评估是否符合决定的要求时会处于比较有利的地位。这一新的决定将对我国家电产品进入欧盟市场产生影响。近年来，在欧洲如德国、荷兰、捷克等国家发现许多我国产品不符合安全标准，已多次曝光，并拟对我国出口的家电产品采取措施。

北美安全认证体系以1894年成立的美国保险商实验室（Underwriters Laboratories INC, UL）为主体，它是美国最大的民间安全认证机构。UL的主要职能是制定产品安全标准（UL标准），并按照此标准进行测试和认证。除此而外，这一体系中另一有较大影响力的是1919年成立的加拿大标准协会（CSA），其主要职能是制订产品安全标准，并按照UL标准对产品进行测试和认证。我国企业对出口美国的产品要符合美国联邦通讯委员会

(FCC）和保险商实验室（UL）标准。

日本产品安全认证体系的发展特点是由强制性认证趋向于推荐性认证。T（T-Mark）标志为政府强制性的认证标志。S（S-Mark）标志为推荐性的认证标志。无论是T标志还是S标志，仅适用于日本。日本自己制定的标准不多，产品标准主要由IEC和UL标准转化而来。

目前，世界安全认证的主要趋势是通过ISO和IEC等的努力使标准

表7-1 世界主要区域和国家机电产品的安全认证标志

区域和国家	认证标志	适用范围
欧盟	Key-Mark	家电产品
	ENEC	电器零部件
德国	VDE	电器零部件
	TUV	电器或机械零部件
	MPRII	电脑监视器的辐射要求
	ISO 9241	电脑监视器的人体工学要求
	ECO-Circle	电脑监视器的综合指标
欧洲其他国家	BS	英国安全规定
	LCIE	法国安全规定
	IMQ	意大利安全规定
	KEMA	荷兰安全规定
	S-Mark	瑞士安全规定
	NORDIC	北欧四国安全规定
	TCO	瑞典电脑监视器标准
	GOSR-R	俄国进口要求
	PCBC	波兰进口要求
	EZU	捷克安全规定
	MEEI	匈牙利安全规定
北美和南美	UL	美国安全规定
	CSA	加拿大安全规定
	FCC	美国电磁干扰要求
	NOM	墨西哥安全规定
	IRAM	阿根廷安全规定
亚太地区	S-Mark、T-Mark	日本安全规定
	K-Mark	韩国安全规定
	PSB	新加坡安全规定
非洲	SABS	南非安全规定

趋于统一，但仍存在较大差别。不过，地区性标准的一致性成为基本趋势。另一趋势是强制性认证和推荐性认证并存。世界主要区域和国家机电产品的安全认证标志见表 7-1。

（五）管理体系认证

目前较为流行的管理体系认证有：《ISO 9001 质量管理体系认证》、《TL 9000 电信行业质量管理体系认证》、《BS 7799 信息安全管理体系认证》、《OHSAS 18001 职业安全卫生管理体系认证》、《SA 8000 社会责任管理体系认证》等。

我国产品要想成功地打入国际市场，首先要加大研发力度，提高产品质量，同时对产品出口地的各种规范及标准进行详尽、深入的了解。这样才能有效地规避风险，最大限度地打开市场，获得最大的收益。随着世界经济一体化进程的加快，我国企业也需要尽快了解国际规范、融入国际规范。

三、我国信息技术发展迅速

1998 年以来，我国信息产业技术在邓小平“科学技术是第一生产力”思想的指导下，紧密围绕党的十五大提出的“以信息化带动工业化，发挥后发优势，实现社会生产力跨越式发展”的战略和党中央、国务院《关于加强技术创新、发展高科技、实现产业化的决定》，更新观念、转变职能，加快技术创新，突出环境建设，强化行业管理与宏观指导，制定了《信息产业技术十五发展规划纲要和 2010 年远景目标》，开创了信息产业自主创新与主动发展的新局面。

改革开放以来，我国信息产业技术快速发展，取得了令世人瞩目的创新突破和众多高水平的自主创新成果，信息技术实力明显增强，为我国电子信息产品出口的扩大起到了重要的支撑作用。出口产品技术水平的提高，改变了我国与贸易伙伴之间的垂直型贸易关系，技术含量较高的电子信息产品在国际市场上激烈竞争，为保护国内市场，促进本国产业发展，TBT 措施便成为重要手段。因此，我国电子信息产品出口数量的扩大和技术水平的提高，对发达国家及其跨国公司的发展构成重大威胁，这是我国电子信息产品遭遇日益严重技术性贸易措施的根本原因。

（一）技术创新，促进了产业跨越发展

信息技术的不断创新与突破，有力地推动着信息产业持续以年均20%以上的速度高速增长，其发展速度和经济规模实现了历史性的跨越，已跃居全国工业之首，成为国民经济的第一支柱。

电子信息产品制造业的科技进步同国际先进水平的差距显著缩小，技术发展实现了从引进、消化、吸收到自主创新；从被动跟踪发展到主动创新发展的重大跨越。计算机技术、网络技术、微细加工技术与传统制造技术的相互结合和推广应用，促进了电子制造业整体技术水平和竞争力的全面提升，电子信息产品的自动化、智能化和个性化生产制造水平步入了世界先进行列，产业规模居世界第三位。电子信息产品数字化、网络化水平不断提高并向高品质、高附加值方向快速发展，新产品开发周期大大缩短，在主要电子信息产品领域基本保持与国外同步的开发水平，微机、数字家电产品质量可与国外同类产品媲美。

通信业在程控交换、光纤通信等重要技术领域取得了群体突破，开发出一大批具有世界先进水平的技术装备。光纤通信、数字微波、卫星通信、程控交换、移动通信、数据与多媒体通信等世界先进技术已在信息通信网上得到广泛应用，电信网实现了电话交换程控化，长途和中继传输数字化。通信网络技术层次、运行管理水平跃居世界前列，规模居世界首位。

软件业自主创新与开发能力快速提升，产业发展已初具规模。电子政务建设快速发展，企业信息化进程明显加快，社会服务信息化建设日新月异，国民经济信息化建设位居我国发展前列。

（二）攻关开发，取得了一批重大的自主创新成果

在积极引进消化吸收国际先进技术的基础上，加强自主创新，高起点攻关开发，“九五”以来取得了2000多项新的科技成果，并在攻克核心技术、突破关键技术、开发应用技术，扩大自主知识产权拥有量，把握标准发展主动权等方面取得了新的突破。

银河机、神威机、神州机等巨型计算机的开发成功和计算能力的不断刷新，标志着我国在高性能计算机技术和并行处理技术上进入世界领先水平。以方舟32位CPU、龙芯64位CPU为代表的国产CPU的自主开发成功，使我国跨入国际上能够开发高水平通用微处理器的少数国家之列。自主开发的64位中文Linux与Unix操作系统、“青鸟”软件开发环境、数字音视频解压缩技术、10Gb/s SDH（同步数字系列）光通信

系统、32 × 10Gb/sDWDM（密集波分复用）、第三代移动通信系统等一批科技成果，使我国在信息技术领域开始拥有了自己的知识产权。

电子整机和元器件的规模化生产工艺技术及管理技术水平大幅度提高，集成电路 0.18 μm 开发技术已经突破、0.25 μm 大规模生产技术全面掌握，大尺寸显示器、新型元器件、新材料技术开发与创新取得重大进展，电子信息产品的质量与可靠性显著提高。

信息安全技术达到相当水平，千兆级黑客入侵检测与预警系统进入世界先进水平行列，新一代互联网的关键性技术——核心路由器技术已基本掌握，具有自主知识产权的多级安全保密管理信息系统、密码与身份识别系统、系列防火墙产品、智能卡安全集成系统、高速安全路由器与服务器及保密网关等技术，已在国民经济和社会信息化建设中得到推广应用，CA 电子认证开始起步，对保障国家信息安全发挥了重要作用。军事电子科研突破和掌握了一批国防建设急需的关键技术，为增强国防实力、促进“科技建军、质量强军”提供了有力的技术支持。

我国自主制定的超级 VCD 标准被国际电工委员会（IEC）采纳为国际标准、TD–SCDMA 被国际电信联盟（ITU）确定为第三代移动通信标准体制之一等国际标准成果，标志着我国已开始把握信息技术标准制定的主动权。

（三）科研能力显著增强，自主开发实力不断提高

在“九五”建设的基础上，随着《大规模集成电路 CAD 设计中心》《国家平板显示工程中心》《移动通信国家工程研究开发中心》《综合业务网理论及关键技术实验室》《电信交换与软件支援国家工程研究开发中心》《数字移动通信试验网》等二十余个国家工程研究中心、产业技术开发中心的相继建成、验收和投入使用，提高了信息产业整体的科研实力，企业技术创新、自主开发、成果转化步伐明显加快，市场竞争能力显著增强。

信息产业科研开发能力实现了从计划经济封闭式科研体制到市场经济开放式创新机制的重要转变，初步形成了以企业为主体，产、学、研、用有机结合，基本满足产业技术进步、信息网络技术升级和国民经济建设、社会生活所需要的专业门类齐全的信息产业科技创新体系。

（四）科技体制改革，推进了产业结构新的转变

在党中央、国务院《关于加强技术创新、发展高科技、实现产业化

的决定》的指导下，通过大力推进产、学、研、用、军民结合、结构调整、优化人才队伍和转变机制，增强了信息产业科技的发展活力。

信息产业科研院所通过改革转制、国有企业通过深化改革，有力地推进了科技与经济的结合，促进了产业科技型企业的群体崛起和技术市场的发展，信息产业结构调整、经济增长方式实现了新的转变，形成了军民结合、多种所有制并存、大中小企业并举、三大类产品比例趋于合理和通信服务网络规模不断扩大、技术水平不断提高的发展新格局，初步建立起了企业主动、市场拉动、环境促动和政府推动的信息产业技术创新运行机制。

（五）突出技术基础建设，营造出了产业主动发展环境

从适应市场经济和加入世贸组织两方面发展要求出发，在知识产权、标准制定、产品质量和人才培养等方面，强化信息产业技术基础建设，大力营造产业主动发展环境。

信息技术知识产权培训、管理和指导工作不断增强。大力引导信息科研工作从立项、研究开发到成果鉴定的整个过程都以获取知识产权为最终目标，有力地推动了科研院所、大专院校和企业界知识产权观念的转变。加快建立信息产业技术开发、成果鉴定与专利查新和申请的管理制度，提高了企业的专利意识和对知识产权的保护能力。帮助企业建立健全知识产权管理、保护制度，把知识产权工作贯穿于技术开发、经营管理、产品出口和市场开拓的全过程之中。近五年来，会同国家知识产权局制定了《集成电路设计布图保护条例》和《软件知识产权保护条例》，向国务院提出了《关于打击盗版，使用正版软件的建议》，信息产业申请知识产权与专利数量快速增长，专利申请占国内专利申请总数的比重达40.4%。其中，百强企业专利申请居信息产业专利申请总量之首。信息技术发明专利的快速增长说明我国信息技术自主创新能力与主动发展能力正在不断增强。

标准战略日益成为产业共识。通过改革标准管理方式，加强宏观管理，强化标准研究制定与技术创新开发紧密结合，推动企业成为标准制定的主体，建立产、学、研、用联合开发制定标准的运行机制，提高了产业对标准战略与主动发展的共识。五年来，组织开展了数字家电平台、数字电视、电子商务、第三代移动通信和集成电路与软件、邮政等一批关系产业发展重大标准的研究制定工作，制定完成信息技术标准 1428 个

（其中电子工业标准837个，通信技术标准591个），信息产业技术标准的成套性和时效性明显提高，为支撑技术创新、产业发展和规范市场提供了标准服务与保障。先后向国际有关标准化机构和国际电联等组织，提交国际标准案113个，超级VCD、TD－SCDMA、IP over SDH等5项被正式采纳国际标准，使我国在国际信息技术标准的研究制定中已经占有一席之地。

通过加大对信息技术产品质量的监管力度，推进企业技术进步和技术改造，建立健全产品质量认证和质量监督抽查制度，强化企业质量保证体系建设；通过贯彻实施《软件能力成熟度模型》和《软件过程能力评估模型》，提升了国产软件产品质量和软件业的市场竞争力；通过实施信息产业质量振兴计划、名牌战略和质量三包规定，促进我国信息产业产品质量、服务质量、网络质量上了一个新台阶，形成了信息产业以企业为主体的质量保证与发展体系。

信息产业科技工作在党的十六大精神指导下，按照资本多元化和技术参与分配的原则，结合信息产业自身的特点和条件，研究制定切合实际的分配政策和激励措施，为人才脱颖而出营造了良好的发展环境，对吸引国内外优秀科技人才从事信息技术开发与创新，激励广大科技人员从事科技成果产业化工作做出了贡献。信息科技人员有近200万人，其中从事软件开发和计算机应用开发的技术人员约40余万人。信息产业科技发展走出了一条坚持自主创新、实现跨越式发展的成功道路，开创了以攻克CPU和操作系统核心技术为重点的技术创新自主发展的新局面，形成了以知识产权、标准、人才为主动发展的三大科技战略。

四、我国电子信息产品标准发展状况

（一）电子信息技术标准层次结构

标准化是反映标准化对象共同特征的基础技术支撑活动。为了最大限度地发挥标准的协调和规范作用以及提高标准制、修订效率，在标准制定中一般都采用了层次结构的标准结构形式。这种情况在电子制造业领域的标准中特别普遍。一般情况下，电子信息技术产品标准的层次结构以及不同层次的标准支持的对象见图7−1。

与我国所有其他工业领域类似，在政府一级制定并发布的电子信息技术标准绝大部分是作为支持各有关企业制定具体产品和服务标准（产品详细规范）的高层标准。这些高层标准既用于支持较低层次标准制定，在很多情况下也是代表广大用户通过这些高层标准对有关产品（服务）提出最基本的要求。在这些标准支持下，企业可以制定出每个具体型号产品或每类具体服务的技术标准。这些直接支持具体产品（服务）的技术标准是市场交易活动中衡量产品（服务）的质量和其他性能的技术准绳。

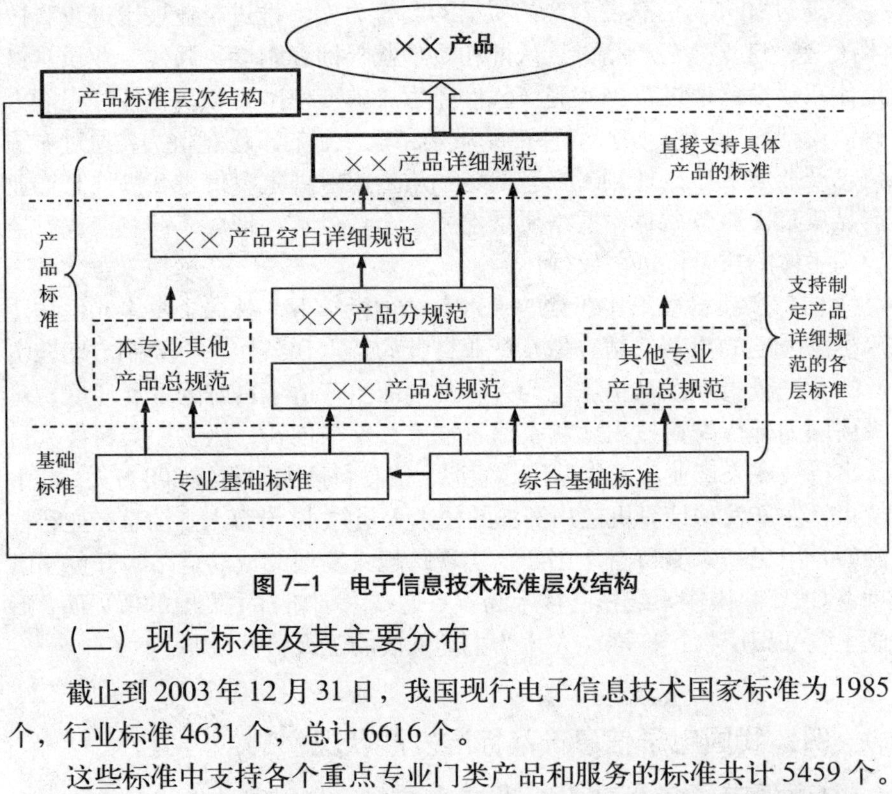

图 7–1　电子信息技术标准层次结构

（二）现行标准及其主要分布

截止到 2003 年 12 月 31 日，我国现行电子信息技术国家标准为 1985 个，行业标准 4631 个，总计 6616 个。

这些标准中支持各个重点专业门类产品和服务的标准共计 5459 个。其中，制造业方面的国家标准为 1084 个，软件业方面的国家标准为 520 个；制造业方面的行业标准为 2538 个，软件业方面的行业标准为 75 个。这些标准按专业大类的分布情况见表 7–2。

2000 年到 2003 年新制定发布电子信息技术国家标准 279 项，行业标准 113 项。其中，2003 年 1 月 2003 年 12 月新制定发布的电子信息技术标准共计 100 项，包括行业标准 22 项，国家标准 78 项。

现行电子信息技术行业标准的详细信息见我国电子技术标准化研究

表 7–2　专业领域标准分布

制造业	行业标准	国家标准
电子元件	490	243
电子器件	1063	248
电子材料	378	169
计算机	17	28
网络	6	8
计算机外部设备	34	54
广播设备	208	119
家用视听产品	132	58
雷达、导航	30	25
电子测量仪器	80	39
通信设备	108	93
软件业	**行业标准**	**国家标准**
编码字符	17	77
中文信息处理	11	39
软件工程、操作系统	7	66
程序设计语言	2	27
数据库		140
网络协议	13	58
文件处理与交换	8	8
图形图像	14	29
信息安全	2	39
数据元素	1	18

所（即信息产业部电子标准化研究所，以下同）出版的《我国电子、通信行业标准目录》。

（三）标准制定的管理程序

在制定电子信息技术行业标准方面，我国从标准制（修）定立项、标准工作组建立、标准制（修）定项目经费筹集以及项目本身的管理等方面进行了若干改革尝试。进行这些改革的目的主要是两个：一是通过在标准化工作管理体制方面的新的尝试，把广大企业引导和推动到标准化活动的主体位置上去，使它们逐渐学会在激烈的市场竞争环境中自觉地运用标准化来进一步增强它们的竞争能力。二是通过改革，使标准化工作管理体制与信息产业发展和市场需求对标准化提出的更加急迫的要求相适应。在标准化工作方面推进的这些改革尝试也是为实现改变旧有观念，积极探索新形势下标准化工作新途径的目标所作的尝试。近三年的实践过程和结果已经初步显示出这种改革尝试的可行性：标准制（修）定项目与信息产业发展和市场需求密切结合，企业对它们参与的标准制定活动表现出很大的热情。现在，在信息产业部电子信息技术行业标准制定的管理方面初步形成了“开放式工作队伍，滚动式计划管理”的管理体制。这种新的行业标准制（修）定管理体制和国家标准制（修）定的管理体制的概要见图 7–2。

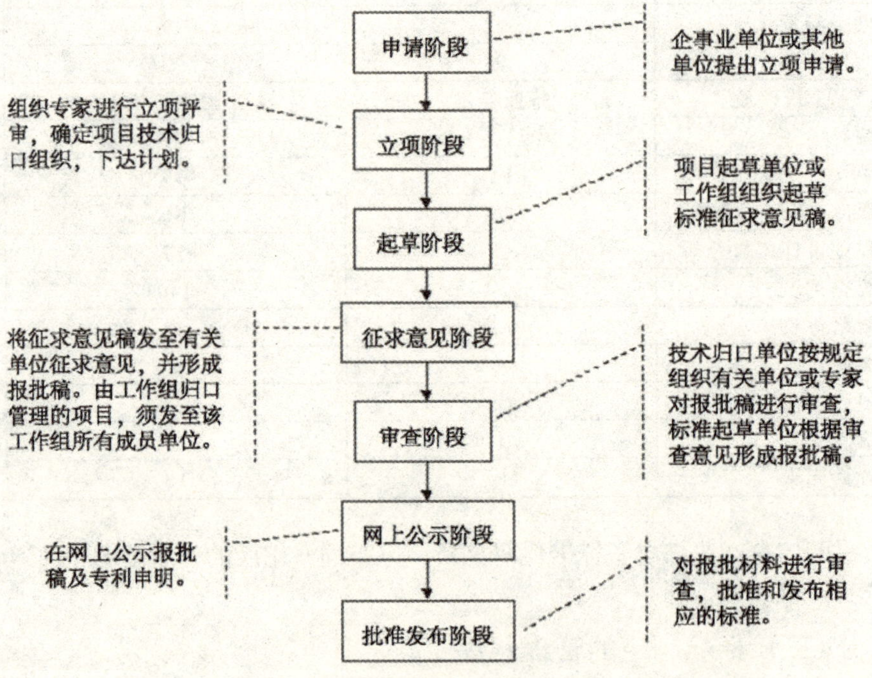

图 7–2　国家标准和行业标准制（修）定管理框图

五、我国主要电子信息出口产品 TBT 状况

（一）通信、广播设备

1. 美国市场的 TBT 措施

凡要进入美国的通信、广播设备，必定会遇到两方面的TBT问题，一是国家技术条例和技术标准方面的技术性贸易措施。销往美国的通信、广播设备必须符合美国政府指定的安全标准，辐射(电磁兼容)标准、通信规程(标准)、互联标准，必须由美国保险商试验所UL等权威机构认可，并贴有UL标志方可在美国市场销售。二是国家检验、认证体制方面的技术性贸易措施。进入美国的通信、广播设备一般要通过UL安全证书，FCC认定，OSI(开放系统互联)一致性测验。

如原计划强制实施的国家WAPI无线网络标准，在以INTEL公司为首的美国商业巨头的反对和布什政府"停止对华芯片销售"的威胁下，被迫无限期推迟实施。2004年4月22日，中美两国政府在华盛顿宣布，中方同意美方提出的要求，不在6月1日最后期限到来之时强制实施WAPI技术标准，并将无限期推迟实施WAPI技术标准的时间。同时中方将与IEEE协作，对WAPI技术标准进行修改和完善。

2．法国市场的TBT措施

法国的有关通信、广播设备TBT措施主要表现在对购买产品的检验和认证程序方面。在法国，采购一种通信、广播设备，必须经过强制性认证程序，其步骤非常复杂和费时，完成这些步骤要花六个月以上的时间，费用也较高。因此，要通过产品检验、认证这一关，在法国具有相当难度。

3．德国市场的TBT措施

德国对进口通信、广播设备，一般需要按照德国自己的相应标准对设备进行设计和性能检验，然后作出是否予以进口的结论。产品的安全和电磁兼容要求一定要符合德国的VDE(德国电器工程师协会标准)，并且一定要由该协会进行检验和认证，检验认证的费用要由进口商支付。对每一种终端设备的认可费用大约需4000–6000美元，耗时大约6个月，对大型通信设备的认可费就更高，时间大约两年。凡出口到德国的广播通信设备，都会遇到下面两方面的技术性贸易障碍。①产品性能标准控制，德国有关方面对进口设备要求由自己控制产品的设计和性能标准。一般做法是按照德国自己的对应标准，对设备进行设计和性能检验，然后作出是否准予进口的结论。这对外国产品无疑起到阻碍作用。②对产品的安全和辐射方面要求要符合VDE标准(德国电气工程师协会标准)且要亲自进行检验和认证，进入德国的产品要求必须在德国自己的代表的参加下进行检验和认可，费用由出口商支付。

4．英国市场的TBT措施

英国政府要求进口通信、广播设备要符合BS 6301通信网络联接装置的安全要求等标准，并要经过检验和认证。英国进口通信系统中的模拟部件要经过OFTEL逐个批准，网络设备的进口许可证也由OFTEL颁发。对通讯设备，英国提倡工业界的自我认证，由有关方面审核。英国的安全认证试验工作由BSI组织完成。英国的LAN认证对进口产品很苛刻，对其互联性和互操作性要求很严，并将此当作是否接受进口产品的一个主要理由。

（二）视听电子产品

1．DVD专利许可问题

1999年6月，日立、松下、三菱电机、时代华纳、东芝、JVC六大技术开发商结成联盟（简称6C），向全球发表了关于“DVD专利联合许可”的联合声明，称其拥有DVD核心技术的专利所有权，世界上所有从事生产DVD产品的厂商，必须向6C购买专利许可才能从事生产。2002年2月，针对DVD生产和消费大国的我国，6C推出2002 年激励计划，提出每出厂一台机器就相应的向专利权人付4.5美元，并规定期限为3月31日。2002年5月初，我国电子音像工业协会代表我国 DVD专利许可企业与6C就DVD专利许可费问题达成了初步谅解，但问题还远远没有解决，双方围绕许可费的多少所展开的谈判仍在艰苦的进行中。6C此次联合向我国DVD厂家发难，其实质是要利用专利技术这个杀手锏，把我国的DVD产品赶出国际市场，为其即将推向市场的蓝光光盘扫清障碍。这是一次非常典型的TBT措施的应用范例，其实质是两种比较优势的对决——发达国家技术优势与发展中国家成本优势的较量。

2．彩电专利侵权问题

1988年欧盟开始对中国彩电“反倾销”立案；1991年起对中国小彩电征收15.3%的最终反倾销税；1993年起，针对中国中大彩电，把该项税率抬高至25．6%，实际上阻止了中国彩电进入欧盟市场。1995年8月后，欧盟对中国彩电开始了长达40个月之久的超长期“反倾销复审”；1998年10月，欧盟在减免韩国彩电进口税率的同时对中国彩电提出了变本加厉的“反倾销”议案，对所有中国彩电计征44.6%的反倾销税。

美国国际贸易委员会在美国当地时间2004年5月14日经投票一致认

定，中国对美国的彩电出口损害了美国当地电视生产商的利益，这意味着中国出口美国的彩电将面临4.35%至78.45%的进口关税。对美出口受阻，使中国彩电上市公司业绩将受到较大影响，销售收入下滑已成定局。

在我国彩电企业遭遇欧洲技术壁垒之前，国内的一些彩电企业在通过代理商进入北美市场时，拥有多项彩电专利技术的美国无线电公司就声称其47项专利技术被侵权，要求我国企业支付相应费用。经专利检索之后发现，美国无线电公司在我国申请的专利与我国现在制造的彩电无关，但其在北美和欧洲拥有多项彩电专利，对我国的彩电产品已经布下了天罗地网，为了不丧失北美市场，我国企业不得不付出昂贵的“入门费”。

仔细观察一下我国已经涉及或是有可能涉及专利纠纷的产品，其特点就是市场占有率高，制造能力强，但自身拥有专利数量少。这实际上也是包括DVD和彩电在内诸多电子信息产品的共同特点，我国企业凭借低廉的成本优势在制造业上迅速地崛起，已经威胁到了传统欧美大厂的长远利益和市场份额。在我国电子信息产品技术研发力量薄弱、专利数量有限、自主技术标准稀缺的困境中，利用TBT措施限制我国产品进入便成为一种方便和有效的手段。

（三）移动通信产品

由于互联互通的要求，移动通信产品非常强调标准化，强调各种系统、设备和移动终端在不同国家之间的漫游。移动通信市场还存在非常明显的“先入为主”特点，在同一地区运营商更愿意与同一设备制造商合作，因为这样系统复杂程度低、费用低、运营维护方便。哪一家厂商首先进入一个市场，就将占据主动，形成占山为王的局面。因此，国外的通信设备制造商非常重视标准的制定，在制定标准阶段，标准制定者会把对自己最有利的、最熟悉的技术置入标准，这样不但把握了目前技术上的主动权，在后来的产品延续开发工作上也抢占了先机。

目前，在第二代移动通信的标准中，有的公司就拥有600多项专利。而第三代移动通信的标准已被国外的27家公司申请了2500多项专利。这就意味着我国只要生产符合上述国际标准的第二代、第三代移动通信产品，就不可避免地遇到知识产权问题。

由于第三代移动通信系统在网络上与互联网相结合，在终端上将手机与掌上电脑、PDA、数码相机相结合，其产业规模将远大于第二代移动通信产业规模，即每年我国的移动通信网络、基站及终端的投入将远大于1000亿元人民币。面对这即将规模兴起的巨大的第三代移动通信产业，在面临着发达国家技术领先企业日益严重的TBT措施威胁下，值得欣慰的是，大唐电信集团代表我国起草的第三代移动通信世界标准TD-SCDMA，先后被国际标准化组织ITU、3GPP批准通过，成为继美国高通公司、欧洲之后的第三个主流标准之一，从而促使我国在第3代通信标准技术领域打破了欧美的技术垄断，使我国在第3代移动通信产品开发和市场开拓方面占据了较为有利的地位。

（四）欧盟环保措施对我国电子信息产品出口的影响

2003年2月13日，欧盟第L37期《官方公报》公布了欧洲议会和欧盟部长理事会共同批准的《报废电子电气设备指令》和《关于在电子电气设备中禁止使用某些有害物质指令》。这两项指令将原几种家电产品（大、小型家电）扩展到信息技术和电讯设备、用户音响和声乐设备、照明系统产品、电子电动工具、玩具、医疗设备系统、监视器和控制设备、自动售货机等，几乎包括所有家电、电器及信息技术和电讯产品。两项指令是欧盟在环保领域的又一新举措，实质上构成了新的TBT措施。前一指令除对报废电子电气设备的回收和处理作出特殊规定外，还规定回收费用由生产者承担。后一指令要求自2006年7月1日起在欧盟市场禁止销售含有铅、汞、镉、六价铬、聚溴二苯醚和聚溴联苯6种有害物质的电子电气设备。两指令的产品适用范围包括家电、通信等十大类电子电气产品。两项指令自公布之日起生效，但根据欧盟相关规定，产品适用指令前有18个月的过渡期，因此两项指令的真正生效日期应在2004年8月13日，对我国的相关企业来说，到了颇为关键的时刻。

由于目前欧盟已成为我国家用电器出口的主要市场，约占我国家电出口市场的1/4。2002年我国出口到欧盟的家电金额为20.5亿美元，空调器、微波炉、吸尘器、电茶壶的出口金额分别超过2亿美元。如果将回收成本转嫁到制造商身上，由于欧洲劳动力成本高，可能使回收成本接近甚至高于制造成本，从而大大降低我国相关产品的竞争力。据我国电子进出口总公司介绍，2002年其对欧盟出口额为1.3亿美元，属于指令范围内产品占出口额的70%，预计2004年其出口额将达1.5亿美元，预计两项指令的实施将使其出口减少30%至50%。

综上所述：相对于农产品，电子信息产品技术知识含量高，标准性强，知识产权属性高，电子信息产品的生产必须利用和遵循信息技术标准，而信息技术标准的实质和核心是通过知识产权来实现的。目前，信息技术标准是发达国家和跨国公司获取并保持竞争优势的法宝，是发达国家维护国家安全的重要武器，是WTO规则所允许的一种新兴的非关税壁垒措施。实践证明，当我国电子信息产品出口规模过大，威胁到发达国家的产业竞争优势和信息安全以及跨国公司的产品竞争优势时，就容易受到发达国家的诸如反倾销、质量认证、知识产权侵害、反补贴、技术标准、环保要求等环节遭受TBT措施。

六、我国标准的差距及TBT应对工作的主要问题

由于发展中国家的技术标准普遍落后于发达国家，发展中国家受技术性贸易壁垒限制的案例，大约是发达国家的3.5倍。在应用TBT措施方面，我国作为技术水平发展较为落后的发展中国家，主要表现为保护国内市场不足，开拓国外市场受限较多的不对称局面。

（一）标准制订方面与发达国家的差距

就整体水平而言，目前我国的科技水平和标准化水平与发达国家相比，尚有较大差距。据国家标准化管理委员会提供的数据，截至2001年底，我国共有国家标准19800项，但其中采用国际标准和国外先进标准的仅占43.5%，而企业的国际标准采标率不到15%。同期发达国家的情况是，欧盟拥有的技术标准就有10万多个，日本有8184个工业标准和297个农业标准，美国的技术标准和法规就更多了。我国标准化水平不高，主要受制于科技实力。国际标准化组织、国际电工委员会等制定的成千上万项国际标准中，绝大多数由发达国家参与，而由我国主导制定的国际标准则寥寥无几。在电子信息产业领域尤其如此，技术核心专利掌握在国外公司手中的有81%，除了在汉字编码字符集、VCD和第三代移动通信领域有少量标准被纳入国际标准外，在大多数情况下，我国只能被动地执行国外提出的标准。

由于我国许多电子信息产品缺少自己的核心技术，对电子信息产品的国际标准和认证体系了解不够、参与不足，国内技术标准体系也还远不完善，这就为发达国家利用技术壁垒限制我国电子信息产品出口创造了客观条件，发达国家以其雄厚的科研实力和先进的技术水平为基础，制定严格、苛刻的技术标准，甚至就针对某一具体产品制定一整套专门的

强制性技术标准，将我国以及其他国家电子信息产品拒之门外。

（二）我国应对 TBT 存在的主要问题

第一，认识不够全面、准确。在一些重大问题上存在着模糊、混乱甚至错误的认识，对 TBT 的概念及其在国际贸易和国民经济中的地位与作用认识不清，笼统地把贸易对象国基于正当理由而限制我国商品出口的措施都称之为技术壁垒。WTO《技术性贸易壁垒协定》明确规定一国可以基于维护国家安全、人类安全与健康、动植物安全与健康、环境保护、防止欺诈行为等方面的正当原因而采取技术性贸易措施。我国反对的是违反这些原则与规则的不正当行为。同时应当看到并利用此类压力对提高我国产品质量和技术水平的积极意义，推动企业技术创新，加速企业技术进步与产业升级。

第二，管理体制不顺。目前，在 TBT 方面国内还没有形成统一、协调的管理体制，特别是在出口产品出现问题时，常常是各个部门各自为战，无法形成合力，延误时机。现行的有些做法既不能有效地保护国内市场，又不能向国内企业提供国外的最新信息，也不能及时向国外企业提供我国的有关法规，常常被别国指责为缺乏“透明度原则”和“非视原则”，从而给自己造成被动。

第三，技术法规体系不完善，技术标准滞后。我国至今没有建立起全国各行业、各地区协调、统一的技术法规体系。标准化工作还不能适应社会主义市场经济体制的建立和国民经济战略性调整的需要。主要表现在：标准时效性差，标准修订和复审周期长。有些行业或产品根本没有自己的标准，高新技术领域的标准研究几乎是空白；有关合格评定程序规定要授权、委托给民间具备第三方性质的技术机构执行，这些机构应是具有社团法人和社团法人地位的技术机构，而我国是官方或非官方，即使是注册法人经营，也实际受政府机构控制，难以实现公平公正的原则。

第四，信息不通畅。我国对国际标准、技术法规以及主要贸易对象国的 TBT 措施，缺乏应有的了解，不能对出口企业在宏观上加以指导，出口贸易中时常出现盲目性，进而陷入被动局面。在产品标准方面，我国的许多国内标准严重低于国际标准，或者是与国际标准协调性差，而且有关部门缺乏针对于特定市场的特定标准的发布．对企业的指导性不强。在追踪国外先进标准、调整产品质量指标方面也缺乏反应能力，对国际上重大的技术、疫情了解和反应速度慢。

七、完善我国TBT保护体系的主要措施

从根本上解决我国在应对TBT措施上存在的问题，需要做好两方面的工作，其一是克服国外市场上以技术法规、技术标准、认证制度、检验制度为主要内容的技术性贸易措施，关键在于提高我国出口产品的质量和档次，要用信息技术等高新技术改造传统产业，提升我国出口产品的技术含量，促进产业结构的调整和升级，多层次、全方位、宽领域开拓国际市场，促进我国出口贸易的进一步增长；其二是在WTO有关规则允许的范围内，完善我国国内市场的TBT保护体系的建设，有效保护国内市场。这实际上是一个问题的两个方面。前面已经分析，TBT的核心是技术标准的制订，由于我国在这一方面与发达国家的现实差距，亟需大力推动我国产业技术水平的提升，促进自主技术标准的确立及其国际化。

（一）建立健全电子信息产业贸易预警和贸易摩擦应对机制

1．加强政府部门间的沟通与协调，建立统一的电子信息产业预警机构

目前，我国信息产业的行业管理分布在国务院的多个组成部门。信息产业部、国家发改委、科技部、商务部等10多个部门均对电子信息产业的发展掌握着部分管理职能，并在研发、制造、出口、税收、监管等业务上相互交叉。这样一种行政架构难以适应我国加入WTO后的形势和企业国际化的需要。须成立由上述机构共同组成的信息产业预警和应急机构，统一协调和解决信息产品在进出口过程中带倾向性、阶段性和共性的问题，研究制定我国电子信息产品在国际市场上的整体价格策略，指导和发挥行业协会非官方的优势，鼓励企业加快研制开发具有自主知识产权的产品，走产品高端化、高附加值和高技术含量的道路。对某种产品在特定的区域市场出现过快增长及价格的急剧变化应引起高度重视，对某些进口产品在我国市场上的过快增长及价格的急剧变化应迅速拿出对策等。

2．建立健全贸易摩擦应对机制，制定统一的应对措施

我国亟需建立一套完备有效的贸易摩擦应急机制，有关部委已就进

口产品产业损害预警机制的建立做了一些工作，但对我国出口市场的调查工作尚未全面展开，而这恰恰是我国企业迫切需要的。因此建立健全贸易摩擦应对机制必须有统一的应对策略，无论是对进口产品还是对出口产品，都必须抓住重点，即对进口量和出口量及变化较大的产品都应引起注意，对于贸易额已占对外贸易第一位的电子信息产品而言，尤其应予以特别关注。

针对欧美等发达国家对我国出口的彩电、DVD、手机、计算机等大宗电子产品所采取的反倾销、反补贴、保障措施以及大量采用的各种TBT措施等，要积极主动地应对，指导、协调涉案国内企业积极参与应诉，力争取得好的结果；应切实做好电子信息产品对外贸易预警工作，并从生产源头抓起，加强投资引导，加快结构调整，加强国内外信息沟通，发挥中介组织行业自律作用，维护出口经营秩序，减少国外对我采取相关措施的可能性；加强对世贸组织规则的研究，加紧培养处理贸易纠纷的专门人才，利用世贸组织争端解决机制妥善解决贸易纠纷。

政府有关部门应很好地充当企业组织者和代言人角色，必要的时候甚至应该启动报复性贸易措施来对待。与此同时，应做好服务工作，畅通国内各种渠道，打通国际调查渠道，并在可能的情况下，对实力较弱的企业给予帮助。与此同时，要继续认真做好进口反倾销、反补贴和保障措施工作，合理保护国内数字电视EVD、高性能计算机、路由器、第三代移动通信产品、新型显示器件等产业与市场的安全。建立和完善全口径进出口预警体系和产业损害预警机制，为合理保护国内市场、维护国家经济安全提供科学依据和有效手段。

3. 建立企业贸易摩擦预警机制是重中之重

建立企业的预警机制是防止反倾销事件和出口市场TBT壁垒发生的基础。作为一个成熟企业或进入国际市场的企业，在进入一个国家市场之前，应对出口国的市场状况、有关的法律法规做深入了解，积极搜集市场信息和相关资料，以便在产品出口时有效避免各种TBT障碍。在我国企业产品对某一市场出口规模和速度发生急剧变化时，应将相关信息及时通报国内母公司和国家主管部门。在立案调查时，应积极配合行业协会和国家主管部门，积极应诉。对于我国有关部门对进口产品开展调查与裁决，企业要积极主动地提供证据，必要时，积极配合出口市场的有关要求，更改产品执行标准和出口检验标准。出口企业要提高产品的附加值，加强出口自律，注意产品种类多元化和出口渠道多元化，保持出口价格和出口数量的均衡发展，将 TBT 壁垒的障碍降到最低。

（二）实施标准化战略，跨越技术性贸易壁垒

我国已经加入 WTO，针对我国出口产品的关税壁垒以及直接的非关税壁垒将大幅度降低或减少，而各种阻碍产品出口的 TBT 措施将逐渐增多，对我国出口贸易的影响已越来越大。针对这一情况，大力推行出口贸易工作中的标准化特别是国际标准化战略，是跨越技术壁垒的有效措施。

1．认真研究和积极推广使用国际标准

国际标准是世界各国协调的产物，它反映了国际上普遍达到的先进的科学技术水平，代表着一定的质量水平，得到各国的认同，成为国际级别上的协调标准和处理贸易纠纷的重要基础。国际标准有取代国家标准的趋势，因此采用国际标准成为国际贸易中的主要条件。另外积极地推广采用国际标准，能够及时了解国际先进技术，提供技术改造的方向和目标，推动相关技术的进步，从而达到改善产品质量目的，从长远来看，这才是突破技术壁垒的根本途径。

2．注意不断追踪国外先进标准和先进的技术成果，及时研究、搜集各国技术限制法规和技术标准，调整本国产品的质量指标

国外公司标准和行业标准经常修订，一旦有了技术上的新成果，即制定成标准，供设计、生产直接采用，滞后时间短。因此要密切注意国外制定标准的动向，不失时机地进行全过程跟踪，如果坐等国外先进标准正式颁布才开始采用，则滞后时间很长，不利于本国标准的调整。

3．积极主动参与国际标准的制定、修订和协调工作

目前国际上所采用的国际标准有很多都是发达国家的国家标准或者是发达国家的大企业的企业标准转化而来的，充分地反映了发达国家的利益，这显然不利于包括我国在内的广大发展中国家。因此，积极主动地参加国际标准的制定、修订和协调活动，不仅能让我们跟踪国际标准动态，而且还能使国际标准充分反映我们的意见和合理要求，扩大我国的影响。对我国国内的先进标准，也应积极地向国际组织推荐，争取纳入国际标准。只有这样变被动为主动，才有利于我国突破技术壁垒的限制，有利于我国对外贸易事业的发展。

4．积极开展国际认证工作

开展国际认证是一项与国际惯例接轨的重要标准化工作。按照国际

贸易发展趋势，一国的产品进入国际市场需要获得“白色通行证”——ISO 9000 质量管理体系认证和“绿色通行证”——ISO 14000 环境管理系列标准认证。通过国际认证的企业和产品，意味着在国内外有良好的企业信誉，相当于获得了进入别国市场的“钥匙”，成为国际市场免检产品，其市场力不言而喻。因此，随着国内市场国际化进程的加快，我国企业必须高度重视和积极开展国际认证工作，尽快与国际惯例接轨，建立健全质量管理体系和环境管理体系，从而增加企业的国际竞争力。

（三）规范和完善我国的 TBT 保护体系

在国外的 TBT 措施不断强化的形势下，我国国内市场薄弱的 TBT 保护体系已经不能适应我国对外贸易和经济发展的需要，尽快规范和完善我国的 TBT 保护体系已经成为一个紧迫问题。WTO / TBT 协议本身也承认各国 TBT 措施存在的合理性和必要性，只要其不具有歧视性且不给国际贸易制造不必要的障碍，允许各国根据自身特点如地理及消费习惯等制定与别国不同的技术标准。我国也应充分利用这一规定，有效地保护国内市场和国内产业发展。

1. 建立 TBT 措施的统一协调和预警机制

要通盘考虑建立完整的技术标准、技术法规和合格评定以及检验检疫制度、包装和标签制度。按照我国产业发展和 WTO 协议的规定，建立起一种能保证各执法机构之间良好协作、高效运转的机制。利用 WTO / TBT 协议的有利条款，为我国产业发展创造良好市场条件。对于国外的歧视性的 TBT 措施，加大对外谈判磋商力度，维护我国进出口和企业公平的贸易环境。同时，应协调各种贸易措施的运作，配合报复和反报复行动，加强信息沟通和协调，以便及时应付突发事件。

2. 建立和完善技术法规体系

要加强有关技术立法工作，构建既符合国际惯例，又充分反映我国实际状况和发展需要的技术法律法规体系。要对我国现行有关技术法律法规体系进行整理修订，去除其中违背国际惯例、不符合社会主义市场经济原则要求的有关部分；根据我国实际需要，借鉴国际经验，针对现存技术法律法规体系的缺陷，进行填补、充实，完备立法。

3. 改革标准管理体制，完善技术标准体系

要改革标准制定和管理体制，建立政企分开、科学高效、统一管理、分工协作的管理体制；加强企业标准化和质量管理等技术基础工作；努力

推进农业标准化和服务标准化，完善相关质量标准和检测体系；重视高新技术标准化工作，促进高新技术产业发展；依循国际惯例和WTO／TBT协议，逐步改革我国标准化工作，并在清理强制性国标的基础上，从内容、覆盖范围和事先通报等方面改革强制性标准；加快标准制定速度，适应市场变化的需要。

4. 积极参与国际标准化活动

要认真研究发达国家标准化工作的动态，积极参与和承担ISO秘书处的工作，组织更多的标准化专家参与国际标准的制定工作，把我国的一些意见和要求，充分反映到国际标准中去，为我国产品顺利进入国际市场创造条件。同时，鼓励企业参与各种国际标准化组织活动，加强与发达国家和我国主要贸易伙伴国家的双边或多边标准化项目合作。通过参与、参加与合作，不仅要把国际标准和国外先进标准吸收过来，更重要的是要把我国的标准化意图和标准反映进去。

5. 建立内外一致、统一规范的认证认可体系

加强对全国认证认可工作的协调和管理。要通过整合和有效协调职能，建立运转灵活、高效快捷、统一的认证认可体系，与国际规模接轨。按照加入WTO的要求，抓紧推进统一认证目录；统一标准、技术法规和合格评定程序；统一我国的认证标志；统一收费标准等工作。逐步建立高水平的与国际接轨的质量、计量技术机构。制定“境外认证、检验机构管理办法”，规范国外中介机构行为，保护我国技术服务市场。

6. 充分利用非政府行为构筑我国的技术性贸易措施

目前我国的大量技术标准都是由政府机构和有关质量部门制定的，由行业协会、质量认证机构来制定的标准很少。这样不仅造成政府职能过度，机构臃肿，压力过大，还有可能造成技术法规和技术标准的制定工作不能随着行业技术水平的发展而及时更新，阻碍产业发展。因此，必须充分发挥非政府机构在技术标准和认证制度方面的积极作用，把一些与行业技术紧密相关的、非强制性的工作交给非政府机构来完成。

从别国的经验来看，我国应该逐步构建起政府机构以行政指导和宏观调控为主，非政府机构以标准制定和适用为主的分层技术贸易措施体系。我国应该充分重视技术性贸易措施中的非政府行为，划分好在技术性贸易措施中的政府机构和非政府机构的职能，把技术法规和行政命令与产业标准合格认定等行为区分开，分工合作，统一协调。

我国首先要有专门的行政部门或者专门的行政职能进行有关技术性贸易措施的管理工作。该行政部门应该能够发布有关产品技术标准的宏观指导要求，推动各产业政府部门和非政府机构的技术标准制定、适用工作，但是不必涉及每个行业产品的具体标准制定；应该对一些关键性产品，如对电子信息产品等直接制定强制性技术法规；还应该协调国内商品检疫、海关等部门执行有关的技术法规和技术标准。然后就是鼓励和促进各行业部门和行业协会，根据本行业情况，结合产业技术标准的宏观指导要求，制订本行业产品的技术标准。同时，还要充分重视我国的质量认证制度和认证机构的发展，不仅要积极参与国际质量认证体系的构建，采用国际质量标准，还要因地制宜，提出我国的环境认证标志，等等。综上所述，重视技术性贸易措施中的非政府行为，充分研究这些非政府行为的作用和效果以及法律适用的问题，将对我国积极应对别国的技术性贸易措施，充分构筑我国自己的技术性贸易措施体系起到积极的影响和作用。

7．重视发挥行业协会、进出口商会等中介组织的作用

协会、进出口商会等作为非盈利的社会中介组织，在市场运行中起着服务、协调的作用，有时甚至比政府部门更具有权威性和可操作性。比如，行业协会、进出口商会可以组织制定和执行行业标准、认证以及检验检疫，参与解决国际贸易争端，从而维护行业利益，保护国内市场和有关产业发展。要引导行业协会和商会承担起保护企业的职责，一旦企业受到冲击，要积极向有关部门反映，通过申诉、立案、调查、论证、采取措施等步骤，形成一个利用技术性贸易措施进行行业和产品保护的快速反应机制。

8．加强通报咨询网站建设，做好通报咨询工作

通过 WTO/TBT 通报咨询网站的建设，建立国外技术性贸易措施信息中心和数据库，及时发布预警信息，为企业提供信息咨询服务，及时向企业提供 WTO / TBT 通报、主要贸易对象国的技术法规、国际上技术性贸易措施的发展动态等信息。在获取国外技术性贸易措施信息方面，充分利用世界贸易组织各成员方在 WTO / TBT 协议和 WTO / SPS 协议下提供有关技术标准、法规的国家通报咨询点，从中及时获取有关技术性贸易措施信息，也可以利用驻外经商、科技参赞处等机构，收集国外技术性贸易措施信息。

同时，利用通报咨询网站，做好通报咨询工作。WTO / TBT 协议实施通报咨询制度的目的是实现WTO成员之间在技术法规、标准和符合性评定程序等技术要求方面的协调统一，以便最大限度地减少和消除国际贸易中的技术性障碍。利用通报咨询制度的渠道，可以及时掌握很多技术信息，为我国的出口企业服务。从某种程度上讲，WTO / TBT 通报咨询是我国贯彻 WTO / TBT 协议的第一步。

9. 加强技术性贸易措施知识的宣传、培训和普及工作，加快专门人才的培养步伐

我国企业对技术性贸易措施知之甚少，对国外技术性贸易措施状况缺乏必要的了解和知识，因此宣传、培训和普及工作亟待开展。要进一步加大对外宣传力度，宣传我国的技术法规及标准，努力使它们能为国际社会所接受，甚至逐渐成为国际公认标准和惯例。要采取多种形式，尽快培养大批熟悉 WTO / TBT 协议规则、精通外语、能够参与解决争端的专门人才。

第八章　纺织业技术性贸易措施战略研究

一、我国纺织品服装出口面临的 TBT 现状及原因分析

（一）我国纺织品服装出口遭遇技术性贸易措施的现状

从20世纪90年代以来，技术性贸易措施越来越成为阻碍我国纺织品服装出口的主要障碍。这种状况体现在以下方面：

1．相对其他行业，受限制比例不大

相对其他行业，我国纺织品服装出口受到技术性贸易措施限制较少。商务部科技司2003年4月的一项调查报告显示，2000年和2002年我国出口受技术性贸易措施影响的企业比例分别为66%和71%，出口产品比例分别为25%和39%，损失金额分别为110亿美元和170亿美元。其中，纺织品（海关税则第11类）在2000年和2002年出口受损金额分别为6.6亿美元和10.25亿美元。两年均占总损失的6%，低于各类商品的平均水平。占当年该行业出口总金额的比例，2000年和2002年分别为1.27%和1.65%，所占比重也不是很大（见表8–1）。

2．受到的损失增速快

联合国统计资料表明，我国纺织品服装出口因技术性贸易措施造成的损失，已从20世纪中后期的每年4亿–5亿美元上升到21世纪初的每年10亿美元左右。如受限制而损失的金额，2002年就比2000年增加3.6亿美元，增幅高达54.55%。

表8–1　2000年和2002年全国和纺织服装业出口遭遇技术性贸易措施对比情况

	全国			纺织服装业		
	受影响的出口企业（%）	损失金额（亿美元）	受影响的出口产品比例（%）	损失金额（亿美元）	受影响的出口企业（%）	占出口金额比例（%）
2000年	66	110	25	–	6.6	1.27
2002年	71	170	39	–	10.25	1.65

资料来源：联合国统计报告。

3. 限制来自于主要的目标市场国

限制的来源主要是进口我国纺织品服装数量比较多、比重比较大的一些发达国家：欧盟、日本和美国。如2002年，我国纺织品服装出口因技术性贸易措施而遭受的损失中，欧盟、日本和美国造成的损失分别占到了25.26%、24.22%和23.16%，其他国家为27.37%。

4. 受限的产品比较集中

受到技术性贸易措施限制的产品主要包括：

①纺织纱线、织物及制品；

②服装及衣着附件。

5. 受限的内容涉及面广

受限内容涉及了技术法规、技术标准和合格评定各个方面。主要是：

①纺织品服装甲醛含量超标；

②织物和面料中使用了偶氮染料；

③纺织品服装上砷、镉、铬、钴铜、铅、汞、镍残留量超标；

④建筑和家用纺织品及服装阻燃性能达不到法规规定的标准；

⑤纺织品的标志或标签不符合进口国的法律规定；

⑥纺织品包装不符合环保和绿色包装要求；

⑦纺织品不符合进出口合同引用的或进口国强制性技术标准（主要是生态纺织品标准）；

⑧生产厂商没有取得ISO 9000质量体系认证或ISO 14000环境系列认证；

⑨纺织品上没有环境标志认证；

⑩出口美国的纺织品没有FTC标志认证（美国联邦贸易委员会标志认证）或CPSC标志认证（美国消费者安全委员会标志认证）。

（二）遭遇技术性贸易措施对我国纺织服装业的影响

1. 积极的影响

我国纺织服装价格低廉，在国际市场上价格优势明显，由于竞争规则所限，国外不能随意对我国的纺织服装课以高额关税，只有设立技术性贸易措施或其他非关税措施加以限制。从目前看，国外苛刻的技术性贸易措施，越来越严重地影响着我国纺织品服装的出口。但从长远看，国外技术性贸易措施也将促使我国纺织服装企业对国外纺织服装业新成果、新技术、新标准进行认真研究，加快技术进步，大力进行技术改造、技术攻关、主动引进新技术、新工艺、新方法、新标准，开发清洁生产、安全无害的绿色技术，用高新技术改造传统的纺织服装工业。

2. 消极的影响

(1) 出口纺织品服装的成本增加，产品竞争能力下降

① 被迫使用进口原材料，增加了生产成本。我国正在使用的染料中有104种属外国禁用的范围，由于其价格低廉，在国内使用较为普遍。但是为了使产品达到进口国技术法规的要求，国内纺织印染企业不得不大量使用价格高于国产染料3倍至5倍的进口染料，使纺织品服装的生产成本上升，价格提高。

② 增加了出口检验检测费用。国外实施技术性贸易措施的主要方式之一是增加检验项目。有的项目检验费用较低的报价需近1000元。有的检验若委托国外检测公司，一个常规样品，生态性能全套实验费用就高达13000–14000元。如厦门丝绸进出口公司向欧盟出口丝绸，平均每年要支付检测费用21万多美元，折合180多万元人民币。为了应对，有的企业需要购进百万元人民币以上昂贵的检测仪器。由此导致出口纺织品服装检验检测费用增加，成本上升。

③ 为取得各种认证而支付较多费用，增加企业负担。例如，要取得环境标志认证，需要出口商向进口国申请，通过严格检查、检测、综合评定，要支付申请费、检查检测费用、评定费用等。审查合格后还要交纳一笔证书使用费方可使用，并且有一定的使用期限，超过期限需重新申请。这样造成出口产品成本上升，失去了价格竞争优势。

(2) 出口企业损失了贸易机会和国外市场份额，甚至退出国外市场

国外的技术性贸易措施名目繁多，限制内容多变，而我国的企业情报系统落后，对进口国有关法规、标准、认证规定收集不及时或不全面，致使有些企业贻误了成交时机，或被迫取消订单。

国外技术性贸易措施对我国纺织品服装出口的主要影响之一是一些出口企业损失了国外市场份额，甚至有部分企业决定放弃进口国市场。如对欧盟的出口上，由于禁用偶氮染料等“绿色壁垒”的影响，增加了企业的成本，部分纺织品服装的出口受阻，一些主要对欧盟出口的企业因此丢掉了部分市场份额。

一些纺织品如坯布、纱线等，本来利润较低，取得进口国规定的国际认证程序繁琐，费用高昂，使出口企业感到代价太大，效益甚微，最

终中断贸易。

进口国媒体有关报道使消费者认为中国的纺织品服装不安全，也影响了消费者购买中国产品的热情。

因此，我国纺织品服装的国际市场占有率，2002年比2001年下降了2.6个百分点，从18.8%下降到16.2%。

（三）我国纺织服装业遭遇技术性贸易措施对我国相关产业的影响

国外技术性贸易措施对我国纺织品服装出口带来不利影响的同时，也间接影响到了与纺织服装业相关产业的发展。

1.造成我国染料行业的较大损失，制约染料行业发展

染料与纺织品服装的花色品种、质量和价值增值等密切相关。由于国产染料在质量、品种上与高档纺织品服装的要求还存在差距，我国每年染料的进口量一直较大。欧盟颁布的纺织品环境标准，对我国染料行业产生了负面影响，其中对含有偶氮染料的禁用使我国印染业遭受很大的威胁。为了避免损失，国家要求出口欧盟的纺织品服装全部使用进口染料，造成染料进口量成倍增加。随着“绿色织品”浪潮的扩散和我国纺织品服装出口的进一步扩大，进口染料的数量还将增加，而出口染料的数量将呈进一步萎缩趋势（如果我国染料短期内不能在质量上达标），我国染料行业会形成较大损失，行业发展受到严重制约。

2.对纺织用化学助剂产业有不利影响

纺织品服装加工过程中使用的含有芳香胺、重金属的助剂（如氧化剂、催化剂等）、防皱防缩整理剂和含有甲醛的各种反应剂（如固色剂，柔软剂等）均为一些国家认定的纺织品的污染源，属于技术性贸易措施所限制的。为了应对限制，纺织品服装生产企业必将减少这些助剂、药剂的使用，或以洁净少污染的进口品取而代之。因此，对纺织用化学助剂产业带来十分不利的影响。

3.纤维原料生产受到一定的影响和限制

外国的技术性贸易措施对纤维原料在种植或生产过程中使用的杀虫剂、除草剂、化肥、添加剂等有明确的限制，因此，包括农业在内的纤维原料生产将受到一定的影响。杀虫剂、除草剂、化肥、添加剂等用量的减少，有可能导致纤维原料产量的下降，而大量进口棉花等纤维原料，以保证我国纺织品服装的出口。由此，进而影响农药、化工等其他相关

产业。

4.减少我国海运业的收入

对外贸易与海运行业关系密切，纺织品服装出口大多需通过海运输往进口国。国外实施技术性贸易措施使我国纺织品服装出口受阻，将相应减少我国海运部门的业务量和收入。

5.造成我国失业人口的增加

国外技术性贸易措施的影响，还包括造成我国纺织服装业就业人数的下降和全社会失业人数的增加。纺织服装业是劳动密集型产业，是我国吸纳劳动力，提供就业岗位最多的工业部门之一。然而我国纺织服装业的国际依存度较高，约为40%，如果剔除部分来料加工贸易，也达到30%以上。而我国服装业的国际依存度更高达50%。据测算，仅服装出口下降1个百分点，全国服装生产就会下降0.5个百分点，我国全社会失业人数将新增3.6万人。

（四）我国纺织品服装出口遭遇技术性贸易措施的主要原因及评价

我国纺织品服装出口遭遇技术性贸易措施，既有外部原因，也有我国纺织服装业内部原因。

1.遭遇技术性贸易措施的外部原因

（1）发达国家消费者安全和健康意识的加强

发达国家人民的生活水平日益提高，安全健康意识空前加强，这些国家的消费者越来越关心产品对身体健康和安全的影响。以致在国际贸易中，以健康、安全和卫生为主要内容，针对包括纺织品服装在内的新贸易壁垒日益增多。

（2）发达国家人民环保意识的提高

随着可持续发展理念深入人心，人们越来越关注赖以生存的空间环境，要求国际贸易中的产品本身及其生产加工过程都不要以破坏环境或牺牲环境为代价；同时要求生产这些产品时也不要以牺牲劳动者的健康为代价，致使发达国家制定的过分严格和苛刻的技术性法规、标准和合格评定等形成了贸易壁垒。

（3）纺织品服装市场传统贸易壁垒受到约束

根据WTO的纺织品服装协议，到2005年全球取消纺织品服装配额，实现该领域的贸易自由化。特别是我国加入WTO后，一些专门针对我国的双边贸易限制，如每年讨论最惠国待遇问题等不得不取消。传统贸易壁垒受到约束，为技术性贸易措施的发展提供了巨大发展空间。

(4) 发达国家出于保护国内市场的需要

发达国家由于劳动力成本较高，中低档纺织品服装的竞争能力低于发展中国家。例如，美国、日本和欧盟等发达国家纺织品服装的劳动成本，在20世纪90年代约为中国的40—50倍，而同期的纺织服装业的劳动生产率约为中国的13—15倍。近两年，美国、日本和欧盟纺织品服装的劳动成本约为中国的20—25倍，而劳动生产率约为中国的8—9倍。高成本产品的竞争力势必会减弱，所占本国国内市场份额就会受到国外同类低成本产品的冲击。所以设置技术性贸易措施也是一种保护国内市场的手段。

(5) 发达国家减少贸易逆差的需要

美国、日本和欧盟是我国纺织品服装出口的主要市场，以技术性贸易措施限制我国纺织品服装的进口，原因是它们对我国均存在着巨额贸易逆差。据统计，我国对美国纺织品服装贸易顺差2000年、2001年和2002年分别为58.68亿美元、59.50亿美元和68.68亿美元，同期我国对日本顺差分别为101.27亿美元、107.32亿美元和103.34亿美元，我国对欧盟顺差分别为76.69亿美元、80.61亿美元和99.10亿美元。面对如此巨额逆差，美国、日本和欧盟必然采取相应措施。因此，设置各种技术性贸易措施，成为纺织品服装主要进口国减少进口冲击，保护本国贸易顺差的重要手段。

(6) 进口国政府迫于多方面的压力

发达国家及某些发展中国家，由于大量进口国外廉价纺织品服装，本国纺织服装业的失业在一定程度上有所增加，就业压力加剧，政府往往受到来自本国纺织服装业工会、厂商和行业协会的批评和指责，要求限制进口，保护本国民族工业，减轻国内就业压力。面对压力，信奉自由贸易的政府领导人不得不采取隐蔽的，表面上不违背自由贸易规则的保护国内市场的技术性贸易壁垒。

(7) 进出口国的法律、技术标准和规则存在差异

我国现行的有些国家标准与国外标准相比有很大的差异，导致同一产品检验结果存在巨大差异。例如，有一批色织绒布服装出口到美国，进口商因服装缩水率超标而提出索赔。经检验分析是由于我国的检验标准

与国外标准（AATCC）不同，造成该批色织布按照我国的国家标准检测是合格的，但按AATCC标准检验就不合格，形成了技术性贸易障碍。

(8) WTO的有关协议中对贸易与环境的规定存在缺陷，为技术性贸易壁垒的设置提供了可乘之机

WTO受理诉讼机构解决贸易争端应用的规则规定：基于生产技术而非产品本身属性不同实行的单方面贸易限制，是WTO允许的。WTO/TBT允许成员国可以采取其认为“适合的方法”实施协议中有关环境条款的规定，给一些成员国滥用技术性贸易措施提供了可乘之机。那些掌握高科技又有经济势力的发达国家设置比国际有关标准更为严格的标准及检验措施，借环境保护推行贸易保护，因为“适合的方法”、“必要的措施”根本难以界定。

2.遭受技术性贸易措施影响的内部原因

(1) 技术及生产设备落后，产品竞争力不强

我国纺织服装业由于长期以来技术开发、技术创新及投入不足，企业的技术及生产设备落后，产品技术含量低、附加值较低，出口纺织品的现状为“四多四少”，即大路货多，名牌少；中低档多，高档少；粗加工多，精加工少；普通加工多，深度加工少；衣着用品多，装饰、产业用品少，在国际市场上竞争力不强。特别是众多的中小纺织服装企业，对发达国家提出的苛刻的技术法规、技术标准和合格评定等一时难以适应，由此形成了技术性贸易壁垒。

(2) 企业环保意识淡薄

大部分纺织服装企业对技术性贸易壁垒及其影响范围和影响程度认识不足，对生态纺织品的研究、生产和开发重视不够，对ISO 14000国际环保标准体系的认证不够重视。全国858家印染企业中，通过ISO 14000国际环保标准体系认证的只有6–7家。全国纺织服装企业中只有316家获得国际生态纺织品研究和检测协会“Oeko-tex standard 100”的认证证书（2003年4月30日，国际纺织环保协会和上海办事处统计）。取得绿色认证（欧盟生态纺织品标志认证）的产品更少。据统计，从1996年至1999年我国有高达200亿美元的各类商品因未获得绿色环保认证而出口受阻，其中纺织品占相当比例。

(3) 认证步伐缓慢

积极开展ISO 9000质量体系认证、产品认证等多种形式的认证，是

企业提供质量和管理水平、提升产品档次、突破国外技术性贸易壁垒限制的有效措施，我国纺织服装企业对其重要性的认识明显不足。例如，全国858家印染企业中，通过ISO 9000认证的只有26家。已通过ISO 9000认证的纺织企业，不少是在用户要求下被动申请认证的。

（4）检验技术与检测设备落后

我国纺织品服装的检测设备相对简单，精度要求不高，缺乏与国外同行的技术交流与合作，纺织检验技术滞后于发达国家。常常是国外提出某项技术性贸易壁垒，我国产品出口被阻，有关部门才开始研究，着手建立相关标准。如对生态纺织品的检测仅集中在检验检疫系统少数单位，与国际接轨的大型检测手段缺乏。这些状况与快速发展的国外技术性贸易壁垒不相适应。

（5）标准化工程滞后

发达国家非常重视标准化工作，重视推广和采用国际标准。自20世纪80年代以来，美国、英国、德国等发达国家采用国际标准已达80%以上，日本制定的国内标准有90%采用了国际标准。我国的纺织品服装标准虽参照国际标准进行了大量的修正和补充，基础标准和方法标准已经基本等同于国际标准，但由于我国的纺织品服装标准的出发点是对纺织服装企业的生产实践进行指导，对最终消费者的实际使用要求考虑不充分，不能及时适应国际市场对产品品质的要求，同美国、日本和欧盟等发达国家的产品标准相比，内在质量的要求低，制约了产品质量的提高，致使出口的纺织品服装极易遭遇技术性贸易壁垒。

（6）缺乏技术法规和强制性标准

到目前为止，国家有关部门共发布了与纺织品服装安全性有关的国家标准近90项，其中纺织品耐色丰度试验方法标准最多，约70项；甲醛检测方法标准2项；燃烧性能测试方法9项；酸碱性检测方法4项；禁用的偶氮染料检测方法3项；重金属离子检测方法1项。这些标准尽管大多等同采用了ISO标准，但与国际上最新发展的技术仍存在差距。纺织品农药(杀虫剂)、氮苯酚防腐剂、有机氮载体、有机气味等项目检测技术及标准尚需进一步研究。上述标准多属推荐性标准，具有关键限量指标的强制性标准及相应技术法规尚属空白。

（五）近期应解决的主要问题

1. 开展对WTO/TBT协定的认真研究

面对国外越来越多的技术性贸易措施，我国纺织服装业迫切需要用规范的WTO／TBT协定保护自己。因此，要尽快了解WTO／TBT“游戏”规则的主要内容，研究国际贸易中各国设置技术性贸易壁垒的种种手段、规避技术性贸易壁垒的国际惯例、实际案例以及应对措施，充分利用WTO／TBT协定中实现正当目标的规定，制定有利于我国纺织服装业发展、制约进口、保护出口的相关法规、标准，做到既名正言顺地保护国内市场，又不妨碍开拓国外市场。

2．加快技术进步，实现产业升级

在商务部组织的2002年国外技术性贸易壁垒对我国出口影响的调查中，95.6%的出口企业认为，“跨越国外技术性贸易壁垒的主要措施”是“通过提高技术和管理水平达到进口国技术准入条件”。纺织服装业要冲破技术性贸易壁垒限制，也必须要改变目前技术及生产设备落后状况，大力进行技术改造、技术攻关，引进新技术、新工艺、新设备，开发清洁生产、安全无害的绿色技术，用高新技术改造传统的纺织服装业，走可持续发展之路。同时，将技术性贸易壁垒对我国纺织品服装出口的阻碍转化为对纺织服装业发展的促进，不断提高产品科技含量和附加值，在精、深、细加工上做文章，努力创造自己的品牌，避免纺织品服装在低价位上徘徊。积极开发环保型深加工产品，把绿色纺织品、生态服装等作为出口的新增长点。

3．加强环保意识的宣传

各级政府和部门应加强环保宣传力度，使纺织服装企业和消费者真正具有环保意识。引导企业改进技术，减少污染，加强绿色技术的开发与应用，积极推广ISO 14000认证，实现从原料取用、产品设计到生产、销售全过程环保监测控制。生产符合国际市场要求的环保纺织品服装，增强市场竞争力。

4．充分利用标准化手段，制定纺织品服装标准

产品标准工作对企业来说非常重要。目前，国内纺织品标准列为优等品、一等品、二等品等几种，属于强制性标准，即不通过就不允许销售。国外只分合格、不合格两种，属于推荐性标准。但国外推荐性的产品标准远远高于国内强制性标准。国外的标签标准就很严格，保存衣物的温度、水洗温度、洗涤时可否加氯、熨烫时使用什么熨斗，都必须一一标出，标准确实比我们严密。此外，标准规范也是国外出品牌产品的

原因之一。我国产品标准工作相对落后，更严重的是别人不承认，无法按该标准出口，也不能凭借这种标准衡量进口的样货。

可以在保留原有的纺织品服装国家标准的同时，按照国际标准化组织纺织品技术委员会ISO／TC38“制定纺织产品的性能规格时不考虑其制造方法”发展战略思路，将产品标准按纺织品的最终用途分类，但大类结构如机织物、针织物仍然分开，建立起一套商业标准。使考核的项目更接近实际应用，质量指标也更为严格，提高产品在国际市场上的竞争力。同时积极组织专家参与国际标准的制定工作，把我国的一些意见和要求，充分反映到国际标准中去，为我国纺织品服装顺利进入国际市场创造条件。

5．打破国外检测垄断，打造中国检测标准的品牌

按照国际通例，只要设备中有5%以上的部分与以往不同，就可以算创新，也就没有了侵权的嫌疑。纺织品检测技术中高、精、尖的部分并不多见，国内的技术水平基本能够达到。开展和国外有关机构合作，生产出我国自己的检测仪器设备，让国外机构承认我们的产品和检测能力。这样可以救活一批检测企业。更重要的是，既避免了国外检测机构的垄断，又可以为国内产品提供相对低廉的服务。并且，如麻织物、羊绒制品等我国资源占绝对优势、国外又少有通行标准的产品，可以由中国机构制订标准。严格标准可以打造中国产品的品牌，打造中国检测标准的品牌，同时也可以树立检测企业的良好信誉。

6．尽快建立和完善纺织品服装安全标准体系，创立并实行国内统一的生态纺织品标签标准

产品技术标准和质量是“中国制造”品牌的基本保障和国际形象，我国自己的标签标准实际是技术性贸易措施的重要组成部分。要在目前已着手制定《纺织品安全通用技术要求》《生态纺织品通用技术条件》和《生态纺织品标志》等标准基础上，对现有纺织品服装检测方法进行补充完善，提高检测方法的准确性和可靠性，尽快建立健全有关纺织品服装安全、健康和环保方面的技术法规。一方面促进纺织服装企业的技术改造和工艺改进，开发生态纺织品服装，推出我国生态纺织品服装的世界品牌，应对国外技术性贸易壁垒；另一方面，实施对进口纺织品服装的有效监控，将不符合生态标准的外国纺织品服装拒国门之外。

7．加强与主要贸易伙伴的环境技术合作，签署有关环境标准相互

承认的协议

我国环保产业的发展尚处在初级阶段，无论是环境技术还是环境管理都与发达国家存在较大差距，要在短期内达到发达国家严格的环境标准是不现实的。因此，我们应在加强环境管理的同时，加强与主要贸易伙伴的环境技术合作，结合我国现有的环境技术、管理水平和经济承受能力，通过与主要贸易伙伴进行双边谈判争取签署相互承认协议，减少因为环境标准的不同而形成的贸易壁垒。

8. 充分利用WTO规则提供的空间，应对技术性贸易措施

WTO提供了解决贸易冲突的多种合作方式，包括帮助技术性贸易措施案件的被告成员方获得可靠的环保技术，提供财政援助，提供人员培训等。对于外国不正当的技术性贸易措施，我们有权按规则要求对方采取解决措施；对于正当的技术性贸易措施，我们要充分利用国际合作机制来化解。

利用WTO的透明度原则和程序，建立针对外国技术性贸易措施的预警机制，做好应对层出不穷的技术性贸易措施的心理和技术准备。积极参与国际环境公约和多边协定中环境条款的谈判，利用多边贸易体制，加强与发展中国家的协调与合作，制定一些发展中国家能承受的有关纺织品服装方面的国际环保标准，或在某些国际标准中附加发展中国家在国际贸易中免受发达国家歧视的保障条款等，减少和削弱技术性贸易措施对我国纺织品服装出口贸易的不利影响。

二、国际纺织品服装市场TBT发展状况及趋势

（一）纺织服装业国际标准的发展趋势

1. 发达国家标准工作战略化

目前，发达国家标准工作并非仅是公证机构或行业协会的民间行为，在某种意义上已成为政府经济战略策略的重要组成部分之一，是面向国际竞争的战略行为，国家给予了强有力的支持。1999年欧盟通过欧盟标准化战略决议；2000年美国制定了标准化发展战略；加拿大发布标准化战略；2001年日本制定了标准化发展战略，这都说明发达国家已经将标准工作纳入到国家战略中。

2. 标准正从规格型转向人与环境保护型

世界技术性贸易措施通报量1995－2002年增长65%，而卫生与植物卫生协定同期增长了320%。转向后的标准主要包含三方面内容：

①控制有害物质的法规和标准。在这方面，日本、韩国和欧盟都已正式颁布有关的法规或标准，并正在实行。

②纺织品燃烧性能的法规或标准。实行国有美国、日本和英国等。

③纺织品服装标签的法规或标准。实施国有欧盟、美国、英国和加拿大等。

3．标签标准品牌化

以Eco-label和Oeko-tex standard 100为代表的标签标准，虽属自愿认证的标签标准，但认证机构与零售商联合，以人类健康、绿色环保为宣传主题，大力迎合消费者心理，确立认证标准的品牌地位，几乎成了市场准入的条件。

4．体系明确、重两头放中间

国外的纺织品服装标准体系明确，分为基础标准、产品标准和认证标准。基础标准的主要目的是重统一术语，统一试验方法，统一评定手段，以此来保证产品标准中各项要求指标的可比性。而标准工作的重点是产品标准和标签标准。产品标准在某种意义上又可以称之为贸易标准，是产品最终检验的依据，且实用性强，便于监督管理。标签标准是标准的商业炒作行为，当某一套标准在人们心理占据主要位置时，认证机构是最直接的受益者。

5．技术标准进一步延伸到纺织品服装的生产过程

在纺织品服装的生产过程中产生的有害物质有可能会释放到空气、土壤、水和工作环境中去，甚至有可能危害到使用该产品或由该产品制造的最终产品的消费者的健康。现在的消费者对纺织品服装的关注已不仅仅停留在纺织品服装本身的绿色生态性，对纺织品服装的生产加工过程以及产地也越来越注意。国际生态纺织品研究和检测协会还制定了Oeko-Tex Standard 1000，用于生产企业的生产实地的生态评审。欧盟委员会推出的Eco-label“生态标签”体系就包括对原材料，甚至生产过程的严格规定。此外荷兰的Milieukeur标志对纺织品服装的生态要求也是主要强调生产过程的。

6．其他领域的技术性规定相互交叉渗透

针对市场上大量的现有化学品的存在，欧盟新近发布的欧盟未来化

学品政策战略白皮书建议，首先重点考虑导致高暴露或引起担忧的物质，其危险特性——物理、化学、毒理或生态毒理已知或疑似。所有这些物质应当在5年内试验，并在随后适当评估其对人体健康和环境的影响。这项政策虽然没有直接针对纺织品服装，但纺织品服装生产过程中使用的燃料、阻燃剂、柔软剂、防腐剂等无不与之有关，必然对纺织品服装贸易产生重要影响。

（二）技术性贸易措施主要国家及其纺织品服装技术标准体系

从全球设置技术性贸易措施的整体情况看，以欧盟、美国和日本等国最具代表性。

对于纺织品服装市场，这些国家的强制性技术法规往往只针对健康、安全和环保方面。而具体的规格性指标多由民间的团体和协会制定，不具有法律强制力。但由于被业界、消费者广泛接受和认同，这些规格性指标却成为事实的强制标准。

1. 美国的技术标准体系

在纺织品服装方面，美国的强制性法规主要涉及标签法规、纺织品的阻燃等。美国的管理机构有CPSC（美国消费品安全委员会）和FTC（美国联邦贸易委员会）。

美国“纺织品纤维制品鉴别法案”对于纺织品服装标签的形式、内容作了具体规定。出口到美国的纺织品服装要标明成分和原产地，限制含有未经FTC认可成分的纺织品服装进入美国市场。FTC还对进口纺织品服装的成分进行分析，以判断其提供的成分报告与实际结果是否一致。

美国联邦法规16CFR Part423要求生产厂家或进口商必须在有根据的基础上向消费者传达纺织品服装清洗、使用方法的说明，为消费者提供正确适用的清洗方法，并要求此说明可采用标签形式缝在服装或其他纺织制品上，并且应易被消费者发现。

有关安全性规定，有易燃纤维法案，该法案要求制作服装的布料进入市场销售前必须用规定的测验器、规定的标准和程序进行燃烧测验，并保存记录。凡不符合标准者，不许生产、进口或销售。

行业协会制定的权威标准有：

美国纺织品化学家和染色家协会(AATCC) 制定的纺织品染色、纺织品服装的后整理工艺和清洗标准；

美国测试和材料协会(ASTM)的纺织品物理性测试方法标准；

国际工业用纤维协会（IFAI）的工业用纤维标准；

非织造布工业协会（INDA）的非织造布标准；

ASTM 制定的防护服面料性能测试方法；

国家防火协会(NFPA)负责提供测试工具并建立服装系统（clothing ensemble）的标准；

国际睡眠用品协会（ISPA）制定的床上用品尺码和易燃性标签指南；

美国家具制造商协会（AFMA）、(ASTM)、家具制造商及机构协会(BIFMA)负责制定的家具装饰织物标准等。

行业标准和强制性法规一起构成美国纺织品服装市场严密的技术标准体系。

2．欧盟的技术标准体系

欧盟是最先认识到国际贸易中技术性贸易措施的地区组织，成员国同时也是设置技术性贸易措施最严重的国家。随着欧盟组织的不断完善，客观上逐渐形成了体系越来越完善、效果越来越明显的技术性贸易措施。

欧盟在技术性贸易措施的管理方面，是由欧委会负责向欧盟理事会提出制定欧盟指令的建议，并监督和确保各成员国政府和法人遵守指令所规定的原则和要求。对于欧盟以外的国家，欧盟明令要求进入欧盟市场的产品凡涉及欧盟指令的，必须符合指令的要求，并需通过指定的认证和允许在欧盟市场销售。欧盟主要成员国需将欧盟有关指令转换成本国法令后再执行。

目前欧盟已形成了双层结构的技术性贸易措施管理体系，其上层是约 300 个具有法律效力的欧盟指令，下层是上万个技术标准。根据 1985 年 5 月 7 日的（85/C136/01）号《技术协调与标准的新方法的决议》欧盟指令只限于产品不危及人类、动物和货品的安全方面的基本安全要求，而不是一般质量要求，协调指令只规定主要要求，一般指令要求是标准的任务。该体系有效地消除了欧盟内部的贸易壁垒，但对欧盟以外的国家造成了贸易障碍。由于这些指令和技术标准要求很高，即使美国的一些产品也难以达到要求。

欧盟生态纺织品和服装指令内容广泛，有 40 多个分指标体系构成，包括：农药残留；重金属残留；生物降解；织物增重；染料；甲醛；阻燃剂；色牢度；弹性纤维中不含有机化合物；防缩整理、后整理；填充物；涂料、粘合和膜；能源和水的应用；生态标签的内容；水洗和干洗尺寸变化率；印刷；剥色或褪色等。每个分指标都规定了最低的合格标准，如，甲醛指标体系，要求游离甲醛直接接触皮肤不超过 30ppm，其他不超过 300ppm。

近几年，欧盟的纺织品技术标准在不断地更新，标准的要求也越来越高。例如：

2002 年通过的关于禁用偶氮染料的欧盟指令 2002/61/EC；

2003 年 1 月 6 日欧盟通过的 2003/03/EC 指令，禁止在纺织皮革制品中使用一类名为 blue colourant(蓝色染料)的偶氮染料；

关于全面禁用部分含溴阻燃剂的欧洲议会和欧盟委员会指令 2003/11/KC；

关于使用邻苯二甲酸醋类 PVC 增塑剂的临时禁令等。

除符合强制法规外，获得生态标签成为纺织品服装在欧盟市场上立足的另一个必备条件。目前欧盟在纺织品服装领域主要有两种“绿色”技术标准认证，即欧盟“生态标签”（Eco-label）和“生态纺织品标准”100（Oeko-tex Standard 100）。

Eco-label“生态标签”体系是欧盟委员会自 1992 年开始建立的，涉及纺织品服装、家电、办公用品共十九类产品，目的是推动各种产品的生产厂家在生态保护甚至社会标准上都符合欧盟日益严格的要求。相对 Oeko-tex Standard 100 更为复杂，不但对最终产品进行甲醛、偶氮染料、pH 酸碱性、五氯苯酚、卤化物载体、杀虫剂、染色牢度、挥发性化合物释放、特殊气味类（如霉味、重金属砷、镉、铬、铜、钴、铅、汞、镍等）等检测项目的技术标准检测，而且对原材料，甚至生产过程都有着严格的规定。

如果某企业想申请欧盟的“生态标签”，那么欧盟会对该企业的原料来源、生产环境、废气污水的排放，甚至工人的福利待遇情况进行全面的调查，以确保该产品的生产符合环保和有利于社会的双重标准。

这些标准已成为鉴定环保纺织品服装的重要国际标准。虽然是否加贴生态标签属生产厂家的自愿行为，进口国有关机构对进口商的进口产品检验也非强制执行，但自 Oeko-tex Standard 100 等认证问世以来，得到了欧洲消费者的广泛响应，企业获得了 Oeko-tex Standard 100 认证，就意味着有了更多进入欧美市场的贸易机会。从该标签的发展趋势看，申请标准越来越严格，如2003年1月颁布的该标签新申请标准中，甲醛和锑等有害物质含量的限制要求更加严格，杀虫剂检测的类别也大大增加。

关于安全性，针对不同类别的产品有不同的规定：

①建筑用纺织品须在结合、装配、应用或安置时符合机械的耐用和稳定；安全防火；卫生、健康和环境保护；使用安全；防噪音保护；节约能源与热量保持这六个方面的条件才能投放市场。

②家用纺织品除须符合一定的健康标准外，在安全性方面要具有相当的阻燃性能。如爱尔兰和英国便禁止床垫使用聚氨酯合成的泡沫塑料，原因是其阻燃性能不佳。

③服装方面的国家安全法规涉及儿童和妇女睡衣的阻燃性能。延迟燃烧试验是儿童睡衣一个必不可少的要求，妇女睡衣必须贴有“延迟燃烧”或“远离火源”字样的标签。

3. 日本的技术标准体系

日本也是技术法规繁多的国家，其中只有极少数是与国际标准一致的。当外国产品进入日本市场时，不仅要求符合国际标准，还要求与日本的标准相吻合。日本的企业更重视得到市场消费者承认的事实上的标准规格，而不重视公认标准，因此，日本对实行国际标准化不十分积极，这样就给进入日本市场的国外产品带来了很多麻烦。

日本不仅通过标准，而且通过认证制度和产品的合格检验等对进口商品设置重重障碍。日本目前有25项认证制度，分为强制性和自愿性两类。强制性认证以法律形式执行，自愿性认证由企业自愿申请，适用于强制性以外的产品，如JIS规格(工业品)、JAC规格(农产品)、G标志、SG标志和ST标志等。

日本进口部门的进口可行性审批是日本独特的进口技术性贸易限制措施。凡进入日本市场的各国商品，日本的进口部门均须对其国内的生产、消费、需求领域作动向调查。并由其商品流通业界做出定性分析，确定其具有对比性、代表性、适用性、流通性，而且趋于多样化、个性化、感性化和市场畅销率高的商品才能获准进入日本市场，以确保日本市场的实际效益。

在纺织品服装方面，日本对有害物质的使用量、残留量及禁用物质种类等有明确的规定：

进口幼儿纺织品服装的甲醛含量不得超过20ppm；

进口成人内衣、睡衣、袜子的甲醛含量不得超过 75ppm；

进口成人外衣甲醛含量不得超过 300ppm。

关于纺织品服装的安全性，日本消防法令针对纺织品的易燃性也有具体规定：

服装的损毁长度最大为 254mm，平均为 178mm；

窗帘、幕布续燃时间 3s/5s 以下，阻燃时间 5s/20s 以下，损毁面积 30cm2/40cm2 以下；

地毯续燃时间 20s 以下，损毁长度 10cm 以下等。

同时，日本的《产品责任法》规定：对皮肤伤害、异物混入、燃烧事故、染色不良造成的特殊事故等服装成品缺陷，受害者可申请赔偿。

日本客户已明确要求我国生产的服装对缝针、大头针、断针、手针等进行检验，检针完毕在箱外贴上相应的标记。

（三）当前国际纺织品服装市场技术性贸易措施的特点及发展趋势

1. 技术性贸易措施将长期存在并不断发展

随着技术标准的国际化，部分技术性贸易措施将会被取消，但随着科技的发展和安全环保的要求，以及发达国家为了保护其在国际贸易中的竞争优势和技术优势，新的技术性贸易措施将不断产生和不断更新。发展中国家为了适应经济发展的需要，增强自己的国际竞争力，保护本国市场，也开始注意建立技术保护体系。因此，各国采取的技术性贸易措施越来越多，涉及到的产品也越来越多。技术性贸易措施将长期存在并不断发展，并将成为国际贸易壁垒的主体。

2. “绿色纺织品”将成为 21 世纪关注的焦点

据专家预测，21 世纪前 10 年，潜在的“绿色消费”就可能达 2000 亿美元。纺织品服装作为大类产品，被视为人的第二皮肤和第一生存环境，直接影响到人身的健康和安全。因此对来自纺织品服装的污染更加引起人们的广泛关注和警惕，各个国家对纺织品服装的技术含量和环保的要求也越来越高。为适应这种发展，各国在纺织品服装贸易中采用的技术性贸易壁垒也将不断升级。

3. 更多利用知识产权协定保护进口国的产品设计

在当今的知识经济和信息时代，知识产权被认为是国内经济增长的一个贡献因素。发达国家与发展中国家都制定了有关法律法规，对侵犯知识产权的行为给予处罚。而由于一些发展中国家实施的处罚缺乏威慑力，因此，在纺织品服装市场，假冒伪造产品几乎随处可见，而消费者却没有意识到他们购买的是侵犯知识产权的产品。对于我国，很重要的一点是，纺织品设计不在我国专利法中关于工业设计规定的保护之列，我国的设计又存在着从市场复制，缺乏原创性等问题，所以，以美国为代表的发达国家很可能要通过关于实用技术作品的国际版权公约来保护他们本国纺织品服装的设计，以侵权为由限制我国某些纺织品服装的出口。

4. 信息技术性贸易措施将会广泛应用于纺织品服装贸易

信息技术性贸易措施指在国际贸易中为贸易便利化、降低贸易成本而采用的信息技术及相关管理规定，包括无纸贸易、条形码、商品的标识、标签制度、电子商务等。以电子商务为例，许多发达国家都逐渐进入了电子商务领域，一些行业充分利用电子信息进行产品交易，这势必迫使与之有相应产品交易的商家必须进入电子商务领域。这种发展趋势越来越明显，导致电子商务在纺织品服装国际贸易中也将会占有越来越大的比重。这对信息化比较落后的我国纺织服装业将会产生一种新的技术性贸易障碍。

5. 壁垒的构筑速度加快

发达国家的技术措施不断出新，构筑技术壁垒的速度不断加快，涉及面也越来越广。欧盟 Oeko-tex standard 100（生态纺织品标准 100）于 1992 年颁布，Oeko-tex standard 1000 于 1995 年颁布，2003 年版的 Oeko-tex standard 100 和 Oeko-tex standard 200 已于 2003 年 2 月 19 日公布。仅 2002 年以来，就有 10 余项新的法规、指令和标签标准出台。

三、我国纺织服装业 TBT 应对能力分析

（一）我国纺织服装业技术标准与发达国家的差别及采标率

1. 国际纺织品服装业技术标准和法规的总体状况

全球范围内各个国家（地区）、区域组织、标准委员会及行业协会颁发或实施的纺织品服装标准和法规很多，如国际标准化组织（ISO）有关纺织品和服装的标准约有 280 多个。

但从其内容上大体可分为三类：控制有害物质、燃烧性能及标签标准。

国际上较有影响或和我国纺织品服装出口关系较密切的技术标准和法规主要有：

①国际生态纺织品研究和检验协会发布的Oeko-tex standard-100；Oeko-Tex Standard 1000 ；Oeko-tex standard 200；

②欧盟颁布的 Eco-label；

③美国的《阻燃纺织品的法规》；

④德国的《保护消费者条例》以及日本、韩国、英国等国家的相关法律、法规等。

2. 我国纺织服装业技术标准的现状

①标准数量多，包括了从纺织材料到服装制成品的各个方面。到2002年底，我国共有纺织品服装标准 885 个（不包括纤维原料标准），其中国家标准 383 个，纺织行业标准 502 个。整体看来数量并不少。以国际标准化组织（ISO）为例，该组织现有纺织品服装标准约 280 多个，只是我国标准数量的 1/3 左右。这些标准包括了从纺织材料到服装制成品的各个方面，初步形成了以产品标准为主体，与基础标准相配套的纺织品服装标准体系，包括术语符号标准、试验方法标准、物质标准和产品标准四类。

②采标率高，居我国各行业采标率的前列。根据国家有关部门统计，对国际标准的采标率，国内平均水平为43.7%，而纺织服装业的采标率达80%。ISO 中有关纺织品服装的标准，我国纺织服装业已经在不同程度上采用或已列入年度采用计划。

③基础标准等基本与国际接轨。现已完成的基础的、通用的术语标准和方法标准基本上采用了国际标准和国外先进标准。与国际上较有影响的纺织品服装标准和法规相比，我国在涉及控制有害物质、燃烧性能及标签标准等内容方面都有相应的规定，例如：

与Oeko-tex standard-100和Eco-label相对应，我国已颁布强制性的国家标准GB 18401《纺织品甲醛含量的限定》、报批强制性试点国家标准《纺织品基本安全技术要求》和推荐性国家标准《生态纺织品技术要求》也将偶氮染料作为纺织品严格控制的主要项目，且其指标与国际接轨；

与美国《阻燃纺织品的法规》相对应，我国有强制性 GB 8695《阻燃防护服》和GB 17591《阻燃机织物》等国家标准；

与国际上纺织品服装的标签标准和法规相对应，我国有强制性国家标准GB 5296.4《消费品使用说明、纺织品和服装的使用说明》，推荐性国家标准GB/T 8685《纺织品和服装使用说明的图像符号》和推荐性行业标准FZ/T 01053《纺织品纤维含量的标识》等。

3．与国外的差距

①形成的标准体系不同，我国的标准体系缺乏系统性。ISO或国外的国家层面上的纺织品服装标准主要内容是基础类标准，重在统一术语，统一试验方法，统一评定手段，使各方提供的数据具有可比性和通用性。对大量的产品而言，国外是没有国家标准的，主要由企业根据产品的用途或购货方在合同或协议中规定产品的规格、性能、指标、检验规则、包装等内容。

我国现行的纺织品服装标准体系是以原料或工艺划分的产品标准为主。近年来也以用途制定标准，但所占比例极小。按标准的适用范围可分国家标准、行业标准、地方标准、企业标准；按标准约束性分有强制性标准、推荐性标准；按工艺过程可形成标准链，如"纱线—本色布—染色布"等。各种标准之间没有有机的联系，不成系统，有时不同标准对同一产品的评定还会出现矛盾。

②标准发挥的职能不同。国外将国家层面上的公开标准作为交货、验收的技术依据，从指导用户购买产品的角度和需要来制定，称之为贸易型标准，广泛应用于产品的检验和国际商贸活动中。企业标准才是作为组织生产的技术依据。而我国大多数的产品标准的职能是用以组织生产的依据，从指导企业生产角度的需要来确定，人们称之为生产型标准。生产型标准范围较窄，覆盖的产品种类较少，造成标准的数量不少，但跟不上产品的更新换代速度，也限定了其使用范围，最终不能有效地应用于国际商务中。

③标准水平有差距。由于标准的职能不同，标准技术内容，如考核项目设置、性能指标的水平等方面均有一定的差距。我国为数不少的标准文本中写有"优等品相当于国际先进水平，一等品相当于国际一般水平"等，实际上仅是个别单项指标的水平达到国际水平，但综合性能达不到，其内容与国外标准相差甚远。

具体差距还有：

色牢度指标与国际标准有差距低1～1.5级；

面料标准还缺少"接缝滑移""起毛起球""干洗尺寸变化""耐光色

牢度”等考核指标；

服装标准中忽略了构成服装的主要元素——面料和里料的评定；

对有毒化学品(如部分阻燃剂)及配套的有害物质检测，方法如有氯载体、PVC 增塑剂、挥发、挥发性物质等尚属空白；

纺织品服装中有害物质的检测方法尚无标准的有“致癌染料含量的测定”“致敏染料含量的测定”“除草剂残留量的测定”等；

纺织品服装功能性产品安全健康标准、可降解性标准欠缺等。

④技术法规和强制性标准欠缺。我国对纺织品服装毒理性检测的研究起步较晚，杀虫剂、有机氯载体、有机气味和有害物质等安全卫生项目的检测技术和限量标准尚属空白。截止到 2003 年 11 月，强制性试点国家标准《纺织品基本安全技术要求》仍没有得到国家最后批准。

（二）我国纺织服装业的技术水平、技术开发能力及自主知识产权状况

1. 技术水平状况

我国是一个纺织大国，但不是一个纺织强国，生产技术水平整体上是比较落后的。如棉纺压锭，20 世纪 90 年代的装备仅占 1/3 左右；无梭织机与有梭织机的比仅为 43%。出口的纺织品服装以中低档为主，高附加值产品比重较低；价格相当于法国、意大利的 1/4，英国的 1/3；出口服装使用进口面料的比重超过 50%。装饰用纺织品的系列化、功能化等方面也有不少差距。产业用纺织品在数量、品种、档次及生产工艺方面都难以满足国际市场的需求。

2. 技术开发能力状况

我国纺织品服装的品种开发、创新和设计能力弱。出口服装主要使用进口面料，大都没有自己独立的品牌，款式也多是外商提供的。

虽然我国纺织服装业针对“绿色壁垒”，积极研制开发“绿色生态纺织品”，取得了一些成果，如天然彩色棉、大豆纤维、高科技吸湿排汗纤维等，但是，我国化纤产品的技术开发能力与国外差距仍存在较大差距。国际上流行的多组分纤维、复合纤维、改性纤维、高仿真纤维、特殊功能纤维等一系列差别化纤维，国内化纤企业尚未形成自己的研究开发机制、专有技术和一定的生产规模，总的差别化率还不到 20%，而周边的一些国家和地区已超过 30%。

3. 自主知识产权状况

我国自主知识产权的纺织技术在量和质上均落后于发达国家。在国际专利分类（IPC）的13个纺织小类中，国内发明专利竟有6个小类完全与之不相关（技术内容不属于IPC的同一小类）。在相关的7个小类中，除了D06M一个小类国内专利申请量高于国外申请量之外，其余6个小类国外的申请量全部大幅高于国内申请量。

来自国家知识产权局的统计，1985–1994年的10年中，我国的纺织发明专利申请只有1102件，而同期国外在我国申请的纺织发明专利却有1307件。1994–1998年间，国外在我国申请的纺织专利仍比国内高出400多件。2000年，我国合计授权纺织专利1078件，其中，国内发明专利87件、国外发明专利299件；2001年，我国合计授权纺织专利1265件，其中，国内发明专利76件、国外发明专利369件。这些数据说明，我国纺织服装业的自主知识产权与国外存在着显著的差距。

（三）我国纺织服装业主要经济指标

纺织工业是我国传统优势产业，为国民经济发展做出了重要贡献。长期以来，我国纺织服装业在国家宏观政策指导下，通过产业结构调整和加强企业管理，保持了良好的发展进程。纺织经济运行质量有所提高，各项经济指标有所改善和提高（见表8–2）。

表8–2　1998–2002年我国纺织服装业生产经济指标　　单位：亿元

指　标	1998年	1999年	2000年	2001年	2002年
工业总产值（现价）	6844.13	7424.78	8894.52	9326.43	10709.08
销售收入	6188.34	6900	8176.25	8663.59	10024.2
利税总额	242.79	398.70	601.83	561.58	668.52

资料来源：纺织工业协会统计信息中心。

（四）我国纺织品服装进出口情况

随着我国纺织服装业的国际市场依存度越来越高，纺织品服装的进出口贸易日益成为决定我国纺织服装业发展的重要因素。虽然“入世”后受到了包括反倾销、技术性贸易措施等在内的不利影响，但从总体看，我国纺织品服装进出口贸易呈现增长的态势（见表8–3）。预计到2010年可达到870亿美元以上。

表 8-3　1998-2002 年我国纺织品服装进出口统计

指　　标	1998 年	1999 年	2000 年	2001 年	2002 年
出口额（亿美元）	428.89	431.16	531.46	532.80	617.69
进口额（亿美元）	163.39	139.25	166.75	137.20	143.62
出口年增长率（%）	-5.8	0.53	23.26	0.25	15.93
进出口顺差（亿美元）	265.5	291.91	365.31	395.6	474.07
受到反倾销（起）	2	3	1	1	2
国际市场占有率（%）	12.93	12.91	14.91	18.8	16.17

资料来源：纺织工业协会统计信息中心；中国纺织品进出口商会；WTO 统计资料。

（五）目前我国纺织服装业应对技术性贸易措施采取的对策措施和效果

1. 推广国际质量认证和绿色认证

ISO 9000、ISO 14000、OHS 18000 等国际标准，涵盖了当今世界先进的企业管理研究成果，是企业质量管理成果试验的结晶。以第三方认证方式使认证企业取得市场信任和监督，是企业参与国际市场竞争的必备条件之一。目前，我国纺织服装业已经开始积极推广认证。按质量管理体系覆盖产品所属专业范围统计，我国通过认证的纺织服装企业为 3543 家，在 39 个专业范围排列中居第 7 位。

我国纺织服装企业对“绿色”认证、体系认证仍缺乏足够的认识，行动迟缓。我国已将 ISO 9000 等同采用国家标准（GB/T 9000），实施 ISO 9000 是提高企业素质、强化质量管理的手段之一，可防止形成技术性贸易壁垒。但目前全国 858 家印染企业中通过 ISO 9000 认证的仅有 26 家。实施 ISO 14000 重在打破“绿色壁垒“。但我国大部分企业对“绿色壁垒”认识不足，对于生态纺织品的研究、生产和开发重视不够，已取得 ISO 14000 国际环保标准体系认证的企业更是少数。全国 858 家印染企业中通过 ISO 14000 认证的企业仅有 6-7 家。据国际纺织环保协会和上海办事处统计，截至 2003 年 4 月 30 日，颁发给国内纺织企业的 Oeko-Tex Standard 100 有效证书只有 316 张。

2. 制定和完善纺织品生态标准及相关法规

我国已制定了相应的国家标准以应对国外的技术性贸易措施：

(1) 针对人体健康有害指标控制的标准，包括：

强制性国家标准 GB 18401《纺织品甲醛含量的限定》；

正在报批的强制性试点国家标准《纺织品基本安全技术要求》；

推荐性国家标准《生态纺织品技术要求》。

(2) 阻燃纺织品法规，包括：

强制性国家标准 GB 8695《阻燃防护服》；

GB 17591《阻燃机织物》。

(3) 纺织品和服装的标签标准或法规（包括维护说明和纤维含量），包括：

强制性国家标准 GB 5296.4《消费品使用说明纺织品和服装的使用说明》；

推荐性国家标准GB/T 8685《纺织品和服装使用说明的图形符号》；

推荐性行业标准 FZ/T 01053《纺织品纤维含量的标识》。

从效果看，目前我国的生态纺织品尚处于起始阶段，需要经过不断的完善和发展。

3.制定高水准的染料质量标准

染料质量的高低直接影响着纺织品服装的质量，染料的技术标准最为严格和普遍，针对染料设置的技术性贸易措施也较为广泛。由于国产染料质量低、稳定性差，我国印染行业面临着多方压力，受到了巨大损失。因此，我国已出台相关政策，制定高水准的染料质量标准，淘汰落后的染料产品，促进染料业的发展，为我国纺织服装业突破“绿色壁垒”提供保证。

如我国即将发布的推荐性国家标准《生态纺织品技术要求》，对纺织品服装的偶氮染料提出了限量；正在报批的强制性国家标准《纺织品基本安全技术要求》也将偶氮染料作为纺织品服装严格控制的主要项目，且其指标与国际接轨。如果这两项标准实施，我国在纺织品服装标准中对偶氮染料控制方面将完全与国际接轨。

4.及时发布纺织品服装进口国的有关标准和技术法规

我国纺织科学研究院标准化所、纺织工业协会科技发展中心、出入境检验检疫局、商务部、质量技术监督局等有关部门和机构及时收集、研究国外的相关标准和技术法规，定期发布，开办纺织品标准讲座，使企业能及时了解纺织品服装进口国最新的关于纺织品服装相关技术要求。同时，及时发布针对纺织品服装进口国最新的技术措施而做出的警示通报，并要求有关部门积极研究所面临的新的技术措施的相关内容，为开展相关预测工作做好充分准备。

目前在《国际商报》《中国纺织报》及相关网站上都能比较及时地了解到国外最新的技术措施。

5.建立与国际接轨的检验机构，提高检验技术水平

为了提高检测技术水平和检测能力，要求出入境检验检疫系统纺织实验室全部通过ISO/IEC导则17025认可或转换。纺织服装业或原技术监督系统的纺织品检验机构也把这项工作列入议事日程，尽快在标准化认证方面与国外接轨。

（六）我国纺织服装业技术性贸易措施预警能力的评价

近年来的发展表明，技术性贸易措施是动态的。随着科学技术的发展和人们生态、环境、安全、健康意识的不断加强，乃至国际贸易环境的变化，技术性贸易措施在相当长的一段时期内不仅不会消失，而会不断地改变和加强。以欧盟为例，其成员国或相关组织构筑技术性贸易措施的速度正在不断加快，在纺织品服装领域，仅从2002年至2003年4月以来，就有10余项新的法规、指令或标签标准出台。由于一些国家进口标准的灵活改变，即使有多年贸易经验的老手，有时也很难通晓进口国对产品的技术要求。尤其是发展中国家，对别国限制产品进口的种种措施往往知之不多，造成出口产品被拒绝。商务部科技发展和技术贸易司进行的为期6个月，于2003年4月结束的专项调查显示，我国出口企业跨越技术性贸易措施主要是因为缺乏国外信息，有36%的企业认为，“信息不灵，不知道对方规定已经改变”。

因此，及时了解和掌握各国的技术性贸易措施动态，会有效地减少或避免贸易损失，抓住有利时机，抢占市场，扩大份额。这都需要依靠有效的预警机制。

近年来，国家质检总局对技术性贸易措施风险预警工作十分重视，从2000年起，设在质检总局的WTO/TBT-SPS国家咨询点开始对各WTO成员制定修订的技术性贸易措施进行预警，已经初步建立了预警系统，及时发布有关技术性贸易措施风险预警信息，起到了一定的作用。

但是，从总体上讲，包括纺织行业在内，我国的技术性贸易措施预警方面还存在一些问题。主要表现为：

①对技术性贸易措施预警的重要性认识不足。如欧盟在2001年公布

《未来化学品政策战略白皮书》草案后，于2003年5月17日出台了《关于化学品的注册、评估、许可办法（REACH）》讨论稿，并用8周的时间来征求各国的意见，7月10日是最后期限。欧盟这一“新政策”的实施，一定会对我国印染业造成影响，并进而牵扯到下游的纺织服装业。令人遗憾的是，在欧盟“白皮书”草案公布的两年多时间里，国内有关部门和企业似乎并没有太大的反应。直到2003年6月2日，国家发改委等11个部门才会同包括纺织协会在内的8家协会，在国家质检总局开会，紧急通报并研究欧盟“新政策”的情况。

②缺乏对技术性贸易措施预警的深入研究，没有坚实的理论依据。尽管“预警”一词在国内媒体传播已有十年之久，预警的研究也在一些领域取得了进展，但是由于技术性贸易措施的显现是近几年的事情，所以技术性贸易措施预警的研究刚刚起步，没有很深入、成熟的研究成果面世。技术性贸易措施预警系统的建立缺乏坚实的理论依据。

③现有的“预警”不成体系，缺乏系统性和技术支撑，真正意义上的技术性贸易措施预警系统尚为空白。技术性贸易措施预警是一项复杂的工作，包括若干环节和过程，包括软件的投入和硬件的建设，构成一个完整的系统。但是，由于上述两个问题的存在，目前我国还没有一个行业建立起真正意义上的技术性贸易措施预警系统。

四、纺织行业技术性贸易措施战略选择

党的十六大提出，在21世纪头二十年，我国经济建设要走新型工业化道路，大力实施可持续发展战略。

21世纪的我国纺织工业将以更加开放和更大的改革步伐，融入纺织工业高科技化和经济全球化的浪潮，积极应对入世后的新机遇和挑战，努力实现持续健康快速发展。

然而，如前所述，我国的纺织品服装出口越来越多地遭遇到国外技术性贸易措施，使我国的纺织对外贸易出现了巨大损失。因此，我们必须面对技术性贸易措施这个严峻事实，制定纺织行业技术性贸易措施战略，以保障我国纺织工业沿着可持续发展的道路健康快速发展。

（一）纺织行业技术性贸易措施战略思想与战略方针

战略思想和战略方针在整个战略中处于核心地位，是一定历史时期

的总政策和总方略，是指导一定历史时期工作的基本依据。

1. 我国纺织行业技术性贸易措施战略思想可以概括为：在对外贸易中，坚决维护国家利益，维护我国消费者的利益

纺织工业在我国国民经济中占有十分重要地位。纺织工业是一个投入少，产出大，经济效益高的产业，为国家积累了大量财富；长期以来，作为出口创汇大户，纺织工业为国家赚回了巨额外汇；纺织工业也是劳动密集型产业，为国家安置和解决了大量就业人员；纺织工业在我国人民由贫困向小康生活水平发展中，提供了重要保证，解决了十几亿人民的穿衣问题。可见，纺织工业的发展与整个国民经济的发展紧密相连。我国的纺织工业也是具有较强国际竞争力和对国际市场依赖程度较高的产业。在国际贸易中，我国纺织工业所处的地位、环境以及遭遇的各种挫折和损失，直接关系到国家的利益和人民的利益。纺织品服装出口中遭遇的各种壁垒，使企业、行业的经济利益受到损害，国家和人民的利益也受到损失；同时，如果我们不拿起技术性贸易措施的武器保护自己，就有可能使进口的纺织品服装对国内消费者造成危害，对我们的民族工业形成威胁。

因此，我国纺织行业技术性贸易措施战略必须要坚持国家利益和人民利益高于一切的原则，在纺织品服装对外贸易中，坚决维护国家利益，维护我国消费者的利益，减少和避免我国纺织品服装出口遭遇技术性贸易措施的损失，阻止对我国消费者和民族工业有危害和威胁的纺织品服装的进口。

2. 我国纺织行业技术性贸易措施战略方针是：促进纺织对外贸易，辅助政府决策和管理

如前所述，我国刚刚加入WTO，面临着比以往任何时候都更多的挑战，纺织服装企业在应对经济全球化的新局面中，在日益频繁的对外贸易往来中，需要不断提高自身的竞争力，同时也需要得到一个良好的外部环境和更多的有利条件。我国纺织行业技术性贸易措施战略正是为我国纺织对外贸易提供了一项及时到位的服务，为我国纺织服装企业在开展对外贸易中搭建了一个稳固的平台，创造了一个更加有利的条件，必将促使我国的纺织外贸走上良性发展的道路。

作为大系统的子系统之一，纺织行业技术性贸易措施战略是我国国家技术性贸易措施战略的一个重要组成部分，它必将为政府决策提供坚

实的依据，起到重要的参考作用，并为政府进行宏观管理、调控提供有利的支持。

（二）纺织行业技术性贸易措施战略目标

我国纺织行业技术性贸易措施战略的确定，应以不违背WTO的相关规则为原则。作为WTO成员，我国必须履行WTO成员的义务，遵循WTO的有关规则，在规则的框架内发展与其他国家和地区的贸易，建立经济关系。同时，我国也必须充分运用WTO赋予每个成员的权利，灵活掌握WTO相关规则，适时采取措施，对我国的消费者和民族工业加以保护。

尽管我国在国际上已经成为一个纺织大国，纺织工业在世界上占有一定的地位，纺织品服装的贸易额占有较大份额，但我国还不是一个纺织强国。我国纺织品服装的出口还依然没有彻底扭转低质量、低附加值和以量取胜的局面，纺织工业还存在着诸多弱势，虽然不属于WTO认定的被保护的新兴弱小产业，但还是经受不了太大的冲击，需要相关的扶持和保护。

改革开放以后，我国人民生活水平不断提高，纺织品服装的消费已由过去的政府控制、限量消费，发展到现在的鼓励消费和刺激消费；人们对纺织品服装的消费也由过去单纯为了遮体避寒，发展到目前的追求舒适、得体、时尚和张扬个性。国内纺织品服装市场也由过去一家（国营）垄断，发展到现在的多家（各种经济类型）经营，花色、品种多种多样，进口产品占据了一定份额。我们必须关注进口纺织品服装对我国居民健康的影响，坚决把“洋垃圾”拒之于国门之外，使我国居民在向全面小康社会迈进的过程中，对纺织品服装的健康消费得到切实保障。

因此，我国纺织行业技术性贸易措施战略目标应确定为：建立既符合WTO规则，又结合我国实际，能够有效、合理促进我国纺织品服装出口，保护我国纺织产业与国内市场，保护国家利益和人民健康的技术性贸易措施体系，推动我国向纺织强国发展。

（三）纺织行业技术性贸易措施战略对策

正因为技术性贸易措施具有双重性，所以，根据出发点和目的不同，我国纺织行业技术性贸易措施战略应包括“进攻性”战略和“防御性”战略。

“进攻性”战略是“破壁”的战略，是我国在纺织品服装的出口贸易中如何应对外国所设置的技术性贸易措施而采取的战略。“防御性”战略是“立壁”的战略，是我国为了保护本国的利益，对纺织品服装的进口设置技术性贸易措施采取的战略。

根据我国纺织品服装贸易的历史及发展，我国纺织行业技术性贸易措施战略对策应确定为：有“攻”有“防”，以“攻”为主，“攻”“防”结合。即以应对纺织品服装出口中遭遇的技术性贸易措施为主，同时，按照TWO的相关规则，设置针对纺织品服装进口的技术性贸易措施。

我国是一个纺织品服装净出口国，而且长期以来，我国纺织品服装的出口呈现不断增长的趋势，对一些国家的国内相关产业和市场形成了一定压力。加之我国的科学技术水平与发达国家相比存在较大差距，一些国家出于贸易保护的目的，使得我国纺织品服装出口所遭遇的技术性贸易措施越来越多，损失越来越大。因此，相对于“立壁”措施而言，“破壁”更是当务之急。

同时，也不能忽视由于我国技术法规和强制性标准的欠缺，现行标准中部分指标水平较低，有关监督部门在执行标准过程中对进口产品放宽要求，以及对进口商品缺乏研究，不能有针对性地提出相应商品的考核指标，而遭受到的进口冲击和损失。因此，我们同样也要筑起保护自己的“长城”，将一切有害于我国利益的进口产品拒之国门外。

（四）纺织行业技术性贸易措施战略重点

如前所述，我国纺织行业在技术法规、技术标准、合格评定以及检测的能力等方面与国际水平还有很大的差距。差距的根源在于行业的技术水平低。不论“破壁”还是“立壁”，基础是行业技术水平、技术标准和检验检疫水平，都取决于行业技术发展能力及其提高。可见，技术性贸易措施的较量是国家、行业技术发展能力的较量，是对国家、行业技术创新体系的考验。

因此，我国纺织行业技术性贸易措施战略重点是：提高纺织行业技术水平和技术支持能力，促进纺织品服装出口，保护国内市场，保护国家和消费者利益。

具体讲，我国纺织行业技术性贸易措施战略重点的确定，需要从多个角度综合考虑，要结合“攻防”战略对策。我国纺织行业技术性贸易措施的“进攻性”战略重点是尽快提高我国出口纺织品服装的技术含量，提高达标率和采标率，突破国外的技术性贸易壁垒。“防御性”战略的重点是健全和完善技术法规和技术标准体系，阻止国外的危害性纺织品服装冲击我国纺织行业和国内市场。在此基础上，还应确定不同战略的产品重点和国别重点（见表8-4）。

经过对海关统计资料研究，我国纺织行业技术性贸易措施战略的产品重点可以确定在以下范围：

1．“进攻性”战略的产品重点

“进攻性”战略的产品重点是我国纺织品服装出口中比重比较大、增幅比较快、最易受到国外技术性贸易措施限制的产品，主要包括：

①纺织纱线、织物及制品（其中重点：棉纱线，棉机织物）；

②服装及衣着附件（其中重点：织物制服装，非针织或钩编织物制服装，针织或钩编的服装）。

2．“防御性”战略的产品重点

“防御性”战略的产品重点是我国进口的纺织品服装中比重比较大的产品和影响我国生产下游产品的产品，主要包括：

①棉花；

②纺织用合成纤维；

③棉纱线；

④合成纤维纱线；

⑤棉机织物；

⑥合成纤维长丝机织物；

⑦针织或钩编织物；

⑧纺织机械及零件；

⑨影响下游产品的纺织原材料和辅料（含化工产品）等。

根据对有关统计资料的分析，我国纺织行业技术性贸易措施战略的国别重点确定在以下范围：

1．“进攻性”战略的国别重点

“进攻性”战略的国别重点是进口我国纺织品服装数量比较多、比重比较大的国家（地区），进口我国纺织品服装数量增幅比较快和最易产生技术性贸易措施的国家（地区），主要包括欧盟、美国和日本。

2．“防御性”战略的国别重点

“防御性”战略的国别重点是向我国出口纺织品服装数量比较多、占我国纺织品服装进口份额比较大的国家（地区），向我国出口纺织品服装数量增幅比较快和对我国设置技术性贸易措施比较多的国家（地区），主要包括日本、韩国、欧盟、美国、中国台湾、中国香港。

表8-4 纺织行业技术性贸易措施战略的重点产品和重点国别

对象 对策	产品	国别
进攻	纺织纱线、织物及制品（其中重点：棉纱线，棉机织物）；服装及衣着附件（其中重点：织物制服装，非针织或钩编织物制服装，针织或钩编的服装）	欧盟、美国、日本
防御	棉花；纺织用合成纤维；棉纱线；合成纤维纱线；棉机织物；合成纤维长丝机织物； 针织或钩编织物；纺织机械及零件；影响下游产品的纺织原材料和辅料（含化工产品）等	日本、韩国、欧盟、美国、中国台湾、中国香港

（五）纺织行业技术性贸易措施战略部署（以近期工作部署为重点）

我国纺织行业技术性贸易措施近期战略部署是：建立纺织行业技术性贸易措施体系、建立纺织行业技术性贸易措施快速反应机制和建立纺织行业技术性贸易措施预警系统。

1. 建立纺织行业技术性贸易措施体系

该体系包括三个子体系：纺织品服装标准体系、纺织行业技术法规体系和纺织行业合格评定体系。

（1）纺织品服装标准体系

在认真分析我国纺织品服装出口遭遇的技术性贸易措施，准确掌握和研究各主要贸易伙伴，特别是欧、美、日等国的纺织品服装技术标准的基础上，制定、修改、提升和完善我国现有的纺织品服装标准，建立与国际接轨的纺织品服装标准体系，应对国外的技术性贸易措施。

同时，结合我国生产和市场的实际，针对国外进口产品，研究建立相关产品特有的标准，筑起技术性贸易措施体系，应对国外产品的冲击。

（2）纺织行业技术法规体系

制定技术法规，从某种意义上讲就是设置技术性贸易措施。设置自己的技术性贸易措施是我国加入WTO获利的一种重要手段。但我们目前技术法规和强制性标准欠缺，不能有效地监督进口产品的质量，使得国外某些产品冲击了国内市场。

建立健全纺织行业技术法规体系，既可以达到维护国家安全、防止欺诈行为、保护人身健康和安全以及保护环境等正当目标，又能起到强制性作用，约束国内企业合法生产。

对于纺织品服装这类净进口产品，技术法规的制定要以国际标准、国外先进标准和主要进口国标准为基础，不能超出 WTO/TBT 所规定的范围，并且要很好地利用 WTO/TBT 所允许的 6 个方面（其中 5 个是正当目标），不能过多。一是不允许，二是在限制了别人的同时，也限制了自己。而最终结果应是限制了别人，在一定时期内（短期）保护了自己。

（3）纺织行业合格评定体系

合格评定主要包括各种体系认证、产品认证、实验室认可和各种质量检验。

建立健全纺织行业合格评定体系，主要是应理顺合格评定体系；推行国家标准、行业标准认证制度，创建名牌认证、认可（包括标志）；开展体系认证的互认、开展实验室认可互认，包括多边互认和双边互认；推进企业 ISO 9000 认证、ISO 14000 认证和 OHSAS 18000 认证；推进实验室认可。并建立制度监督认证、咨询机构，提高认证的有效性。

2．建立纺织行业技术性贸易措施快速反应机制

纺织行业技术性贸易措施快速反应机制包括两个内容：设立 WTO/TEX−TBT 通报咨询机构和建立纺织行业技术性贸易措施信息系统。

（1）设立 WTO/TEX−TBT 通报咨询机构

纺织行业 WTO/ TBT 通报咨询机构——“WTO/TEX−TBT 通报咨询处”，作为国家 WTO/ TBT 通报咨询中心的骨干网点，承担中心下达的任务；向中心通报纺织行业制定的技术法规、技术标准等信息；提供 WTO 各成员国（含我国）向 WTO 通报的纺织品服装的技术法规、技术标准、合格评定程序、标志标签制度的信息和文件草案；为国内外纺织企业提供有关技术法规、技术标准和合格评定程序的检索、咨询和专项研究服务；建立 WTO/TEX−TBT 信息通报网，与设在国家质检总局的国家 WTO/TBT 通报咨询点对接，及时进行有关信息的交流，并与纺织企业建立联系，开展信息服务；举办 WTO/TEX−TBT 论坛和相关学术交流活动；开展相关知识培训；提供各类技术资料和文件的翻译等。

（2）建立纺织行业技术性贸易措施信息系统

该系统主要由三部分组成：纺织行业技术性贸易措施信息采集点、纺织行业技术性贸易措施信息网络和纺织行业技术性贸易措施信息库。

① 纺织行业技术性贸易措施信息采集点。选择一定数量、有代表性的，有外贸经营权的生产企业、外贸进出口企业、境外机构以及协会、海关、检验检疫部门等为纺织行业技术性贸易措施信息的采集基本单位，利用各种方法和途径，收集纺织品服装主要进出口国的技术法规和技术标准等信息。

② 纺织行业技术性贸易措施信息网络。在上述各信息采集点与信息库之间、信息系统与预警系统之间、信息系统与通报网之间、信息系统与监督反馈系统之间以及各相关系统之间，构建基于INTERNET的信息网络，传输纺织行业技术性贸易措施的相关信息。

③ 纺织行业技术性贸易措施信息库。建立包括各主要纺织品服装进出口国和我国的各类纺织品服装的技术法规和技术标准数据库，为通报和预警等提供支持。信息库拟设在 WTO/TEX-TBT 通报咨询处。

3. 建立纺织行业技术性贸易措施预警系统

从系统构成来看，预警系统包括纺织行业技术性贸易措施预警信息收集系统、纺织行业技术性贸易措施预警综合评价系统和纺织行业技术性贸易措施预警发布系统。

(1) 纺织行业技术性贸易措施预警信息收集系统，建立在纺织行业技术性贸易措施信息系统基础上，对有关技术性贸易措施信息进行实时监控和收集，是预警系统的基础。

(2) 纺织行业技术性贸易措施预警综合评价系统，由预警指标体系、预警方法、预警模型、计算机预警程序和预警结果构成，建立在纺织行业技术性贸易措施信息库基础上，是预警系统的核心。

(3) 纺织行业技术性贸易措施预警发布系统，主要由预警专家根据预警综合评价结果，结合定性分析，做出预警的发布决策，并通过建立在 WTO/TEX-TBT 信息通报网基础上的信息网络，发布预警。这是预警系统的关键系统。

从系统所涉及的部门单位范围看，包括政府有关部门、行业协会、企业、我国驻国外机构等。

从系统预警对象来看，应包括我国全部出口和进口的纺织品服装。

从预警系统主体的层次看，有企业预警系统、行业（部门）预警系统和国家预警系统。

五、纺织行业技术性贸易措施战略实施方案

（一）战略实施步骤

第一阶段：提出“纺织行业技术性贸易措施预警系统”的框架。

第二阶段：初步建成　“纺织行业技术性贸易措施预警系统”；

初步建成“纺织行业技术性贸易措施体系”；

初步建成“WTO/TEX-TBT通报咨询机构”，并试运行；

初步建成“纺织行业技术性贸易措施信息系统”，并试运行。

第三阶段：完善并建成“纺织行业技术性贸易措施体系”、“纺织行业技术性贸易措施信息系统”和“WTO/TEX-TBT通报咨询机构”，建成“纺织行业技术性贸易措施预警系统”。

（二）战略实施组织

由纺织工业科学技术发展中心牵头，负责组织实施。

由协会、院校、科研单位、企业等单位有关人员组成一个专门机构从事具体工作。人员的知识结构、学历结构、专业结构、职业结构、年龄结构等要合理。

具体应包括以下人员：

纺织工程技术研究人员、纺织标准研究人员、计算机信息管理研究人员、计算机网络研究人员、统计研究人员、经济管理研究人员、纺织贸易研究人员等以及从事相应具体工作的人员。

机构设在协会或其他单位。

（三）战略实施条件

此战略的实施所必需的条件：

①各级领导的重视。

②健全的机构。这是组织上的保证，要在行业内部建立一个具有一定权威的机构，组织战略的具体实施。

③人员的保证。要从数量、素质、结构等方面保证工作人员的落实。

④资金、设施（计算机及其网络等）等物质条件的保证。启动资金和必需设施由国家投入。运行所需资金由会员单位交纳费用和国家拨入经费两部分组成。

⑤工作地点的保证。

⑥相关部门（国家有关部门、行业协会等）的合作。

⑦相关企事业单位的重视和配合。

（四）战略实施效果评价方法

战略实施效果拟采用模糊综合评价法进行评价。

建立相应的评价指标体系，采用模糊综合评价的方法，对“纺织行业技术性贸易措施体系”、“纺织行业技术性贸易措施快速反应机制”和“纺织行业技术性贸易措施预警系统”进行评价，并在此基础上，对整个战略的实施效果进行综合评价。评价的指标体系和各个评价指标的权重采用德尔菲法确定。

（五）可行性分析

①从社会效益看，如前所述，国外的技术性贸易措施对我国纺织品服装的出口和整个国家的形象带来了巨大的不良影响。因此，可以认为，该战略的实施必将会很快挽回不良影响，在世界上树立起纺织大国应有的地位和形象。从社会效益方面看，该战略是可行的。

②从经济效益看，因为缺乏详细的统计数据，不能对该战略进行收益率、风险分析等方面的具体研究。但是，因为该战略是服务于整个纺织行业，战略的实施必定会对我国纺织服装的出口起到促进作用，保护国内市场，保护民族产业，保护消费者利益，经济上是利大于弊，产出大于投入。因此，从经济角度看，该战略具有可行性。

第九章　技术性贸易措施与知识产权结合的预警战略研究

一、我国面对的国外技术性贸易措施现状

加入世贸组织后，中国受到国外技术性贸易措施的强大冲击。先是法国、美国、加拿大等国的公司要求国内电视企业缴纳专利费，并以显像管、集成电路等配件上的专利权被侵犯为由，要求本国海关扣押从中国进口的电视机。随后，又有公司要求华为、大唐电信、东方电视、南京钢铁等企业支付高额的知识产权许可费。之后，又有外国公司向国内企业发出律师函，要求中国企业停止生产数码相机、优盘等产品。国外企业对我国的技术性贸易措施层出不穷，而所有这些专利费用要求的武器就是他们手中掌握的知识产权。

1.与知识产权相结合的技术性贸易措施

(1)“入世”后国际技术性贸易措施的变化

加入世贸组织前，国家可以利用关税的高低对进口商品进行有效调节，从而达到保护本国企业、促进经济发展的目的。随着世贸组织的加入，关税壁垒对贸易的影响逐步缩小。而非关税壁垒，也就是技术性贸易壁垒，在国际贸易中扮演的角色越来越重要。

技术性贸易措施是一国以维护国家安全、保障人类健康和安全、保护生态环境、防止欺诈行为、保证产品质量为由，采取的一些强制性和非强制性的技术性要求和措施。它具有名义上的合理性、提法上的巧妙性、形式上的复杂性、内涵上的歧视性、手段上的隐蔽性和发展上的动态性等特点，既有合理合法的一面，又有较易被贸易保护主义利用的一面。在当前关税大幅度降低和传统非关税壁垒不断被消除和规范的情况下，技术性贸易措施将逐步替代关税和一般非关税壁垒，成为发达国家实行贸易保护主义的主要手段和高级形式。

（2）专利壁垒的特点

专利在国际贸易领域营造的壁垒比起以前的各种非关税壁垒具有更大的复杂性和破坏性，它具有其他非关税壁垒无可比拟的“优点”，因为它不但能限制进口，而且还可以扩大出口。此外，它的施行一般不会引起双方国家的矛盾和贸易摩擦。作为WTO三大支柱协议之一的TRIPs明确要求各成员国按照此协议规定，通过国内立法加强对知识产权的保护。发达国家在知识产权方面相对于发展中国家具有很大优势，所以他们更热衷于对知识产权的保护，并且其中绝大部分都是通过专利保护这一手段来实现的。

（3）我国的贸易特点导致专利壁垒影响巨大

随着对外贸易的发展，中国不断扩大市场竞争范围；同时廉价的资源也使很多国外厂商将产品制造基地转移到中国。于是中国成为“世界工厂”的讨论日趋激烈。但是具体分析却发现其中存在很多问题。第一，这些厂商转移的仅仅是劳动密集型工作，而那些获利大、需要技能高的研究开发部门大都保留在本部。第二，虽然国内占有产品加工部分的众多份额，但是在全球制造业的生产链上，我国的企业只徘徊在中低端。他们大都采取OEM的制造方式，中国外贸200强中出口值有74%是通过加工贸易方式实现的。第三，高附加值产品，比如手机、数字电视、电脑等核心部件，中国企业大都没有自主知识产权。因此这些产品的国内生产和销售都要付出昂贵的专利费。第四，我国加入WTO以来遭遇的多起跨国知识产权纠纷，都明确表明国外企业在中国入世后又采取了新的战略。

一系列的问题说明：第一，低端的加工贸易不能给投入带来高额的回报。第二，具有自主知识产权的产品是未来竞争的关键资源，谁掌握了关键技术，谁的收益就最大；第三，专利壁垒成为取消贸易壁垒之后国家和企业保护自己的重要手段，并且对我国加工贸易，甚至产业的发展产生巨大影响。

（4）研究目的

在实际贸易过程中，专利与技术性贸易措施紧密联系在一起，形成阻碍贸易活动（或者称建立新的贸易秩序）的手段。本研究的目的就在于：第一，揭示国外企业利用专利、专利与标准的捆绑效应的技术性贸易壁垒对我国产业发展的影响，并分析我国产业发展中存在的与知识产权相结合的技术性贸易措施问题；第二，提高对专利、专利与标准的结合在提升核心竞争力与应对技术性贸易措施中重要性的认识，并制定应对战略；第三，根据存在的问题和制定的战略提供相应的近期应对举措。

2．与知识产权相结合的技术性贸易措施问题

(1) 我国专利受理和授权状况

自 1985 年到 2001 年我国专利受理和授权状况具有以下特点：

第一，发明、使用新型、外观设计三种专利受理和授权数量呈现上升趋势，见图 9-1。1996 年、2001 年三种专利受理数量为 102734 件和 203573 件，授权数量为 43775 件和 114251 件，2001 年比 1996 年受理和授权分别增长 98.2% 和 161%；1985-1995 年 10 年间受理和授权数量占 1985-2001 年受理和授权总量的 38.1% 和 35.7%，2001 年一年间受理和授权数量占 1985-2001 年受理和授权总量的 14.9% 和 15.2%。专利受理和授权数量有了明显的增加。

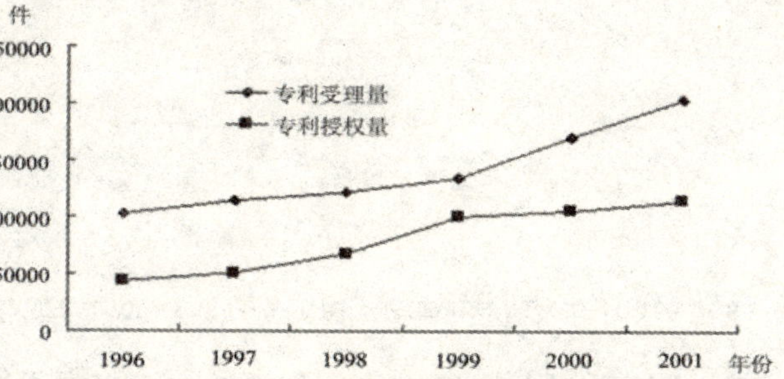

图 9-1　1996 - 2001 年专利受理和授权情况

第二，国内外三种专利的受理和授权比例有较大差异。1985-2001 年国内发明、使用新型、外观设计三种专利受理数量占总受理数量的 13.6%、

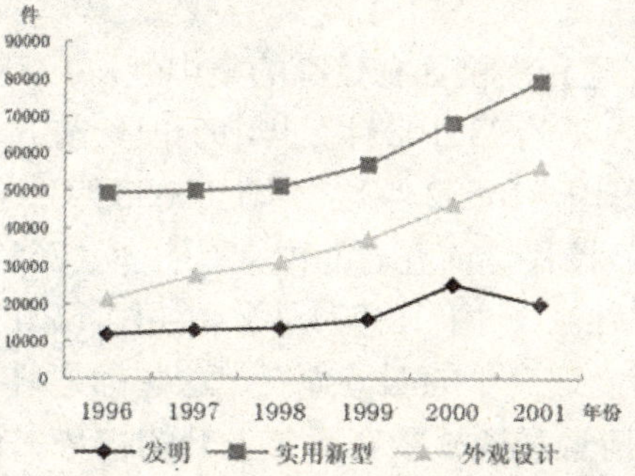

图 9-2 1996-2001 年国内专利受理情况

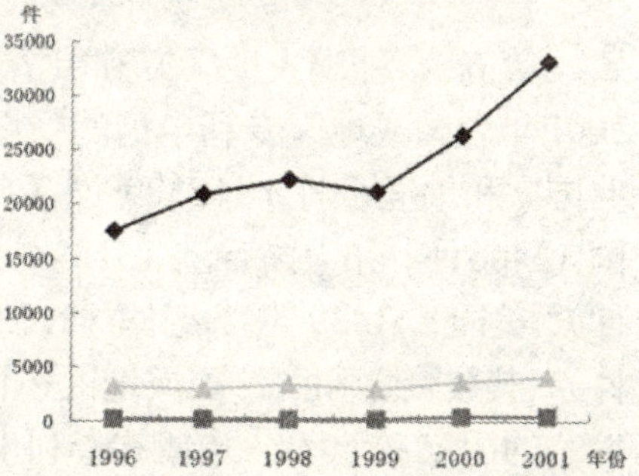

图 9-3 1996-2001 年国外专利受理情况

48.9%和20.2%，而国外三种专利受理数量占总量的比重为14.9%、0.3%和2.1%；就授权数量而言，国内三者占总量的比例为4.1%、60.1%和25.9%，国外这一比例为6.2%、0.4%和3.3%。从图9–2，图9–3中可见，国内专利受理和授权数量集中在实用新型和外观设计，而国外则集中在具有较高科技含量的发明专利上。

第三，发明专利的国内受理和授权数量远远小于国外，见图9–4。1985–2001年发明专利的国内和国外受理数量分别为186983件和203032件，占发明专利总受理量的47.9%和52.1%；2001年发明专利的国内和国外授权数量分别为31147件和46278件，占发明专利总授权量的40.2%和59.8%。两者呈现较大差异。

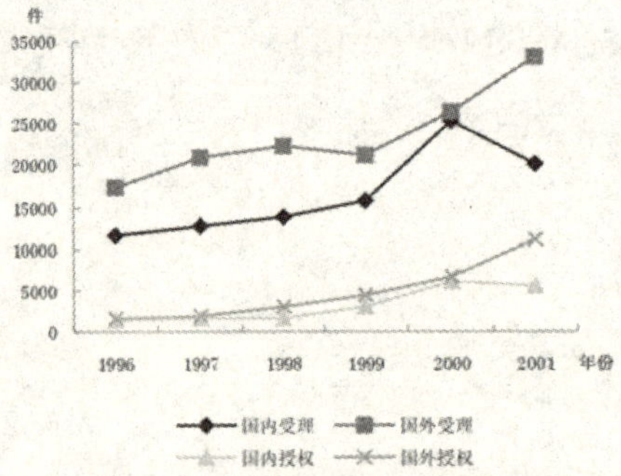

图9–4 1996–2001年发明专利情况

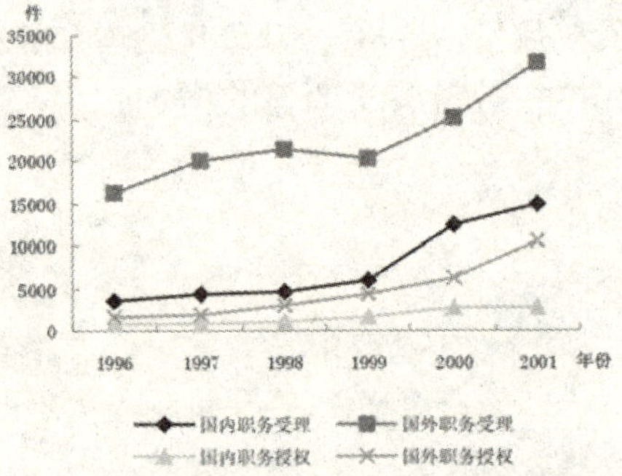

图9–5 1996–2001年职务发明专利情况

第四，就发明专利而言，国内受理和授权主要集中于职务发明，但是国外的集中度更高，见图9–5。2001年职务发明的国内受理占国内发明总受理量的49.3%，国内授权占国内总授权的48.5%，国外这两个数据均在95%以上。由此可见职务发明的国内申请和授权远远低于国外水平。

第五，外国或地区专利申请受理和授权具有较高的集中性。1985–2001年外国或地区专利申请的受理数量为236108件，其中受理量前五名的国家和地区是日本（25299件）、美国（16692件）、德国（6058件）、法国（3466件）和中国香港（3439件）；授权量前五名的国家是日本（76516件）、美国（61439件）、德国（21722件）、韩国（13774件）和法国（10136件），其数量之和占外国或地区申请受理总量的四分之三。这些都是科技发达的国家和地区，并且其专利申请量和授权量有逐年上升的趋势，使我国产业发展受到严峻的挑战。

(2) 近年来我国对外贸易遭受的专利壁垒

由于国外技术性贸易壁垒的加强，近年来我国对外贸易屡屡遭受专利壁垒，并显示出以下特点：

第一，涉及行业逐步扩大。随着国际贸易的发展，我国对外贸易遭受专利壁垒的行业逐步扩大，从高新技术产品、家电到农产品、渔业产品、纺织品等领域，并且有不断扩大的趋势。

第二，涉案金额大。2002年，6C联盟诉中国DVD生产厂商侵权，致使中国的生产厂商每生产一台DVD就要付4.5美元的专利许可费，目前已赔付30亿元人民币，今后还将陆续赔付200亿元人民币。除了DVD之外，还有彩电、互联网设备、摩托车等产品。

第三，壁垒设置更加严密。国外企业不断增加在华专利申请量，并通过专利申请的抢先策略、垄断策略、防御策略等加强对核心专利的保护；通过增加相关专利申请，形成层式保护，多个专利交叉保护，多种专利同时保护等方式建立立体保护体系；通过改进式、圈地式专利申请扩大保护范围；通过专利加商标、专利加装潢等措施建立专利的综合保护。

第四，与标准结合，具有强大的威力，并逐步成为技术性贸易壁垒的重要手段。将专利技术纳入产品标准，其他企业在生产、销售时无法绕开专利，继高通的运作模式得到承认并给企业带来高额的回报后，这种方式就成为众多企业和行业协会、专利管理机构推崇的手段。

(3) 国外企业对我国实施专利壁垒的主要形式

目前国外对我国设置壁垒的形式有以下几种：

第一，控制专利制高点。

近年来，发达国家申请的国际专利不但有数量众多的趋势，而且有沿着全球产品发展方向往高新技术核心领域靠拢的趋势。这些企业通过大量申请专利，将高技术领域的一个个新技术圈进自己的堡垒，这种跑马圈地的做法不仅为自己筑起了一道专利壁垒，无形之中也打压了中国科研立项和生产的空间。

第二，设置专利网。

即某个技术获得专利后，以其为基本专利，将其改进技术及外围相关技术均申请专利，形成一个由基本技术同外围相关技术一起构成的专利网，从而形成本企业强项技术的专利壁垒，使竞争对手无法突破。美国的菲利普石油公司不仅拥有PPS树脂的基本专利，而且还有300多项有关PPS树脂的制造、应用等外围技术专利。当基本专利到期后，这些外围技术专利在美国仍然有效。

第三，加大专利保护范围。

为了实施有利于自己的专利保护，发达国家将专利和国际标准巧妙结合，把实现这种标准的最佳路径注册为专利，使得大家用这个标准时就不得不用他的专利。比如美国高通公司就是借助这一策略构建CDMA王国的。发达国家不仅占有国际标准制定的主导地位，还正在积极扩大有利于自己的专利保护范围。例如为了适应本国产业发展的需要，对于原来不属于传统专利领域保护范围技术设立专利。比如欧盟对数据库等信息资源进行了专利保护，美国对计算机数据处理及数据转换技术、基因、网络上的经营模式等商业方法也给予了专利保护。

第四，对侵权专利择时起诉。

中国企业以前大肆侵犯知识产权的行为没有受到专利拥有者的起诉，完全是因为对方觉得时机未到。当中国企业把国内市场培育起来了，专利拥有者们便利用知识产权保护条款逼使中国企业要么退出市场，要么支付巨额专利使用费，坐收渔利，我国的DVD企业就是很好的例子。

第五，专利“内部化”。

一些发达国家的跨国公司为保持其在高技术领域的垄断优势，其知识产权领域或含有知识产权的商品贸易具有强烈的内部化倾向。具体表现为跨国公司的高技术或含有这些高技术专利的商品主要流向其拥有多数或全部股权的国外子公司。只有当交易对手也拥有自己所必需的关键技术时，才愿意与其进行交叉许可贸易，从而将贸易对象限定在一个很小的范围。

3．与知识产权相结合的技术性贸易措施的影响

（1）造成巨额损失

国外企业利用与知识产权相结合的技术性贸易措施使我国出口损失巨大。2002年我国有71%的出口企业遭遇到国外技术性贸易措施的限制，39%的出口产品因此受到影响，损失金额达170亿美元，比2000年增大了50%，相当于2002年全国出口总额的5.2%。截至2002年底，中国的出口企业因技术壁垒引发的贸易摩擦金额达400多亿美元，占出口总额的30%左右，损失金额达170亿美元。

(2) 阻碍产业发展

由于缺乏核心的技术，我国相关产业发展只能停留在初级加工或者仅仅是加工阶段，因此获取利润的空间比较小。产品利润的转移导致企业研发资金缺乏，阻碍了产业的进一步发展，专利壁垒的重重设置又增加了自主研发的难度，从而导致了恶性循环，最终阻碍了产业发展。

(3) 丧失竞争实力

随着产品从数量竞争、服务竞争到质量竞争、技术竞争，根据产业发展的规律，未来国际市场上最有实力的企业就是拥有知识产权的企业。如果知识产权拥有情况、专利技术和技术创新局面不能得到较大改善，国外企业的专利壁垒最终将导致我国企业仅仅停留在低附加值的产品生产阶段，而生产的大部分利润却被国外企业获得，从而丧失参与国际竞争的能力。

二、与知识产权相结合的技术性贸易措施问题分析

国内专利申请量不足，产品缺乏自主知识产权，国外对我出口产品设置技术性贸易措施，这表明我国技术性贸易在知识产权方面存在很多问题。主要包括产品技术问题、企业研发问题、创新机制问题和专利管理问题。

1. 产品技术问题

(1) 缺乏核心技术的自主知识产权

国内企业缺乏产品核心技术的自主知识产权，依靠模仿或者引进技术建立和发展。当企业扩展到一定规模时，拥有该项知识产权的国外企业提出专利的索求权，导致我国企业无条件接受专利费的缴纳以获得持续经营机会。DVD 就是一个很好的例子。国外企业的“择时起诉”给国内很多高新技术产品带来生存的尴尬，专利费的缴纳使我国损失巨大。

(2) 技术创新不足

有些企业对技术进行了创新开发，但是由于国外专利管理水平较高，他们依靠专利的重重申请建立了核心专利保护网络，国内企业的创新程度不足，即便进行了重新开发仍然无法绕开产品的核心专利而必须缴纳专利使用费。比如仍有争议的大唐电讯的 TD-CDMA 与高通公司专利使用费问题的争议就是源于此。

(3) 标准化障碍

国外企业利用产品专利，组建专利管理机构，将核心专利申报产业标准，通过交叉授权、强制授权等方式不断完善专利体系，形成无法绕开的标准壁垒。任何厂商如果要进行相关产品的生产，必须遵循产业标准，而核心技术属于企业专利，因此厂商不得不缴纳专利费以获得生产和销售权利。这种标准化手段成为国际产业联盟获得竞争优势的最有力的武器。广为熟知的机构有ISO/IEC联合技术委员会，国际电信联盟(ITU)，还有以私权为基础的标准化组织，比如欧洲数字电视广播联盟(DVB)，HAVI（Home Audio Video Interoperability）等。

技术标准化具有单个专利无可比拟的优势，它影响时间长，涉及范围大，突破难度大，往往具有不可回避性。专利和技术标准捆绑在一起就形成了专利管理机构垄断市场，建立经济新秩序的武器。

2. 企业研发问题

(1) 研发投入过少

产品问题是专利壁垒的表象。企业研发投入过少，造成核心技术所有权缺乏。在2000年至2002年期间，我国电子信息百强企业研发经费占营业收入的比重最高的年份比例为4.2%。而2002年思科、英特尔、微软、诺基亚的研发投入比例则分别达到25.3%、17.%、15.5%和10%。投入过少导致自主知识产权收益少，1997–2001年，电子百强企业前10家申请的专利数总计3886件，相当于IBM公司去年申请的专利数。

随着全球经济一体化进程的加快，原来依靠廉价的劳动力和其他资源进行加工生产，同时依靠广阔的市场获得竞争优势的方式不复存在。研发投入少，自主知识产权缺乏将成为中国企业不得不面对的问题。

(2) 缺乏知识产权管理机构

由于对自主知识产权的认识缺乏，绝大多数国内企业没有专门的知识产权管理机构。根据我国发布的工业企业知识产权状况调查报告，在1245家被调查企业中，设有专门知识产权管理机构的企业有152家，占有效样本的13%；设有兼职机构的企业676家，占57%；专兼职机构都没有的企业350家，占30%。配备知识产权工作专职人员的企业只有157家，占13%；配备兼职人员的企业766家，占65%；专兼职工作人员都没有的企业262家，占22%。可见，大多数企业设置兼职机构和配备兼职人员管理知识产权事务，设置专门机构和配备专职人员的企业所占比例较低，没有任何设置的企业仍占不低的比重。

由于专门的管理机构的缺乏，依靠知识产权管理获得的对国际同行的研发趋势预测，并以此进行企业研发方向定位等信息就无从谈起。企业对知识产权的认识不足可见一斑。

3.创新机制问题

除了经济发展的历史原因外，创新机制也是影响知识产权和专利发展的重要因素。美国有国家专利战略，国家标准化战略，日本有知识产权战略，专利战略。为了促进创新机制的建立，日本专门制定了创造战略的政策措施，从不同角度出发确保知识产权受益，形成了良好的创新氛围。创新机制不是单靠一个企业就可以建立的，它涉及企业、社会、国家不同层面。而我国目前没有相关的国家一级的战略，不得不说是一个缺憾。

(1) 专利的产业化程度不高

我国专利的产业化程度不高。据不完全统计，我国专利技术转化率只有10%左右。企事业单位的专利意识还很淡薄。统计显示，目前我国个人的非职务发明比例很高，而职务发明只有不到40%，这给专利产业化带来了严重的障碍。在一些发达国家，职务发明往往高达90%以上。许多大公司的研发都是进行了广泛的市场调查后，为下一步技术如何应用做准备，专利并不需要找投资者、下游厂家，因此转化率很高。而我国却是非职务发明占先，专利技术要自己去找实施方，无形之中增加了转化的难度。

(2) 专利意识淡薄

我国长期以来90%以上的科研经费由国家提供，70%–80%的科技人员集中在科研院所和高等院校而不是企业；同时，我国的科研工作实行成果管理，形成了重学术、轻市场的评价和奖励机制。科研人员只有经过公开鉴定的成果或公开发表的论文评定更高的职称，才能获得有关待遇。在这种机制下，科研人员忙于争取课题，不惜代价进行成果鉴定，通过各种渠道发表论文。至于科研成果的保护和市场转化已经与他没有什么关系。这种非市场化的成果驱动机制造成科研与产业脱节，限制了专利申请的积极性：一方面，科研人员的课题不是直接来自市场，谈不上技术创新，具备申请专利条件的成果少；另一方面，具备专利申请条件的成果只作为论文发表，没有申请专利保护，导致众多研究成果无偿奉献。

(3) 创新激励机制不足

技术进步有三个环节，发明、创新、传播。其中创新环节就是专利产业化的环节。由于高校和科研单位只注重论文发表，社会缺乏专利产业化意识，割裂了三个环节，导致专利与收益不能有效地结合。专利技术不是一个可供直接转化的技术，相当一部分获得专利权的技术离产业化还有相当一段距离。还需要把各种技术组装配套，结合市场，研发有关工艺，然后才能生产出有竞争力的产品。而目前我国技术本身的成熟度和组装配套的程度还不够。同时，与知识产权制度相配套的一系列服务体制和中介服务机构还没发展起来。尽管许多发明人认为自己的专利技术有很好的市场前景，但与企业缺少一座相互沟通、相互信赖的桥梁，企业担心他们的技术有风险，他们担心企业没有足够的资金。缺少有效的中介服务和资金投入也是影响专利技术产业化的重要原因。

4．专利管理问题

(1) 行业协会缺乏有效的指导作用

由于对专利与标准的捆绑效应认识不足，在我国产业发展中，行业协会对行业的国际专利动向不明确。为会员企业提供信息是西方国家行业协会的主要职能，其信息内容包括市场经济信息，技术信息和社会和政治情报。其中技术信息就是本行业与相关行业的新产品、新技术、新工艺的开发应用情况，国内外技术专利，技术、设备现状及未来发展趋势等信息。目前国内绝大多数行业协会并不是真正的行业协会，而是政府的附属。一方面这些行业协会大多不是企业自发成立，没有广大企业的认可，凝聚力不强；另一方面行业协会缺乏经费保障，作用发挥受到遏制。从而导致行业协会功能弱化，导致在相当多的行业内，企业各自为战，恶性竞争，市场相当分散。

在依靠技术竞争获取市场优势的今天，行业协会要积极转型为行业知识产权管理机构，针对国外厂商的专利壁垒，联合业内企业建立专利策略联盟，共同积极应诉。同时利用掌握的国内、国际行业信息优势为业内企业提供研发咨询，组织企业建立知识联盟，将国内的技术完善、推广，并逐步确立行业的国际标准。

(2) 预警机制不健全

目前我国大多数企业没有专利管理机构，同时缺乏政府层面的知识产权（专利）预警机构。某些知识产权管理机构掌握了大量专利信息，但是对信息的分析、反馈机制缺乏，导致企业不能有效地利用信息。温州的打火机事件凸显了预警机制的缺失。温州打火机在2000年和2001年两年之中两次遭封杀，但由于部门之间缺乏沟通，经济预警机制不完善，使得温州打火机在欧盟被指控倾销，并且打火机生产商在反倾销应诉中非常被动，最后以败诉告终，损失惨重。

积极预警，不但可以使企业有效应对国外的壁垒与倾销诉讼，而且可以根据预警信息为国内企业提供同行业发展预测，指导国内企业研发投入，促进国内企业的技术国际化进程。

(3) 缺乏明确的专利和知识产权战略

2000年8月31日，ANSI董事会一致通过了美国国家标准化战略，《拜－杜法》形成了美国国家专利战略；2000年3月加拿大标准协会通过了《加拿大标准化战略》；日本以1992年理光公司的专利侵权官司败诉为标志，从1993年起日本各大公司纷纷采取专利战略管理，并于2002年出台了《知识产权战略大纲》。

我国缺乏具体可操作的的专利战略和国家知识产权战略，对于如何建立创新机制，使企业成为真正的技术创新与专利产业化的主体没有形成体系，对专利和知识产权的认识和保护不力。这些都是阻碍我国进一步发展的障碍。

三、与知识产权相结合的技术性贸易措施应对战略

1.总体战略目标

利用10年左右的时间建立我国国家知识产权体系，包括三大战略：国家知识产权战略、国家专利战略、国家标准化战略；三大体系：企业创新体系、专利产业化体系和产业预警体系；形成创新带来价值的社会进步新格局。

2.中长期规划设想

(1) 第一阶段

构划“两大战略”，形成“三大体系”

借鉴发达国家经验，由各个行业专家与知识产权管理专家共同成立专家组，进行国家知识产权情况调研。根据产业发展现状，结合我国对外贸易中遇到的问题，分析国内企事业单位的知识产权状况，制定国家知识产权战略和国家专利战略的框架；根据战略制定翔实、可行的战略

促进措施；根据地区和产业发展状况提出指导性知识产权发展建议，并明确时间节点和战略实现标准。

初步构建企业创新体系、专利产业化体系和产业预警体系。加强知识产权重要性宣传，帮助企业确立创新意识，并从政策上扶持具有创新活动的企业，形成企业创新激励机制，使企业逐步成为创新活动的主体。建立完善的专利保护体系，对处于不同阶段的专利实施不同的策略，加大专利的产业化转变（包括激活原有专利等工作）；改变职务性创新活动测评方式，促进风险投资运作，促进成果的专利化、产业化转变。对于近年来遭受技术性贸易壁垒严重的重点行业，加强行业协会的管理作用，初步构建基于企业的行业专利与知识产权预警体系。

(2) 第二阶段

实施两大战略，完成三大体系，构建“国家标准化战略”

根据第一阶段制定的国家知识产权战略和专利战略，逐步实施并及时进行进展对照，对于出现的问题及时商讨解决；结合国际产业发展状况，每年年底进行产业发展预测，将两大战略细化内容不断调整，制定符合全球经济发展的切实可行的产业知识产权和专利战略，每个五年进行战略框架审核，使战略构想“与时俱进”。

完成企业创新体系、专利产业化体系和产业预警体系的建立。形成以企业为主体的创新活动新局面，产、学、研联合发展的社会进步新格局和创新转化为效益的职务性发明新意识。建立从企业、地方知识产权管理机构到行业协会一体化知识产权管理方式，形成完善的知识产权信息收集、处理、反馈系统，充分发挥产业预警的作用，将技术性贸易壁垒损失减少到最小。

结合我国产业发展情况，组建由工业、政府、非政府组织和标准制定组织的代表构成的顾问委员会，明确标准化战略的制定宗旨。在此基础上进行国内产业发展调查，国际标准化组织、机构管理研究和国内产业标准化可行性研究，协同行业协会宣传国家标准化策略，确定标准的主要关注领域，制定我国产业标准的国际化接轨措施，并明确战略执行方法和工作节点标志，拟定“国家标准化战略”。

(3) 第三阶段

形成全社会开拓创新的局面，建立“国家标准化战略”

通过前期两大战略的制定和执行，三大体系的构建和运行，以及国家标准化战略的宣传、制定，形成全社会开拓创新的局面。使学校、科研机构、企业行业协会建立知识产权有效保障，创新可以带来收益的全社会创新认同风气，通过知识创新获得社会尊重和财富积累的社会创新机制。

在宣传、调研的基础上建立“国家标准化体系”，建立灵活的标准制定的体系；与现行的或者潜在的国际重要标准制定者建立伙伴或者战略联盟，扩大参与国际标准制定范围；关注当前经济发展的重要领域，保护国内企业的发展权益，加入有利于我国产业发展的国家标准化组织；使人们，尤其是公共及私人部门的决策者更多地意识到标准化带来的好处及面临的挑战；鼓励在法规中及公众政策的制定中采用国际标准，开辟将标准化原理应用于新的社会和经济领域的途径。

3.标准化战略

这里的标准化战略是基于国家标准化战略的产品标准化战略。主要包括产品选择、战略体系构架、产品的国际标准制定等。

基于国内产业发展、国际贸易壁垒情况和国外企业专利申请状况，根据产业对当前贸易发展的影响，产业未来的发展前景，选择具有较大贸易影响力，和具有较好的发展前景，并且有可能形成全球消费的产品(比如市场消费情况如数字电视、CDMA 手机等产品)，配合国家标准化战略，制定行业发展的标准化战略。

通过行业协会的专利分析，指导所选产品的国内重点企业的研发方向，并加强知识产权管理，不断将核心专利申请国际标准。根据产品研发进展，建立知识产权管理机构，将产品的必要专利不断纳入专利和标准体系，构建产品标准战略体系。

建立健全知识产权管理机构，通过核心专利的国际标准，产品专利管理机构建立产品标准化体系，并关注产品研发进展，扩大交叉许可，有选择的实施强制性专利许可，不断完善产品标准化体系，形成由我国企业控制核心专利的国际产品标准。

四、与知识产权相结合的技术性贸易措施近期对策

根据总体战略目标和中长期规划设想，近期工作主要集中在两大战略、三大体系的构建上。对于产业预警体系，需要对重点行业、重点国家进行监测预警，这就涉及行业和国家的选择，以及信息收集、处理、反

馈等内容。

1.重点行业对策研究

(1) 重点行业的确定

确定重点行业遵循以下四点：第一，该行业近年来屡次遭遇国外专利壁垒；第二，该行业的国际贸易额占我国对外贸易额的比重超过一定比例；第三，该行业是我国近年来重点发展的领域；第四，该行业是全球企业未来竞争的对象。如果具有以上特点的一种或者多种，该行业就是产业预警体系重点关注的。

我们所建立的产业预警体系不是一成不变的，它随着国际贸易的发展、技术的进步而不断改变。但是行业的选择依据以上原则进行。在产业预警体系运作过程中，国家需要每隔五年对重点行业进行重新选择，以适应不断变化的全球经济。

根据分析我国目前产业情况，遵循以上选择原则，我国近期需要关注的重点行业有农业、家电行业、冶金行业、电子信息业、电器工业、生化行业、流体机械行业、环境保护行业等。

(2) 行业协会专利管理机构的设立

行业协会专利管理机构从属于行业专利管理体系，是衔接政府专利管理机构和企业的纽带。

主要工作：第一，参与预警机制的建立，及时向企业通报信息，进行预警服务。通过 TBT 应对小组、对外交流、专业资源等渠道及时获得相关信息，通过 TBT 通报、行业刊物、内部情况通报等手段及时向企业传递相关信息，对国外准备设限的动向发出预警，引起企业的高度重视，提醒企业为下一步的应对做好准备。

第二，充分利用行业协会对自身行业情况熟悉的优势，及时组织行业内企业、专家讨论应对措施的合理与否，研究和磋商相关技术法规、标准草案，并将此意见反馈，组织应对工作，以维护我国行业、企业的合法权益。

第三，提供行业内相关企业培训、咨询和信息等全方位、多元化的服务。开辟广泛的信息、收集渠道，做好市场信息、行业情况、产业数据等基础资料的搜集、整理、分析工作；承担为企业培训熟悉 WTO 相关规则、适应国际竞争需要、能够参与国际争端解决的高素质专门人才的工作；提供相关咨询等。

第四，加强与国内外相关行业组织的联系交流、沟通、磋商。利用WTO争端解决机制与国外行业组织就贸易纠纷进行磋商，缓解、化解、协调国际间贸易纠纷，帮助企业应对，维护本国行业、企业利益及国家经济利益。

第五，引导企业加强自律，学习有关WTO技术性贸易壁垒知识，提高企业应对能力。做好发展服务业的宣传工作。

第六，组织行业内企业共同应对国外企业的技术性贸易壁垒和倾销等妨碍国内行业健康发展的事宜。

2.重要贸易往来国家对策研究

(1) 重要国家的确定

重要关注国家的选择遵循以下几点：第一，近几年来该国对我国曾经进行专利壁垒；第二，我国与该国的贸易额占我国对外贸易的比重超过10%；第三，该国是我国近年来重要贸易的发展对象；第四，我国某种商品在该国的市场占有率超过25%；第五，该国是未来我国重点占领的市场。如果具有以上特点的一种或者多种，该国就成为产业预警体系重点关注的国家。

与重点行业的选择相类似，产业预警体系关注的重点国家也是随着经济、贸易的发展而不断有所改变的。但是国家的选择依据以上原则进行。在产业预警体系运作过程中，国家需要每隔五年对重点国家进行重新选择，以适应不断变化的全球经济。

根据以上原则，对我国目前经济往来国家进行分析，发现近期我国需要重点关注的国家和地区包括美国、加拿大、欧盟、德国、日本、法国、印度等。

(2) 信息收集内容

根据国家的不同情况，对该国的信息收集主要包括以下内容：

第一， 该国对其他国家设置专利壁垒情况，包括设置方式，涉及产品，并对比我国产业发展分析我国遭遇专利壁垒的可能性；

第二， 对我国实施专利壁垒的产品，其企业专利发展新动向；

第三， 对于与我国主要的贸易产品，该国政府和主要对手企业的新动向；

第四， 对于我国重点关注的具有未来发展前景的领域，该国企业重要产品的专利申请信息，包括申请企业、申请时间和申请地方（很多企业加大对中国专利申请力度)；

第五， 对于我国具有较大市场占有率的产品，该国政府、企业同行和民众对我国产品的评价和未来行动新迹象。

信息收集的目的是为了有效地指导我国企业的发展，并有针对性地确定未来行动策略。

(3) 信息收集与反馈处理机制的建立

信息收集由政府知识产权管理机构、行业协会和企业分别负责。其中政府知识产权管理机构负责国家和产业层面信息，包括国家新出台的政策、措施，产业专利申请情况，对其他国家的贸易壁垒设置等；行业协会主要关注行业发展，包括行业发展情况，企业同行对我国的看法和评价等；企业主要关注国外同行信息，包括企业专利发展新动向，产品消费新动向，消费者对我国产品的评价等。

信息收集后，政府知识产权管理机构、行业协会和企业分别对其进行加工，将有效信息有针对性地传送，并要求及时反馈。信息传输包括政府知识产权管理机构与行业协会、国内企业之间，行业协会与国内企业之间和企业内部交流。

行业协会负责行业内部信息管理，并于每月发布行业动态，分别送至政府知识产权管理机构和业内企业；同时组织行业的国际发展预测和国内发展分析，每年进行业内信息交流，并形成行业发展研究报告，报送国家相关部委，政府知识产权管理机构和相关企业，为国家制定行业发展提供建议，并指导企业研发、投资或者进入、退出等行为。

3. 企业创新体系的创建

(1) 企业知识产权管理机构的设立

企业知识产权管理机构是产业预警体系中最基层，同时也是最直接的机构，它的工作效果直接影响了企业应对国外技术性贸易壁垒，企业研发定位的科学性，甚至会影响到整个企业的未来发展。

企业知识产权管理机构是一个综合性部门，工作内容涉及科研、信息分析、战略制定、管理反馈等诸多问题，对于大型企业集团尤为重要。因此对于重要行业或者具有战略意义的新型行业的重要企业，国家必须出台相应规定，强行要求其设有具有相应职能的企业知识产权管理机构，并与行业协会、政府知识产权管理机构一起构建我国知识产权体系，从体制上建立、健全创新体系。

(2) 工作主要内容

企业知识产权管理机构的主要工作包括以下几点：

第一，向政府有关部门或预警管理办公室提出预警信息需求；

第二，主要通过网络(电子邮件)获取与自身相关的预警信息；

第三，在预警管理办公室的组织下实施相应的应对措施，并将实施情况及时反馈给预警管理办公室；

第四，针对国际产业发展情况，国内产业发展情况，与企业管理部门一起制定企业研发策略，并监督实施。

(3) 企业专利管理工作流程

企业知识产权管理的重要内容就是知识产权。根据《技术性贸易措施与知识产权结合的预警机制方案设计研究报告》，企业专利工作流程如图9-6所示，包括通过网络获得、发布专利信息，获得预警系统处理意见，反馈处理结果等。

企业专利管理工作是国家知识产权管理体系的重要的组成部分，但是其作用的发挥除了积极自主工作外，与其他相关机构的协作，各个部分各司其职，共同努力，才能达到最优效果。

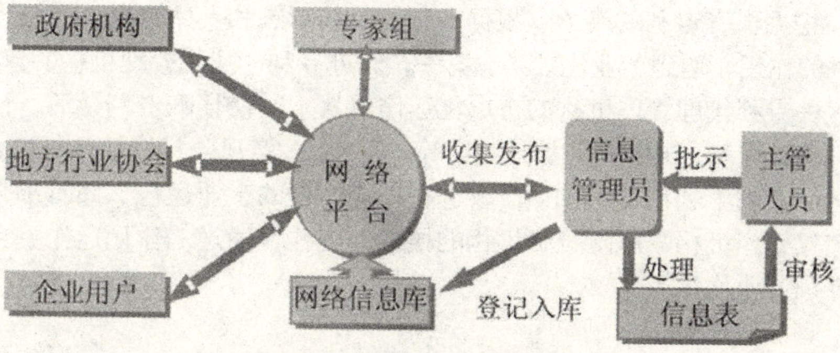

图9-6　专利管理流程模式图

4.国家创新激励机制的建立

国家创新激励机制涵盖企业、政府管理机构和科研单位三个层面，因此建立措施包括以下三点：企业研发投入的增加、产学研联合和专利产业化推进。

(1) 企业研发投入增加

建立加大研发投入、促进科技发展的企业管理新机制，尽快使企业成为技术创新工作的主力。第一，提高管理层对科技工作的重视，比如将研发投入作为评价企业、主要管理者的一项重要指标，每年进行统计评价，并奖励科研投入、技术创新工作较好的单位；第二，将企业实现利润与科研投入进行对比，逐步提高企业对自主知识产权的认识；第三，切实提高科技工作者的待遇，建立具有竞争力的薪酬体系，将其工作成果和实际所得密切挂钩，并评选行业年度杰出科技工作者；第四，加强科研工作的交流和科技人员的流动，使一切工作都从企业实际出发，并服从市场运行机制。

(2) 产学研联合

建立高校、科研单位科技成果产权化体系，使发明、论著与专利、自主知识产权自觉挂钩，促进论文、课题产权化机制的建立。第一，对于一般科研单位和高校，明确规定主要考核体系包括专利和相关知识产权成果，并建立相应奖惩措施，树立科研成果产权化意识；第二，构筑高校、科研院所和企业密切联系的产学研联合体系，改变原来企业研究水平差，而科研院校仅仅依赖政府课题过日子的局面，形成互惠互利，互补共荣的提出课题→共同研究→实现产业化科技工作新局面。

(3) 专利产业化

挖掘现有专利的潜力，根据专利的不同形态和具体情况，充分发挥专利的作用，达到产业化效果。第一，促进专利产业化管理机构的建立，在这种专利代理管理机构的市场化运作体系下，使休眠专利激活、行业专利交叉许可、国际专利加强沟通等；第二，改革风险投资管理机构，使其运作有利于利用自主知识产权进行产业开发的企业运行，同时加强知识产权管理机构与风险投资机构的接触、合作，通过一体化运作平台构筑专利产业化体系。

(4) 战略框架的制定

战略框架的制定包括确立战略制定原则、建立战略研究小组、进行战略调研和形成战略架构等。

①确立战略制定原则。

国家专利战略和国家知识产权战略在制定上遵循科学性、客观性、可行性三大原则，体制建立与成果实现并举，物质激励和社会崇尚共行的推进措施。所谓科学性，就是战略要符合产业和国际贸易发展的客观规律，而不能超越某些必要阶段；客观性就是要根据中国产业发展的实际情况制定战略，不能脱离当前的客观存在；可行性就是通过努力能够实现战略规划，既不是好高骛远，也不是止步不前，目标的实现与现实情况既有一定差距，通过努力又可以充分实现。

两大战略在执行上遵循WTO/TBT和WTO/SPS基本原则，也就是WTO/TBT的避免对贸易造成不必要的障碍原则、非歧视和国民待遇原则、协调一致原则、技术法规的等效原则、合格评定程序的相互认可原则、透明度原则等，以及WTO/SPS基本原则：协调一致原则、等效原则、风险评估原则、非疫区原则、透明度原则。

②建立战略研究小组。

战略研究小组主要由知识产权（专利研究）专家、行业发展专家和重要企业负责技术发展的专家组成，相关行业和企业协同配合。建议战略小组的成员分布如下：知识产权（专利研究）专家占35%，行业发展专家占40%，重要企业负责技术发展的专家占25%。行业专家包括目前国家重点发展的行业、具有市场优势的行业和具有未来发展前景的行业。重要企业来源于以上行业，并具有较多技术发展研究经验，在国内和国际同行中具有一定地位的企业。

因为战略有近期战略、中长期战略之分，在制定近期战略时专家组的构成是根据当前国际贸易发展情况确定的，当近期战略实现后，国家就涉及到下一个近期战略的制定，此时战略小组成员的构成和选择要根据当时国际贸易发展情况确定，也就是要采取具体问题具体分析的做法，形成“有针对、有目标、有措施”的滚动发展战略，以此一步一步实现中长期战略。

③进行战略调研。

战略小组成立之后，首先要进行战略调研，内容包括我国产业发展状况、企业知识产权（和专利情况）现状、国外企业对我国的技术性贸易壁垒情况、重要国家和地区的知识产权战略和专利战略、我国产业发展趋势等。

对于以上内容，不同的专家组成员负责不同的部分。其中知识产权专家负责国外企业对我国的技术性贸易壁垒情况、重要国家和地区的知识产权战略和专利战略；行业发展专家负责我国产业发展状况、企业知识产权（和专利情况）现状以及我国产业发展趋势等与产业发展相关性较强的方面；企业技术发展专家负责国内企业知识产权（和专利情况）现状、我国产业发展趋势等与企业密切相关的调研活动。

三部分成员协同合作，在科学性、客观性的基础上共同完成战略制定的基础调研，为以下的战略框架提供翔实的资料。

④形成战略架构。

根据调研情况，国际产业发展规律、国内知识产权状况分析，借鉴国外国家或者地区的知识产权战略和专利战略，制定符合我国实际情况的国家知识产权战略和国家专利战略。

战略框架包括总体战略目标、中长期战略目标和近期发展战略。其中总体战略包括一定年限，一般来说可以制定10年的发展战略；中长期战略包括从战略制定起5–8年的发展规划；而近期发展战略一般则为3～5年的详细规划。除了战略目标外，明确战略目标实现的节点也是很重要的，包括时间节点和事件节点。应该建立硬性的指标，以此确认目标实现与否，并根据进度分析原因，进而调整战略的具体规划或者战略执行策略。战略的实现措施也是战略规划的重要组成部分，措施的制定要具体、科学、客观，具有操作性，这是保证战略实现的关键。

第十章 TBT博弈分析及我国对策研究

随着全球经济一体化的进一步深入，各国之间的经济联系越来越紧密，国际间的贸易、金融、投资是经济全球化的纽带，贸易自由化则是世界经济蓬勃发展的推动力。特别是在乌拉圭回合谈判之后，消除各国间关税壁垒已成为大势所趋，然而新贸易保护主义暗流却不断涌动。其中发达国家凭借其经济、科技、管理、环保等方面优势设置的以各种技术法规、标准为主要内容的技术性贸易壁垒成为近年来国际贸易中非关税壁垒的主要形式。技术法规、标准作为一项措施以维护国家安全、人类动植物健康安全、保护环境、防止欺诈、保证产品质量，这本身是无可厚非的，但如果其职能转变为保护本国市场、限制国外产品输入，则不仅有悖于WTO自由贸易的精神还损害了本国消费者的福利。

一、我国遭受技术性贸易壁垒的现状

据统计，在20世纪70年代，国际贸易中的TBT只占非关税壁垒的10%～30%。而到了90年代，这一比例已上升至45%左右。在这段时间内由于我国生产出口能力飞速增长却未能有效提高产品的科技含量，出口产品的结构也不尽合理，因而成为了TBT的主要实施对象。而且随着我国加入世贸组织，国外对我国的TBT限制呈逐年上升的趋势。根据我国商务部的调查，近年来，我国相当数量的传统优势产品频繁遭遇国外技术壁垒，出口纷纷受阻，有的甚至被迫退出了市场。我国每年受技术性贸易壁垒影响的金额已经占到出口总额的25%以上，约为450亿～500亿美元，有71%的出口企业、39%的出口产品受到国外技术壁垒的限制，造成损失超过170亿美元，尤其是农产品、轻工、机电、纺织、五矿化工、医疗保健等六大行业的出口受到的技术壁垒限制最为严重。技术性贸易壁垒对我国出口企业造成总损失的95%来自于欧盟、美国、日本、韩国等国家和地区。因此如何减少TBT对我国出口的不利影响已成为我国对外贸易中亟待解决的一个问题。

二、对TBT的古典囚徒博弈模型分析

从TBT的实施主体——政府的角度，用博弈论的方法分析TBT产生的原因并提出相应对策。因为现实中TBT往往都是有针对性的，或者说TBT的设置和实施对象是一一对应的，这就便于应用古典囚徒博弈模型分析设置TBT国家的动机。假设：(1)甲、乙两国同时生产A、B两种产品，他们按照比较优势进行分工和贸易：甲国生产A产品有优势，乙国生产B产品有优势，因此两国分别从对方进口自己的劣势产品，即甲国从乙国进口B产品，乙国从甲国进口A产品：(2)甲、乙两国只允许采用TBT方式来限制对方出口。利用提供曲线和贸易无差异曲线来分析甲、乙两国分别在自由贸易和设置TBT后A、B产品的进出口情况及各自的福利水平变动。提供曲线描述了一国在自由贸易条件下，两种产品不同的相对价格所对应的出口数量和进口数量的组合。按照以上假设，甲、乙两国的提供产品曲线Z甲、Z乙分别如图10-1所示，自由贸易时两国在c点达到均衡。

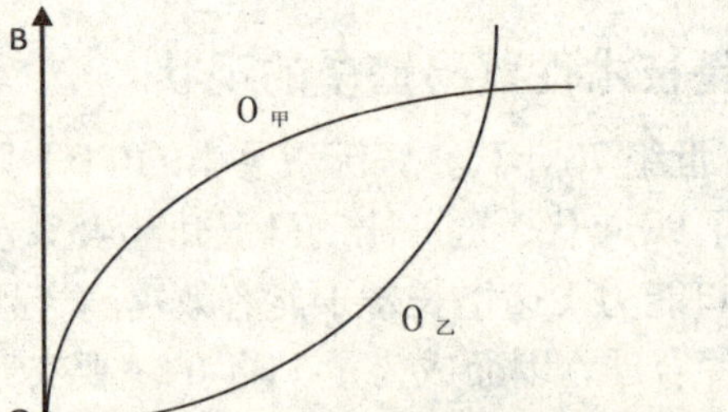

图10-1　两国贸易无差异曲线

贸易无差异曲线描述了一国产品的进出口数量组合与该国所能取得的福利水平之间的联系。

图10-2反映了等效用曲线I和生产可能性边界PPF的曲率，不同的等效用曲线对应不同的贸易无差异曲线，贸易无差异曲线在第一象限内向左上移动，经济体的效用水平即社会福利将增加，图中贸易无差异曲

线 U_1 代表了比贸易无差异曲线 U_2 更高的福利水平。

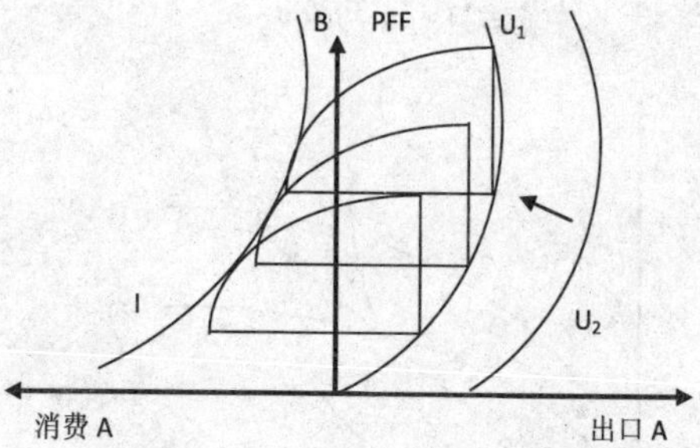

图 10—2　两国贸易等效用曲线与无差异曲线比较

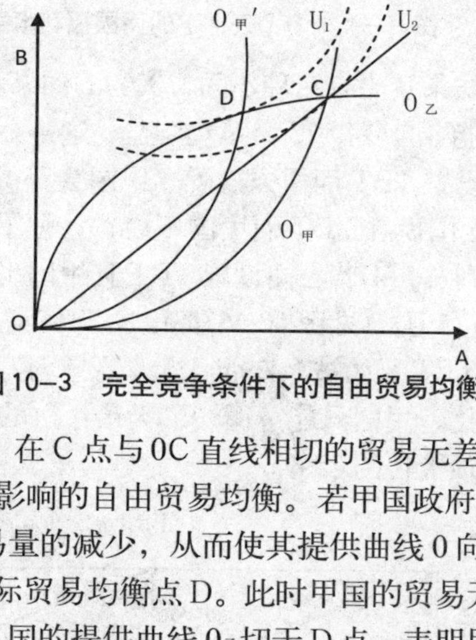

图 10—3　完全竞争条件下的自由贸易均衡

由图 10—3 可知，在 C 点与 0C 直线相切的贸易无差异曲线描述了完全竞争条件下无扭曲影响的自由贸易均衡。若甲国政府对乙国的 B 产品设置 TBT 会导致贸易量的减少，从而使其提供曲线 0 向左偏转至 $0_{甲}'$ ，同时达到一个新的国际贸易均衡点 D。此时甲国的贸易无差异曲线 U_2 向左上移动至 U_1 并与乙国的提供曲线 $0_{乙}$ 切于 D 点，表明甲国设置 TBT 后本国福利水平由 U_2 上升到了 U_1。

但是在完全竞争条件下，两国政府对彼此的经济情况，如消费者的需求偏好、居民的消费行为、生产信息、技术水平、进出口等都十分了解。因此，为了使自己的社会福利水平提高，理性的乙国政府必然也会对甲国的 A 产品设置 TBT，使其提供曲线 $0_{乙}$，向右偏转至 $0_{乙}$，以确保在新的贸易均衡点处获益。在本国设置 TBT 后对方不做出反应的假设下，甲国期望国际贸易均衡从 C 点移动到 D 点，乙国则期望国际贸易均衡从

C点移动到E点。但最终结果两国都不会达到各自所期望的均衡点，因为双方都设置TBT后的提供曲线新均衡交点在F，这将导致两国的福利水平比自由贸易时都降低，如图10−4所示。

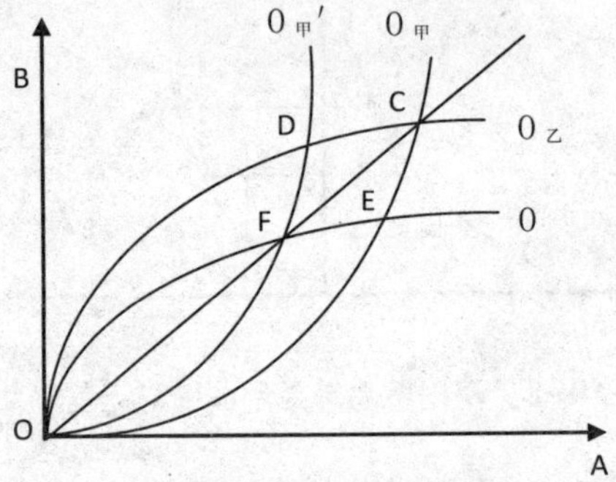

图10−4　TBT条件下的两国福利水平比较

将以上分析结果量化有四种不同方案：(1)如果双方都不设置TBT而进行自由贸易就能各自获得15个单位利益，这是一种双赢的共同最优结果；(2)若乙国不设置TBT而甲国设置，甲国会获得2个单位利益而乙国获利为0；(3)若乙国设置TBT而甲国不设置，则甲国利益所得为0而乙国获得2个单位利益；(4)若乙国设置TBT且甲国也设置，则甲、乙两国会各获得1个单位利益。(见图10−5)都设置TBT是甲、乙两国的超优策略，因为在设置TBT行为被允许而且无法影响对方行为的情况下，为了使本国利益最大化，甲国只能遵循“最大最小”的决策标准，即选择能使可能最小获益最大化的策略。

		甲国：设置TBT	甲国：不设置TBT
乙国	设置TBT	1 ＼ 1	2 ＼ 0
	不设置TBT	0 ＼ 2	1.5 ＼ 1.5

图10−5　两国TBT博弈利益量化方案

在上述收益矩阵中对甲国来讲必然选择设置TBT，同理乙国也必然选择设置TBT。所以虽然设置TBT的国家都知道，不设置TBT能提高其福利是帕累托有效策略，而设置 TBT 会使双方利益受到损害，但他们最终还是有设置 TBT 的意愿。这就是典型的不合作博弈。

三、"针锋相对" 策略在博弈中的应用

在现实中，甲、乙两国间的不合作博弈往往能变成非合作性的共谋。著名的博弈论专家罗伯特 · 阿克塞尔罗德在其经典实验中证明了一个论点：在无限多次的重复博弈中，即使是囚徒困境也会出现一种机制足以使参与者彼此合作，采取帕累托有效策略。这种策略的互动机制就是"针锋相对"或称为"以牙还牙，以眼还眼"：如果博弈无限次地反复进行，则参与者一方就有办法影响对手行为。在第一轮博弈中选择合作，以后每次选择竞争对手上一次采取的行为，若对手此次拒绝合作，在下次博弈中己方就拒绝合作以惩罚对手上次的不合作行为。只要双方都充分关心未来的收益，那么将来"不合作"的威胁就足以说服他们采取帕累托有效策略。

TBT 是一个技术标准设置与跨越不停顿较量的动态博弈过程，因此甲、乙两国的 TBT 设置可以看作是一个重复无限的博弈。假设在此次博弈中乙国选择设置 TBT，则在下次过程中甲国也选择设置 TBT；若乙国选择不设置 TBT，则下次过程中甲国也选择不设置 TBT……甲国每次选择都与乙国上次选择一样。对未来收益的关心和对遭受对方设置 TBT 报复的担心会使得双方采取都不设置 TBT 的帕累托有效策略，从而获得双赢。一旦达到了共同的最优结果，博弈就进入了一个良性循环，因为双赢的甜头及对不合作威胁的担忧会使得双方都极力保持这种平衡，那么技术性措施也就不再成为自由贸易的壁垒了。

值得注意的是非合作性共谋博弈必须满足一些必要条件。

1.双方在博弈中的力量对比是均衡的，这样各自的决策在对手的眼中才有威慑力

在上述 TBT 设置模型中可以看出：(1)双方贸易的彼此依赖程度大致相当，在经济上处于弱势和依赖地位的国家将是 TBT 的受害者。若甲国对乙国的贸易依赖度远远低于乙国对甲国的贸易依赖度，则当甲国设置 TBT 时，无论乙国对甲国采取何种报复性措施，甲国都不会担心由此对自己产生的严重后果；(2) 双方的科学技术实力及技术标准制定能力不相

上下。若甲国的科技实力及制定标准的能力远远高于乙国，则乙国即使采取报复性措施，对甲国产品出口的限制影响也将微乎其微；(3)双方国内对进口产品的消费偏好及需求弹性大致相同。若甲国消费者对乙国产品的消费偏好远远低于乙国消费者对甲国产品的消费偏好，而需求弹性远远高于乙国的需求弹性，则乙国采取报复性措施后反将遭受更大的损失。因此双方在博弈过程中的威慑及抗威慑力量的对比是达到共同最优结果的关键。

2.要让双方都确信自己采取不合作措施所遭致报复性措施的威胁是足够的

即要让对手明白他所面临的是己方“针锋相对”的战略。当竞争对手合作时则合作，对非合作行为立刻给以惩罚，这样在肯定存在的下一轮博弈中他除了合作以外别无选择。

通过以上分析可以得出结论：从博弈的角度来看只要具备了一定条件，TBT是可以避免的，即两方可以实现双赢。至少在一个相互制约的机制下，TBT给国际贸易带来的不利影响是可以消除的。

四、我国如何在TBT博弈中实现双赢

我国是目前遭受TBT较多的国家，为了在对外贸易中利用博弈理论限制国外频繁对我国实施的TBT，减少其不利影响，我国政府应采取以下措施。

1.苦练内功，以质取胜

我国产品确实存在一些质量和技术上的缺陷，未能达到进口国技术标准。例如，根据我国工程机械产品在1000小时可靠性试验和“三包”期内的统计资料，平均无故障间隔时间为150～300小时不等，而国际水平是500～800小时。如不采用进口发动机，我国产品的大修期寿命只有4000～5000小时，而国际水平达到8000～10000小时。可见产品的可靠性和技术先进性是我国工程机械缺乏竞争力受到技术限制的主要问题。因此必须从内因入手，苦练内功，努力提高我国出口产品的质量，真正从以量取胜的贸易大国走向以质取胜的贸易强国。

2.实施多元化出口战略，规避技术壁垒风险

我国外贸产品对发达国家的依赖程度较高，商品出口集中在美国、

欧盟、日本等几个主要发达国家。目前日本、美国和欧盟是我国最大的三个贸易伙伴，同时这三大经济实体也是实施技术壁垒的积极倡导者和发源地。2003 年我国对这三大经济实体的出口额超过当年我国出口额的 50%。而发达国家出口贸易对我国的依赖程度较低，使得我国无法建立一种对其滥用技术措施的行为进行有效约束的制衡机制，因此他们对我国实施 TBT 也就有恃无恐了。调查表明，2003 年中国有 71%的出口企业、39%的出口产品遭遇到国外技术壁垒的限制，造成损失约170亿美元。欧盟、美国、日本的技术壁垒对我出口企业造成的损失占总损失的95%。其中，欧盟所占份额最大，为41%；日本和美国分别占 30%和 24%。所以必须实施出口市场多元化战略，要广泛接触各国客商并注意开拓美欧以外的市场，如俄罗斯、中东、澳大利亚等，以争取分散贸易风险，从而增加在博弈中的筹码。

3.健全技术标准及法规，构筑我国的 TBT 体系

我国没有建立全面、严格、统一的 TBT 保护体系，不能对外国产生有效的报复性威慑。我国的标准化工作实行的是“统一管理，分工负责”的管理体制，在这种政府主导型的标准化管理体制下标准的制定和形成实际上是一种单兵突进的过程，并没有与国家产业发展战略、竞争力的积累和培养相结合。我国技术标准的弱点总体表现为标准制定周期长、水平偏低、实施状况差、采用国际标准和国外先进标准比例低、标准科研工作薄弱等。截止到 2001 年，在 19744 项国家标准中，有 8621 项采用了国际标准和国外先进标准，采用率仅为 43.7%。而在上世纪 80 年代初，英、法、德等国家采用国际标准就已达 80%，日本新制定的国家标准有 90%以上是采用国际标准化组织(ISO)、国际电工委员会(IEC)标准。国家标准水平低不仅不利于我国产品出口，还保护了一些落后企业，而且对国外的产品准入起不到限制作用。因此必须主动参与国际标准的制定、修改和协调工作，不仅要跟踪国际标准动态，还要使其能反映我国的利益和要求。同时必须健全技术法规，建立全国统一的管理标准化体系与标准规范，制定国际通行的技术标准并适时构筑我国的 TBT 体系，尽快将自己的技术优势置入标准以保护民族工业，充分利用我国不断增长的经济科技实力，提升在贸易博弈中的威慑力。

4.提高国民的消费水平，树立消费者正确的国内外产品意识

我国与发达国家消费者的需求层次差异使得这些国家在博弈中占

据优势，更加咄咄逼人。随着收入水平和生活水准的提高，发达国家消费者在基本需求得到保障之后对产品已进入较高的需求层次。我国经济技术水平还相对落后，使得产品质量达不到发达国家的标准要求，进一步影响了发达国家消费者对我国产品质量的信任度；国外产品进口到我国则由于消费者整体需求水平低而被视为“洋货”，不管其质量是否比本国产品高而受到盲目的追逐，因而我国在报复性措施的实施上处于被动局面。因此必须在总体上提高我国消费者的水平，倡导健康的高质量生活标准，增加国民对国货的认识和认同感，进而掌握在博弈中的主动权，迫使对方不敢轻易设置 TBT。

第十一章　TBT 环境下企业技术创新博弈研究

在关税和配额、许可证等传统非关税壁垒的影响越来越小的时候，形式上的合法性和保护方式上的隐蔽性等特点让技术性贸易壁垒对国际贸易产生越来越大的影响，已成为目前世界上最重要的限制进出口贸易的障碍。

一、技术创新是企业跨越 TBT 的最佳选择

出口企业应对何跨越技术性贸易壁垒的策略主要包括技术创新、对外直接投资和贿赂寻租等方法，但在这几种方法中，技术创新应是企业跨越技术性贸易壁垒的最佳选择。

1.技术创新与对外直接投资的比较

技术创新是一种直接满足进口国技术性贸易壁垒要求的应对方法，而对外直接投资是通过以生产要素的名义而非产品的形式进入国际市场来规避或绕开技术性贸易壁垒。

出口企业以对外直接投资来跨越技术性贸易壁垒，可以分为有技术创新和没有技术创新两种情况。当东道国只对进口产品设置技术性贸易壁垒而对国内产品没有要求，或者进口国采取对一些国家设置技术性贸易壁垒而对另外一些国家不设置的歧视性政策时，出口企业即可以在不提高生产技术水平的情况下通过在进口国国内或者没有技术性贸易壁垒限制的第三国进行直接投资来跨越技术性贸易壁垒。如果不存在这样的前提，出口企业就只能选择技术创新这种方法了。事实上，没有技术创新的单纯的对外直接投资是不具备长期的国际竞争力的，而且技术性贸易壁垒的涵盖范围也越来越广，业已从简单的产品延伸到生产、投资、服务等领域。所以，技术创新与对外直接投资应该形成一种互补的关系，共同应对而不是孤立应对国外的技术性贸易壁垒。

2.技术创新与寻租活动的比较

面对国外的技术性贸易壁垒，出口企业有的时候也可能通过贿赂等寻租活动取得重新进入该国市场的资格。由于寻租活动往往时效性更强，且没有技术创新的风险成本，所以只要寻租成本小于技术创新成本，出口企业就会更趋向于使用这种方法。在理论上，寻租者之间也存在着竞赛，并且竞赛的结果会使寻租成本等于技术创新的成本。但是，寻租活动不会提高社会生产力水平，并且反而会耗费社会资源，扭曲社会资源的配置，最终降低生产效率和破坏社会生产力。

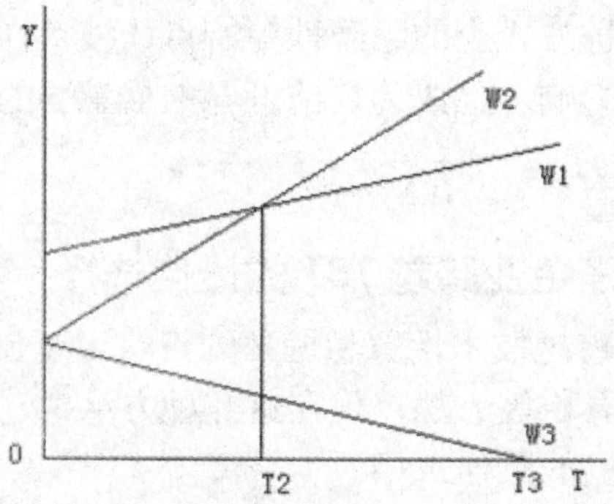

图 11—1 TBT 环境下企业技术创新的作用

图 11-1 中横轴 T 为时间，纵轴 Y 为产出，用产出量的增加表示技术创新。W1 为进口国设置的技术性贸易壁垒，它随国外企业的技术创新而不断更新，所以向右上方倾斜。W2 表示国内企业技术创新的速度快于国外企业，在 T2 时点超越国外的技术性贸易壁垒。W1 为寻租活动情况下的生产情况，由于寻租活动降低了生产效率，所以向右下方倾斜，并且到 T3 时点停止生产，这可能是因为出口企业的寻租活动限制了技术创新，其产品最终被市场淘汰，或者是因为寻租活动被国内外社会所禁止而不得不停产。

根据前述技术创新与对外直接投资和寻租活动的比较，出口企业的最佳选择还是通过技术创新来跨越进口国的技术性贸易壁垒。

二、TBT 环境下技术创新博弈：单企业模型

一个企业是否进行技术创新（包括购买创新技术），取决于技术创新

的成本与收益的比较，只有在技术创新的收益大于技术创新的成本时，企业才可能进行技术创新。

假定技术创新的成本为C，收益为R，利润为π，则

$$\pi = R - C$$

显然，只有$\pi > 0$，即$R > C$时，企业才会进行技术创新。

根据谢勒尔方法，假设技术创新从$t = 0$时开始，并在 T 年内使成果商品化，也就是创新在 T 时完成，资金的贴现率为 r，且在$t = H$时，该项成果已经完全老化，则在从 T 到 H 这一区间内，创新企业的总收益为

$$R = \int_T^H R(t)e^{-rt}dt$$

其利润为

$$\pi = R - C = \int_T^H R(t)e^{-rt} - C(T)$$

一个要求利润最大化的企业要满足的条件是：$\frac{\partial \pi}{\partial T} = 0$

也就是说，$R(T)e^{-rt} = -\frac{\partial C(T)}{\partial T}$

这个等式的右边总是随时间减少而增加，其含义是最优的创新时间 T 越短，则在 T 附近，收益也越大。也就是说，创新收益越大，企业就越愿意承担创新成本，也就越愿意进行技术创新。

在技术性贸易壁垒环境下，企业进行技术创新的成本和收益会有什么变化呢？首先来看成本，企业在技术性贸易壁垒环境下的技术创新应该是明确针对进口国提出的技术性贸易壁垒的，所以可能会增加一些收集相关国外技术性贸易壁垒信息的成本。但是，相对于整个技术创新的成本而言，本身并不大的信息收集成本可以忽略不计，因此技术性贸易壁垒环境下的技术创新成本还是 C。

再来看收益，排除正常情况下技术创新的收益，企业在技术性贸易壁垒环境下的技术创新的收益主要来自对国外市场的继续拥有和进一步开拓。为简化分析，假定通过技术创新满足了进口国的技术性贸易壁垒，出口企业就能继续拥有和进一步开拓国外市场，其收益为R'；如果不能满足进口国的技术性贸易壁垒，出口企业就只能完全退出该国市场，其收益为 0。所以，出口企业在技术性贸易壁垒环境下的技术创新的总收益为$(R + R')$，显然要大于正常情况下技术创新的收益，企业将有更大的利润激励进行技术创新。也就是说，跨越技术性

贸易壁垒成为企业技术创新的一种新的激励。当然，这里一个隐含的前提条件就是：$(R+R')>C$。

三、TBT 环境下技术创新博弈：双(多)企业模型

假定存在两个或更多数量的企业时，企业还会不会进行技术创新呢？

如果企业不能很好地保护技术创新的成果，比如国家缺乏健全的知识产权保护制度、企业没有足够的实力保护技术创新成果、该项技术成果无法通过 Know-How、专利等形式进行保护等等，企业的技术创新成果将会被其他企业很快模仿，技术创新将成为公共物品，而公共物品的外部性将促使企业“搭便车”等着享受别人的技术成果，而不是自己努力进行技术创新率先获得技术进步。

但是，如果的技术创新成果能够得到很好的保护，那么，企业产品的市场占有率将对企业技术创新与否起到一个很重要的影响。假定有甲乙两个企业，其产品市场占有率分别为i和$(1-i)$，其中$0<i<1$。根据前面的假定，创新企业将能继续拥有和进一步开拓国外市场，获得技术创新的全部收益，否则将全部丢失国际市场，收益为 0。如果两个企业同时都分别进行创新且技术一样，则按照市场占有率分享创新的总收益。于是，两个企业之间将有如下收益矩阵表，见表 11-1。

表 11-1　企业技术创新条件下的收益矩阵表

		乙企业	
		不创新	创 新
甲企业	不创新	0，0	0，π'
	创 新	π'，0	$(R+R')i-C$，$(R+R')(1-i)-C$

从这个支付矩阵表可以看出，如果$\pi'<0$，两家企业都会选择不创新；如果$\pi'>0$，两家企业作何选择将取决于产品市场占有率i的值：

若$\frac{C}{R+R'}<i<1-\frac{C}{R+R'}$，即$(R+R')i-C$和$(R+R')(1-i)-C$都大于 0，则纳什均衡为（创新，创新），两家企业都会进行技术创新；

若$i<\frac{C}{R+R'}$，即$(R+R')(1-i)-C>0$，而$(R+R')i-C<0$，则乙企业会选择技术创新，甲企业将保持原有技术水平；

若$i > 1 - \frac{C}{R+R'}$，即$(R+R')(1-i) - C < 0$，而$(R+R')i - C > 0$，则甲企业会选择技术创新，乙企业将保持原有技术水平。

有两种途径可以提高企业进行技术创新的积极性，一是企业之间的联合技术创新，二是由政府承担技术创新的成本。

表 11−2 是企业之间联合技术创新的收益矩阵表，它与表 11−1 的区别在于技术创新的成本也按照市场占有率进行分摊，显然，$\pi' i > (R+R')i - C$，$\pi'(1-i) > (R+R')(1-i) - C$，也就是两个企业全部都进行技术创新的激励将更大。

表 11−2　　企业联合技术创新条件下的收益矩阵表

		乙企业	
		不创新	创 新
甲企业	不创新	0，0	0，π'
	创 新	π'，0	$\pi' i$，$\pi'(1-i)$

表 11−3 是企业在政府承担成本的情况下进行技术创新的收益矩阵表，它与表 1 的区别在于企业进行技术创新的成本转移到了政府，所以其技术创新的收益进一步提高，$(R+R')i > (R+R')i - C$，$(R+R')(1-i) > (R+R')(1-i) - C$，因此两个企业将会有更大的利益驱动进行技术创新。

表 11−3　　政府承担成本情况下企业技术创新收益矩阵表

		乙企业	
		不创新	创 新
甲企业	不创新	0，0	0，π'
	创 新	π'，0	$(R+R')i$，$(R+R')(1-i)$

四、TBT 环境下技术创新速度的博弈

1.国内企业之间技术创新速度的博弈

假定国内甲乙两个企业不是同时进行技术创新，而是有先后次序即有一家企业抢先开始技术创新，另一家企业在时间上落后一些。于是，这里就有一个“赢家通吃”的博弈出现，即抢先开始技术创新的企业将获得全部市场份额与创新的全部收益，而落后的企业只能放弃创新和市场，而不是如前所述根据市场份额分享创新的总收益。

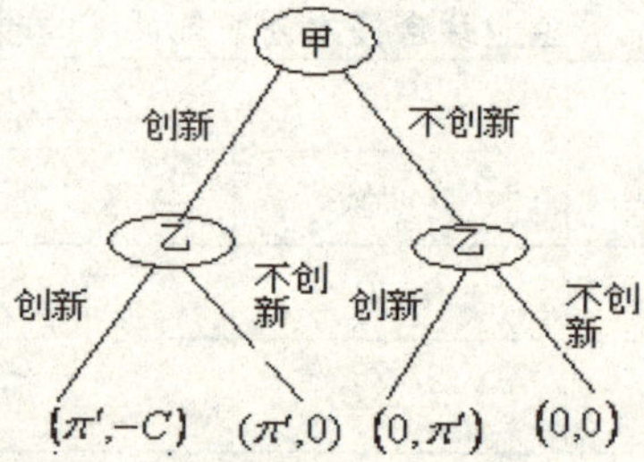

图 11-2　企业是否创新选择下的收益

如图 11-2，如果甲企业先进行技术创新，那么甲企业将获得全部市场和创新的全部收益 π'，乙企业则只能选择不创新，因为它在甲企业创新之后再创新，将不但得不到任何利益，还将产生成本 $-C$；如果甲企业没有抢先进行技术创新，而是由乙企业拔了头筹，那么以企业将获得全部市场和创新的全部收益 π'。

2.国内企业与国外企业之间技术创新速度的博弈

前面的论述都假定进口国的技术性贸易壁垒在设置之后将一成不变，但实际情况更多的是技术性贸易壁垒也随国外企业的技术进步而不断更新，所以，还存在着国内企业与国外企业之间技术创新速度比赛的问题。

图 11-3 的基本假定同图 1。W_1 为进口国设置的技术性贸易壁垒，它随国外企业的技术进步而不断更新，所以向右上方倾斜。W_2、W_3、W_3 为出口国国内企业的技术创新曲线，其中，W_2 表示国内企业技术创新的速度快于国外企业，在 T_2 时点超越国外的技术性贸易壁垒；W_3 表示国内企业以更快的速度进行技术创新，在 T_1 时点即超越国外的技术性贸易壁垒；W_4 表示国内企业技术创新的速度慢于国外企业，

始终没有超越国外的技术性贸易壁垒。显然，W_4 代表的技术创新速度将使出口国国内企业被技术性贸易壁垒挡在国际市场之外，从而失去继续拥有和扩大国际市场的机会，只有 W_2、W_3 代表的技术创新速度才能使出口国国内企业超越国外的技术性贸易壁垒，继续拥有和扩大国际市场。

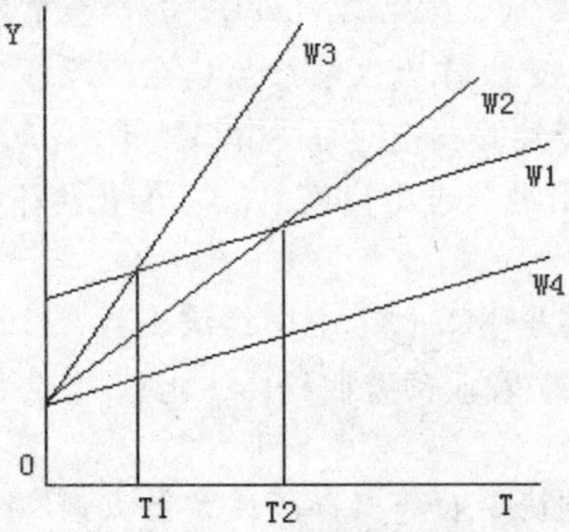

图 11－3　不同创新速度的企业超越 TBT 情况

五、结论

与对外直接投资和寻租活动相比较，技术创新是出口企业跨越国际市场技术性贸易壁垒的最佳选择。技术创新与对外直接投资应该形成一种互补关系，共同应对国外的技术性贸易壁垒，没有技术创新的单纯的对外直接投资是不具备长期的国际竞争力的。虽然寻租活动能让出口企业暂时获得出口的机会，但寻租竞赛的结果是寻租成本将等于技术创新的成本，而且寻租活动耗费社会资源，扭曲资源配置，最终降低生产效率和破坏社会生产力。

从单个企业来看，跨越技术性贸易壁垒使出口企业技术创新的利益大于正常情况，成为出口企业进行技术创新的一种新的激励，但需要政府提供完善的知识产权保护体系。

从多个企业来看，企业联合进行技术创新以及政府为鼓励技术创新而承担成本，将会促进企业的技术创新。

在以技术创新应对技术性贸易壁垒时，国内企业应尽早行动，加快创新速度，还要超越国外的技术创新速度。

参考文献

[1]中国对外经济贸易年鉴编辑委员会.中国对外经济贸易年鉴[M].北京:中国对外经济贸易出版社,1993-2000.

[2]中华人民共和国国家统计局.中国统计年鉴[M].北京:中国统计出版社,1996-2005.

[3]WTO/TBT 委员会.标准、技术法规和合格评定程序对贸易的限制性影响——背景报告,G/TBT/W/42[S]. WT0/TBT 委员会文件,1997-4-28.

[4]国家质量监督检验检疫总局.出入境检验检疫风险预警及快速反应管理规定，国家质量监督检验检疫总局令第 1 号[EB],2001-9-7.

[5]叶柏林,陈志田.技术引进与进出口商品的标准化[M].北京:中国标准出版社,1992.

[6]柳卸林.技术创新经济学[M].北京:中国经济出版社,1993.

[7]陶骏昌,陈凯,杨汭华,等.农业预警概论[M].北京:北京农业大学出版社,1994.

[8]庄无忌.各国食品和饲料中农药、兽药残留量大全[M].北京:中国对外经济贸易出版社,l995.

[9]海闻.国际贸易：理论、政策、实践[M].上海:上海人民出版社,1996.

[10]经济合作发展组织（OECD）.贸易的环境影响[M].北京:中国环境科学出版社,1996.

[11]陈同仇,薛荣久.国际贸易[M].北京:对外经济贸易大学出版社,1997.

[12]刘连馥.绿色食品导论[M].北京:企业管理出版社,1998.

[13]佘廉.企业预警管理理论[M].石家庄:河北科学技术出版社,1999.

[14]对外贸易经济合作部国际经贸关系司,译.世界贸易组织乌拉圭回合多边贸易谈判结果法律文本[M].北京:法律出版社,2000.

[15] [美]保罗 · 克鲁格曼.战略性贸易政策与新国际经济学[M].海闻,等译.北京:中国人民大学出版社,2000.

[16]宋明顺.WTO<贸易技术壁垒协议>规则、实践及对策[M].北京:中国计量出版社,2000.

[17]杨惠昶.国际经济学[M].长春:吉林大学出版社,2000.

[18]冯宗宪,柯大钢.开放经济下的国际贸易壁垒——变动效应、影响分析、政策研究[M].北京:经济科学出版社,2001.

[19]陈宪,程大中.黏合剂：全球产业与市场整合中的服务贸易[M],上海社会科学院出版社.2001.

[20]钟昌标.国际贸易与区域发展[M].北京:经济管理出版社,2001.
[21]徐强.区域环境经济与预警[M].北京:中国环境科学出版社,2001.
[22]叶汝求,曹凤中,夏友富,等.环境与贸易[M].北京:中国环境科学出版社,2001.
[23]赵春明.非关税壁垒的应对及运用——“入世”后中国企业的策略选择[M].北京:人民出版社,2001.
[24]李志军.怎样打造“技术壁垒”的矛与盾[M].北京:经济日报出版社,2002.
[25] [美]保罗 ·克鲁格曼,茅瑞斯 ·奥伯斯法尔德.《国际经济学》(第五版)[M].北京:中国人民大学出版社,2002.
[26]王金南,夏友富,罗宏,等.绿色壁垒与国际贸易[M].北京:中国环境科学出版社,2002.
[27]祝卫.出口贸易模拟操作教程[M].上海:上海人民出版社,2002.
[28]格迪什 · 巴格瓦蒂.现代自由贸易[M].北京:中信出版社,2003.
[29]刘厚俊,等.国际贸易新发展——理论、政策、实践[M].北京:科学出版社,2003.
[30] [美]罗伯特 · 蒙代尔.蒙代尔经济学文集（共五卷）[M].向松祚译.北京:中国金融出版社,2003.
[31]毛筠,孙琪.国际贸易理论与政策[M],杭州:浙江大学出版社,2003.
[32]吴百福.进出口贸易实务教程（第四版）[M].上海:上海人民出版社,2003.
[33]许宁宁.中国一东盟自由贸易区[M].北京:红旗出版社,2003.
[34]杨昌举,宋国军,胡品洁.技术性贸易壁垒：欧盟的经验及对中国的启示[M].北京:法律出版社,2003.
[35]袁庆民.技术创新的制度结构分析[M].北京:中国经济出版社,2003.
[36]张海东.技术性贸易壁垒与中国对外贸易[M].北京:对外经济贸易大学出版社,2003.
[37]李春田.标准化概论[M].北京:中国人民大学出版社,2004.
[38]程国强.农产品出口如何突破“技术壁垒”[M].农业经济,2004(3).
[39] [美]保罗 · 杰罗斯基,理查德 · J.吉尔伯特,亚历克西斯 · 杰克明.进入壁垒和策略性竞争[M].崔小刚译.北京:北京大学出版社,2004.
[40]高志前,黄伟.知识产权与国际竞争——产业技术知识产权战略[M].北京:中国财政经济出版社,2005,3.
[41]国家质量监督检验检疫总局.世界贸易组织与技术性贸易措施[M].北京中国计量出版社,2005.

[42]孙敬水.技术性贸易壁垒的经济分析[M].北京:中国物质出版社,2005.
[43]魏峰.绿色壁垒攻略[M].武汉:湖北人民出版社,2005.
[44]张荣鼎.国际贸易中的技术壁垒[J].世界经济,1995(7).
[45]李俊红,袁海林.浅谈环境预警指标体系的建立[J].西安建筑科技大学学报,2000,32(1).
[46]王凯志.WTO / TBT 贸易技术壁垒协定对我国的影响及对策[J].标准计量与质量,2000(5).
[47]杨凤祥.入世后技术壁垒对我国贸易的影响及相关政策[J].现代管理科学,2000(6).
[48]黄冠胜.从 WTO 通报看各国对转基因食品的管理[J].中国检验检疫,2001(9).
[49]李志宏,等.技术性贸易壁垒[J].国际贸易 2001(2).
[50]凌善康.国际贸易中的技术壁垒[J].计量技术,2001(11).
[51]夏友富.技术性贸易壁垒体系与当代国际贸易[J].中国工业经济,2001(5).
[52]信宣.中国恢复对韩出口禽肉[J]//2001 年中国出入境检验检疫年鉴[M].北京:中国计量出版社,2001.
[53]尹晓波.技术性贸易壁垒：我国出口贸易面临的难题[J].安庆师范学院学报,2001,20(6).
[54]俞勇军,陆玉麒.南京市可持续发展预警系统初探[J].经济地理,2001,21(5).
[55]周文同.国际贸易中的技术壁垒及法律对策[J].经营与管理,2001(3).
[56]安淑珍.影响国际贸易发展的技术壁垒[J].科技情报开发与经济,2002(1).
[57]高志前,刘彦. WTO 规则下的技术性贸易措施体系建设[J].中国科技论坛,2002 (4).
[58]郭文华,等.中国的绿色壁垒措施现状[J].环境科学研究,2002(1).
[59]李果仁.我国应对绿色壁垒的战略建议[J].中国环保产业,2002(5).
[60]林志楷.WTO 中技术性贸易壁垒的经济学分析[J].WTO 研究,2002(5).
[61]罗吉文.绿色壁垒成因探析[J].福建金融管理干部学院学报,2002(6).
[62]冉圣宏,陈吉宁.区域水环境污染预警系统的建立[J].上海环境科学,2002(9).
[63]王得新.怎样应对技术性贸易壁垒[J].科学学与科学技术管理,2002(11).
[64]王建华.WTO《技术性贸易壁垒协议》：认识与措施[J].上海大学学报社科版,2002(6).

[65]颜卫忠.环境预警指标体系研究[J].长沙电力学院学报,2002,17(3).
[66]杨圣明.技术壁垒：中国入世面临的新挑战[J].中国社会科学院研究生院学报,2002.
[67]于平福等.广西农产品预警模型设计与开发研究[J].广西社会科学,2002(4).
[68]赵晓莉,李谦.研究贸易技术壁垒应对入世挑战[J].中国标准化,2002(4).
[69]朱星华等. WTO/TBT 协定下我国的实验室认可战略[J].中国科技论坛,2002(6).
[70]卜海.正确认识与积极应对技术性贸易壁垒[J].南京师大学报,2003(4).
[71]蔡茂森,朱少杰.论技术性贸易壁垒的抑制效应与我国出口行业的对策[J].国际贸易问题,2003(5).
[72]陈剑,腾飞.发达国家行业协会与技术性贸易壁垒[J].国际技术经济研究,2003 (4).
[73]何新易.关注日本技术性贸易壁垒对我国出口的影响[J].市场周刊,2003,11.
[74]江榕.建立大类出口商品技术标准预警机制的建议[J].对外经贸实务,2003(9).
[75]贾岚.GMP 与 HACCP 原理[J].中国质量认证,2003(10).
[76]雷国本.技术性贸易壁垒及我国的对策[J].西南交通大学学报社科版,2003(2).
[77]李俊惠,中日贸易摩擦与中日两国产业结构的关系[J].国际贸易问题,2003(8).
[78]李民昌.建立突发公共危机应急机制的思考[J].河南社会科学,2003(4).
[79]李树.技术性贸易壁垒的设置与我国的策略选择[J].改革,2003(6).
[80]李志红,黄冠胜.中国检疫性有害生物信息管理与辅助鉴定系统的研究[J].植物检疫,2003(5).
[81]廖蔚雯,周琨琦.我国农产品出口如何突破技术性贸易壁垒[J].中南大学学报(社会科学版),2003(6).
[82]刘建明.技术贸易壁垒对我出口产品的影响与对策[J].对外经贸实务,2003(5).
[83]卢锋.下降的比重——我国农产品贸易趋势和机构变动[J].国际贸易,2003(11).
[84]陆关新,杨正德.WTO 技术性贸易壁垒(TBT)预警机制建设研究[J].世界标准化与质量管理,2003(10).

[85]钱永忠.国外农产品质量安全管理体系现状[J].农业质量标准,2003,1.
[86]任宣.美国正式发布食品企业注册和进口食品提前通报法规[J].中国质量认证,2003(11).
[87]王杰,周磊.我国农产品出口受制于技术性贸易壁垒的原因及对策[J].哈尔滨工业大学学报(社会科学版),2003(6).
[88]王孝存,刘厚俊.国外应对 TBT 的最新实践及对我国的启示[J].南京社会科学,2003(5).
[89]杨昌举.技术性贸易壁垒及其对我国农产品出口的影响与对策[J].山西财经大学学报,2003(2).
[90]杨军.关于防灾减灾预警机制及预警工程的若干讨论[J].防灾减灾工程学报,2003,23(2).
[91]庾白丁.大力推进我国产业预警机制建设[J].上海工业,2003(7).
[92]张皞.对一种经济现象的解释—发达国家和发展中国家面临非对等技术壁垒的经济学分析[J].当代财经,2003(2).
[93]朱允卫.近年来我国大米出口持续回落的原因及对策[J].国际贸易问题,2003(3).
[94]杜红权.加快农产品出口预警机制的完善[J].对外经贸实务,2004(2).
[95]九三学社.关于适应 WTO 要求尽快建立我国预警机制的建议案[J],中国科技产业,2004(2).
[96]刘敏.应对技术壁垒是国家科技工作的一项长期战略[J]. 中国科技论坛2004(4).
[97]刘振波,倪绍祥,赵军.绿洲生态预警信息系统初步设计[J].干旱地区地理,2004,27(1).
[98]孙敬水,殷宝庆.发达国家行业协会在应对技术性贸易壁垒中的地位、作用及对我国的启示[J].管理现代化,2004(1).
[99]孙琪.强化我国 TBT 风险预警机制的分析[J].浙江万里学院学报,2004(4).
[100]王建华,郑展鹏.技术性贸易壁垒中的政府行为和非政府行为[J].国际贸易问题,2004(10).
[101]王平,聂凤英.框定重点国家和重点产品,应对农产品贸易技术壁垒[J].农业经济,2004(4).
[102]王平,杨巍.我国农产品出口遭遇贸易技术壁垒的原因分析——一个政治经济学量化模型[J].农业技术经济,2004,12.

[103]王政.当前如何应对新贸易壁垒[J].经济论坛,2004(10).
[104]薛军.外向型企业规避技术壁垒的途径选择[J].中国检验检疫,2004(7).
[105]曾凡银.绿色壁垒的壳层结构及其效应研究[J].财贸经济,2004(6).
[106]李国秋.非关税壁垒竞争情报研究[J].情报理论与实践,2005(1).
[107]刘彦.适应市场经济的行业协会是应对国际技术性贸易壁垒的重要组织保障[J].WTO 经济导刊,2005(3).
[108]全毅.日本农产品的技术性贸易壁垒[J].世界农业,2005(6):20.
[109]全毅.国际农产品贸易中技术性贸易壁垒的现状与趋势[J].国际经贸探索,2005,1.
[110]王耀中,侯俊军.论技术性贸易壁垒的消费效应[J].南方经济,2005,2.
[111]薛澜等.危机管理：转型期中国面临的挑战[J].信息化建设,2005.2.
[112]张建新,沈铭辉.欧盟发达国家行业中介组织在国际贸易中的作用、特点及其启示[J].经济评论,2005(6).
[113]朱玉春,种胜兵.技术性贸易壁垒的经济学分析[J].中国农村经济,2005(10).
[114]朱星华,刘彦,高志前.标准化条件下应对专利壁垒的战略对策[J].中国软科学,2005,10.
[115]2001 年国别贸易投资壁垒报告[R].美国,2001.
[116]2001 年美国贸易投资壁垒报告[R].欧盟,2001.
[117]刘彦.技术壁垒："科技入关"面临的挑战[R]//中国科技政策与发展研究,北京:科学技术文献出版社,2001,6.
[118]对外经济贸易大学技术性贸易措施研究中心.2002 年技术性贸易壁垒研究报告[R].北京:机械工业出版社,2002.
[119]汪沁.新贸易保护主义下 TBT 的理论、实践分析及对我国的影响[D].安徽:安徽大学国际贸易硕士论文,2002.
[120]商务部科技司/世贸司.技术性贸易措施.2003(l)-2008(2).
[121]刘彦,郑玉琪.美国加拿大家电行业技术性贸易措施管理[R].北京:中国科技促进发展研究中心,2005,1(810).
[122]朱星华,刘彦.政府如何在标准化条件下应对专利壁垒[R].北京:中国科学技术促进发展研究中心, 2005,8(836).
[123]朱星华.政府评估报告：贸易关注的博弈[R].北京:中国科学技术促进发展研究中心,2005,5（825）.
[124]宋旭芒.企业预警管理理论及其运行机制的研究[D].杭州:浙江工业大

学研究生学位论文,2001.
[125]程鉴冰.技术性贸易壁垒的经济分析及对策[D].杭州:浙江大学硕士学位论文,2002.
[126]付克华.早期预警体系的运用—以泰国为例[D].北京:中国社会科学院研究生学位论文,2003.
[127]曹英姿.基于快速反应能力的组织结构的演进[D].南京:南京理工大学研究生学位论文,2004.
[128]苟变丽.食品安全预警系统框架研究[D].北京:中国人民大学研究生学位论文,2004.
[129]杨长辉.制造企业快速反应理论及应用研究[D].长沙：中南大学研究生学位论文,2004 .
[130]出口食品营养标签含混难过关[J/OL]. 第一食品网, http://spzx.foodsl.com/show_456878.html.
[131]积极应对日本"肯定列表"制度减少农产品出口影响[J/OL].江苏省徐州市质量技术监督局,http://www.xzqts.gov.cn/newlist.asp?unid=317.
[132]美国及食品药物管理局.www.fda.gov.
[133]Antle, J. M. Benefits and Costs of Food Safety Regulation[J]. Food Policy 1999, 24 (6):605-124.
[134]Calvin, Linda and Krissoff, Barry. Technical Barriers to Trade: A Case Study of Phytosanitary Barriers and U.S.-Japanese Apple Trade[J]. Journal of Agricultural and Resources Economics, 1998, 23(2), December: 351-66.
[135]Carlo Perroni and Randall Wigle. International Process Standards and North-South Trade[J]. Review of Development Economics, 1999: 3(1):11-26.
[136]Donna Roberts. Analyzing technical trade barriers in agricultural markets: Challenges and priorities[J]. Agribusiness , 1999, 15(3):335-354.
[137]Finger, J. M. and P. Schuler. Implementation of Uruguay Commitments: The Development Challenge[C]. Geneva: WTO/World Bank Conference on Developing Countries in a Millennium Round, 1999, 9:20-21.
[138]Gasiorek, M., A Smith and A. J. Venables. Trade and Welfare—A General Equilibrium Model In Trade Flows and Trade Policy after 1992, ed.[M]. L.A. Winters, Cambridge, Cambridge University Press, 1992.
[139]Henson, Spencer and Bruce Traill. The Demand for Food Safety: Market Imperfections and the Role of Government[J]. Food Policy, 1993, 4.

[140]Henson S. and M. Heasman. Food Safety Regulation and the Firm: Understanding the Compliance Process[J]. Food Policy, 1998, 23 (1): 9-24.

[141]Harrison, G. W., T.F. Rutherford, and D.G. Tarr. Increased Competition and Completion of the Market in the European Union: Static and Steady State Effects[J]. Journal of Economic Integration, 1996, 11 (3): 332-65.

[142]Henson, Spencer. Costs Associated wıth Divergent National Product Standards and Conformity Assessment Procedures and the Impact on International Trade. Regulatory Reform in the Global Economy[R], OECD, 1998.

[143]Holleran, E., M. E. Bredahl, and L. Zaibet. Private Incentives for adopting Food Safety and Quality Assurance[J]. Food Policy, 1999, 24 (6), 669-84.

[144]John S. Wilson (eds). Quantifying the Impact of Technical Barriers to Trade: Can It Be Done?[M]. Ann Arbor, MI: University of Michigan Press 29-57.

[145]John S. Wilson and Tsunehiro Ostuki. Food Safety and Trade: Winners and Losers in a Non-Harmonized World[J]. Journal of Economic Integration, 2003, 18 (2), June: 266-87.

[146]Loader, R. and J. E. Hobbs. Strategic Responses to Food Safety Regulation[J]. Food Policy, 1999, 24 (6):685-706.

[147]Mattias Ganslandt, James R. Markusen. Standards and Related Regulations in International Trade: A Modeling Approach[R]. World Bank Working Paper 8346, 2001.

[148]Moenius, J. Information versus Product Adaptation: the Role of Standards in Trade[R], manuscript. (1999).

[149]Neil Gandal and Oz Shy. Standardization Policy and International Trade[J]. Journal of International Economics, 2001, 53(2): 363-83.

[150]North, Douglass and Weingast, Barry Constitutions and Commitment: The Evolution of Institutions Governing Public Choice in Seventeenth-Century England[J].Journal of Economic History,XLIX.,1989.

[151]OECD. An Assessment of the Costs for International Trade in Meeting Regulatory Requirements. TD/TC/WP(99)8/FINAL, Paris: OECD,1999.

[152]Peter Swann, Paul Temple and Mark Shurmer. Standards and Trade Performance: The UK Experience[J]. Economic Journal, 1996,106(438), September, 1297-313.

[153]Philip L. Paarlberg and John G. Lee. Import Restrictions in the Presence of a Health Risk: An Illustration Using FMD[J]. American Journal of Agricultural Economics,1998, 80 (1), February, 175-83.

[154]Richard R.Nelson and Sidney G.Winter. Evolutionary Theorizing in Economics[J].Journal of Economic Perspectives,2002 spring,pages23-46.

[155]Thornsbury, Suzanne. Technical Regulations as Barriers to Agricultural Trade[D]. Phd Dissertation of Virginia Polytechnic Institute and State University, 1998.

[156]United Nations Conference on Trade and development． Dispute settlement—world trade organization． 3． 5 GATT,l994.

[157]WTO. Agreement on Technical Barriers to Trade of the General Agreement on Tariffs and Trade, GATT/TBT． 1994.

[158]Food Quality Protection Act(FQPA)of l996[EB/OL].www.epa.gov.

[159]The Nutrition Labeling and Education Act of l990(NLEA)[EB/OL].www.fda.gov.

[160]59th Cong． Of the United States of America． Pure Food and Drug Act of l906． United States Statutes at Large， Sess． I， Chp． 3915， P． 768-772.

[161]US CODE： Title 21， CHAPTER 9-FEDERAL FOOD， DRUG,AND COSMETIC ACT.

[162]COMMISSION OF THE EUROPEAN COMMUNITIES． WHITE PAPER ON FOOD SAFETY． Brussels， 12 January 2000.

[163]Regulation(EC)No 178 / 2002 of the European Parliament and of the Council of 28 January 2002 laying down the general principles and requirements of food law, establishing the European Food Safety Authority and laying down procedures in maRem of food safety.

[164]Commission Regulation(EC)No 446 / 2001 0f 5 March 2001 establishing the standard import values for determining the entry price of certain fruit and vegetables.

[165]Commission Directive 2000 / 24 / EC of 28 April 2000 amending the Annexes to Council Directive S 76 / 895 / EEC， 86 / 362 / EEC， 86 / 363 / EEC and 90 / 642 / EEC on the fixing of maximum levels for pesticide residues in and on cereals foodstuffs of animal origin and certain products of plant origin， including fruit and vegetables respectively.

[166]Antle, J. M. Benefits and Costs of Food Safety Regulation[J]. Food Policy 1999, 24 (6):605-124.

[167]Commission Directive 2000 / 42 / EC of 22 June 2000 amending the Annexes to Council Directives 86 / 362 / EEC, 86 / 363 / EEC and 90 / 642 / EEC on the fixing of maximum levels for Desticide l. esidues in and on cereals, foodstuffs of animal origin and certain products of plant origin, including fruit and vegetables respectively.

[168]Commission Directive 2002 / 66 / EC of l 6 July 2002 amending the Annexes to Council Directives 76 / 895 / EEC, 86 / 362 / EEC, 86 / 363 / EEC and 90 / 642 / EEC as regards the fixing of maximum levels for pesticide residues in and Oil fruit and vegetables, cereals, foodstuffs of animal origin and certain products of plant origin, including fruit and vegetables respectively.

[169]European commission. COMMISSION DIRECTIVE 2002 / 72 / EC of 6 August 2002 relating to Dlastic materials and articles intended to come into contact with foodstuffs,2002.

[170]Calvin, Linda and Krissoff, Barry. Technical Barriers to Trade: A Case Study of Phytosanitary Barriers and U.S.-Japanese Apple Trade[J]. Journal of Agricultural and Resources Economics, 1998, 23(2), December: 351-66.

[171]Carlo Perroni and Randall Wigle. International Process Standards and North-South Trade[J]. Review of Development Economics, 1999: 3(1):11-26.

附录

《技术性贸易措施战略与预警工程方案研究》
课题组成员

《技术性贸易措施战略与预警工程方案》课题总体组

组长:高志前 黄冠胜

成员:刘 彦 林 伟 钱永忠 于 洁 韩作樑 方晓燕 董云庭 李金宝 张宇春 樊高定 毕士冠 王福清 王大为 丁世和 于 武 夏友富 王耀中 李典谟 黄铁军 马德军 郭丽平 郭力生 杨伟才 李凤芸 薛胜雄 周 庄 尹 航 刘 亢 吴重农 陈 楠 聂凤英 王 敏

中国科学技术促进发展研究中心
《技术性贸易措施战略与预警工程方案》课题研究组

组长:高志前 刘 彦

成员:朱星华 董书礼 王 夏 李 哲 郭丽峰 程广宇 贾维红 刘 舰 张润嘉 韩玉娟 张天扬 邓达力

国家质检总局标准法规研究中心
《质检系统技术性贸易措施的技术预警与快速反应系统的研究》课题组

组长:黄冠胜 林 伟 郭力生

成员:王力舟 吴杏霞 徐战菊 郑 欣 蒲 民 焦 阳 杨 松 李志红 张 峰 孟 冬 凌文涛 马随军

国家质检总局标准法规研究中心
《技术标准、法规与合格评定程序配套机理研究》课题组

组长:黄冠胜 郭力生 林 伟

成员:王力舟 刘 昕 杨 松 沙 林 张丽莉 孟 冬 马列贞 吴杏霞 崔 路 李建军 高志宏 张 峰

中国农业科学院农业质量标准与检测研究所
《农产品技术性贸易措施战略与预警工程方案》课题组

组长:钱永忠 聂凤英 王 敏

成员:朱智伟 王步军 鲁成银 陈 洪 杨 湄 王成秋 丛佩华 李晓川 刘素英 李 艳 耿 瑜

国家环境保护总局环境认证中心

《环境技术性贸易措施战略与预警工程研究》课题组

组长：于　洁　尹　航

成员：陈轶群　曹　磊　李　江　刘　静　吕竹明

中国家用电器研究院

《家电产品技术性贸易措施战略与预警工程方案》课题组

组长：韩作樑

成员：马德军　刘福中　张友良　仲顺和　李　一　田　晖　吴　楠　杭晓东　冯惠龙

中国家用电器研究院

《重点家用电器产品技术性贸易壁垒预警研究》课题组

组长：韩作樑　马德军

成员：李　一　郦旭卫　郑　红　于治璞　刘福中　闫　凌　吴　楠　郑崇开　卢甘硕

机械工业北京电工技术经济研究所

《电器工业技术性贸易措施战略研究》课题组

组长：方晓燕

成员：郭丽平　卢琛钰　曾雁鸿　林以达　李邦协　章忠国　包　革　付长虹

机械工业北京电工技术经济研究所

《重点电工产品技术性贸易壁垒预警研究》课题组

组长：郭丽平

成员：方晓燕　王　琨　陈妙农　陈京生　季慧玉　李邦协　李　恒

冶金工业信息标准研究院

《冶金行业技术性贸易措施战略与预警工程》课题组

组长：张宇春

成员：李凤芸　高建平　孙　伟　朱红斌　韩佩珍　陈自彬　仇金辉　张瑞香

冶金工业信息标准研究院

《冶金行业重点产品技术性贸易壁垒预警研究》课题组

组长：李凤芸

成员：张瑞香　王晓虎　高建平　冯　超

中国电子信息产业发展研究院
《中国电子信息产品技术性贸易措施战略与彩电TBT预警系统》课题组
组长：董云庭
成员：孙　平　王　峻　李　莉　曹　方　王沂刚　雷　文　任志安

中国石油和化学工业协会
《石化行业技术性贸易措施与预警工程方案》课题组
组长：杨伟才
成员：王志宗　王子敏　岳浙平

纺织工业科学技术发展中心
《纺织行业技术性贸易措施战略与预警研究》课题组
组长：李金宝　周　庄
成员：杨以雄　顾庆良　徐新荣　窦茹真　刘遵宪　张慧琴　冯　丽　孙锡敏
张广闽　周建军　盛宝魁　杨胜友　宋亚坤　张　虹　徐　坤　李　鹏

合肥通用机械研究所
《流体机械技术性贸易措施战略与预警工程》课题组
组长：樊高定　贾晓枫　陈学东　薛胜雄
成员：高金吉　蒋尚宏　曹树良　舒平玲　史　敏　谭跃进　黄明亚　牟介刚
印建安　赵　扬　柴立平　李　鲲　宋东岚

中国生化制药工业协会
《生化行业技术性贸易措施战略与预警工程方案》课题组
组长：王福清
成员：陈国英　朱　睿　蔡咏蓓　唐永业　姚世文　徐康森　张天民　王耀芳
高树华　由守谊

深圳市标准技术研究院
《深圳市技术标准与专利结合的战略研究》课题组
组长：王大为　吴重农
成员：王晓波　黄曼雪　黄锦敏　曲津华　肖春勇　张海平　谭建设　吴红梅
王　泳　陈　锴　温利峰

中国消费者协会
《消费者损害调查措施与预警工程方案》课题组
组长：丁士和
成员：任　静　陈小强　陈　剑　周晓红　皮小林

中国企业联合会

《技术性贸易壁垒企业问卷调查》课题组

组长：于 武

成员：李建明 柏东海 胡 迟 郝玉峰 周洪福 高振海 吴昆华

对外经济贸易大学

《主要国家技术性贸易措施体系研究》课题组

组长：夏友富

成员：俞雄飞 李 丽 洪成一 张海森

湖南大学

《湖南外贸技术性贸易壁垒预警系统研究》课题组

组长：王耀中

成员：赖明勇 鲍献华 侯俊军 刘志忠 姚小义 王贵全 黄新亮 姜衡舒

中国科学院动物研究所

《技术性贸易措施综合损害影响研究》课题组

组长：李典漠 李 哲

成员：马祖飞 宋增明 龚 治

中国科学院计算技术研究所

《技术性贸易措施预警信息模式研究》课题组

组长：黄铁军

成员：田永鸿 康平波 宋 凯 黄 冲 谷权峰 臧 巍

北京奥全德经济研究所

《技术性贸易措施预警方法与应用系统研究》课题组

组长：毕士冠

成员：赵保平 詹 平 张新卯 谈 鸿 黄 勇 王曙光 王 建 张立强
赵海亮 常玉峰

北京世纪零日科技发展有限公司

《技术性贸易措施数据库建设》课题组

组长：刘 亢 陈 楠

成员：欧炎亮 戴 悦 庄凌峰 付仲恺 林娜娜 李英昊 邓 萧 盛 皋
刘 涵